FRIEDEMANN FEGERT

# Oh wie schön ist Indigo

FÄRBER- UND BLAUDRUCKER-HANDWERK IM WANDEL DER ZEIT

*Für Josef Fromholzer in Verneigung vor seinem Lebenswerk.*

# Vorwort

Pfingsten 1979, in Zwölfhäuser im Bayerischen Wald – in Finsterau liegt noch Schnee.
Dann im Sommer wieder auf demselben Bauernhof – und das mehr als fünfunddreißig Jahre lang!
Meine Studien über die Entstehung der Rodungssiedlungen Mauth und Philippsreuth im 17. Jahrhundert. Das Leben auf den Bauernhöfen in Zwölfhäuser. Die Mitarbeit an der „Bauern sterben – Bauern leben"-Ausstellung im Freilichtmuseum Finsterau.
Das Schüler-Arbeitsprojekt im Föhraufilz des Nationalparks. Die Waldler unterwegs „ins Amerika". Die Emerenz Meier im fernen Chicago. „Unser" Auswanderungsmuseum in Schiefweg!
Die Impulse für diese Jahrzehnte andauernde Beschäftigung mit der Kultur des Bayerischen Waldes?
Der Ur-Wald. Der Nationalpark. Das Freilichtmuseum Finsterau. Das Waldgeschichtliche Museum in St. Oswald. Die Gemälde-Galerie im Schloss Wolfstein. Das Oberhausmuseum in Passau. Das Glasmuseum und Eisch in Frauenau. Das „Fressende Haus" in Weißenstein. Das Landwirtschaftsmuseum in Regen. Das Webereimuseum in Breitenberg. Der Handweber Moser in Wegscheid. Der Handdrucker Josef Fromholzer in Ruhmannsfelden. Dilians mit Ihren noblen Ledertaschen mit Fromholzer-Mustern. Bodenständige Menschen, wie die Kloibers mit ihrer harten Arbeit auf dem Bauernhof. Verrückte Weltbürger, wie Heinz Lang, die im tiefen Bayerischen Wald eine Buchhandlung eröffnen und einen Verlag gründen. Entdeckung der Landschaft, Entdeckung der Kultur, Entdeckung der Freunde. Welch ein Reichtum!

Mein Dank gilt
Josef Fromholzer, der uns mit seiner Freude und Leidenschaft für den Textildruck angesteckt hat, der mit großer Aufgeschlossenheit seine Handwerkskunst verständlich gemacht hat, der mit der Öffnung seiner Dokumentenschätze und unseren Gesprächen diesem Buch erst die Lebendigkeit des Vergangenen und Gegenwärtigen gegeben hat;
seinem Sohn Stefan Fromholzer, der neben mancher Korrespondenz die diffiziele Aufgabe übernommen hat, den waldlerischen Dialekt in den Gesprächsprotokollen mit seinem Vaters zur leichteren Lesbarkeit in die Schriftsprache zu übertragen;
unserer Tochter Christine Fegert für die kritische Durchsicht des Manuskripts;
Hannelore Hopfer und Heinz Lang von der edition Lichtland, die dieses Buch nach dem großen Zuspruch und meiner – dank Roland Pongratz – erfolgreichen Blaudruck-Ausstellung im Landwirtschaftsmuseum Regen in ergänzter Form ein weiteres Mal der Leserschaft zugänglich machen; und besonders der Grafikerin aus dem Bayerischen Wald, Edith Döringer, die mit viel Einfühlungsvermögen, Phantasie und Sachverstand in bewährter Weise meine Vorstellungen verwirklicht und wesentliche Ergänzungen eingearbeitet hat.

„Wir sind aus dem Blaudruck hervorgegangen."

*Josef Fromholzer*

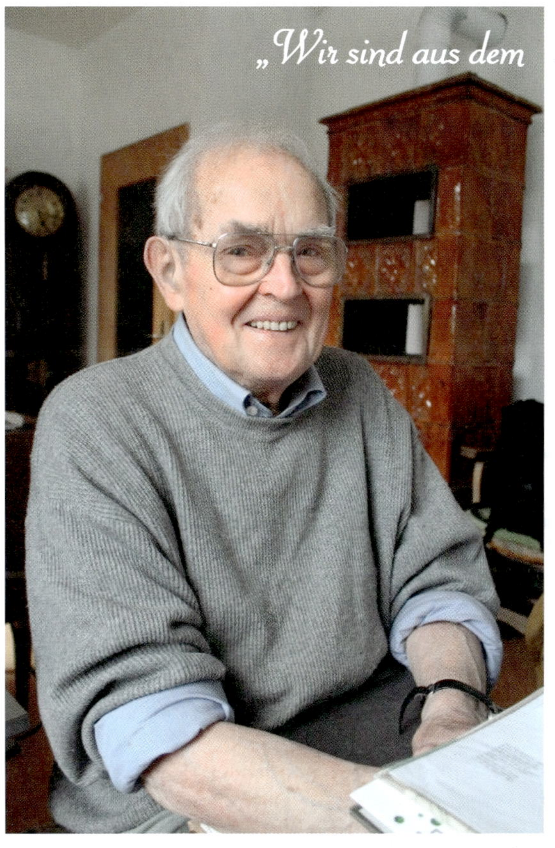

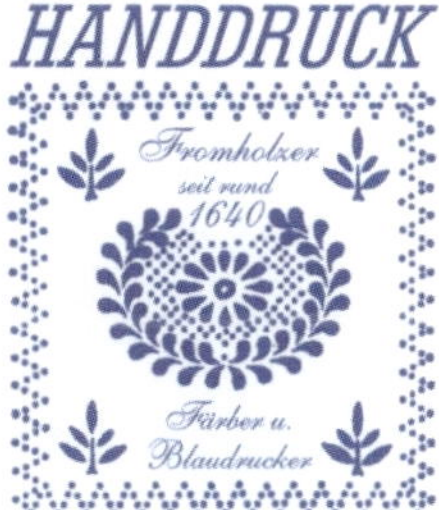


Josef Fromholzer in seinem Büro, Ruhmannsfelden 16. 10. 2014 (Archiv Fegert).
Firmenetikett der Handdruckerei Fromholzer, seit 2000 (Archiv Fegert).
Zitat, Gespräch 29. September 2015.

Umschlag-Hintergrund – Vorderseite/Rückseite:
Das Blaudruck-Muster „Streublümchen Mainburg“ wurde 2015 auf Reinleinen im Ätzdruck-Verfahren von Josef Fromholzer und Willi Preiß in Ruhmannsfelden gedruckt mit „Brilliant Indigo BASF“.

Umschlagbilder – Vorderseite:
Druckmodel-Auswahl der Textilhanddruckerei Fromholzer 2105 (Archiv Fromholzer). Prospekt der Firma Wallach um 1980 (Archiv Fromholzer). Indigo (Historische Farbstoffsammlung TU Dresden, Wikimedia Commons, Shisha-Tom). Dilians Taschenkollektion „Bergblume“ (www.dilians-blaudruck.de)

Umschlagbilder – Rückseite:
Joseph Fromholzer, Daguerreotypie 1846 (Ausschnitt) (Archiv Fromholzer);
Färberfamilie Alois (III) Fromholzer, um 1909 (Archiv Fromholzer)
Josef Fromholzer beim Modeldruck 2014 (Foto: Marco Linke, Manntau; Archiv Fromholzer).

Umschlagbild – Innenseiten:
Blaudruck-Muster „Paradiesvogel“ wurde 2015 auf Reinleinen im Direktdruck von Josef Fromholzer und Willi Preiß in Ruhmannsfelden gedruckt mit Indanthren-Blau (Archiv Fromholzer, Foto: Stefan Fromholzer).

Die Deutsche Bibliothek – CIP-Einheitsaufnahme

Friedemann Fegert
Oh wie schön ist Indigo
Färber- und Blaudruckerhandwerk
im Wandel der Zeit

Freyung. 2019
ISBN 978-3-942509-53-4



Gestaltung, Fotos (ohne Quelle) und Reproduktionen:
Friedemann Fegert
Gestaltung, Satz und Umschlaggestaltung:
Edith Döringer, Schönberg
Druck und Bindung:
EuroPB Druckservice, Příbram

ISBN 978-3-942509-53-4

# Inhalt

# Ruhmannsfelden – Stichworte zur Geschichte des Marktortes

Fährt man heute nach Ruhmannsfelden, so fällt einem bald rechterhand ein weißes stattliches Haus auf, an dessen rechter Flanke der Heilige Nepomuk den Besucher begrüßt. Das Haus ist die Heimat der Blaufärberei Fromholzer und dies bereits seit nahezu 200 Jahren.
Doch wie kommt es, dass hier der Heilige Nepomuk zu finden ist?
Ruhmannsfelden, das in einer Urkunde des Klosters Oberaltaich 1184 als „Rumarsfelden" erwähnt wird, geht wohl auf einen Siedlunsgründer Rumar zurück. Kaiser Karl der Große schenkt diese Siedlung dem Kloster Metten, die später an die Zisterzienser-Abtei Aldersbach übergeht. Mit dem Aufblühen des Klosters Gotteszell als Priorat von Aldersbach fällt Ruhmannsfelden 1503 an diese Klosterneugründung. Doch nach knapp 600 Jahren klösterlicher Kultur in der Region kommt es im Zuge des Reichsdeputationshauptschluss 1803 zur Auflösung der geistlichen Fürstentümer.

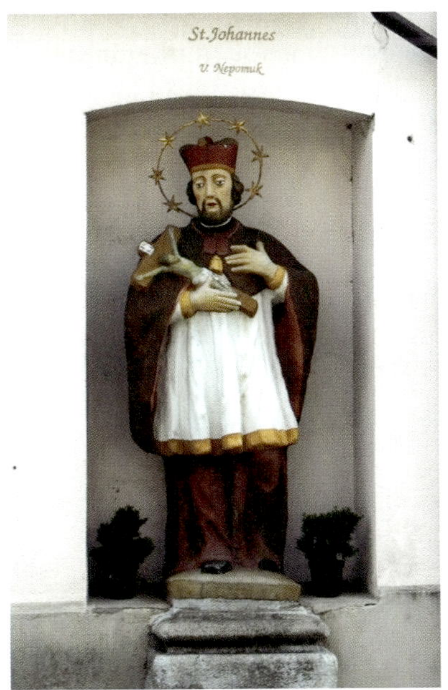

HEILIGER NEPOMUK EHEMALS AM MARKTPLATZ RUHMANNSFELDEN (FOTO FEGERT).

So kommt es auch zur Aufhebung des Klosters Gotteszell. „Die Klostergebäulichkeiten, die Äcker, Wiesen und Wälder wurden öffentlich versteigert und die Kirchengewänder, Messgeräte, Bücher und Urkunden verkauft [...] Im Jahre 1804 wurde dem Markt Ruhmannsfelden das Selbstverwaltungsrecht übertragen" (HÖGN 1949). So gibt es am und im Gebäude der Färberfamilie Fromholzer Figuren des 18. Jhdts., die aus dem aufgelösten Kloster Gotteszell stammen (PETZET 1986, 313). Doch wie diese Nepomuk-Figur haben auch die Inhaber der Färberei Fromholzer viel Spannendes zu berichten über das Handwerk des Blaufärbens und ihre persönliche Familiengeschichte.

Dokumente, wie Urkunden, Wanderbücher, Färb-Rezepte zeugen vom Wirken und der Ausbildung als Färber im 17. und 18. Jahrhundert. Briefe und Zeitungsartikel des 19. Jahrhunderts veranschaulichen die Lebensumstände, Krisen und Perspektiven der nächsten Generationen. Gespräche, Fotos und Filme bilden schließlich die Grundlage für eine plastische Darstellung des Lebens und der Arbeit der Generation um den gegenwärtigen Färbermeister Josef Fromholzer im 20. und 21. Jahrhundert.

## Zünfte: Färberfamilien in Ruhmannsfelden 1630–1821

Im Markt Ruhmannsfelden wird das Färberhandwerk im Mittelalter zu einem wichtigen Handwerk. Denn mit den Kreuzzügen kamen orientalische Stoffe in leuchtenden Farben nach Europa. Damit entwickelte sich ein florierender Markt für solche Stoffe und das Können der Färber wurde gefragt. Diese arbeiteten zunächst den Tuchhandwerkern zu. Erst allmählich können sie eigene Zünfte gründen. In der dann breiten Differenzierung gab es u. a. die Schwarzfärber, die die Kunst des Färbens eines tiefen Schwarz verstanden, dann die Blaufärber, die lange Zeit mit dem in Mitteleuropa vorkommenden Färberwaid blaue Stoffe erzeugt haben. Daneben sind noch die Schönfärber zu nennen, die mit importierten Farben insbesondere aus Kleinasien und dem Vorderen Orient ihre Stoffe gefärbt haben.

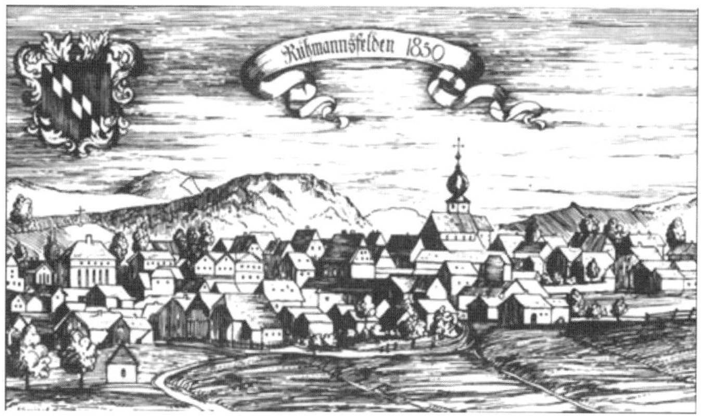


Ruhmannsfelden (Archiv Fegert)

Am linken Bildrand hebt sich das Färberei-Gebäude der Fromholzers hoch über die Dachlandschaft der Marktgemeinde heraus.

In den Pfarrbüchern von Ruhmannsfelden sind bereits seit dem 17. Jahrhundert fünf Färbergeschlechter nachgewiesen: der Schwarzfärber Lorenz Weinberger (1630), der Schwarzfärber Andreas Dellinger 1640), der Schwarzfärber Leonhard Sedlmayer, der 1682 die Färberswitwe Elisabeth Dellinger heiratet, dann Jeremias Brandt (1694). In dem Anwesen Hausnummer 49, der heutigen Marktstraße 1, also dem Handwerksbetrieb der Fromholzers, saß zunächst die Färberfamilie Saxmayer von 1709–1751, dann die Familie Kirchbacher von 1751–1822, während dann schließlich ab 1821 die Fromholzers in dem Gebäude und dem Färberei-Betrieb leben und arbeiten. Diese Färber von Ruhmannsfelden waren 1584 der Färberlade von Deggendorf einverleibt (AICHINGER 1859, 160). Voraussetzung für die Zunft war das Marktrecht, was der Gemeinde Ruhmannsfelden bereits um 1400 verliehen worden war.

Die Zünfte wurden von den Handwerkern im Mittelalter zunächst als Gegengewicht gegen Adel, Klöster und Fernhandelskaufleute gegründet und konnten sich zunehmend Geltung verschaffen. Deren Mitglieder konnten ihren Einfluss in den Gemeinden mit der Übertragung des Bürgerrechts festigen im Gegensatz zu den Gesellen. Die Zunft hat mit der Zunftordnung das Zusammenleben der Zunftmeister gewährleistet. Nur in dieser Einbindung konnte ein Handwerksmeister sein Handwerk ausüben. Damit wurde gewährleistet, dass keine übergroße Konkurrenz aufkam, die das Handwerk insgesamt gefährden konnte. Zur Aufnahme in die Zunft wurden Meistersöhne bevorzugt oder wenn sie eine Meistertochter geheiratet hatten sowie, wie es hier in Ruhmannsfelden festzustellen ist, dass der Leonhard Sedlmayer eine Färberswitwe heiratet. Letztere Praxis wurde von den Zünften gefördert, um mittellosen Gesellen den Aufstieg zu ermöglichen (STÜRMER 1986, 159). Die Zunft hat Arbeitsordnungen erlassen, die Qualität der hergestellten Waren geprüft, Preise festgesetzt und die Sittlichkeit der Zunftangehörigen überwacht. Damit nahm die Zunft eine Art gewerbepolizeiliche Funktion wahr und hatte auch eine soziale Funktion. Gesellen und Lehrlinge gehörten auch der Zunft an, aber ohne Mitspracherecht. Im Zunfthaus oder in einem Gasthaus wurde die Zunftlade aufgestellt, in der Urkunden, Siegel und Geld aufbewahrt wurden. In den Zusammenkünften der Zunft wurden die Meldungen zur Meisterprüfung und das Meisterstück angenommen und die Freisprechung von Gesellen vorgenommen. Ab 1803 gibt es die Schulpflicht in Bayern und mit der Einführung der Gewerbefreiheit 1869 kommt es in Bayern zur Auflösung des Zunftwesens, was letztlich im 20. Jahrhundert zum dualen Ausbildungssystem von Betrieb und Berufsschule führt.

### Meisterprüfung

Dekret Kaiser Joseph I aus dem Jahr 1710:
„Wer in der Hauptstadt Wien Meister werden will, der muß sein Meisterstück machen wie von alters her gekommen ist, nämlich er muß 4 Farben färben. Zum ersten muß er ein Stück wollenes Tuch kaufen, das eine ziemliche Länge hat. Dieses muß auf der Waidküpe blau vorgefärbt werden. Dann muß er das Tuch in 4 Teile teilen, das eine muß ein gutes Blau, das zweite eine Veilchenfarbe, das dritte ein Grün und das vierte ein Schwarz ergeben. Alle vier Farben müssen auf Indigogrund hergestellt sein."

## Die Färberfamilie Fromholzer und ihre Anfänge

Die Fromholzers haben sich schon früh mit der Geschichte ihrer Familie befasst. Deshalb gibt es Dokumente, die schon ins Jahr 1811 datieren, eine Daguerreotypie von 1846, handschriftliche und maschinenschriftliche Aufzeichnungen aus den 1930er Jahren und Dokumente aus dem 21. Jahrhundert, die die Tradition der Färber- und Druckerfamilie Fromholzer aufzeigen.

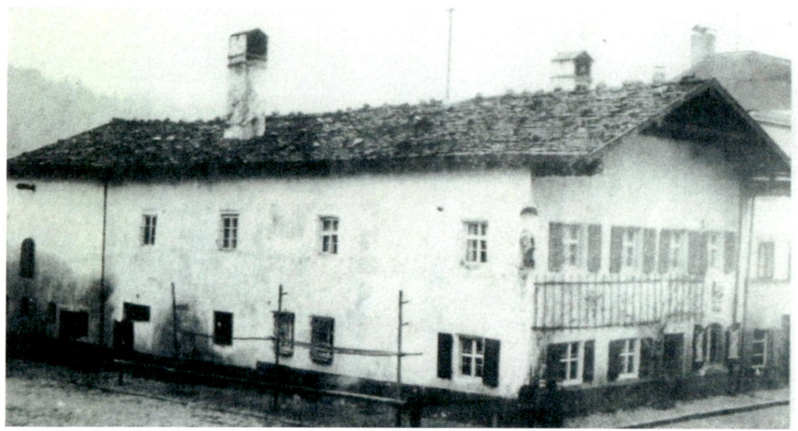

STAMMHAUS DES FÄRBERGESCHLECHTS FROMHOLZER IN VILSHOFEN (ARCHIV FROMHOLZER).

In diesem Färberhaus mit der Hausnummer 139, heute Kapuzinerstr. 8, ist als Erster Gottfried Fromholzer nachgewiesen. An den Stangen, links neben dem Haus, wurden die gefärbten Stoffe zum Trocknen aufgehängt.

## Der Ahnherr Gottfried Fromholzer in Vilshofen

Ein maschinenschriftliches Dokument zeichnet die Anfänge der Familie nach:

> „Der Ahnherr, Gottfried Fromholzer, erscheint im Jahre 1648 in den Matrikeln der Pfarrei Vilshofen an der Donau als Bürger und Schwarzfärber und wird als ‚kunstreicher Meister' bezeichnet. Sein Sohn Theo Gottfried, geb. am 2. März 1682, Färber aus Vilshofen, heiratet am 16. August 1706 die Färberswitwe Anna Maria Puchner in Straubing und führt diese Färberei weiter. Dessen Sohn aus zweiter Ehe Franz Xaver, geb. am 22. Oktober 1741, heiratet am 9. Februar 1763 Maria Anna Kugler, die Witwe des Färbermeisters Johann Georg Kugler in Straubing. Als Beiständer des Bräutigams waren anwesend: Jakob Fronholzer, Färber, Josef Frombholzer des Rats und Färber zu Deggendorf, Paul Englberger, Bierbräu. Auf einem Zunftpokal der Straubinger Färber (heute im Gäubodenmuseum Straubing) haben sich in der Mitte des 18. Jahrhunderts mehrere Mitglieder des Namens Fromholzer/Frohnholzer verewigt. Im Jahre 1814 tritt Erhard Fromholzer, Färbermeister zu Landau a. d. Isar, als Käufer eines dortigen Seileranwesens auf" (Archiv Fromholzer).

Damit wird deutlich, dass die Familie Fromholzer eine jahrhundertelange Dynastie von Färberhandwerkern in der Region Straubing/Deggendorf begründet, die bis heute das Handwerk weiterführen.

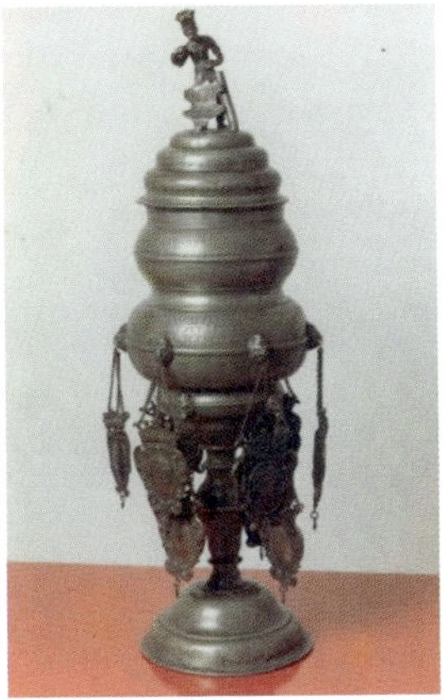

Zunftpokal der Färber Straubing (Archiv Fromholzer).

An diesem Pokal im Gäubodenmuseum Straubing hängen die Zunftzeichen der Färber.

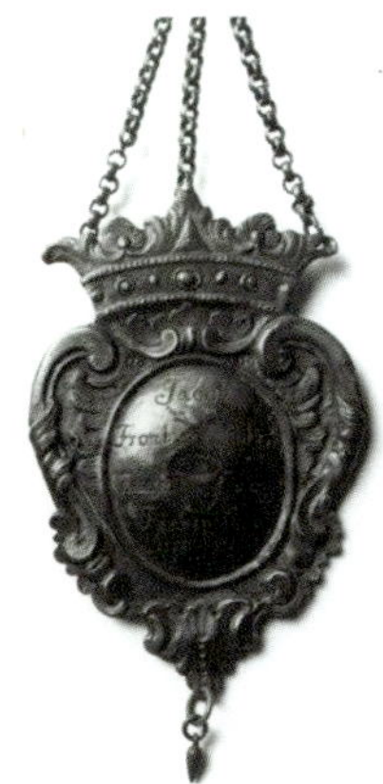

Zunftzeichen des Jacob Fromholzer, 1764 (Archiv Fromholzer).

Er wird als „Bürger und Färber in Straubing" bezeichnet.

## Flachsverarbeitung

Die Flachspflanze bildet die Grundlage für die Gewinnung von Öl und Leinenfasern. Seit dem Mittelalter war der Flachs in ganz Mitteleuropa verbreitet. Er war neben Wolle, Hanf und Nessel bis zu Beginn des 20. Jahrhunderts die Grundlage für das Leinengewebe, dem Stoff fürs Färben.

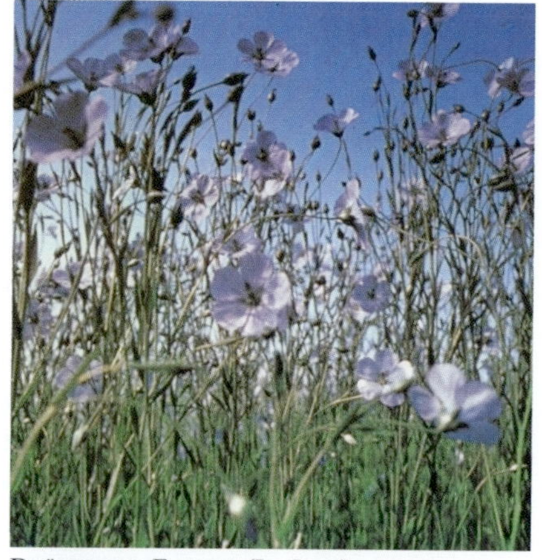

Blühender Flachs (In: Lipp)

Der Flachs blüht zwischen Juni und August. Der 120 cm lange „Dresch-“ oder „Schließlein“ dient zur Leinenherstellung. Er wird „ausgerauft“, also mit der Wurzel aus dem Boden gezogen, damit die maximale Länge der Faser erhalten bleibt. Die Faserbündel liegen – wohlgemerkt – außen auf dem harten holzigen Stängel und unterliegen einem längeren Aufbereitungsprozess.

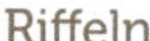

### Riffeln

Mit dem Riffelkamm werden zunächst die Samenkapseln abgetrennt, aus denen der Leinsamen und daraus wiederum Öl gewonnen wird.

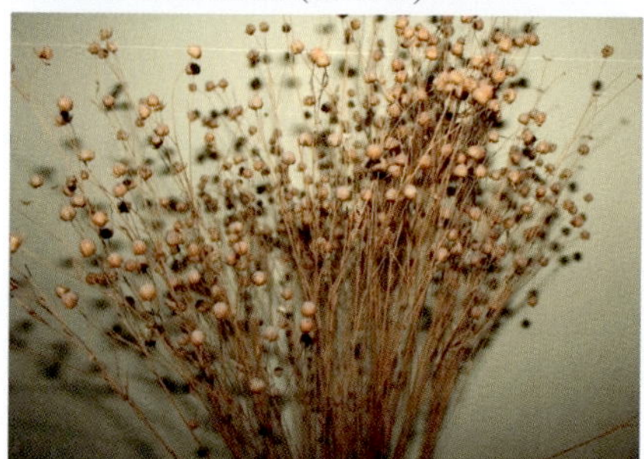

Samenkapseln (Archiv Fegert).

### Rösten

Die Stängel werden wochenlang dem Tau auf feuchten Wiesen oder dem stehenden Wasser ausgesetzt, um die Pektinstoffe, die die Fasern zusammenhalten, zu lösen.

### Darren

Im Dorfbackofen oder dem spezifischen „Brechhaus“ werden die so behandelten Stängel „gedarrt“, also unter hoher Hitzeeinwirkung etwa 12 Stunden getrocknet.

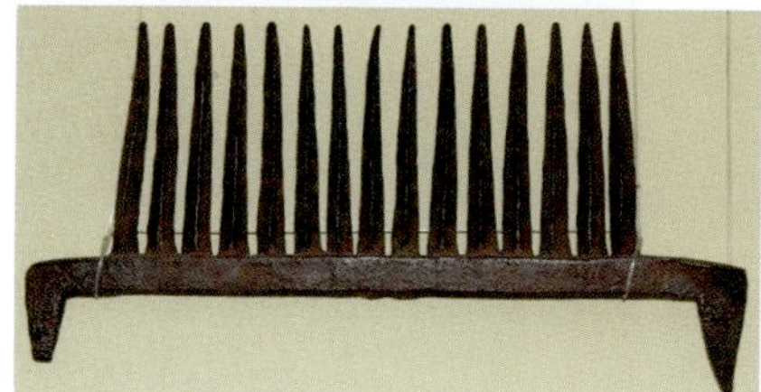

Riffelkamm (Archiv Fegert).

## Brechen

Um nun die elastischen Fasern von den harten Stängeln zu trennen, werden die getrockneten Pflanzenbündel in der „Brechel", die mit zwei hölzernen Klingen ineinandergreift, mechanisch zerbrochen.

## Schwingen

Anschließend werden die Faserbündel auf den „Schwingstock" gehalten und mit dem „Schwingmesser" von oben nach unten parallel geschlagen, um die letzten Holzreste zu entfernen und die Flachsfaser zu glätten.

## Hecheln

Die Fasern sollen nun in die gleiche Richtung gebracht werden, was mit der „Hechel" geschieht, einem Gerät auf einem Holzgestell, das mit Eisenstiften versehen, wie ein Nagelbrett aussieht. Die Flachsbündel werden durch diese Eisenstifte „durchgehechelt", also mehrfach durchgezogen. Diese feinen Fasern werden dann als „Hoar" zu Knoten zusammengedreht, um sie als gleichgerichtete Fasern später verspinnen zu können.

„Der Ertrag an Bast pr. Morgen ist 150–300 Pfund. 750 Pfd. roher Flachs ergeben durchschnittlich 40 Pfd. gehechelten Flachs, 88 Pfd. Werg [= grob, zur Herstellung von Arbeitskleidung] und 22 Pfd. Abgang. Guter und gut zubereiteter Flachs wird mit 7 ½ Sgr. [= Silbergroschen] das Pfd. bezahlt, während schlecht bereiteter Flachs nur 2 ½ – 3 Sgr. kostet" (LÖBE 1850–52, 274).

Dieser langwierige Vorgang ist die Voraussetzung zum gleichfalls mühseligen Spinnen und Weben der Leinwand.

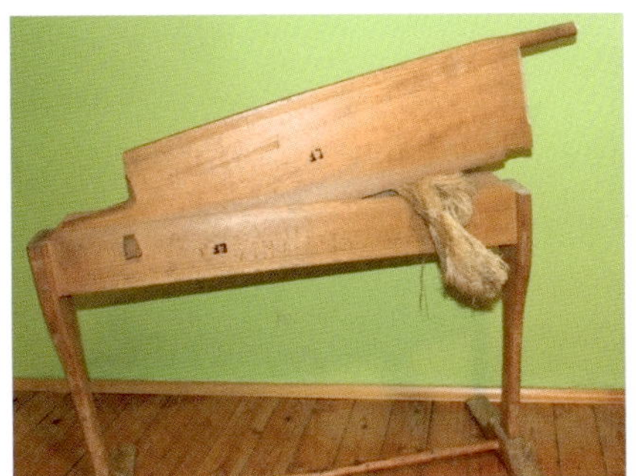

BRECHEL, BAYERISCHER WALD (ARCHIV FEGERT).

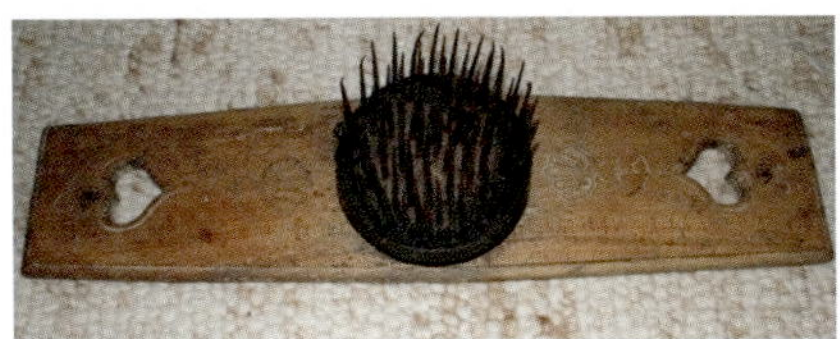

HECHEL, ZWÖLFHÄUSER 1795 (ARCHIV FEGERT).

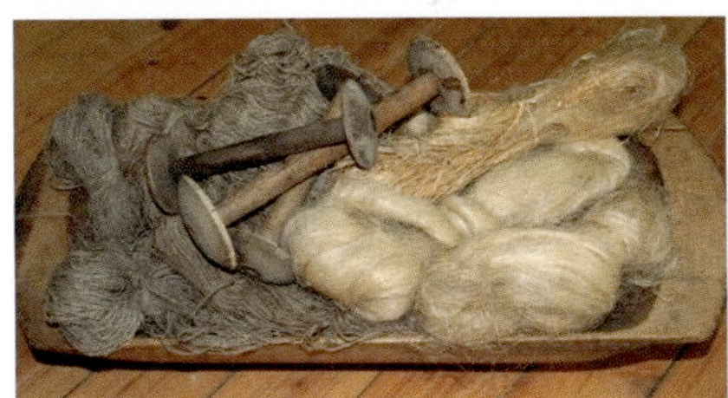

FLACHSKNOTEN UND VERSPONNENER FLACHS SOWIE GARNSPULEN (ARCHIV FEGERT).

Weiterführende Literatur:
HARZHEIM, Gabriele (1989): Das blaue Wunder. Rheinische Flachs- und Leinenproduktion im 19. Jahrhundert. Köln.
LIPP, Franz Carl (1989): Vom Flachs zum Leinen. Linz.
GESAMTVERBAND LEINEN (2015): Leinen und Flachs.
GEMEINDE BREITENBERG (2015): Webereimuseum Breitenberg.

## Leinen

Bis weit ins 19. Jahrhundert hinein war Leinen neben Wolle und Hanf das einzig verfügbare Textilgewebe, was in den Flachsanbaugebieten (Nordfrankreich, Belgien, Niederlande, in Teilen Norddeutschlands, nämlich den regenfeuchten Luvseiten der Mittelgebirge und dem Voralpenland) von großer wirtschaftlicher Bedeutung war. Leinen fand überall im täglichen Leben Verwendung: Feines Leinen diente für Tisch- und Bettwäsche, das gröbere „Werg" für Arbeitshemden und -jacken sowie Planen, Gurte und Getreidesäcke. Leinsamen und das daraus gepresste Leinöl waren wichtige Lebensmittel und Rohstoffe für die Farbherstellung.

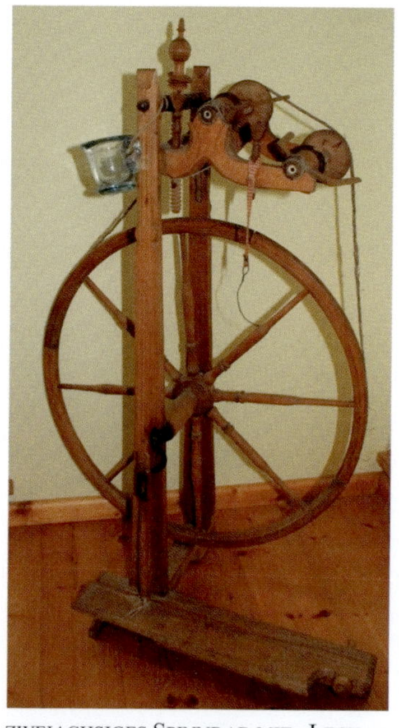

Zweiachsiges Spinnrad mit „Leckhaferl"(Archiv Fegert).

Man unterscheidet zwischen bäuerlicher, der Selbstversorgung dienenden Weberei und der gewerbsmäßigen zum Gelderwerb.

Nach der Aufbereitung der Flachsfaser (siehe Infobox Flachs) musste die Faser mit dem Spinnrad zu Garn versponnen werden, oft im Winter in der „Spinnstube". Das dann „verhaspelte" Garn wurde auf Spulen aufgewickelt, um es dann über den „Weberbaum", durch das „Scherbrett" auf den Webstuhl als senkrechte „Kettfäden" „aufzubäumen", also aufzuwickeln und aufzuspannen. Durch den waagrechten „Schuss" mit dem „Weberschiffchen" wird mittels „Fachbildung" eine Verkettung der Fäden in „Leinenbindung" hergestellt. Beim „Reinleinen" bestehen Kette und Schuss aus der Flachsfaser, beim Halbleinen ist die Kette aus Baumwolle und der Schussfaden aus Leinen.

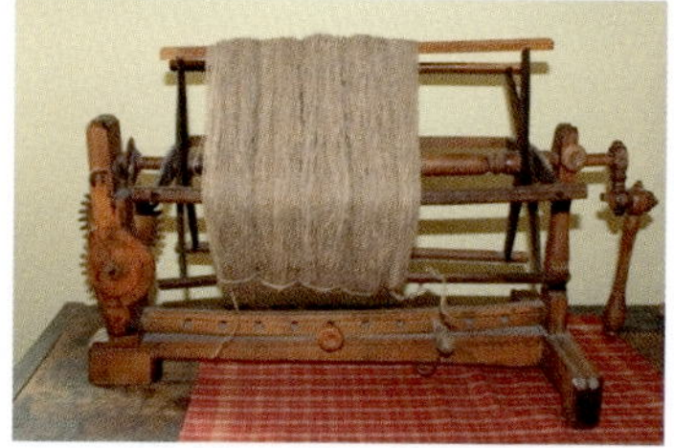

Haspel mit Zähluhr und fünf Strängen Garn (Archiv Fegert).

Wenn bei einer Tagesleistung von 1–3 Meter das Gewebe fertiggestellt war, hat man es meist – im Gegensatz zum „Naturleinen" – zum Bleichen auf den Wiesen ausgebreitet, mit einer Lauge aus Schmierseife und Buchenasche getränkt und immer wieder mit Wasser übergossen. Danach konnte es noch weiter gefärbt oder auch bedruckt werden.

„Im Rheinland des Mittelalters bildeten sich vor allem am Niederrhein, rund um Aachen, Köln, Krefeld und Wuppertal große Textilgebiete mit z. T. überregionalen Märkten heraus. Dieser Übergang von der bäuerlichen Flachs- und Leinenproduktion über kleine Manufakturen bis hin zur industriellen Herstellung vollzog sich jahrhundertelang: viele Bauernfamilien verarbeiteten auch weiterhin Flachs und Leinen, zumindest für den Eigengebrauch, noch bis weit ins 20. Jahrhundert hinein. Gegen Ende des Mittelalters kam es zu einer zunehmenden Spezialisierung vieler Kleinbauern zu Hauswebern, die mit gekauftem Garn auf Handwebstühlen Leinenstoffe herstellten, die dann gewinnbringend verkauft werden konnten. Die Produktion des Leinens erfolgte meist in Heim-Arbeit, die Vermarktung lief über ein Verlagssystem ab. Die neuen großen, fabrikartigen Webereien, die in der Zeit der Industrialisierung entstanden, sorgten noch einmal für eine Expansion und Maschinisierung des Gewerbes. Doch durch das allmähliche Aufkommen der billigeren und vor allem leichter zu verarbeitenden Baumwolle gingen die Anbauflächen und die verarbeitenden Betriebe stark zurück, denn die Fasern der Baumwolle konnten nicht nur ohne weitere Verarbeitung sofort zu Garn versponnen werden, ihre höhere Dehnbarkeit machte auch eine deutlich schnellere und leichtere Verarbeitung möglich. Einem kurzen Anstieg während der beiden Weltkriege, als Deutschland weitestgehend von Baumwoll- und Wollimporten abgeschnitten war, und gefördert durch die Autarkiebestrebungen der Nationalsozialisten folgte der kontinuierliche Niedergang des Flachsanbaus und damit auch des Gewerbes der Leinenweber.“

U. a. aus: Landschaftsverband Rheinland (2015)

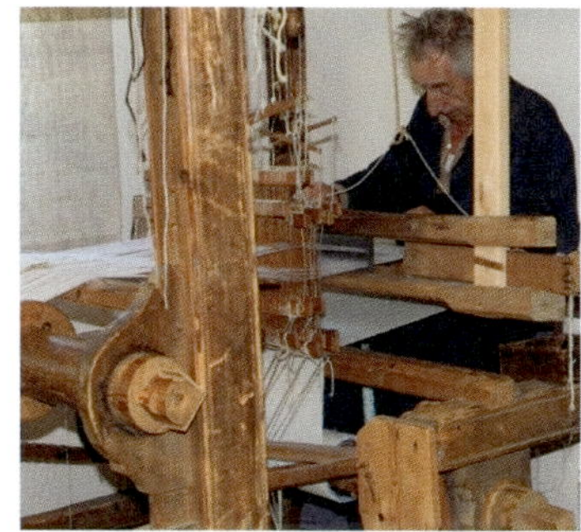

Adolf Barth am Webstuhl im Webereimuseum Breitenberg 2015.

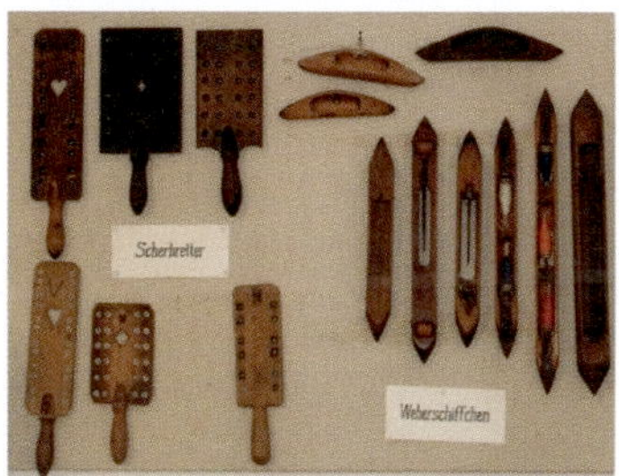


Scherbrett u. Weberschiffchen (Webereimuseum Breitenberg .

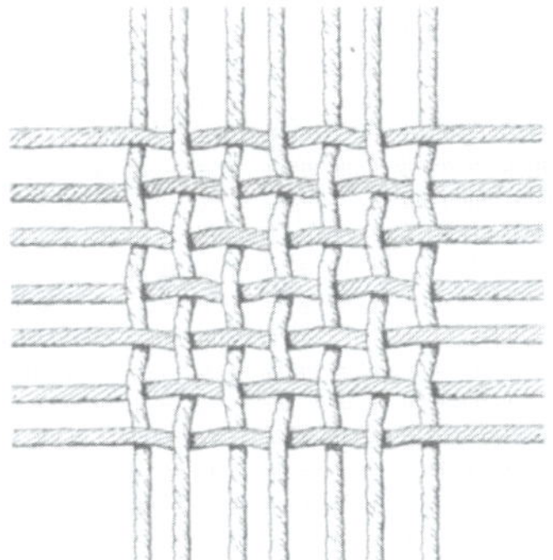

Leinenbindung durch Kett- (vertikal) u. Schussfaden (horizontal) (Balpinar Acar 1983, 43).

## Johann: Auf der Walz 1811–1816

Der bereits genannte verwitwete Franz Xaver Fromholzer heiratet ein zweites Mal die Seifensiederstochter Maria Eleonora Haller. Aus dieser Ehe gehen zwei Söhne Johann und Alois (I), hervor, die beide den Beruf des Färbers erlernen sollen.

(In den folgenden Generationen ist der Vorname „Alois" häufig vertreten. Um Verwechslungen auszuschließen, werden die Namensträger im Verlauf des weiteren Textes mit römischen Zahlen v. I bis V unterschieden, vergleiche dazu auch die Übersicht im Stammbaum auf S. 239.)

Von diesen beiden Söhnen sind Dokumente erhalten, die wesentliche Strukturen ihres Handwerks beleuchten, wie etwa Johanns „Wanderbuch" oder die Übernahme des Färberei-Anwesens in Ruhmannsfelden durch Alois (I), wie dies im nächsten Kapitel dargestellt wird.

Johann Fromholzer bekommt in seinem Wanderbuch von seiner verwitweten Mutter Eleonore bestätigt, dass er seine Gesellenzeit im väterlichen Betrieb absolviert hat. Dies ist die Voraussetzung, dass er nun mit 18 Jahren nach dem 4. März 1811 auf Wanderschaft gehen kann.

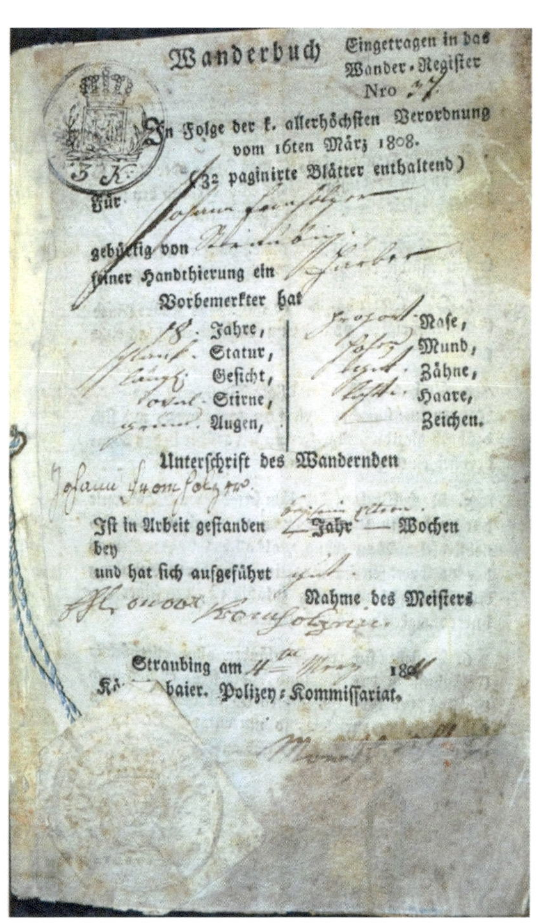

Wanderbuch

Eingetragen in das Wander-Register Nro

In Folge der k. allerhöchsten Verordnung vom 16ten März 1808.

(32 paginirte Blätter enthaltend)

Für

gebürtig von

seiner Handthierung ein

Vorbemerkter hat

Jahre, Statur, Gesicht, Stirne, Augen,

Nase, Mund, Zähne, Haare, Zeichen.

Unterschrift des Wandernden

Ist in Arbeit gestanden Jahr Wochen bey

und hat sich aufgeführt

Nahme des Meisters

Straubing am 18

K. baier. Polizey-Kommissariat.

WANDERBUCH DES JOHANN FROMHOLZER (ARCHIV FROMHOLZER).

Der ältere, Johann, wird 1793 geboren, macht eine vierjährige Lehre, die er am 4. März 1811 mit 18 Jahren abschließt. Er „ist in Arbeit gestanden bey seinen Eltern und hat sich aufgeführt gut. Eleonore Fromholzerin Nahme des Meisters“.

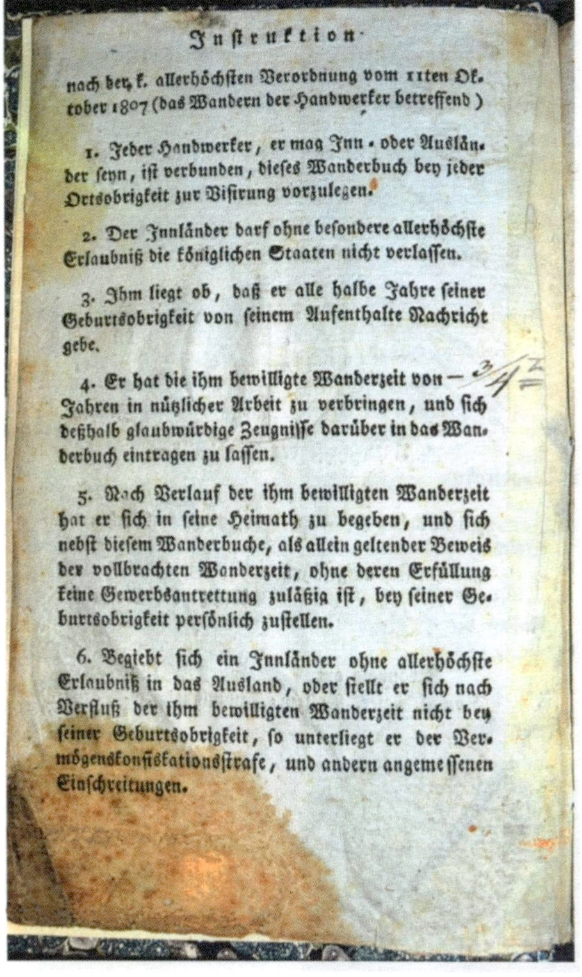

Instruktion

nach der k. allerhöchsten Verordnung vom 11ten Oktober 1807 (das Wandern der Handwerker betreffend)

1. Jeder Handwerker, er mag Inn- oder Ausländer seyn, ist verbunden, dieses Wanderbuch bey jeder Ortsobrigkeit zur Visirung vorzulegen.

2. Der Innländer darf ohne besondere allerhöchste Erlaubniß die königlichen Staaten nicht verlassen.

3. Ihm liegt ob, daß er alle halbe Jahre seiner Geburtsobrigkeit von seinem Aufenthalte Nachricht gebe.

4. Er hat die ihm bewilligte Wanderzeit von — 3/4 — Jahren in nützlicher Arbeit zu verbringen, und sich deßhalb glaubwürdige Zeugnisse darüber in das Wanderbuch eintragen zu lassen.

5. Nach Verlauf der ihm bewilligten Wanderzeit hat er sich in seine Heimath zu begeben, und sich nebst diesem Wanderbuche, als allein geltender Beweis der vollbrachten Wanderzeit, ohne deren Erfüllung keine Gewerbsantrettung zuläßig ist, bey seiner Geburtsobrigkeit persönlich zustellen.

6. Begiebt sich ein Innländer ohne allerhöchste Erlaubniß in das Ausland, oder stellt er sich nach Verfluß der ihm bewilligten Wanderzeit nicht bey seiner Geburtsobrigkeit, so unterliegt er der Vermögenskonfiskationsstrafe, und andern angemessenen Einschreitungen.

„Instruktion“ im Wanderbuch von Johann Fromholzer (Archiv Fromholzer).

In diesem Wanderbuch wird zunächst erläutert, dass sich der Wandergeselle bei der Polizeibehörde anmelden muss, dass er nach jeweils einem halben Jahr seiner Heimatbehörde seinen derzeitigen Standort mitzuteilen hat, dass spezifisch Johann Fromholzer 3 bis 4 Jahre für die Wanderzeit zugestanden werden. Letztlich „nach Verlauf der ihm bewilligen Wanderzeit hat er sich in seine Heimath zu begeben, und sich nebst diesem Wanderbuche, als allein geltender Beweis der vollbrachten Wanderzeit, ohne deren Erfüllung keine Gewerbeantretung zuläßig ist, bey seiner Geburtsobrigkeit persönlich zustellen.“

Diese Angabe auf der ersten Seite seines Wanderbuches bestätigt offensichtlich seine Mutter, die Witwe des Meisters. Johann soll nun auf Wanderschaft gehen, um bei den Färbermeistern in der Fremde noch möglichst viel dazuzulernen.

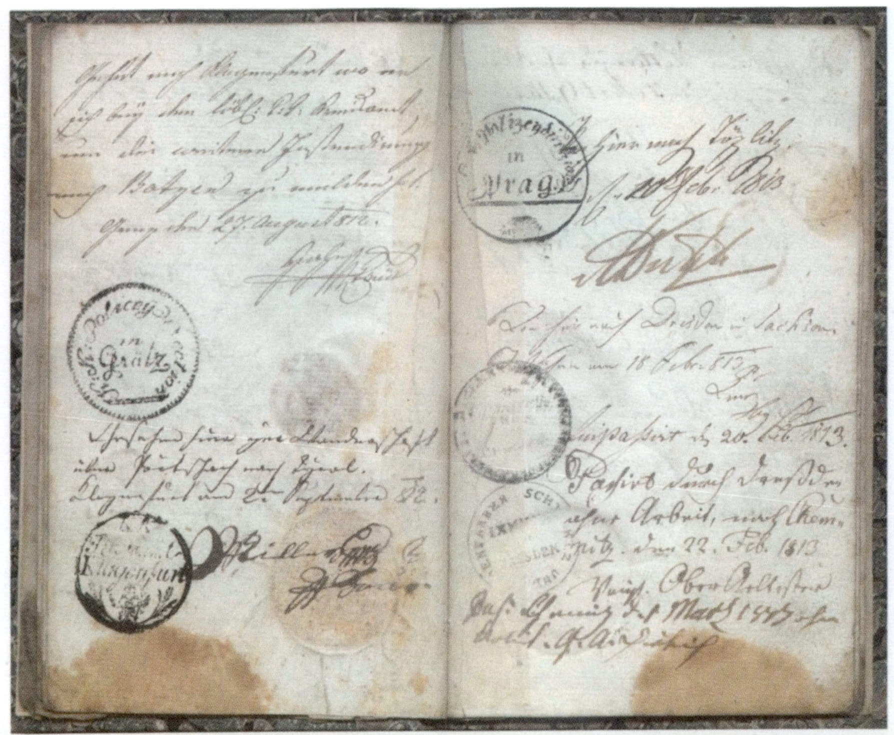

Einträge im Wanderbuch des Johann Fromholzer (Archiv Fromholzer).
Von der Steiermark und Kärnten wandert er nach Böhmen und dann nach Sachsen.

Er beginnt seine Wanderung in der Oberpfalz, zieht dann durch das Allgäuer Voralpenland nach Osten über Salzburg bis nach Wien, dann nach Mähren, um von dort in südwestlicher Richtung durch das Burgenland bis in das Oststeirische Hügelland mit der Hauptstadt Graz zu wandern. Er kommt dann im Süden bis Klagenfurt, dem Zentrum Kärntens. Von dort zieht es ihn wieder in nördlicher Richtung über die Ostalpen hinweg ins Böhmische Becken nach Budweis und Prag. Er überquert dann das Erzgebirge, um sich nach Dresden und Chemnitz zu wenden. Dann wandert er über Leipzig in die Niedersächsische Tiefebene bis nach Hamburg an die Nordsee. Von dort wendet er sich über die Mecklenburgische Seenplatte in den Ostseeraum, um sich dann wieder südwärts über Magdeburg und den Thüringer Wald nach Eger in Böhmen auf den Weg zu machen. Es gibt dann am 11. Dezember 1816 einen letzten Eintrag des „Polizey Amtes in Eger". Wann er dann ins heimische Straubing zurückgekehrt ist, lässt sich allerdings nicht sagen. Immerhin hat Johann Fromholzer vom 4. März 1811 bis zum 11. Dezember 1816 (in Eger!) in 2019 Tage, also in 5 Jahren und 9 Monaten 5132 km zurückgelegt. Davon ist er 1284 Tage gewandert und hat 735 Tage bei Färbermeistern sein Wissen erweitert. Er hat beispielsweise im mecklenburgischen Parchim 2 Wochen beim Meister Sauling gearbeitet. Es muss ihm dort so zugesagt haben, dass er 1 ½ Jahre später nochmals zu diesem Meister zurückgekehrt ist: „Produzent ist mit dem oben bemerkten Paß hirselbst angekommen und bey dem hiesigen Färber Sauling dreyviertel Jahr gearbeitet."

So wird klar, dass ein Geselle, der übrigens unverheiratet sein muss (STÜRMER 1986, 154), eine mehrjährige Wanderzeit zu absolvieren hat, bei der er das alles dazulernen soll, was über das Wissen seines Ausbildungsbetriebes hinausgeht. Erst danach kann er die Meisterprüfung machen, die Voraussetzung für einen eigenen Betrieb ist. Bis 1869 ist die Wanderschaft Pflicht (in: ÜBERRÜCK 2007, 269).

## Alois (I): Erwerb der Färberei in Ruhmannsfelden 1821

> „Alois Fromholzer, geb. am 18. Februar 1799 – aus Franz Xavers zweiter Ehe, bürgerlicher Färberssohn aus Straubing, erwirbt am 21. November 1821 von Monika Kirchbacher das Färberanwesen in Ruhmannsfelden im Bayerischen Wald. In einer Mittelgebirgsregion, in der seit alten Zeiten Flachsanbau und Leinenweberei betrieben wurden, hatte auch diese Färberei eine lange Tradition; sie ist schon für das Jahr 1584 bezeugt"(ARCHIV FROMHOLZER).

Diese Aufzeichnungen im Fromholzerschen Familienarchiv fußen auf dem Eintrag im „Grundsteuer=Kataster der Steuer=Gemeinde Ruhmannsfelden", das auf der Gesetzesgrundlage vom 15. August 1828 erstellt worden ist.

Die Vermessung Bayerns war nach den Umwälzungen notwendig, die sich aufgrund der Napoleonischen Kriege ergaben. Geistliche Gebiete, aber auch schwäbische und fränkische Territorien kamen 1805 zu Bayern. Bereits 1807 wurde die Steuerbefreiung von Adel und Kirche aufgehoben. Damit war es notwendig, ein einheitliches Grund- und Gebäudesteuersystem zu erstellen. Dazu war eine exakte Erfassung der Nutzflächen, nach Gebäude, Garten, Acker, Wiesen und Wald nach Größe, Bodengüte und Angabe des zu versteuernden prozentualen Verhältnisses nötig. Dies wurde in einem Kataster erfasst und in dem „Liquidationsplan" topographisch dargestellt. Das Rentamt, hier Viechtach, war für den Einzug der Steuern zuständig.

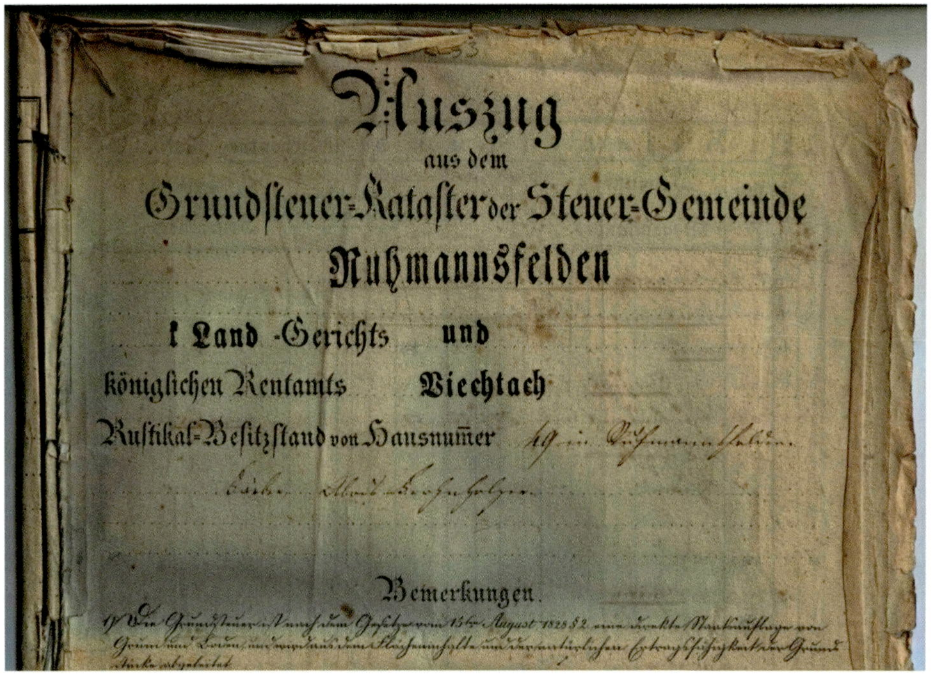

Auszug
aus dem
Grundsteuer-Kataster der Steuer-Gemeinde
Ruhmannsfelden
k. Land-Gerichts und
königlichen Rentamts Viechtach
Rustikal-Besitzstand von Hausnummer 49 ...

Bemerkungen.

GRUNDSTEUERKATASTER HAUSNUMMER 49 IN RUHMANNSFELDEN (ARCHIV FROMHOLZER).
Das Gebäude gehört dem Färber Alois Fromholzer.

In der Spalte „IV. Vortrag der Ankunftstitel und sonstigen Verhältnisse" gibt es in diesen Grundsteuerkatastern Angaben über den jeweiligen Vorbesitzer. Für das Anwesen mit der Hausnummer 49 ist zu lesen: „Laut Kaufbriefes [vom] 21[t] November 1821 von der Färbers=Wittwe Monika Kirchbacher mit dazugehörigen und inzwischen verkauften Grundstücken um 3900 f. [= Gulden] erkauft." Aus einem späteren Dokument, dem Übergabe-Vertrag an seinen Sohn 1849, erfahren wir, dass sich Alois mit dem Anwesen auch das Recht, eine Färberei zu betreiben, von der Witwe Kirchbacher erworben hat. Daraus wird ersichtlich, dass dies neben der Weitergabe des Handwerksrechtes vom Vater auf den Sohn oder der Einheirat bei einer Färberswitwe die dritte Möglichkeit darstellt, an eine „Gerechtsame" zu kommen, also das Recht, das Handwerk auszuüben.

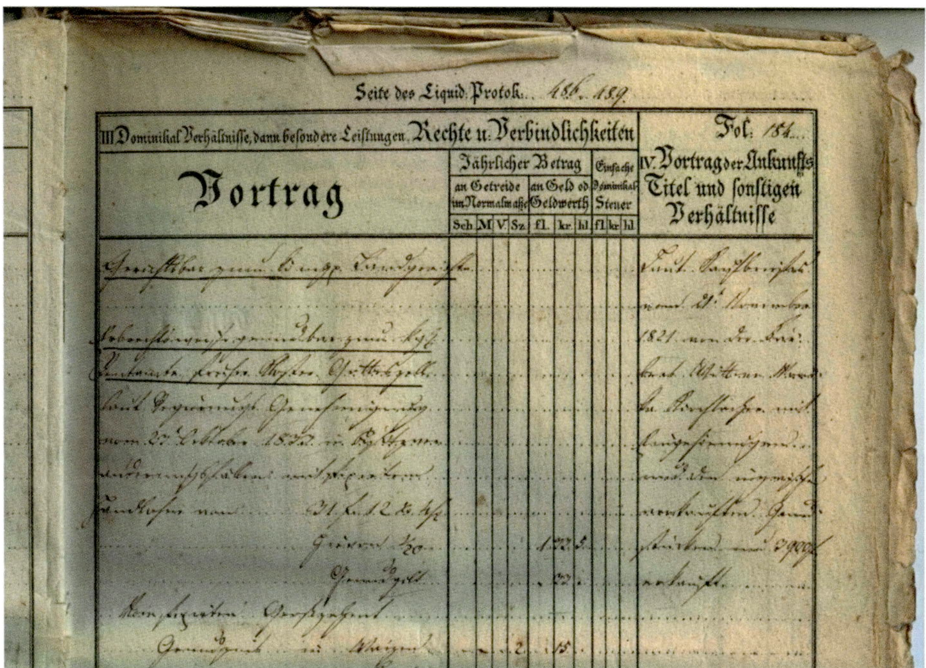

Seite des Liquid. Protok.

III Dominikal Verhältnisse, dann besondere Leistungen. Rechte u. Verbindlichkeiten

Fol.

Vortrag

Jährlicher Betrag: an Getreide im Normalmaße (Sch, M, V, Sz) | an Geld od. Geldwerth (fl., kr., hl) | Einfache Dominikal Steuer (fl, kr, hl)

IV. Vortrag der Ankunfts Titel und sonstigen Verhältnisse

„Ankunftstitel" des Anwesens Hausnummer 49 in Ruhmannsfelden (Archiv Fromholzer).
In der rechten Spalte des Dokuments lässt sich nachweisen, dass sich der Straubinger Alois Fromholzer 1821 in das Färberanwesen in Ruhmannsfelden für 39000 Gulden eingekauft hat.

Auf der gleichen Seite des Katasters ist belegt, dass der Besitzer vormals dem Kloster Gotteszell abgabenpflichtig war und nun seit dem 23. Oktober 1833 dem königlichen Rentamt „grundbar" ist, also in der Summe – statt den ursprünglichen Abgaben von Weizen, Korn [= Roggen] und Haber [= Hafer] – den Geldwert von 3 f. [= Gulden], 42 kr. [Kreuzer] und 5 hl. [Heller] jährlich an Steuern zu bezahlen hat. Bei dem Anwesen handelt es sich um den „Restkomplex des Kirchbacher Anwesens". Das heißt, es muss eine „Güterzertrümmerung", also ein Konkurs vorausgegangen sein. Das Anwesen besteht aus „Wohnhaus mit

Stall, Stadl, Schupfe und Hofraum" mit 0,19 Tagwerk, „Garten" von 0,25 Tagwerk, zwei Ackerflächen von zusammen 2 Tagwerk 53 Dezimalen, eine Wiese mit 1,73 Tagwerk und 1 Tagwerk 52 Dezimalen Wald, also in der Summe 6 Tagwerk und 22 Dezimalen Grund. Diese 211,9 Ar sind viel zu klein – selbst wenn man das zusätzliche unentgeltliche Nutzungsrecht der Gemeindeweide berücksichtigt –, um auf landwirtschaftlicher Basis den Lebensunterhalt zu verdienen. Immerhin liegt die durchschnittliche landwirtschaftliche Betriebsgröße des Bayerischen Waldes damals bei 12,8 Tagwerk (FEGERT 1992, 174). Damit wird deutlich, dass das familiäre Auskommen nicht in der Landwirtschaft liegen kann. So wird augenscheinlich, allein mit dem Färberhandwerk muss das Familieneinkommen erwirtschaftet werden!

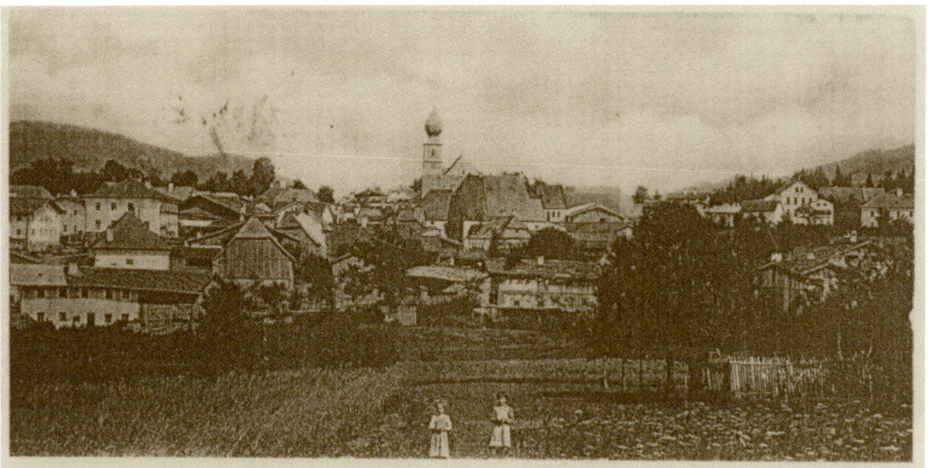

RUHMANNSFELDEN UM 1900 (ARCHIV FROMHOLZER).
Das stattliche zweigeschossige Gebäude mit jeweils drei Fenstern je Stockwerk (links oben) zeugt von der wirtschaftlichen Bedeutung der Färberei Fromholzer.

Die Fromholzers sind also nicht der ländlichen Unterschicht des Kleinhandwerks mit Landwirtschaft zuzurechnen, die damals ein Fünftel der Gesamtbevölkerung Bayerns ausmacht (FRIED 1978, 761.). Vielmehr gehören sie mit ihrer „Färber-Gerechtsame" zur privilegierten Führungsschicht.

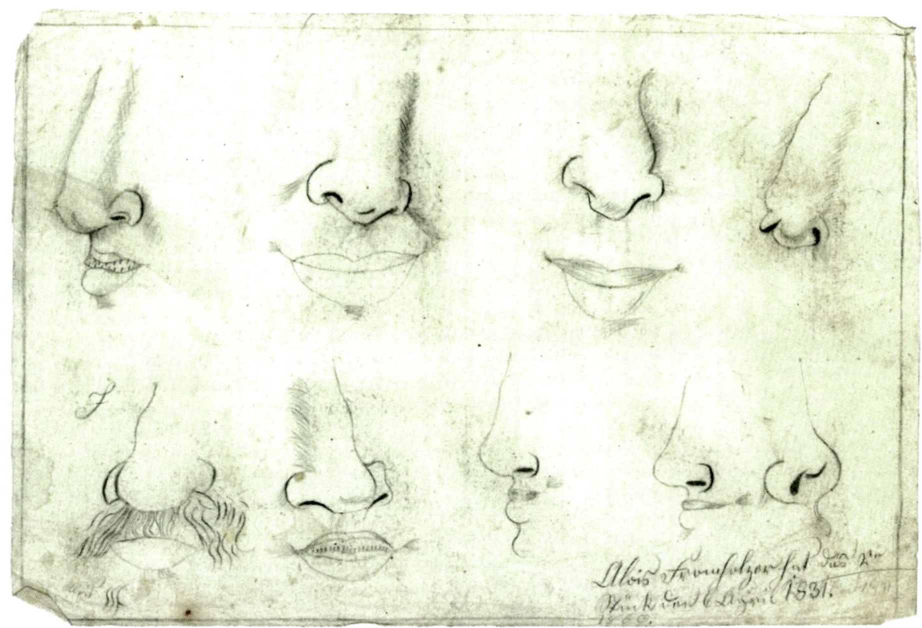

Alois (I) Gesichtsstudien 1831 (Archiv Fromholzer).
Die auf ein Drittel verkleinerte Abbildung hat der Färbermeister im Alter von 32 Jahren angefertigt.

Alois hat in seiner Jugend offensichtlich eine breite schulische Ausbildung genossen, die er nach der Familienüberlieferung in Straubing erlangt hat. Sonst wäre es nicht vorstellbar, dass er als junger Mann solche detaillierten Körperstudien angelegt hätte.

## Alois (II): Wanderjahre durch Europa 1839–1841

Alois Fromholzer (I), der 1799 in Straubing zur Welt gekommen und sich bereits mit 22 Jahren sich ein Färberanwesen in Ruhmannsfelden erwerben konnte, hat zwei Söhne, Alois, der 1822 geboren wird, und Joseph, der 1824 das Licht der Welt erblickt. Der Vater lässt seinen beiden Söhnen eine profunde Schulbildung angedeihen. Von Alois (II), wie bereits von seinem Vater, sind mehrere Zeichenstudien erhalten geblieben, die auf eine qualitätvolle Ausbildung hindeuten.

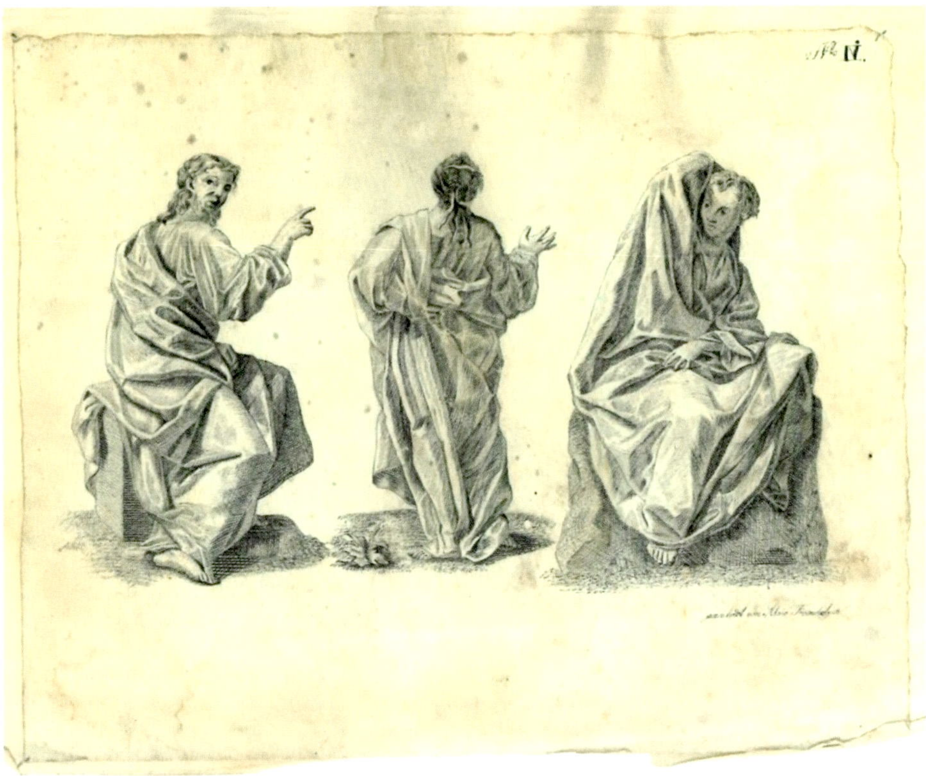

KÖRPERSTUDIEN ALOIS (II) FROMHOLZER (ARCHIV FROMHOLZER).

Neben griechischen Kapitellen und Löwenköpfen finden sich Skizzen von antiken Männer- und Frauenköpfen, aber auch ein Blatt mit Körper- und Gewandstudien.

Beide Söhne sollen in der Familientradition tüchtige Färberhandwerker werden. Deshalb sollen sie nach ihrer Gesellenzeit auf die Wanderschaft gehen, um sich ebenfalls breite handwerklicher Fertigkeiten aneignen zu können.

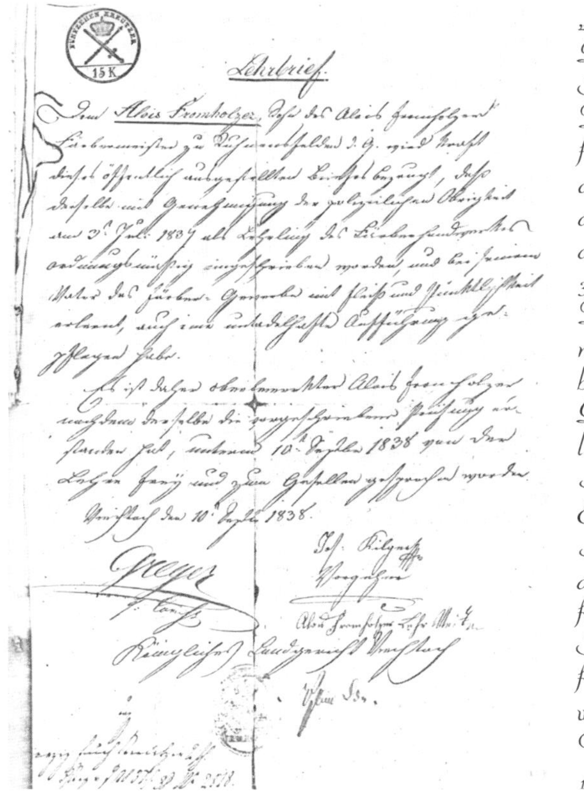

LEHRBRIEF ALOIS (II) FROMHOLZER 1838 (ARCHIV FROMHOLZER)

„<u>Lehrbrief</u>
Dem <u>Alois</u> [II] <u>Fromholzer</u>, Sohn des Alois [I] Fromholzer Färbermeister zu Ruhmannsfelden wird kraft dieses öffentlich ausgestellten Briefes bezeugt, daß derselbe mit Genehmigung der polizeilichen Obrigkeit am $3^{ten}$ Juli 1834 als Lehrling des Färberhandwerkes ordnungsmäßig eingeschrieben worden, und bei seinem Vater das Färber=Gewerbe mit Fleiß und Pünktlichkeit erlernt, auch eine untadelige Aufführung gepflogen habe.
Es ist dieser oben bemerkter Alois Fromholzer, nachdem derselbe die vorgeschriebene Prüfung erstanden hat, unterm $10^{ten}$ September 1838 von der Lehre frey und zum Gesellen gesprochen worden.
Viechtach den $10^{ten}$ September 1838"

Bei der „Freisprechung“ wird vom Meister über den Lebenswandel des Gesellen berichtet, dann findet eine Prüfung im Lesen und Schreiben, nicht aber im Rechnen statt. Dann wird dem Gesellen eine „Vermahnung“ zuteil, also ein Tugendkatalog der ständischen Ehre, dessen Übertretung Sanktionen zur Folge hat (STÜRMER 1986, 157).

Nach dem „Leumundszeugnis" vom 25ten April 1839 „besitzt" Alois (II) „einen vorzüglich guten Lebenswandel und kann jedem Färbermeister bestens als Färbergeselle empfohlen werden" (ARCHIV FROMHOLZER).

Das für Alois (II) zuständige Landgericht Viechtach bestätigt, „derselbe [Alois (II) Fromholzer] durch seinen Vater Alois Fromholzer Produzent erbrachte Laut Lehrbrief dn. 10 September 1838 das Färbergewerbe ordnungsmäßig und erhält die Erlaubniß bis zum Aufruf seiner Militärpflichtigkeitsjahre in den deutschen Bundesstaaten namentlich in den K. k. österreichischen Staaten, ‚mit Ausschluss aller anderen Länder' wandern zu dürfen. […] Fromholzer hat sein Heimatrecht in der Marktgemeinde Ruhmannsfelden anzusprechen, besitzt guten Leumund, pflog bisher eine vorzügliche Aufführung. Geht nun nach Straubing, tritt jedoch seine Reise am 29. erst an. Den 24ten April 1839 K. Landgericht Viechtach" So ausgerüstet kann sich nun Alois (II) mutig auf die Wanderschaft machen.

Der am 13. November 1822 geborene Färberssohn wird mit einer Größe von fünf Fuß und acht Zoll, also 1,65 m, einem länglichen Gesicht, grauen Augen, einem gewöhnlichen Mund, braunen Haaren und keinen besonderen Kennzeichen beschrieben. Diese Angaben bestätigt Alois (II) mit seiner Unterschrift. Damit ist er eindeutig identifizierbar.

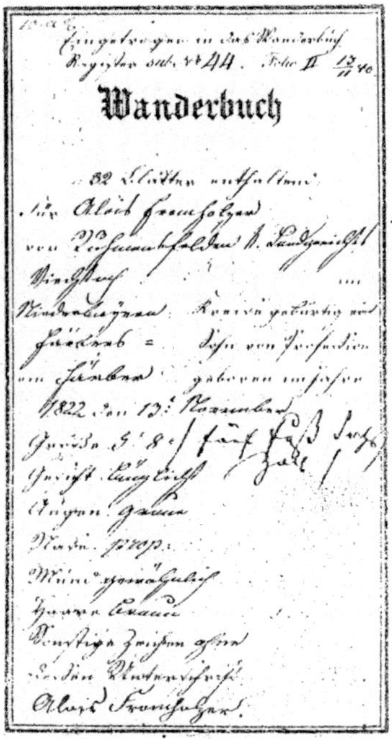

WANDERBUCH ALOIS (II) FROMHOLZER (ARCHIV FROMHOLZER)

Über das Prozedere der Wanderjahre, der sog. „Walz" gibt die Wanderordnung von 1830 Aufschluss, die in seinem Wanderbuch abgedruckt ist:

„1. Jeder reisende Handwerksgeselle muß bei seiner Ankunft in einer Stadt oder einem zunftberechtigten Flecken sein Wanderbuch sofort der Polizeibehörde zur Einzeichnung des Tages der Production vorzeigen, und ebenso, wenn die Reise weiter geht, von derselben den nächsten zunftberechtigten Ort, wohin er sich zu begeben gedenkt, eintragen lassen. Begehrt er an dem Orte keine Arbeit, oder sind dort keine Meister seines Handwerks vorhanden, so darf er sich ohne besondere Erlaubniß der Polizeibehörde daselbst nicht über 24 Stunden aufhalten; in dem entgegengesetzten Falle muß er sich sofort um Arbeit umschauen, und wenn er innerhalb zwei Tagen keine Arbeit erhalten hat, seine Reise fortsetzen, falls ihm nicht ein längerer Aufschub von der Behörde bewilligt wird."

## Einträge im Wanderbuch des Alois (II) Fromholzer, geboren 1822

| Von | Wohin/Wo | Wann | Behörden-Bestätigung |
|---|---|---|---|
| Ruhmannsfelden | Straubing | 29.04.1839 | Landgericht Viechtach |
| Straubing | Regensburg | 02.05.1839 | [?] Straubing |
| Regensburg | Landshut | 05.05.1839 | Landgericht [?]Regensburg |
| Landshut | Moosburg | 07.05.1839 | Rentamt Landshut |
| Moosburg | Freysing | 08.05.1839 | Landgericht Moosburg |
| | Freysing | 09.05.–18.06.1839 | Landgericht Freysing |
| Freysing | München | 18.06.1839 | Landgericht Freysing |
| München | Augsburg | 20.06.1839 | K. Polizeidirektion München |
| Augsburg | Zusmarshausen | 25.06.1839 | K. Rentamt Augsburg |
| Zusmarshausen | Günzburg | 25.06.1839 | Landgericht Zusmarshausen |
| Günzburg | München | 26.06.1839 | Landgericht Günzburg |
| Neuulm | Ulm | 26.06.1839 | K. Polizeibureau Neuulm |
| Ulm | Stuttgart | 26.06.1839 | [?] Ulm |
| Stuttgart | Kehl | 01.07.1839 | Polizey Stuttgart |
| Kehl | Carlsruhe | 06.07.1839 | Gr. Commandantschaft Kehl |
| Carlsruhe | Mannheim | 09.07.1839 | Gr. Polizeibureau |
| Mannheim | Frankfurt | 12.07.1839 | Grossh. Polizeibureau Mannheim |
| | In Langen | 15.07.–05.08.1839 | Ortspolizei Langen: „in Arbeit, hat sich gut betragen" |
| Langen | Frankfurt | | Ortspolizei Langen |
| Frankfurt | Aschaffenburg | 05.08.1839 | Pol. Amt Freie Stadt Frankfurt |
| Aschaffenburg | Obernburg | 07.08.1839 | Königl. Bayer. Stadtcommisariat Aschaffenburg |

| | | | |
|---|---|---|---|
| Obernburg | Kleinheubach (bei Miltenberg) | 07.08.1839 | Kgl. Landgericht Obernburg |
| Kleinheubach | Amorbach | 08.08.1839 | Fürstl. Grafschaftsgericht Kleinheubach |
| | | 09.08.1839 | „eingetragen“ |
| Amorbach | Miltenberg | 03.03.1840 | Magistrat Miltenberg: „Inhaber im Gesellenregister eingetragen und zahlte das Spitalgeld“, |
| | Miltenberg | 09.08.1839 – 03.03.1840 | Magistrat Miltenberg: „mit gutem Betragen in Arbeit“ |
| Miltenberg | Wertheim | 03.03.1840 | Magistrat Miltenberg |
| Wertheim | Würzburg | 03.03.1840 | Großherz. Bad. Stadt- u. Landamt |
| Würzburg | Karlstadt | 25.03.1840 | K. B. Stadtcommissariat Würzburg |
| | Würzburg | 05.03.– 25.05.1840 | K. B. Stadtcommissariat Würzburg: „mit gutem Betragen dahier in Arbeit“ |
| Karlstadt | Hammelburg | 25.05.1840 | Kgl. Landgericht Karlstadt |
| Hammelburg | Brückenau | 26.05.1840 | Kgl. Landgericht Hammelburg |
| Brückenau | Fulda | 27.05.1840 | Kgl. Landgericht Brückenau |
| Fulda | Cassel | 28.05.1840 | Kurf. Pol. Direction Fulda |
| Cassel | Münden | 01.06.1840 | Kurfürstl. Hess. Pol. Direction |
| Münden | Über Göttingen nach Hildesheim | 02.06.1840 | Magistrat der Stadt Münden |
| Hildesheim | Über Hannover Celle nach Bremen in acht Tagen | 05.06.1840 | Magistrat der Stadt Hildesheim |
| Bremen | Richtung Hamburg | 12.06.1840 | Polizeidirection Bremen |
| Rotenburg [Wümme] | | [?] – 20.09.1840 | „Inhaber arbeitete in …[?]“ |
| Rotenburg | Hamburg | 20.09.1840 | |
| Hamburg | Glückstadt | 22.09.1840 | Polizeibehörde |
| Glückstadt | Rendsburg | 05.10.1840 | „gültig nach Kiel … [?]“ |
| Rendsburg | Kiel | 07.10.1840 | Rendsburger Policey |
| Kiel | Nach Lübeck | 08.10.– 02.11.1840 | „Inhaber hat bei dem hiesigen Bürger und Färbermeister Schumacher seither mit pflichtmäßigem Verhalten gearbeitet“ |
| Preetz | Ziel Schwerin | 03.11.1840 | Polizei Kloster Preetz |
| Eutin | Ziel Schwerin | 03./ 04.11.1840 | Stadt Eutin |

| | | | |
|---|---|---|---|
| Lübeck | Schwerin | 05.11.1840 | Polizeidirection |
| Schwerin | Über Wismar nach Rostock | 07.11.1840 | Stadt Schwerin: „Mit Reisegeld versehen" |
| Rostock | Ribnitz | 11.11.1840 | Polizei |
| Ribnitz | Damgarten | 12.11.1840 | Polizei Ribnitz |
| Damgarten | Stralsund | 12.11.1840 | Preuß. Polizei Direction: „Nach Stralsund in zwey Tagreis, Inhaber besitzt das vorschriftsmäßige Reisegeld und ist das Wander [?] um zu siegeln" |
| Stralsund | Richtung Stettin | 14.11.1840 | Stadtpolizei: „Nach Stettin in sieben Tagen" |
| Pasewalk | Richtung Stettin | | „Nach Stettin in Ein ½ Tag. Inhaber hat hier vierzehn Tage in Arbeit gestanden" |
| Stettin | Coeslin | 08.12.1840 | Königl. Polizei Direction |
| Coeslin | Danzig über Stolp | 15.12.1840 | Polizeidirection: „Danzig über Stolpe in acht Tagen" |
| Danzig | Nach Königsberg über Elbing | 23.12.1840 | Königl. Press. Landrath u. Polizei Director: „nach Königsberg über Elbing in acht Tagen" |
| Königsberg | Thorn | 02.01.1841 | König. Polizei Präsident: „Nach Thorn in vierzehn Tagen, fand hier keine Arbeit" |
| Thorn | Posen über Bromberg | 18.01.1841 | Polizei Fremden Bureau |
| Posen | Nach Cüstrin über Pinne | 25.01.1841 | K. Polizei Direction: „Nach Cüstrin über Pinne in acht Tagen" |
| Cüstrin | Berlin Richtung Erfurt | 30.01.1841 | Magistrat: „in sechs Tagen" |
| [?] | Magdeburg | 05.02.1841 | Polizei Präsidium: „Nach Magdeburg in sechs Tagen" |
| Magdeburg | Richtung Leipzig | 12.02.1841 | Oberbürgermeister: „in fünf Tagen" |
| Coennern | Leipzig | 03.05.1841 | Magistrat: „Inhaber stand hier seit letztem Visa mit gutem Betragen in Arbeit und geht jetzt in drei Tagen nach Leipzig" |
| Leipzig | Gera | 05.05.1840 | Sicherheitsbehoerde der Stadt Leipzig |
| Gera | Coburg | 08.05.1841 | |
| Coburg | Bamberg | 12.05.1841 | Polizei Direction |
| [?]enz | Eltmann | 14.05.1841 | |
| Eltmann | Schweinfurt | 14.05.1841 | Kgl. Landgericht |
| Schweinfurt | | 16.05.1841 | |
| | Würzburg | 17.05.1841 | K. B. Stadtkommandant |
| | Würzburg | 17.05.1841 | „Gesehen beim Königl. Bayer. Stadtkommissaiat Würzbug und Arbeitsantritt" |
| | Würzburg | 17.05.–30.08.1841 | Bürgermeisteramt: „stand seit 17. Mai d. J. klaglos dahier in Arbeit" |

| | | | |
|---|---|---|---|
| Würzburg | nach Augsburg | 30.08.1841 | Königl. Bayer. Stadtkommissariat |
| Ansbach | Nürnberg | 01.09.1841 | „gesund nach Nürnberg“ |
| Nürnberg | Nach Augsburg | 03.09.1841 | Königl. Bayer. Stadtkommissariat |
| ? | ? | 05.09.1841 | |
| Augsburg | Schwabmünchen | 05.09.1841 | Königl. Bayer. Stadtkommissariat |
| Schwabmünchen | Kaufbeuern | 06.09.1841 | |
| Kaufbeuern | Kempten | 08.09.1841 | „geht nach Kaufbeuern nachdem ihm vorerst die Allerg. Verordnung vom 14ten Jaenner 1841 unerlaubte Gesellenverbindungen etc betr. bekannt gemacht wurde.“ |
| Kempten | Nach Lindau über Isny | 08.09.1841 | Königl. Bayer. Stadtkommissariat |
| Lindau | Constanz | 11.09.1841 | K. B. Stadtcommissariat |
| Constanz | Schaffhausen | 12.09.1841 | Gr. Bad. Kommissariat |
| | Canton Thurgau Taegerweilen | 12.09.1841 | „Canton Thurgau Taegerweilen für den Eintritt“ |
| Schaffhausen | Zürich | 13.09.1841 | Cantons Polizey |
| Zürich | Bern | 14.09.1841 | Cts. Polizey |
| Bern | „nach Mailand“ | 18.09.1841 | Central Polizei Direction |
| [?] | [?] | [?] | |
| Lugano | | 24.09.1841 | „fornita l’indemnita di via in L[ira] 1.80“ |
| Ticino [= Tessin] | | | Cantone Ticino |
| Chur | Bregenz | | Eidgenossenschaft Graubünden |
| | Brü[c]ke Ragaz | 28.09.1841 | Stempel: „Eintritt in den Cant. St. Gallen Brüke Ragaz“ |
| Gallmist | Bregenz | 29.09.1841 | Vorarlberg |
| Bregenz | Immenstadt | 30.09.1841 | |
| Immenstadt | Füssen | 01.10.1841 | Kgl. Landgericht |
| | Immenstadt | 09.10.1841 | Kgl. Landgericht Immenstadt: „Produzent hat sich seit obigem Visa bey dem hiesigen Färbermeister Selteniag [?] auf Besuch aufgehalten, ist gesund und geht über München nach hause“ |

Quelle: Wanderbuch des Alois Fromholzer Färbergeselle gebürtig von Ruhmannsfelden in Nieder-Baiern 1839-1841.
[?] = unleserlich; blau = Arbeitsaufenthalt; braun = A. erhält Reisegeld; grün = A. zahlt Spitalgeld.

Entsprechend den zünftischen Bestimmungen finden sich 85 lückenlose Einträge im Wanderbuch des Alois (II). Dort wird auch ersichtlich, dass er aus vielen Orten, an denen er keine Arbeit aufgenommen hat, ordnungsgemäß ohne Aufenthalt weitergewandert ist. Somit ist der Wandergeselle veranlasst, unermüdlich unterwegs zu sein, sich dabei fortzubilden, und wenn sich keine Gelegenheit bietet, in steter Wanderung neue Berufserfahrungen an anderen Orten zu suchen. Die präzisen Eintragungen über das nächste Ziel des Wandergesellen Alois (II) und die voraussichtliche Dauer der Reise zum nächsten Ziel, etwa „Nach Cüstrin über Pinne in acht Tagen“ oder „Nach Stralsund in zwey Tagreis“, ist auch in der Wanderordnung entsprechend vorgeschrieben:

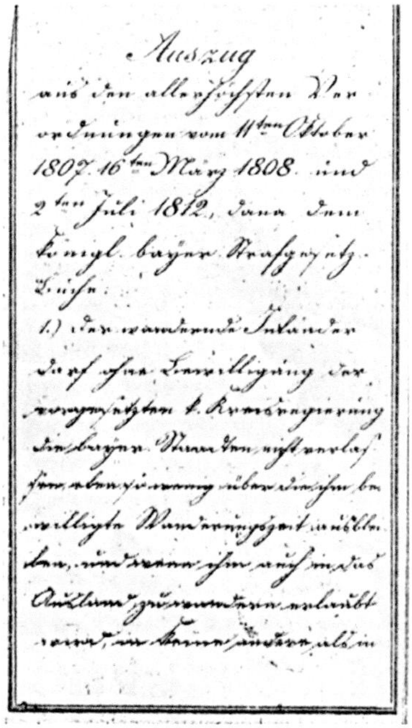

„4. Der Geselle muß bei jeder Ortsveränderung in der auf seiner Reiseroute belegenen nächsten Stadt, oder dem nächsten zunftberechtigten Flecken, wohin sein Wanderbuch visirt ist, wenn die Entfernung nicht über vier Meilen beträgt, innerhalb 24 Stunden, im entgegengesetzten Falle aber spätestens innerhalb zwei Tagen eintreffen, oder wenn er unterwegs durch Krankheit, Besuch von Angehörigen oder sonstige Abhaltungen verhindert wird, zu der vorgeschriebenen Zeit an dem Bestimmungsorte einzutreffen, daselbst mittelst einer von dem Ortsvorsteher beglaubigten Bescheinigung desjenigen, bei dem er sich aufgehalten hat, die Ursache der eingetretenen Verzögerung nachweisen.“

Wanderbuch Alois (II) Fromholzer (Archiv Fromholzer)

Die akribische Führung des Wanderbuches mit seinen genauen Einträgen diente folglich weitgehend der Kontrolle der Wanderburschen, um zu verhindern, dass sie als „Vagabonden“ – so in der Wanderordnung in § 10 vermerkt – durch Deutschland ziehen konnten. Während der längeren Arbeit bei einem Meister ist das Wanderbuch in der Zunftlade aufbewahrt worden. Damit konnte der Geselle auch nicht einfach von seiner Arbeitsstelle davonlaufen.

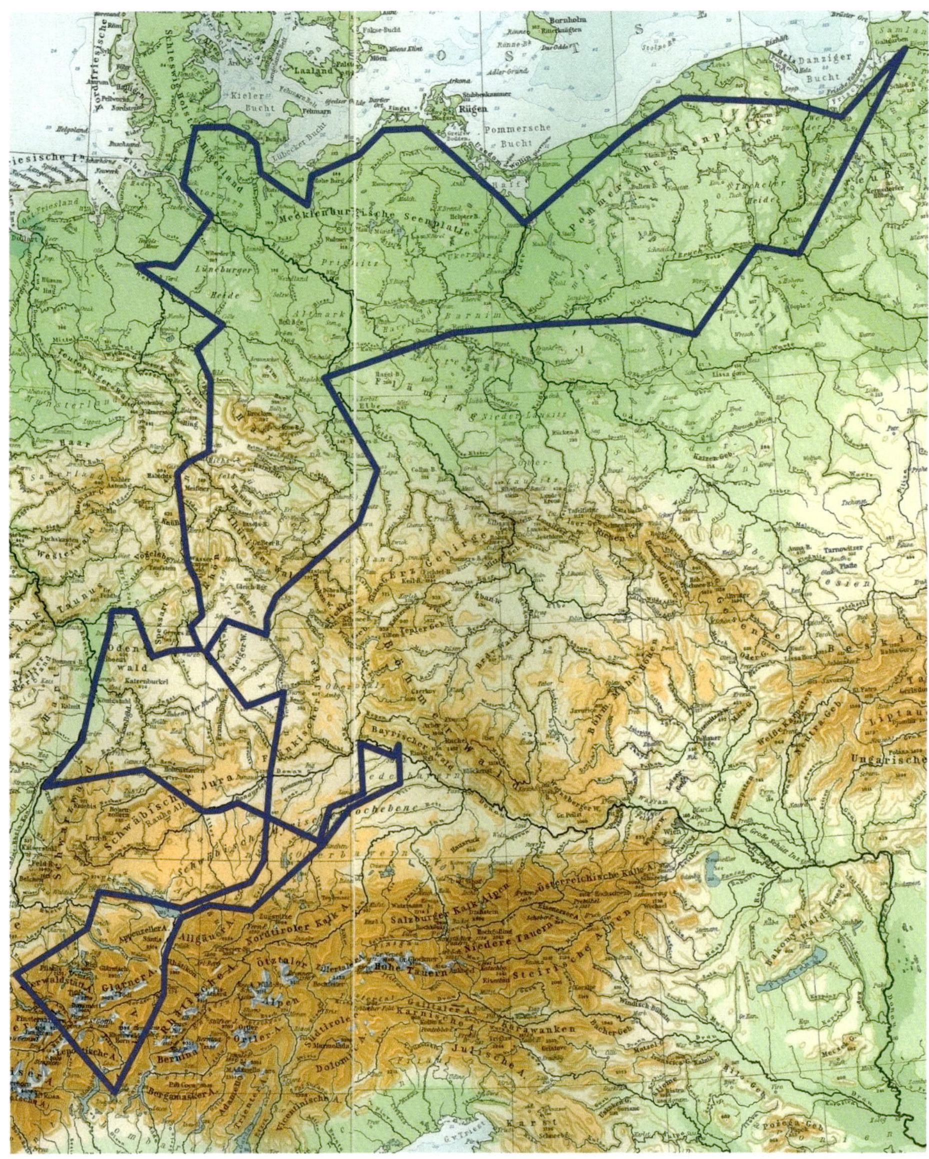


WANDERROUTE ALOIS (II) FROMHOLZER 1839–41, generalisiert (ENTWURF: FEGERT, KARTENGRUNDLAGE: ANDREES ALLGEMEINER HANDATLAS [6]1914).

Betrachten wir die Wanderroute des Alois (II), so wendet er sich zunächst nach Augsburg, überquert die Schwäbische Alb und den Schwarzwald, erreicht dann die Westgrenze des Reiches in Kehl. Dann zieht er über Karlsruhe das Rheintal hinunter bis Frankfurt, wandert durch die Hessische Senke, das Hessische Bergland, Weserbergland, den Rand des Harzes, Lüneburger Heide, um in Hamburg und Rendsburg an die Nordsee zu gelangen. Er zieht schließlich über Vorpommern an der Ostseeküste entlang nach Stralsund.

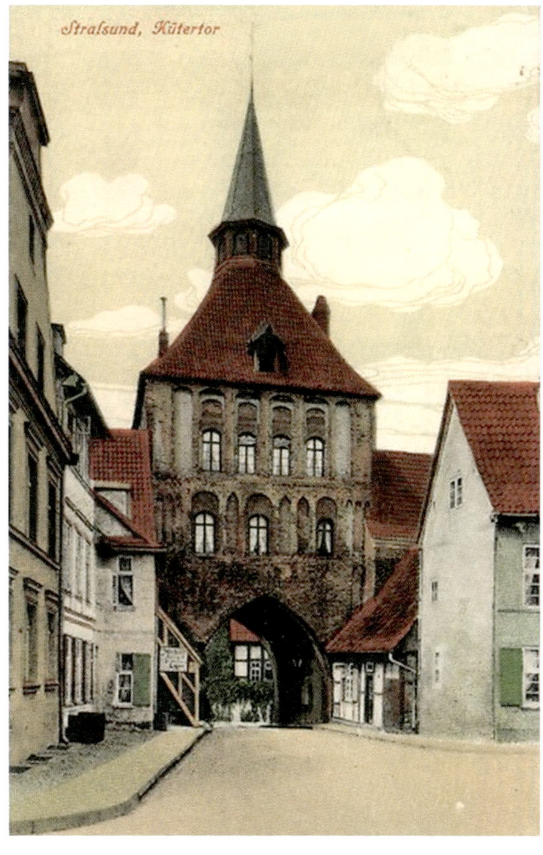


STRALSUND UM DIE JAHRHUNDERTWENDE (ARCHIV FEGERT)

Stralsund, direkt an der Ostsee gelegen, hat sich im Mittelalter zu einer bedeutenden Handelsstadt entwickelt und war nach Lübeck die wichtigste Hansestadt. Deshalb konnten sich auch wichtige Handwerkerzünfte in der Stadt etablieren.

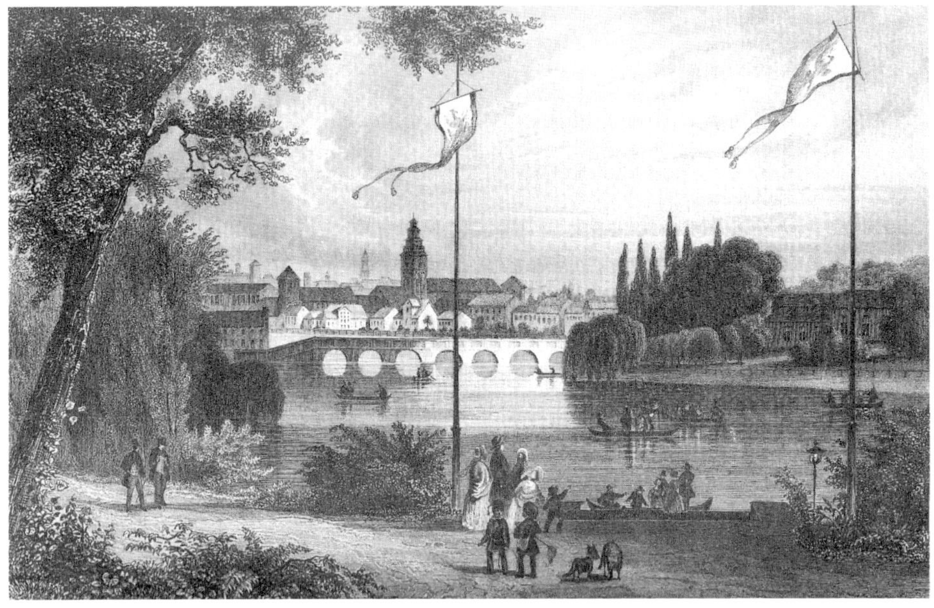

KÖNIGSBERG UM 1850 (ARCHIV FEGERT).
Über die Pregel-Mündung hinweg schweift der Blick auf die Altstadt mit dem Schloss.

Auf der Pommerschen Seenplatte gelangt Alois über Danzig bis zur Masurischen Seenplatte ins winterkalte Königsberg. Er hat damit den nördöstlichsten Punkt seiner Wanderung erreicht. Er wandert anschließend südwestwärts über die Oder nach Berlin, um von dort durch die Magdeburger Börde, der Saale entlang, den Thüringer Wald zu übersteigen. Er kommt durchs Maintal nach Würzburg, überquert den Steigerwald mit dem Ziel Nürnberg. Von dort wendet er sich südwärts über die Fränkische Alb, überquert die Donau, um durchs Lechtal nach Augsburg zu gelangen. Er durchwandert das Allgäuer Alpenvorland, setzt von Lindau über den Bodensee nach Konstanz, besucht vermutlich die Schaffhausener Wasserfälle am Rhein. Damit verlässt Alois Deutschland, wenn er nun über Zürich nach Bern zieht. In Bern gibt er zu Protokoll in seinem Wanderbuch, dass er „nach Mailand" will. Laut seinem Wanderbuch ist er wohl durchs Aaretal, über einige Alpenpässe (wohl Susten, St. Gotthard mit 2114 m Passhöhe) und durch das Tessin, dann allerdings nur nach Lugano gekommen. Dort atmet er schon die warme Herbstluft Oberitaliens.

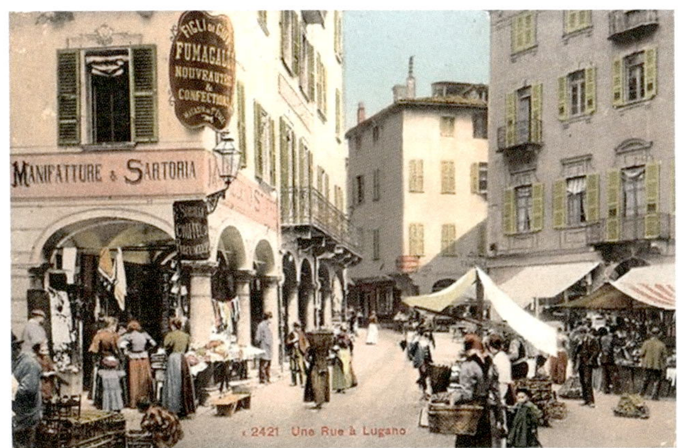


In den engen Gassen der südlich anmutenden Stadt am Luganer See herrscht reger Handel und auch lebendiges Handwerk, wie am Firmenschild „Manifatture & Sartoria“, also die Herstellung von Kleidung und Schneideratelier/ Schneiderzubehör zu entnehmen ist.

Lugano, Straßenszene um 1900 (Archiv Fegert).

Nach nur kurzem Aufenthalt wandert er wieder nordwärts, vermutlich durchs Vorderrheintal nach Chur. Er wählt weiterhin den bequemen Talweg entlang des Alpenrheins ins österreichische Bregenz. Dann wendet er sich wieder nordostwärts durch das Alpenvorland nach Immenstadt. Dort trägt sein Wanderbuch den letzten Eintrag: „Produzent hat sich seit obigem Visa bey dem hiesigen Färbermeister [… ?] auf Besuch aufgehalten, ist gesund und geht über München nach hause“, wo er wohl um den 20. Oktober 1841 im winterlichen Ruhmannsfelden ankommt.

Bei seiner Wanderung ist Alois (II) durch zahlreiche kleine Dörfer und kleine Herrschaftsgebiete, wie etwa das Fürstlich Löwenstein-Wertheimische Kleinheubach, gekommen, aber die Ziele seiner beruflichen Entwicklung sind die großen Städte. Er kommt in sechs Hansestädte und vierzehn Freie Reichsstädte! Mit ihrer Reichsunmittelbarkeit haben sich die Bürger dieser Städte große Privilegien erworben, die den Handel und damit auch das Handwerk befördert haben, so auch das Färberhandwerk!

Für den Umfang der Gesellenwanderung gibt es klare Vorgaben nach „§ 4 N° 2 der Vollzugsverordnung für das Gewerbewesen in den sieben älteren Kreisen des Königreiches Bayern“. So „wird bei der Berechnung der dreyjährigen Wanderzeit a.) nur die in wirklicher Arbeit bei Meistern oder Fabrikanten, und zwar b.) außer dem Lehrorte und Bezirke zugebrachte Zeit in Anschlag gebracht. Die Wandernden haben sich die Zeit demnach genau anzeigen zu lassen, die Militärpflichtigen aber noch insbesondern halbjährig ihrer Konskriptions-Behörde den Aufenthaltsort anzuzeigen, und rechtzeitig zurückzukehren."

Alois (II) Fromholzer hat in 2 Jahren und 7 Monaten 5628 km zu Fuß zurückgelegt. Von den insgesamt 935 Tagen, die er unterwegs war, ist er 264 Tage gewandert. Drei Viertel seiner Wanderschaft, also 668 Tage hat er unterwegs bei Färbermeistern als Geselle gearbeitet und Erfahrungen für seine Handwerkskunst gesammelt. Die rot markierten Einträge in der Tabelle zeigen seine Berufstätigkeit: Im niederbayerischen Freising hat er bereits 40 Tage gearbeitet, im hessischen Langen war er zunächst 21 Tage als Geselle, im bayerisch-fränkischen Miltenberg hat es ihm „mit gutem Betragen" 207 Tage gefallen, in Würzburg sammelt er 81 Tage Erfahrungen, im kurfürstlich-braunschweigischen Rotenberg an der Wümme bleibt er 100 Tage. Danach arbeitet er in Kiel 25 Tage „bei dem hiesigen Bürger und Färbermeister Schumacher seither mit pflichtmäßigem Verhalten". Seine nächste Arbeitsstelle tritt er für nur 14 Tage in Pasewalk am Rand der Uckermark an. Nach weiteren eineinhalb Tagen wandert er weiter, bis er immerhin 75 Tage lang im sächsischen Könnern „hier seit letztem Visa mit gutem Betragen in Arbeit [steht] und geht jetzt in drei Tagen nach Leipzig". Seine nächste und letzte Stelle als Wandergeselle nimmt er dann in Würzburg an und „stand seit 17. Mai d. J. klaglos dahier in Arbeit". Er bleibt dort sogar 105 Tage und verdient hier offenbar so viel, dass er seine Wanderung durch die Schweiz bis ins Tessiner Lugano und von dort aus in die Heimat finanzieren kann. Es zeigt sich also, dass er die zünftische Vorgabe, mindestens alle sechs Wochen eine Arbeit annehmen zu müssen, erfüllt hat.

Doch in seinem Wanderbuch finden wir auch zwei Einträge aus Schwerin „Mit Reisegeld versehen" und in Königsberg „in vierzehn Tagen, fand hier keine Arbeit". Was hat es damit auf sich? Hierüber gibt wiederum die Wanderordnung im Wanderbuch von Alois Auskunft:

> „11. […] Kann indeß ein wandernder Geselle an einem Orte, wo eine Zunft seines Handwerks vorhanden ist, keine Arbeit bekommen, und wünscht derselbe einen Zehrpfennig zu erhalten, so darf er sich, unter Vorzeigung seines Wanderbuchs, an den Aeltermann wenden und kann, wenn die nächste Stadt oder der nächste zunftberechtigte Flecken auf seiner Route, nicht über drei Meilen entfernt ist, eine Unterstützung von 8 rbß. [= „Schilling"], und bei größerer Entfernung, von 16 rbß. gewärtigen. Weitere Geschenke oder Unterstützungen kann der Geselle nicht verlangen."

Damit wird ein weiteres konstituierendes Element des Zunftwesens deutlich: Wenn der Wandergeselle trotz seines obligatorischen Bemühens um Arbeit, keine Stelle als Geselle finden konnte, hatte die Zunft eine soziale Verpflichtung gegenüber ihrem Zunftgesellen. Damit sollte vermieden werden, dass es bei den vorgeschriebenen Wanderungen der Handwerksgesellen zu existenziellen Notlagen und eventuell daraus entstehenden Rechtsverstößen und kriminellen Handlungen kommen konnte.

Um den 20. Oktober 1841 erreicht Alois (II) nach über zweieinhalb Jahren wieder das heimatliche Ruhmannsfelden und sein Elternhaus. Neben den beruflichen Erfahrungen hat Alois (II) eine breitere Weltsicht und Bildung erhalten: Er hat fremde Landschaften, Städte und Menschen kennengelernt.

## Joseph: Wissensdrang und Tragik 1842–1847

### Josephs Reisetagebuch

Auch der zweite Sohn Joseph, also der Bruder von Alois (II), macht ebenfalls eine Färberlehre. Von ihm gibt es zwar kein Wanderbuch, aber ein Buch, in dem er seine täglichen Reisenotizen niederschreibt. Es enthält immer den Tag, die Zugehörigkeit der Gegend zum jeweiligen politischen Territorium, den durchreisten Ort, eine Angabe, ob es sich um eine Stadt, Markt oder Dorf handelt, dann bei Städten die Anzahl der Einwohner, gelegentlich auch die besondere Bedeutung der Stadt, die Entfernung in Post-Stunden, den Geldbetrag, den er täglich verbraucht hat, und topographische Angaben über Berge, Ebenen, Täler sowie über seinen Eindruck, inwieweit die Gegend fruchtbar ist.

Er beginnt sein Reisetagebuch am 11. April 1842, als er in Deggendorf ankommt, also ein halbes Jahr nach der Rückkehr seines Bruders. Von Bayern aus durchwandert er „das Königreich Sachsen“, „das Königreich Preussen“, „das Herzogthum Possen“, „Ost Preussen“, „West=Preussen“, „Hinter Pommern“, „Vor Pommern“, „das Großherzogthum Mecklenburg“, „Das Herzogthum Holstein“, „Westphalen“, „Rhein Provinz“, „das Herzogthum Nassau“, „das Grossherzogthum Hessen“, „Kurfürstenthum Hessen“, „Grossherzogthum Sachsen=Weimar=Eisenach“, „Herzogthum Sachsen Altenburg“, „das Königreich Böhmen“, „Erzherzogthum Oesterreich und Salzburg“, „Königreich Baiern“, „Königreich Würtemberg“, „fürstlich Hohenzolle[r]n“ und „Grossherzogthum Baden“.

Als er nach 1 ½ jahren bei seiner Cousine in München, Im Thal N° 30, zu Besuch ist, erreicht ihn ein Brief seines Bruders Alois (II). Dieser legt zunächst dar, dass ihm und dem Vater der Behördengang nach Viechtach wegen der möglichen Militärkonskription [= Erfassung als Soldat] und den Besorgungen auf dem Markt, etwa 3 Zentner Baumwolle abholen zu müssen, viel Zeit gekostet haben. Deshalb habe er nicht schneller auf den Bittbrief seines Bruders um weiteres Reisegeld antworten können. Immerhin wird dem Brief ein „öffentliches Banganoten-Stück Werth 6 fl. beygefügt." Dann redet er seinem Bruder Joseph ins Gewissen, doch nach Hause zurückzukehren:

*„Nun [...] könntest du gewiss zu unserer freudigen Erwartung dich fügen, du wirst wohl verstehen wass ich meine, nehmlig zur Heimkehr, der wir freudig entgegensehen. Du musst drüber keinen steifen Willen vernehmen, um den größten Widrigkeiten zu begegnen, u. deinen eigenem Wohlen entgegen tretten denn wir meinen es dir aus wahrem Herzensgrunde recht zuträglich, u. würden uns gekränkt füllen wenn diese Weisungen auf dich keinen Eindruck machen würden, denn Missgeschick aber wohl man beherzigend anrechnen mag. Zwar aber der Wille am allerwenigsten zu liegen scheint, so wird er es aber durch die Schuldigkeit der älterlichen Unterwürfigkeit die stets die willige Fügungen in Gottes heiligen Lenkungen erfordert, denen si[c]h nicht Fragen lässt. Also genug ich könnte noch mehr zum wesslichen Grunde beybringen, diess Wenige wird dich zu Ueberlegsamkeit ziehen, u. scheint die Wanderzeit einmal zu kurz, oder gefällts dir noch gar zu sehr in der Fremde, so kannst das abgängige Wanderziel immer auf eine zünftigere Zeit verschieben. Willst du nun es machen wie du willst, so mach es nur nach deinem Besten, u. für die häusliche Zunft u. schreib nur in 4 Wochen wieder, um daß wir auf die Nachricht über einen Ausgang ertheilen können."*

Brief von Alois (II) Fromholzer vor dem 7. November 1843

Da der Bruder Alois auch noch nicht weiß, ob er zum Militär eingezogen wird, „so ist es für uns eine verhängnissvolle Lage, da ich dem älterlichen Hause unentbehrlich bin, von wegen der Profession ohne dich, so wären wir in übler Verlegenheit." Diese eindringlichen Ausführungen bewegen Joseph und er kann sich dem Wunsch seiner „mildthätigen Aeltern" nicht entziehen – wie er in seinem Reisetagebuch niederlegt – nach Hause zu gehen: „Am 14ten November [1843] nach RUHMANNSFELDEN 2 Jahr 4 Monate zuhause geblieben u. die Wanderung fortgesetzt im Jahre 1846 den 4TEN MERZ". Am 20. März 1846 erreicht er, nachdem er am 18. März im Schwarzwald von heftigem Schneefall überrascht wird, dann schließlich das im Rheintal gelegene Lahr. Dort endet sein Reisetagebuch, ohne dass wir die Motive für die Unterbrechung und Wiederaufnahme seiner „Walz" ergründen können.

## Baumwolle

Baumwolle, wie sie Alois (II) und sein Vater auf dem Viechtacher Markt abholen, ist eine sehr alte Kulturpflanze, die sowohl in Amerika, Afrika und Asien als wichtige Textilfaser entdeckt worden ist. Es handelt sich um eine nahe Verwandte der Malvengewächse. Aus den Samenhaaren der Strauchpflanze werden die Fasern gewonnen. Die Samenkapseln der einjährigen Pflanze reifen in 55 Tagen. Die ältesten Belege für Baumwolle finden sich in Indien (ca. 6000.v. Chr.). Eine afrikanische Sorte hat sich wohl nach Nordafrika und dem Nahen Osten ausgebreitet. In Mittel- und Südamerika war die Baumwolle schon lange verbreitet, bevor sie von den Arabern in Spanien und Italien kultiviert wurde.

Um 1600 war Baumwolle allerdings in Europa noch ein Luxusgut, das in der Tuchherstellung 3 Mal so lange dauerte wie beim Leinen. Die Ostindienkompanie führte im 17. Jhdt. gegen den Widerstand der Wollhersteller Baumwollstoffe aus Indien nach England ein. Mit der Erfindung der „Spinning Jenny“ 1764, mit der die kurze Faser der Baumwolle verarbeitet werden konnte, und der Ausweitung des Fernhandels setzte sich die Massenproduktion von Baumwollgewebe in Nord- und Mitteleuropa im späten 19. Jhdt. letztlich gegen das Leinen durch.

Die USA erwirtschaften 1851 60 % ihres Exports mit Baumwolle. Im Jahr 2012 erzeugte China 26,4 % der Weltproduktion, Indien 20,5 % und die USA 13,9 %.

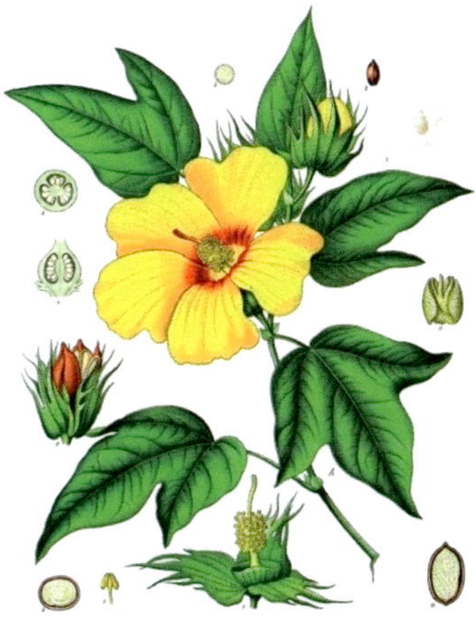

Baumwollblüte (Gossypium Barbadense) (Aus: Köhler 1897).

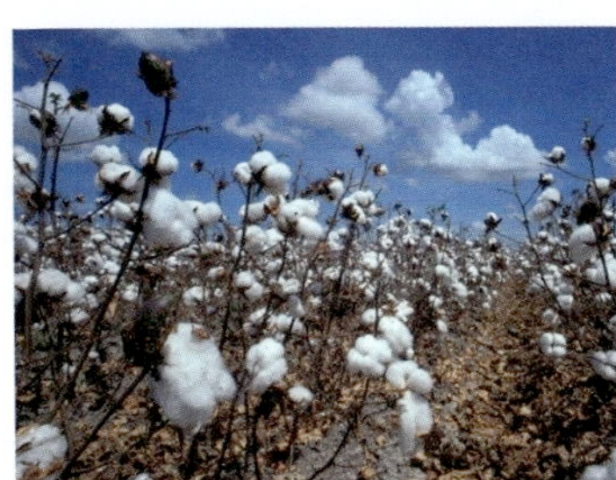

Baumwollfeld USA (United States Department of Agriculture 2015).

Manchmal nimmt er es auf dem ersten Teil seiner Walz mit dem Wandern nicht so genau: Im oberfränkischen Münchberg gibt er „30 x [= Kreuzer] Fuhrlohn" aus, ins preußische Zossen kommt er „Abends gefahren", in Holstein hat er „Dem Lohngudscher 32 Slg. [= Silbergroschen] bezahlt zur Mitternacht gefahren durch Oldesloh". Doch er ist auch neugierig, die ihm unbekannten Fortbewegungsmittel auszuprobieren: In Mecklenburg leistet er sich für „2 Schilling kleine Schiffahrt". Als er an der Nordseeküste ist, berichtet er, „auf der Elbe von Hamburg auf einer [!] Dampfbott gefahren nach Tostedt".

Nachdem am 7. Dezember 1835 mit der Eröffnung der Ludwigs-Eisenbahn zwischen Nürnberg und Fürth die Geburtsstunde der deutschen Eisenbahn geschlagen hat, ist es verständlich, dass Joseph dieses neue Verkehrsmittel bereits im September 1843 ebenfalls ausprobieren will. Das enge Rheintal aufwärts reizt es ihn, die Landschaft des Mittelrheins zu erkunden und er schreibt begeistert: „Am 10ten Düsseldorf St[adt] auf der Eisenbahn gefahren 4 M[ark] und 12 Slg [=Silbergroschen]. sehr bewährte Bahn", „Am 11ten nach Cöln am Rhein 73 000 Einw. Fabriken Schiffahrt Freyhafen Handel ehemalige freye Reichsstadt dem Rhein aufwärts gefahren um 12 Slg. 3 ¾ M. zu Lande flache Gegend" und schließlich „Am 12ten nach Linz dem Rhein aufwärts gefahren 16 Slg. 9 M zu Lande". In Sachsen notiert er: „Auf der Eisenbahn gefahren nach Leipzig a. d. Pleiße 48 000 Einwohner Universität Fabriken Messen Hauptsitz des deutschen Buchhandels".

Als er im März 1846 seine Gesellenwanderung fortsetzt, leistet er sich in diesem einen Monat insgesamt vier Reisestrecken, die er nicht zu Fuß unternimmt. „Am 11ten nach Augsburg St[adt]. 18 P[ost]St[unden] 16 x [= Kreuzer als Ausgaben für Übernachtung] auf der Eisenbahn gefahren bezahlt 1fl. [= Gulden] 6 x [= Kreuzer] am Lech und Wertach 34 000 Einwohner Fabriken Handel früher freye Reichsstadt u. Reichstag 1590 Augsburger Convesion", „Am 19ten auf der Eisenbahn gefahren nach Kenzingen Stadtchen u. wieder natur" und „Am 20ten nach Lahr St. 2 M. auf der Eisenbahn umgeben von Gebirge u. Waldung, kleiner Weinbau, die Felder sehr fruchtbar."

Um eine Vorstellung von den Reise-Kosten von 1 Gulden (= 60 Kreuzer), der damals 1 Taler entsprach, zu bekommen, gibt RITTMANN für die Zeit um 1850 an, „1/6 Taler entsprach dem Tagelohn einer Stickerin. Dafür konnte man etwa 3 Pfund Mehl oder 1 Pfund Fleisch kaufen. Die wöchentlichen Kosten eines durchschnittlichen 5-Personen-Haushaltes entsprachen etwa 3½ Taler." D. h. der

Färbergesellen Joseph leistet sich mit der Eisenbahnfahrt nach Augsburg so viel, wie die Versorgung einer Familie für zwei Tage kostete!

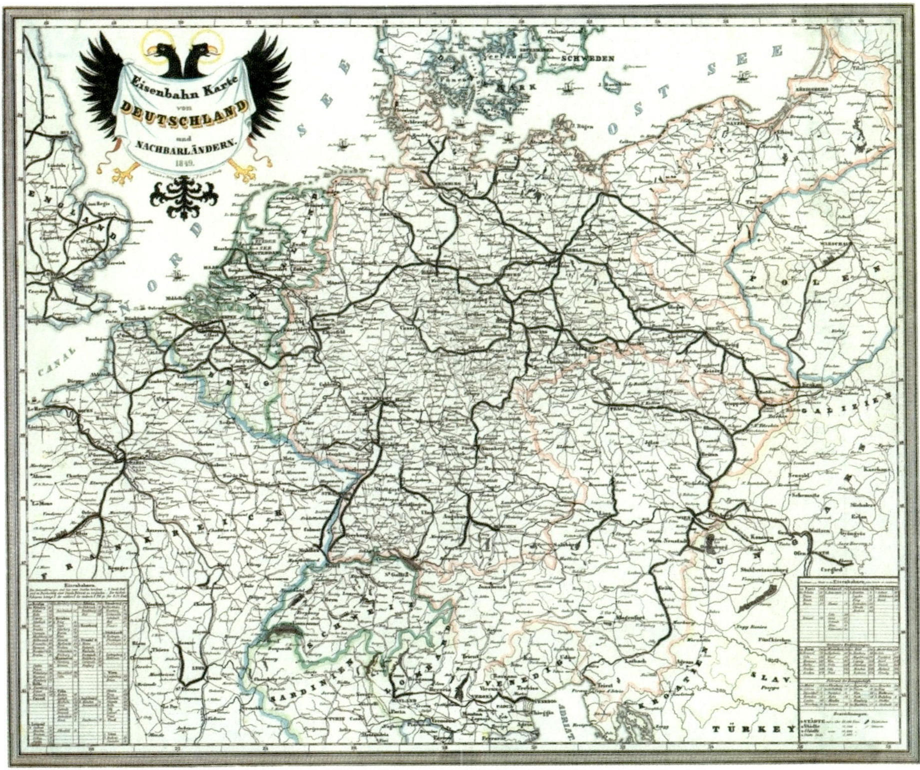


EISENBAHNKARTE VON DEUTSCHLAND UND NACHBARLÄNDERN 1849 (KARTEN- UND LUFTBILDSTELLE DER DB MAINZ).

An den schwarzen Linien, die die bestehenden Eisenbahnlinien darstellen, wird ersichtlich, dass Joseph auf den ersten deutschen Strecken gefahren ist, am Nieder- und Oberrhein, im Raum Leipzig und zwischen München und Augsburg.

Josephs weiterer Eintrag im Reisetagebuch: „Am 13ten [März 1846] nach Ulm a. d. Donau 15 000 Ein[wohner] Fabr[iken]. Hand[e]l kleine Berge und fruchtbar in der neunten Stunde mit dem Omnibus abgefahren nach Geislingen nach Göppingen Eslingen“ bezeichnet in der damaligen Zeit – vor der Erfindung des Automobils – die Fahrt mit einem von Pferden gezogen Reise-Fahrzeug, aber größer als die bis dato übliche Kutsche!

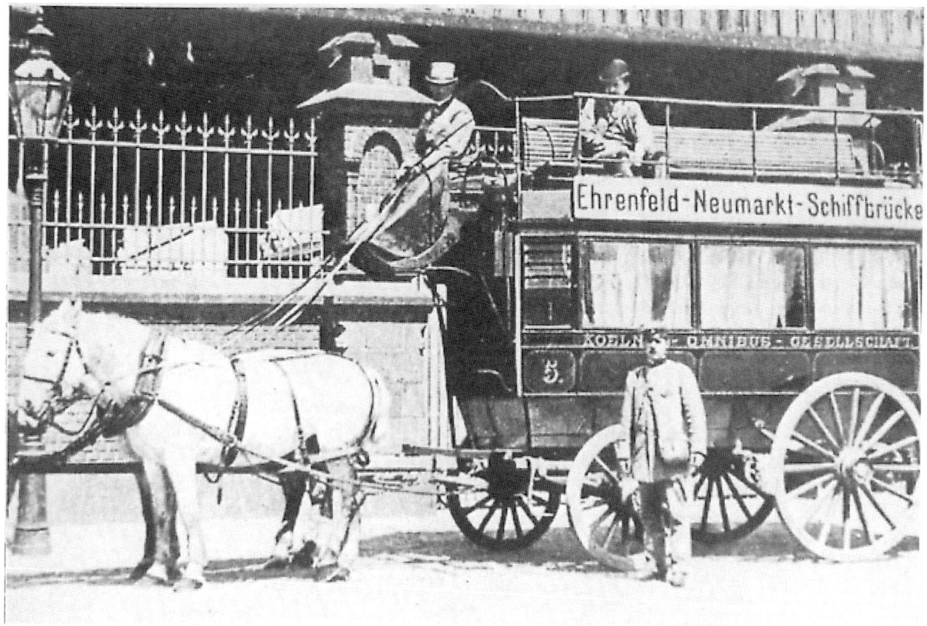


PFERDE-OMNIBUS DER KÖLNER OMNIBUS-GESELLSCHAFT UM 1900 (100 JAHRE KÖLNER VERKEHRS-BETRIEBE 1877 –1977).

Nachdem 1825 in Berlin der erste Pferde-Omnibus eingerichtet wurde, hat sich dieser als Nahverkehrseinrichtung schnell ausgebreitet. Mit solch einer Linie fährt Joseph Fromholzer von Ulm nach Esslingen.

An diesen Beispielen der Einträge wird deutlich, dass Joseph auch Interesse an Kultur, Geschichte und Wirtschaft hat: Augsburg die Stadt der „Confessio Augustana", Leipzig das Zentrum des Buchhandels und der Messen, Neuwied, wo es „römische Alterthümer" zu sehen gibt, Frankfurt, der „Sitz der Bundesversammlung" oder Elberfeld mit dem „Sitz der rheinisch=westindischen Gesellschaft u. des deutsch=amerikanischen Bergwerksvereins", aber auch in Wiesbaden „warme Bäder, die Quel[l]e kommt mit 54 Grad wärme aus der Erde. Schöne Gebäude".

Joseph hat nachweislich mindestens dreimal bei Handwerksmeistern „eingesprochen", also um Arbeit nachgefragt. Viermal notiert er, er habe in Landsberg „5 Wochen in Arbeit gestanden bey Herrn Göher", in Kulm an der Weichsel „7 Wochen gearbeitet bey Herr Buxbauer", dann im ostpreussischen Neustadt „33

Wochen in Condition bey Herrn August Oelkers" und schließlich in Rostock „12 Wochen in Condition gestanden bey Herrn Zulauf".

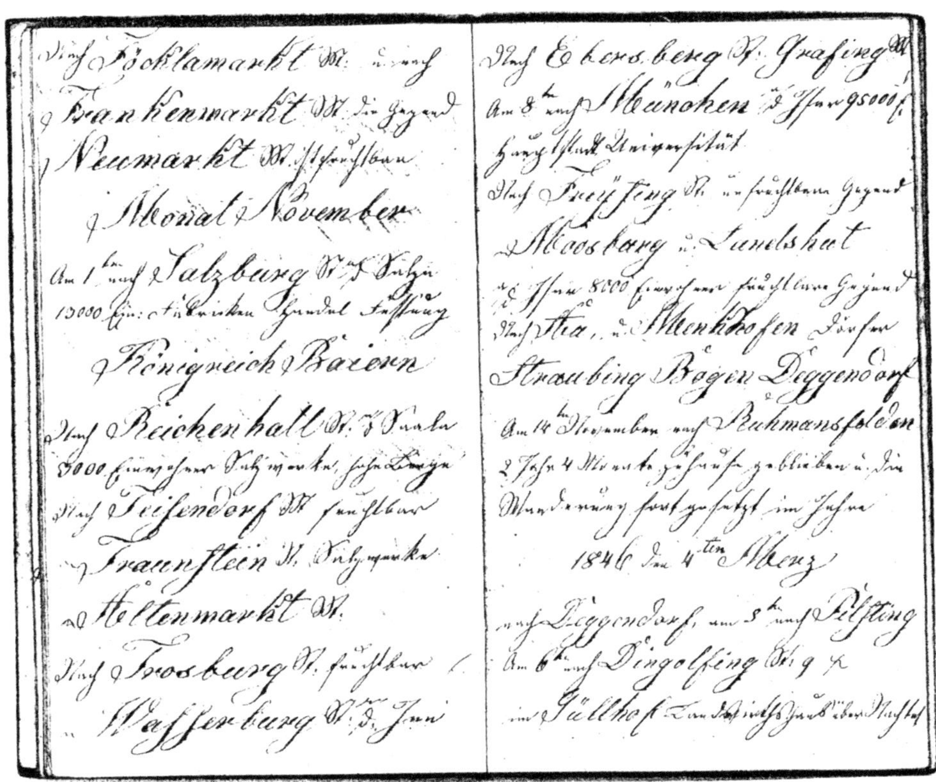

REISETAGEBUCH DES JOSEPH FROMHOLZER VOM 4. MÄRZ 1846 (ARCHIV FROMHOLZER).
Auf der rechten Seite unten notiert er: „Am 14[ten] November [1843] nach RUHMANNSFELDEN 2 Jahr 4 Monate zuhause geblieben u. die Wanderung fortgesetzt im Jahre 1846 den 4[TEN] MERZ"

Am 15. September 1843 schreibt Joseph einen kryptischen Satz bewusst in lateinischer Schönschrift in sein Reisetagebuch: „Ein muthwilliger Unverstand hat mir die Reisroute verworfen, darum wird alles nurmehr kurz angedeutet". In der Tat formuliert er nun wesentlich knapper, verzichtet auf die Einträge seiner Reiseausgaben, schreibt auch weniger über seine Beobachtungen. Der „mutwillige Unverstand" kann nicht mit der Gesellenwanderung seines Bruders Alois (II) zu tun haben, denn dieser hat seine Walz bereits 1841 abgeschlossen. Wohin seine

Reiseroute, statt über Weimar, Leipzig, Dresden ins böhmische Tabor und Budweis, hätte gehen sollen, ist nicht belegt. Jedenfalls ist er am 14. November 1843 wieder zuhause in Ruhmannsfelden, wo er bis März 1846 bleibt.

In seinen Aufzeichnungen berichtet Joseph von seinen täglichen Ausgaben in Mark und Kreuzer bzw. Silbergroschen, je nach Größe des Ortes zwischen 24 Mark in Berlin, 11 ½ Mark in Frankfurt, in Königsberg 2 ½ Mark 4 Groschen Courant [= vollwertige Silbermünze], im Hannoverschen Dorf Prinkow für 1 Groschen und manchmal im Wald umsonst, oder auch „wegen schlechter Witterung“ eine Übernachtung etwa im Weiler Glandorf.

Joseph Fromholzer hat zwar sein Reisetagebuch in Lahr am 20. März 1846 abgebrochen, aber dafür sind Briefe an seine Familie, die sein weiteres Leben in Baden illustrieren. So schreibt er am 19. Juli 1846 aus dem badischen Lahr einen Brief an seine Familie. Er berichtet seinen Eltern, dass er Arbeitskollegen Geld leiht, was darauf schließen lässt, dass er offensichtlich finanziell gut dasteht. Er gibt sich überlegen, als er von einem „Coulerist“, also einem Färber aus der Schweiz berichtet, der in dem – in Lahr belegten (VIESER 1998) – Färberei-Betrieb Scholder, in dem er arbeitet, Färbeproben erstellt, die farblich wenig gelungen sind und Flecken aufweisen:

*„die Carmoisin rothen Tücher, bekammen wegen ungeschücklichkeit im Beitzen Flecken, das braune Stück wurde im abziehen von Drucktische verschmiert, beym schwarzen Stück wollte man sich zu erst überzeugen, es wurde eine Probe abgerießen, u. man erhielt ein nichts, das Stück wurde gereinigt u. zu grün verdruckt. Nun glaubte man allen Fehlern abhälfen zu können, viele Stücke wurden gebleicht, u. es wurde gänzlich gestärkt, solche Arbeit machte dem Herrn Fleisch /:Coulerist:/ sehr niedergeschlagen, die Schulden sehr böße u. verdrüßlich, den der Schaden wurde schon auf 80 fl. berechnet, und man blieb noch der alte Esel. Der Coulerist wurde als Betrüger erklärt, den man konnte sich wohl überzeugen, daß er in seiner Arbeit nicht fest genug sein, den er hat nur schriftlichen Wissenschaften von seinem Vater, der Coulerist ist in St. Gallen. Ich hatte bey dieser Waare nichts zu schaffen, u. doch entdeckte ich mehrere Fehler."*

(Brief Joseph Fromholzer, 19.07.1846).

Er nützt trotzdem das Wissen des Schweizer Färbers und gibt sich selbstsicher, die Probleme beim Drucken – hätte er die Entscheidungsfreiheit dazu – bewältigen zu können:

*„Ich verlohr noch nicht alles Zutrauen, u. ließ mir noch am letzten Abend vor seiner Abreise im geheimen die Erklärung der Schiffel=Druckerey samt beyliegenden Abschriften ertheilen, u. wieviel mußte ich im bezahlen? Davon will ich dießmal schweigen. Von diesen Druckereyen sind schon Bestellungen gemacht es wird noch immer gemacht, allein vergebens ist die Bemühung, hätte ich die Waare unter meinen Händen, u. könnte Arbeiten nach meinem Belieben, ich würde nicht zweifel, an einem guten Erfolg."*

(Brief Joseph Fromholzer, 19.07.1846).

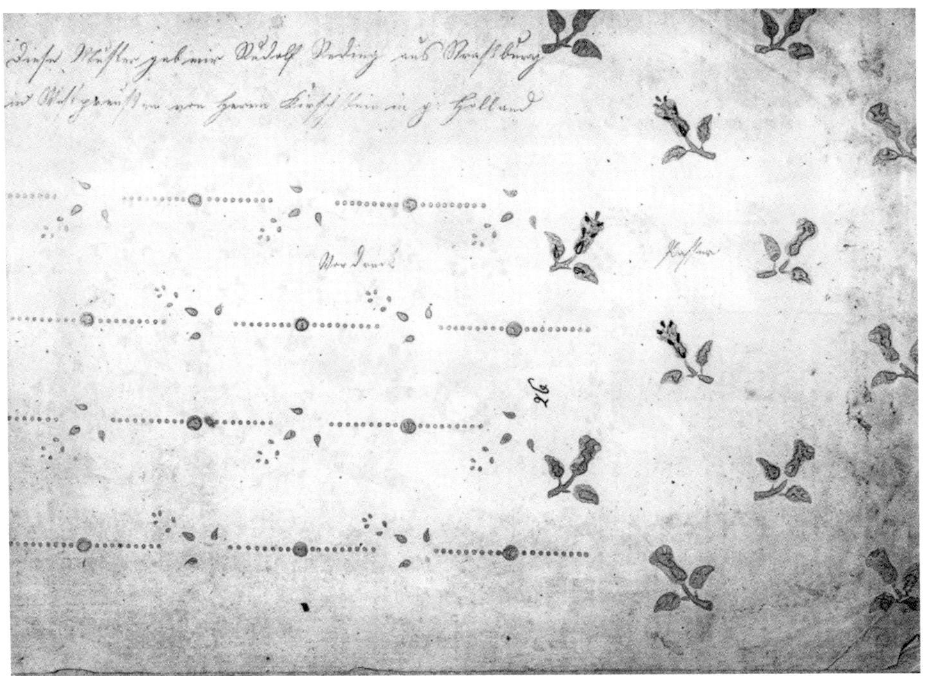

MUSTER DES JOSEPH FROMHOLZER, 1847 (ARCHIV FROMHOLZER).

„Dieses Muster gab mir Rudolf Reding aus Straßburg und V[= F]estgrüßen von Herrn Kirchstein in g: Holland". Der Eintrag „Vordruck" gibt beim Druck die Grundstruktur des Musters an, auf die dann ein weiterer Model als „Passer" darüber gedruckt wird. So sammelt Joseph auf seiner Walz Muster von anderen Färbern und erweitert damit seinen Horizont.

Joseph beschließt seinen Brief mit der Bemerkung:

*„Damit Sie besonders die Mutter nicht zu große Langweille [= Sehnsucht] bekommt, so übersende ich Ihnen mein Portraits, es ist gemacht auf einer Kupfertafel, u. kann leicht abgenommen u. in eine beßere Ramme versetzt werden, damit ich eine beßere Ansicht erhalte."*

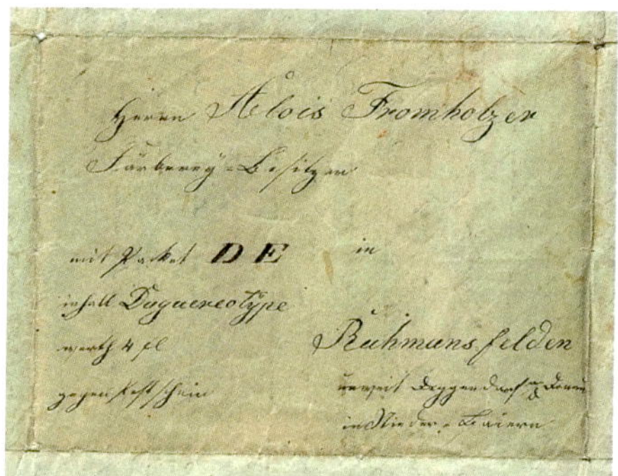


BRIEF AN DIE ELTERN 19. JULI 1846 (FEGERT).

Zum Brief gehörte ein Paket mit der Daguerreotypie, die den Wert von 4 Gulden hatte und gegen eine Quittung auszuhändigen war.

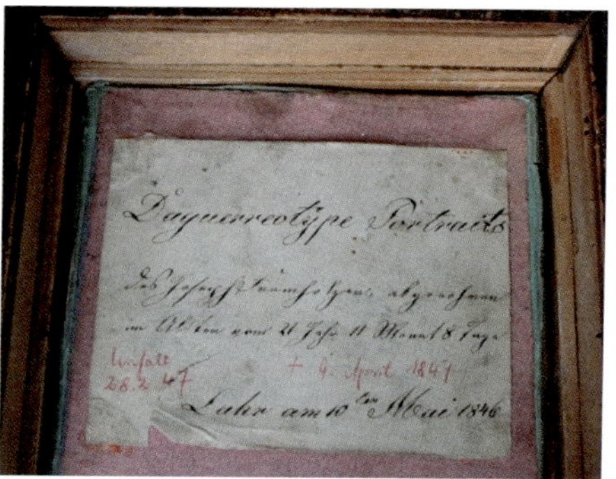


BESCHRIFTUNG DER DAGUERREOTYPIE (FOTO: FEGERT).

Joseph hat hier notiert, dass er 21 Jahre, 11 Monate und 4 Tage alt war und das Foto in Lahr am 10. Mai 1846 entstanden ist.

## Daguerreotypie 1839

Die Daguerreotypie ist von dem französischen Maler Louis Jacques Mandé Daguerre erfunden und am 19. August 1839 als erstes praktikables Verfahren der Fotographie der Öffentlichkeit vorgestellt worden. Die Grundlage ist eine glatt polierte Kupferplatte, nachdem die zuerst benützte Silberplatte zu teuer war. Eine Schwierigkeit stellen für den Fotografen die giftigen Dämpfe dar, die seitenverkehrte Aufnahme und die geringe Lichtempfindlichkeit. Die Grautönung konnte 1840 von Hippolyte Fizeau durch eine natürlicher wirkende Goldtönung verbessert werden, wie dies auch auf dem Portrait des Joseph Fromholzer zu erkennen ist. Die Belichtungszeit betrug damals 15 Minuten.

Immerhin hat in der Anfangszeit eine versilberte Kupferplatte im Normalformat 21,6 cm × 16,2 cm 3 ½ Courantmark und als fertige Aufnahme 17 Courantmark gekostet (BAIER 1980, 81). Die Aufnahme im Format 15,0 x 12,5 cm, die Joseph Fromholzer seinen Eltern geschickt hat, war mit 4 Gulden materiell wertvoll und auch ideell, da es sich ia um ein Unikat handelt.

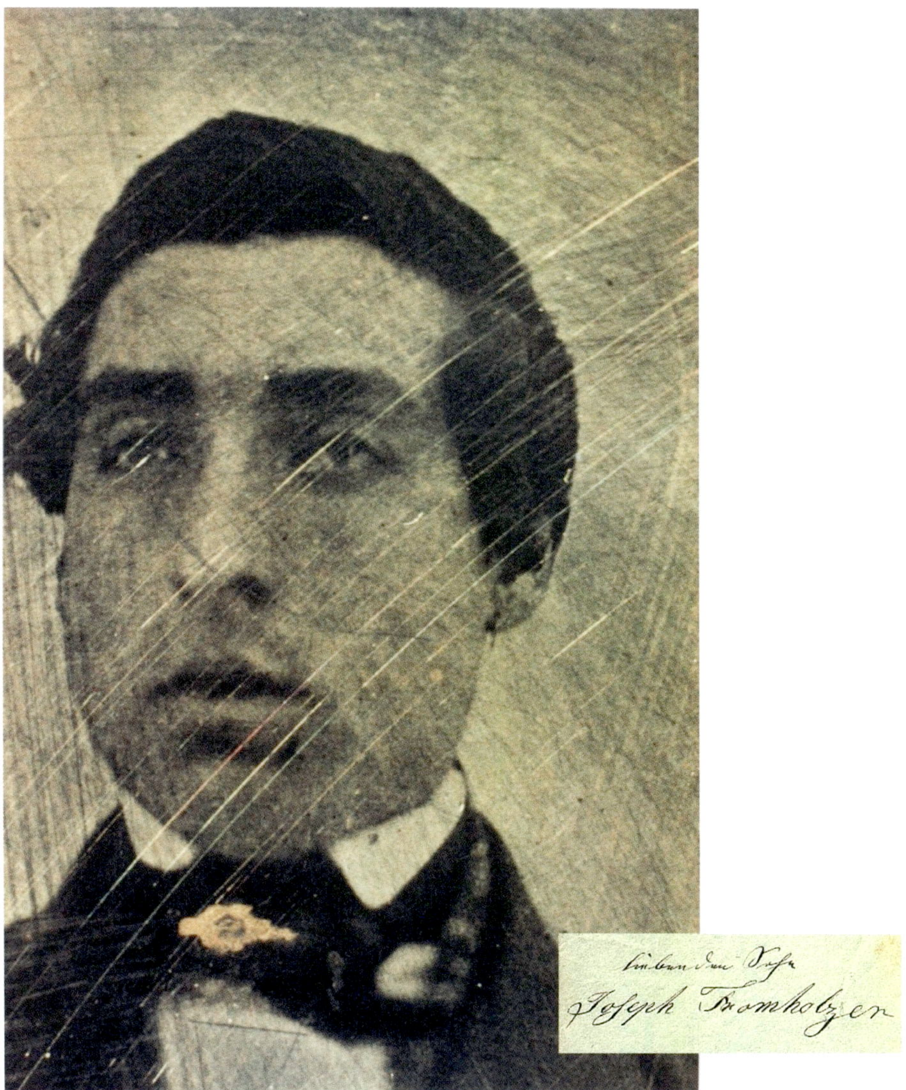


DAGUERREOTYPIE DES JOSEPH FROMHOLZER 1846 (AUSSCHNITT) (ARCHIV FROMHOLZER).

Das kupferne Original, das schon 6 Jahre nach der Erfindung der Daguerreotypie aufgenommen wurde, ist heute leider kaum mehr sichtbar. Der hier seitenrichtig wiedergegebene fotographische Ausschnitt stammt aus den 1960er Jahren, versehen mit dem Ausschnitt seiner Unterschrift aus dem beigelegten Brief an die Eltern.

In zwei weiteren Briefen berichtet Joseph seinem Bruder Alois, der zuhause im Familienbetrieb arbeitet, von Farbrezepten, wie er sie in Lahr kennengelernt hat:

„Lieber Bruder!
Du befragest mich über die Bearbeitung der dreyfärbigen Muster, u. dar über bräucht man sich gar keinen Kopf zu zerbrechen, den es ist weiteres nichts dabey als dreymallige, dunken. Die Waare wird stark vorgefärbt grün gedruckt, ist der Pap gut trocken, mit gewöndlichen blau Pap gebast u. so verfertiget, mit den selben Passen Fressbeitze aufgedruckt, so erhält man von dem kaum bemerklichen Grün ein schönes weis u. lebhaftes blau
Die erste Woche als ich hier arbeitete wurden genug solche Stücke gemacht u. seit dem nicht mehr u. es liegen doch so schöne Muster hier auf diese Arbeit. Diese Woche wurde auch wieder ein Stück braun oder vier gemacht u. schön ausgefallen. Das gegenwärtige Gewichtsverhälniss weis ich nicht, von der Beitze aber der Colerist hat das Gewicht angegeben. Ansatz. 1 Maaß Wasser ½ ℔ Alaun 1/ ℔ Bleyzucker dan werden 16 Lth [= Lot] Salzburger Kupferwasser in ½ Maaß Wasser alleinig aufgelösst, beyde klare Flüssigkeiten zusammen gegossen u. die gebleichte Waare gebeitzt Die gebeitzte Waare wird in Glafirhacken so aufgehangt, das sie nicht zusammenklapt keine mängeln und falten legt damit die Luft fri[s]che durch dringen kann, bey verschlossenen Zimmer mit viel Hitze getrocknet, nachdem ungefähr 2 Tage in der frischen Luft im Boden hangen lassen in Kühmistbad gereiniget mit 50–60 Gradhitze gut gespielt u. klopft abgetrocknet wann es sein kan mit warmer Fressbeitze in einem Zimmer von 20–30 Grad Wärme gedruckt, ist die Pappe trocken mit Vorsicht durch ein Kreidebad genommen gewaschen etwas geklopft. Ausgefärbt 1 Stück 3 ℔ Krapp ¼ ℔ Leim 3 lt [= Lot] Kreide etwas Schmak. Weill aber diese Beitze nicht ganz geeignet sein mag für dem Krapp so nimt man auch etwas Rothholzabsut dazu u. kalt angefangen, gespielt, abgeseiht gespielt ist jetz die Waare nicht dunkel genug so kann man durch ein reines Blauholzbad die Waare noch stark abdunkeln.
Eine Beitze von Esigsaurem Eisen u. Esigsaurer Thonerde möge besser geei[g]net sein, aber wegen mangel an den Eisenbrühe konnte man noch keine Probe herstellen.
Schwarz mit weis u. Lila. Die Stücke werden gebeitzt mit holzesigsaurem Eisen 10 o stark u. eben so behandelt wie das Braune. Zum Ausfärben 1 Stück 3 ℔ Blauholz ½ ℔ Leim in wenig Schmak u. Kreide, wird das Schwarz nicht tief genug nimt man mehr Blausalz, kalt bis zur Hitze gefärbt, mit Klei u. Seife kochend heiß gereiniget. Carmoisin mit weis, ist noch immer die selbe Behandlung, die Beitze ist Esigsaure Thonerede. Zum Ausfärben 2–3 Lt Fernenbast [?] ¼ ℔ Leim 3 Lth Kreide abgeseiht.
Weiße Freß=Beitze. Auf ein Maaß Wasser 12 Lth [= Loth] Stärke 8 Lth Zitronensäure 16 Lth Kleesalz 16 Lth Weinsteinsäure zum anschärfen 4 Lth Salpetersäure. Die Verdickung sey besser mit 1 ℔ Gumi Tragand. Die hiesige Maaß hat

*4 Schoppen ungefähr 1 1/3 M. Bairisch zum Freß Papp verdicken nimt man auch Gumi Tragand beyen kochen der Stärke darf keine Säure sein besonders die Weinsteinsäure verfriss dieselbe. Der Lila Freßpap wird meistens nicht sein als stark mit Zinsalz versetzt u. warscheindlich anstatt Salpetersäure Zinsolution, wegen zuschleinigen Cristallisatieren müßen in großer wärme gedruckt werden. Das Kreide Bad nach dem Drucken ist handwarm mit ungefähr 8 Lth [= Lot] Kreide 1 Stück*
*Meiner Ansicht gemäß mag die Arbeitt beym ersten untersuchen gut ausfallen nur Reinlichkeit ist die Hauptsache. […]"*

(Brief Joseph Fromholzer, 23.8.1846)

Im nächsten Brief berichtet Joseph, dass er zu den interessanteren Mustern keinen Zugriff hat, da sie der Färbermeister Scholder weggeschlossen hat. Jedoch kauft er aber im wohl dazugehörigen Laden Muster, um sie nach Hause schicken zu können. Sein Bruder soll auch die Rezepte aus Scholders Werkstatt ausprobieren, denn er traut der Sauberkeit in dessen Werkstatt nicht:

*„Es ist mir nicht möglich, dich ganz ungestört zu lassen, wohl zweifle ich nicht, daß du mangel an Arbeit hast, aber doch übersende ich dir Abschriften u. Zeichnungen die du untersuchen solst, ob sie auch richtig sind, den dazu habe ich in der Fremde keine Gelegenheit. An Richtigkeit der Schifldruckerey zweifle ich zwar nicht, aber unter den Couleren mag doch so mancher Bock stecken. Mit dieser Gelegenheit übersende ich dir auch die hiesigen Muster, aber wie ich schon sagte, die schönen sind in der Formkammer versteckt u. nur einfältige werden gedruckt, so wie beyliegende kleine Proben sind. Auch kaufte ich aus dem Laden einige Muster, auch der Angabe des Herrn Fleiß u. Alleheilig, sind die zwey größeren Muster Dampfcouleren Berudien = Maschienen Arbeit, u. das zweite ist Schifeldrückerey. Auch will ich dir angeben, Arbeiten die ich für gut finde, aus Scholders verdrehten Färberey. […]"*

(Brief Joseph Fromholzer, undatiert, nach 23.8.1846)

Sein Interese gilt auch der baulichen Erweiterung des heimischen Betriebs und der Preisentwicklung der Rohstoffe:

*„Wie geht das Geschäft zu hause, mit dem Bau vom Drucke Zimmer mit der 4ten Kippe, wie ist der Indigohandel ausgefallen mit der im Merz angekommenen Kiste vom Feuerleinischen Hause. […]"*

(Brief Joseph Fromholzer, undatiert, nach 23.8.1846)

Im gleichen Brief schreibt er, sein Bruder solle ihm schnell antworten. Und da er auf dem Absprung ist, gibt er ihm als sichere Adresse an „J. F. Färbergesell abzugeben bey Herrn Lerman Gasthaus zur Linde“. Dieses Gasthaus besteht heute noch und liegt in Reichental, einem östlichen Ortsteil von Lahr.

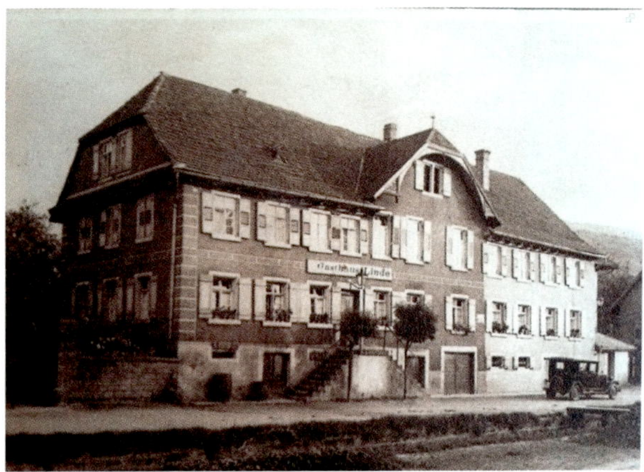


GASTHAUS ZUR LINDE IN LAHR, 1920ER JAHRE (ARCHIV FEGERT).

## Joseph beim Hof-Färbermeister Printz in der Residenzstadt Karlsruhe

Joseph Fromholzer hat also nicht länger bei Färbermeister Scholder in Lahr ausgehalten. Denn er will noch viel dazulernen und hat doch nach eigenem Bekunden dort nicht die Entfaltungsmöglichkeit, die er sich wünscht. Im Winter weiterzuwandern ist beschwerlich und so bleibt er in der milderen Rheinebene, 90 km und eine Wanderzeit von 18 Stunden entfernt in der badischen Residenzstadt Karlsruhe hängen:

*„Karlsruhe am 14ten Februar 1847*

*Liebste Aeltern!*
*Alle heimlichen Sorgen wegen der Winter Reiße sind mit dem alten Jahr wie ein Traum dahingeschliechen. Schon waren moine Sachen in Ortnung als mir Herr Prinz den gütigen Antrag machte, wen ich will so kann ich für immer hier bleiben mit dem bemerken, im fall es keine Arbeit gibt, so gibt es auch keinen Lohn, ich besann mich lange, bis ich das Gnadenbrod annahm, aber ich mußte, den ich hatte keine beßere Aussicht, das Reißen im Winter ist beschwerlich, kostet viel Geld, und wen ich auch Arbeit erhalte, so ist sie nur von kurzer dauer. Den bis ende Merz müßte ich wieder hier sein, da ich doch noch mehr Uebung bey dieser Arbeit haben will. Es werden mir noch einige müßige Stunden gegönt, in mitte Januar trat gelinde Witterung ein, u. mit dieser Gelegenheit vermehrte sich die Arbeit u. es ist traurig, das Herr Prinz in der Geschäftseintheilung gar keine Kenntnisse hat, mit dem Tag gehen wir an die Arbeit, ja da stehen wir oft lange, bis man weis was anzufan-*

*gen sey. Dan aber kommen die Befehle allmehlig an, u. so, daß man in der neunten Stunde noch an der Arbeit steht. In einer solchen Lage mag doch die Geduld auch ein Ende nehmen. Heute wollte ich meine politig benützen, hatte aber keine Gelegenheit. Ich werde mich nehmlich bey Herrn P. als Panirot [= bankrott] erklären, u. einige Gulden Vorschuss verlangen, woraus ich erfahre, ob ich Lohn bekomme oder wirklich aus Gottes=Gnade u. Barmherzigkeit hier bin. Uebrigens habe ich keine Ursache zu klagen, als daß mir meine Hände wegen Frost am 8ten Jn. wo wir 8 o Kälte hatten gewalltig aufschwollen, als daß vorüber war wurde mir der schon längst verfroren Fuß wund, daß ich 3 Wochen fürungischen Mitteln unterlegen war, wäre ich auf Reissen gewessen, so hätten Sie eine schöne Zeche zu bezahlen bekommen. Auch möchte ich gerne wissen wie es in Ruhmannsfelden zugeht welche Veränderungen in der Nachbarschaft vorfallen was macht der Heger Retiger u. Hillinger beym Millitär u. sow. Im Monate Juni werde ich mehr zu schreiben haben u. wen ich es ausführen kann so ist es der letzte Brief aus Karlsruhe. Ich hofe gewissere Nachricht als nach Darmstadt den von dorther bekam ich nichts.*

*Ihr treuer Sohn*
*Joseph Fromholzer*
*Adresse*
*bey H. Eduard Prinz Erbprinzen Strasse"*

Joseph Fromholzer beklagt also eine mangelhafte Arbeitsvorbereitung von Eduard Printz, der ja seinen Handwerksbetrieb gerade erst 1846 gegründet hat und rigorose Konditionen anbietet, also keine Spur von Sicherheit des Arbeitsplatzes. Deshalb will Joseph ausloten, inwieweit der Färbermeister ernsthaft an ihm interessiert ist. Da er sich als bankrott darstellt, will er wenigstens einige Gulden Vorschuss herausschlagen. Da er sich ausgebeutet fühlt, will er diese Stelle bei nächster Gelegenheit aufgeben und hofft, im hessischen Darmstadt eine angemessenere Anstellung zu finden. Dass die Wanderjahre eines Wanderburschen in der kalten Winterszeit außerordentlich beschwerlich waren, zeigt sich daran, dass Joseph sich Furunkel und Frostbeulen zugezogen hat.

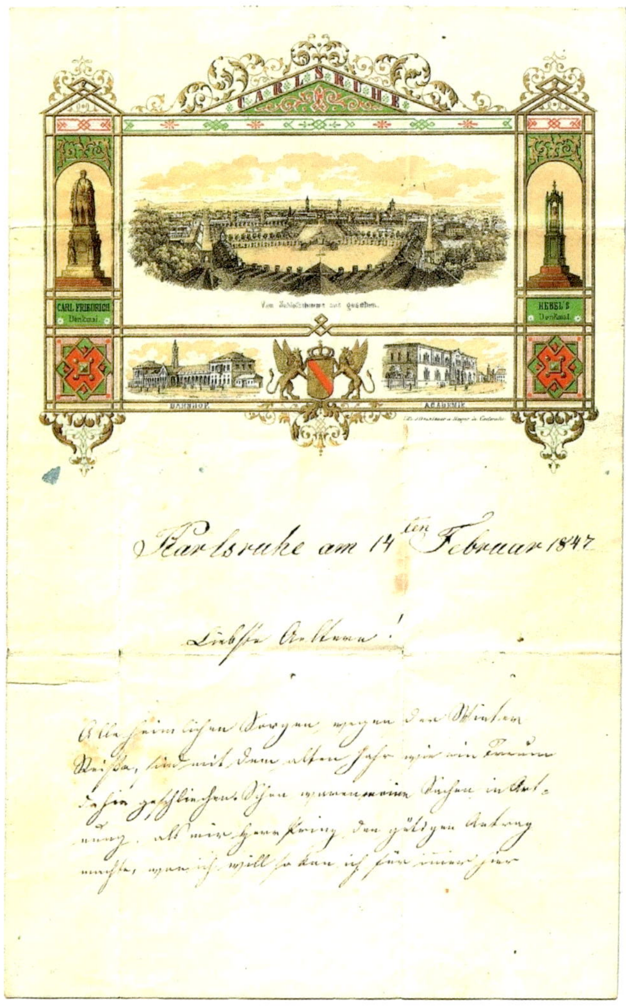

CARLSRUHE

CARL FRIEDRICH Denkmal

Vom Schlossthurm aus gesehen.

HEBEL'S Denkmal

BAHNHOF

AKADEMIE

Karlsruhe am 14ten Februar 1847

Liebste Eltern!

[illegible]

BRIEF JOSEPH FROMHOLZER AUS KARLSRUHE 1847 (ARCHIV FROMHOLZER).

Die Grafik auf dem Briefbogen zeigt den Blick vom Residenzschloss auf die planmäßig vom Baumeister Weinbrenner angelegte Stadt, die Denkmäler des Stadtgründers Carl Friedrich (links oben) und des Dichters und Herausgebers des Kalenders „Rheinischer Hausfreund", Johann Peter Hebel (rechts oben), dazu den damaligen Bahnhof und die Akademie, der Großherzoglichen Technischen Hochschule.

## Färbermeister Eduard Printz, Karlsruhe

„Eduard Printz (* 1821 in Karlsruhe; † 5. Juli 1892 ebendort) war ein Karlsruher Färbermeister. [Er] gründete 1846 in seiner Geburtsstadt Karlsruhe eine Schön- und Seidenfärberei und durfte sich nach einem Großauftrag, [der Umfärbung der [grauen] badischen Militäruniformen auf Schwarz in Braukesseln einer stillgelegten Brauerei,] als besondere Auszeichnung, Hof-Schönfärbermeister nennen.

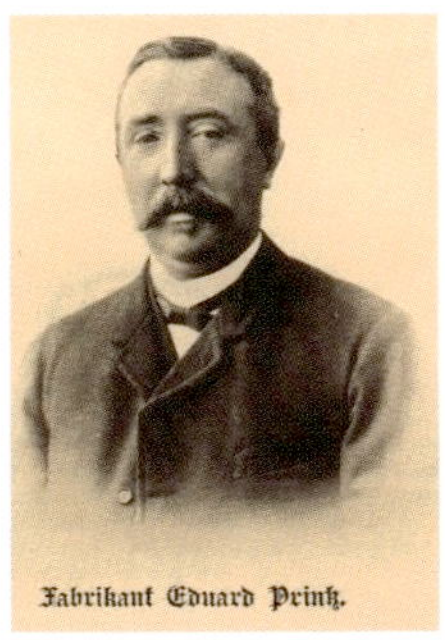


Friedrich von Weech: Karlsruhe: Geschichte der Stadt und ihrer Verwaltung, Band 3, 2, von 1904. Digitalisat der BLB, Seite 776/777.

Aus dieser Tätigkeit als Handwerk entwickelte sich 1869 unter seinem Sohn Theodor das Unternehmen der Kunstwäscherei und Chemischen-Reinigung Printz, das Ende des 20. Jahrhunderts von dem Ettlinger Reinigungsunternehmen Carl Bardusch, heute Bardusch GmbH & Co., übernommen und dort unter altem Namen fortgeführt wurde."

Bildungsverein Karlsruhe 2015

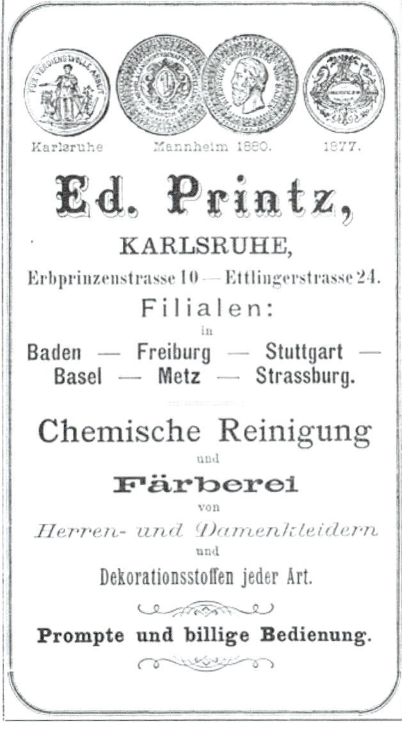


„Illustrierter Führer durch die Haupt- und Residenzstadt Karlsruhe", J. Bielefelds Verlag. Um 1890.

## Josephs Tod im Theater

Der Brief aus Karlsruhe vom 14. Februar 1847 ist der erste und letzte, den Joseph von dort schreiben wird. Denn er will sich in seiner freien Zeit am Sonntag Zerstreuung gönnen und geht am 28. Februar 1847 ins Großherzogliche Hoftheater. „Das auf dem Spielplan stehende Stück ‚Der Artesische Brunnen' von G. Raeder war eine ausgesprochen volkstümliche Zauberposse mit Musik, die sich schon in der vorausgegangenen Fasnachtszeit als Kassenschlager erwiesen hatte" (SCHMITT 1997, 2). Durch eine schadhafte Gasbeleuchtung kommt es zu einem Brand, der das gesamte Theater zerstört und 64 Zuschauern den Tod bringt.

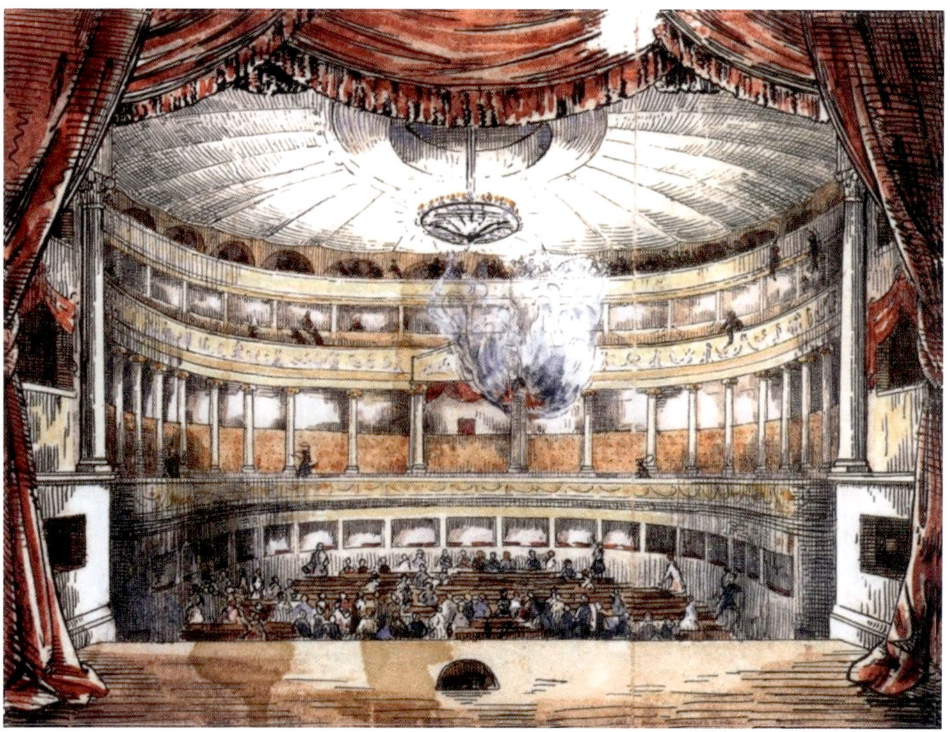

BRAND DES HOFTHEATERS IN KARLSRUHE 1847 (STADTARCHIV KARLSRUHE).

Der Brand bricht in der Hofloge aus und trifft vor allem die Besucher auf den billigen Plätzen auf der dritten Galerie, darunter auch Joseph Fromholzer.

Joseph kann sich zunächst aus den Flammen retten, doch hat er eine Rauchvergiftung erlitten und schwere Brandwunden, was der Chronist der Brandkatastrophe Erhard Giavana in seiner Dokumentation beschreibt.

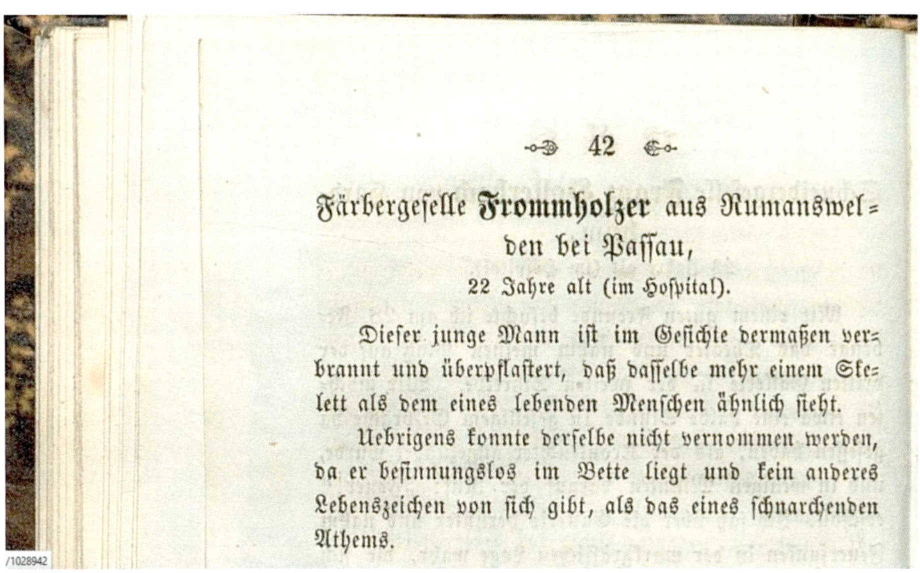

42

**Färbergeselle Frommholzer aus Rumanswelden bei Passau,**

22 Jahre alt (im Hospital).

Dieser junge Mann ist im Gesichte dermaßen verbrannt und überpflastert, daß dasselbe mehr einem Skelett als dem eines lebenden Menschen ähnlich sieht.

Uebrigens konnte derselbe nicht vernommen werden, da er besinnungslos im Bette liegt und kein anderes Lebenszeichen von sich gibt, als das eines schnarchenden Athems.

Nachricht über Joseph Fromholzer (Giavana 1847, 42).
Hier wird die lebensbedrohliche Situation des Färbersohnes vor Augen geführt.

Josephs Arbeitgeber, Eduard Printz, lässt durch seinen Bruder am 5. März 1847 einen Brief an den Vater schreiben, in dem er die traurige Nachricht überbringt, dass sein Sohn „sehr stark verwundet wurde“. Obwohl er zunächst gezögert hat, schreibt er, „allein das Uebel hat so sehr um sich gegriffen dass ich es als meine Pflicht halte Ihnen hiervon Nachricht zugeben und versichere Sie dass ihm an guter Pflege und guter Behandlung nichts mangelt. Innerhalb 8–10 Tage werde Ihnen weitere Nachricht geben“. Eduard Printz kann den Eltern am 16. März mitteilen, dass ihr Sohn „gänzlich außer Gefahr“ sei, was sich jedoch nicht bewahrheiten wird. In einem weiteren Brief an die Eltern berichtet Printz, offenbar aufgrund des persönlichen Berichts des verletzten Joseph, dass dieser mit anderen aus dem dritten Stock des Theaters gesprungen sei und Brandwunden an den Händen und im Gesicht erlitten habe, doch er hoffe, dass ihr Sohn in drei Wochen das Spital verlassen könne. Inzwischen seien Geldspenden für die Betroffenen gesammelt worden, wiewohl auch der Großherzog Leopold von Baden Anteil am Schicksal der Opfer nehme. Obwohl Eduard Printz am 8. April an den Vater Alois Fromholzer berichtet, es bestünden gute Heilungsaussichten und obwohl sein Sohn „durch den schweren Rauch noth gelitten" habe und der Gesundheitszustand seit fünf Tagen „etwas schlimm wieder geworden" sei, schreibt er weiter: „Sie sind auf alles vorbereitet, es ist auch kein Beweis dass er stirbt, den der Mensch kann gar mehr aushalten […]". Am darauffolgenden Tag, dem 9. April muss Eduard Printz dem „Werten Herr Fromholzer" die erschütternde Mitteilung vom Tod seines Sohnes machen. Er berichtet von seinem Besuch am Krankenbett am Vorabend, wobei es Joseph schwer gefallen sei zu sprechen. Am nächsten Morgen sei ihr Sohn, nachdem ein Pfarrer ihn getröstet habe, dann verstorben.

Aus der Feder eines unbekannten Zeitzeugen stammt die briefliche Schilderung des Unfallhergangs, der vermeintlichen Rettung und der Ursache des Todes von Joseph Fromholzer:

*„Der zur ewigen Ruhe heimgegangene war Joseph Fromholzer aus Rumansfeld bei Deckendorf in Niederbayern, der Sohn des Färbermeisters Alois Fromholzer ebendaselbst, widmete er sich unter Leitung seines Vaters dem Färberey-Geschäft, das er mit großer Liebe ergriff u. mit ungewöhnlicher Ausdauer betrieben hat.*
*Von Hause begab er sich zur Erweiterung Seiner Kenntnisse in verschiednen Färbereyen Bayerns und kam von dort in die Werkstätte d. Herrn Scholder in Lahr i. B.*
*Sein vortrefflicher Charakter so wie sein Eifer für das vom ihm erwählte Geschäft erwarben ihm die Liebe u. Achtung seines Meisters der ihn nur ungern von sich ziehen ließ, als Fromholzer in die Werkstätte des Herrn Eduard Printz dahier kam, wo er ein halbes Jahr zur vollkommenen Zufriedenheit seines neuen Meisters gearbeitet hat.*
*Am 28ten begab auch er sich zur Erholung von anstrengender Arbeit in das Theater.*
*Einer der Ersten welche die höchste Galerie besuchten, befand er sich gerade über der in Brand gerathenen fürstlichen Loge u. konnte deshalb erst dann zum Ausgang gelangen, als sich dieser bereits mit Unglücklichen angefüllt hatte.*
*Da faßte er den zwar gefährlichen aber heldenmüthigen Entschluss, sich aus einem Fenster in den Hofraum hinabzustürzen. Dies gelang indem er auf ein Vordach fiel und von da ohne weiteres Unglück den Boden erreichte. Aber in welchem Zustande war der Unglückliche!? Mit verbranntem Kopfe und Händen schleppte er sich noch bis zur Kreuzstraße, von wo ihm der hiesige Polizei-Sergeant Berberich in das Hospital verhalf, das er nach dem Rathschlusse des Höchsten nicht mehr lebend verlassen sollte.*

*Nach den fürchterlichen Wundschmerzen verschied er am Freitag Morgen 9 Uhr in seinem 22ten Lebensjahr an den Folgen einer Brustentzündung, welche er sich durch das Einathmen des Dunstes zugezogen hatte. Betrauert von liebenden Eltern, Geschwistern, Verwandten und Bekannten, die sich auf seine Zurückkunft in die theure Heimath freuten, indem sie vor noch kurzer Zeit die frohe Nachricht seiner wahrscheinlichen Wiedergeneßung erhielten.*
*Ruhe seiner Asche!"*

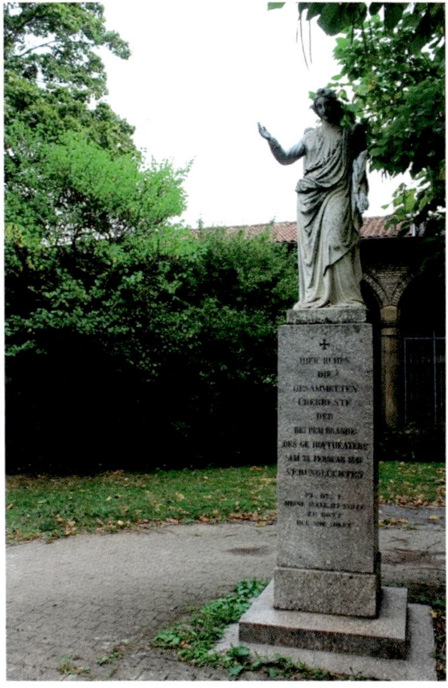

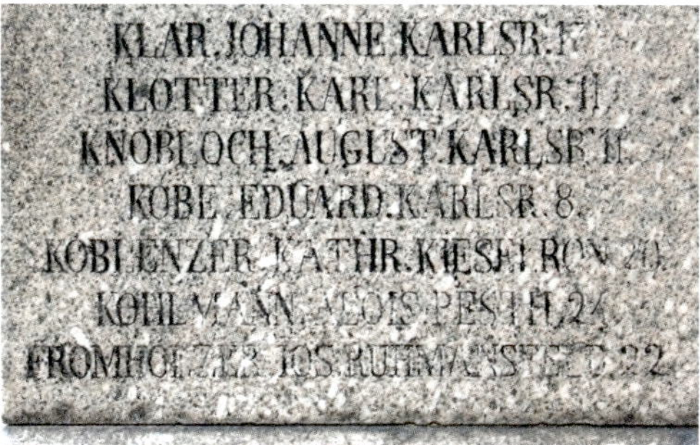


GEDENKSTEIN IM ALTEN KARLSRUHER FRIEDHOF (FOTOS: FEGERT).

Auf dem Denkmal, das der Großherzog Leopold von Baden für die mindestens 64 Opfer des Theaterbrandes vom 28. Februar 1847 errichten ließ, ist auf der Rückseite ganz unten „Fromholzer Jos[eph] Ruhmansfel[den] 22 [Jahre alt]" verzeichnet.

Am 4. März schließen die Karlsruher Geschäfte und ein großer Leichenzug bewegt sich vom Rathaus zum Friedhof. Joseph Fromholzer wird im gleichen Gräberfeld einen Monat später beigesetzt. Der Bürgermeister Helmle richtet an diesem Tag einen betroffenen Beileidsbrief an die Familie Fromholzer. Der traurige Vater notiert hinter dem Rahmen der Daguerretypie „Den 5ten Juli 1847 hab ich auf unserem Landgericht 33 fl. von Carlsruhe zu Vergütung emdpfangen."

Das kurze, tragische Leben des Joseph Fromholzer verdeutlicht die Aufstellung:

| | |
|---|---|
| Um 02.06.1824 | Geburt in Ruhmannsfelden |
| 11. 04 1842 | Beginn der Wanderschaft, festgehalten im Reisetagebuch |
| 14.11.1843 | Rückkehr nach Ruhmannsfelden |
| 14.11.1843–04.03.1846 | Arbeit im väterlichen Betrieb |
| 04.03.1846 | Wiederaufnahme der Wanderschaft |
| 20.03.1846 | Ankunft in Lahr, Ende des Reisetagebuchs |
| nach 23.8.1846–28. 02. 1847 | Arbeit in Karlsruhe beim Schönfärber Eduard Printz |
| 28.02.1847 | Theaterbrand in Karlsruhe: lebensbedrohliche Verletzung |
| 09.04.1847 | Tod von Joseph Fromholzer (Brief von Eduard Printz) |

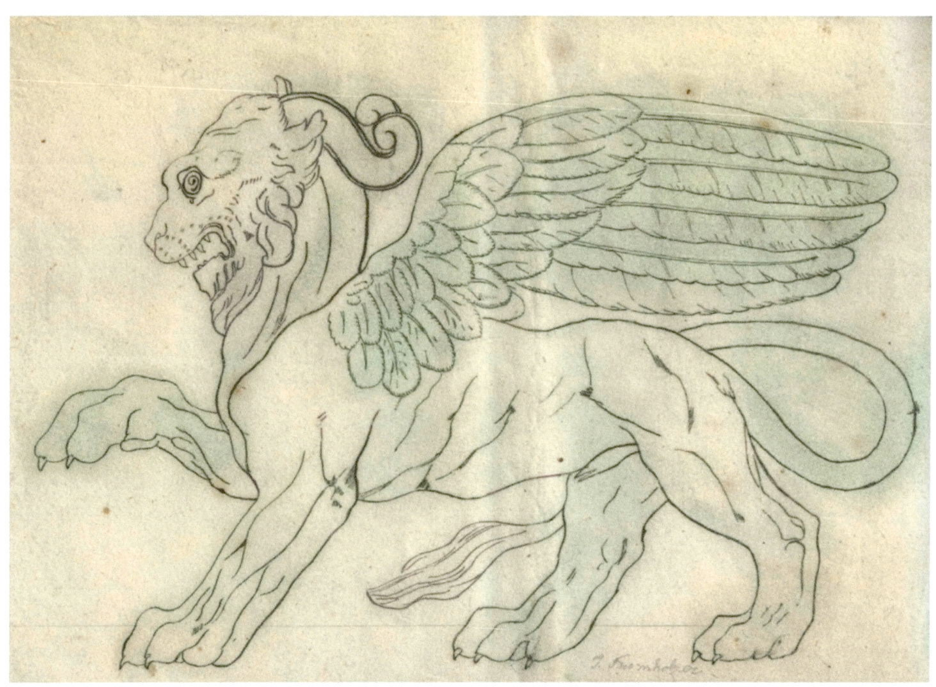

MARKUSLÖWE AUS DEM NACHLASS VON JOSEPH FROMHOLZER (ARCHIV FROMHOLZER).
Es handelt sich um die einzige Zeichnung, die von Joseph erhalten ist.

## Dass es mit rechten Dingen zugeht: „Uebergabs=Vertrag" 1849

Nach seiner Wanderschaft arbeitet Alois (II) von nun an im Betrieb seines 50-jährigen Vaters, um dort auch die Meisterprüfung zu machen, für die ja die Wanderzeit die Voraussetzung gewesen ist. Am 31. Januar 1849, also zwei Jahre nach dem Tod seines Bruders Joseph, übernimmt er den väterlichen Betrieb:

*„Viechtach, den 31 Jäner 1849*

*Uebergabs = Vertrag*

*Die Alois und Anna Maria Fromholzer, Färberseheleute zu Ruhmannnsfelden beyde persönlich vor Gericht anwesend, schließen heute unter Vorlage des rentamtlichen Umschreibzeugnisses mit ihrem einzigen der Militärpflicht bereits entlassenen Sohn Alois Fromholzer, nachstehenden*

*Uebergabs Vertrag*

*Uebergeben die Fromholzerschen Eheleute ihr zu Ruhmannsfelden besitzendes – laut Kaufbrief vom 21. November 1821 erworbenes – ehevor zum Aerar erbrechtigtweise grundbar – durch die heute geschehene vollständige Handlohnsablösung aber nunmehr freyeignenes Färberanwesen, nach bestehende in dem Wohnhaus mit Stall, Stadl, Schupfe PlNro. 90 zu 0 Tagw. 19.Deziml. samt darauf ruhendem realen Färbergerechtsame,*
*in den Obst= und Grasgarten PlNro. 93 zu 0 Tg. 25 Dez.*
*den Leitenacker PlNro. 360 zu 1 Tg. 9 Dez.*
*dem Rotseigenackerl PlNro. 892 zu 0 Tg. 63. Dez.*
*dem Angerhölzl PlNro. 754 zu 1 Tg. 73 Dez.*
*dann dem Gemeinderechte, bestehend in den Nutzungsantheil auf den noch unverteilten Gemeindegründen – mit allen auf diesen Liegenschaften sonst noch vorhandenen Rechten, Servituten, Lasten und Abgaben wie folgen in definitig an Grundsteuer Kataster Auszuge speziell aufgeführet sind und woran dermal das Grundsteuersimplum in 53 kr. 2 hl. besteht, dagegen aber auch mit Einschluß aller vorhandenen lebendigen und todten Haus= Gewerbs= und Bauersfahrnisse, dann Vorrath an Farbwaren, Farbzeuge, welche Letzteren jedoch sonderbar gegen eine bare Summe von 200 fl. – zwei hundert Gulden durch den Uebernehmer abzulösen sind, an ihren Sohn von heute anfangend zu dessen Wollen und mehren Eigenthum. –*

*Die Uebergabesumme hirfür besteht in 3500 fl. – Dreitausend fünfhundert Gulden – wovon sich der Uebernehmer als Elterngut, dann als eigenes groß-mütterliches Vermögen, sowie ein von dem zu Karlsruhe verstorbenen Bruder angefallenes*
*Erbgut zusammen 1500 fl.*
*abzurechnen hat. –*

*Der Rest mit 2000 fl.*

*Dagegen ist Zehrpflennig der beyden Uebergeber, wovon ihnen sogleich bey der Verehelichung des Uebernehmers, neben der oben signalierten Ablösesumme zu 200 fl. –*

*500 fl. heraus zu bezahlen sind, während die weiteren 1500 fl. gegen 4 % Verzinsung und vierteljährige gegenseitig freystehede Aufkündigung auf dem Anwesen liegen bleiben. –*

*Die Uebergeber wollen noch bis heurigen Georgi [= 23. April] gemeinschaftlich mit ihrem Sohn fortwirtschaften, ziehen jedoch mit diesem Zeitpunkte vom Anwesen weg, und erhalten sich das Recht bevor, von dem vorhandenen Mobiliarschaft all diejenigen Gegenstände, welche sie in ihrer Leibthums-wohnung nöthig haben, namentlich aber in 3 Betten mit Bettstädten, 2 Komodkasten, der nöthigen Wäsche und ihrer Kleidung bestehen, auch ihrer freyen Auswahl als ihr Eigenthum mitnehmen zu dürfen. –*

*Zugleich bedingen sich die Uebergeber von Georgi h[iesigen] J[ahres] anfangend, nachstehende lebenslänglichen*

*Natural Austrag*

*aus, welcher auf Ableben des einen oder anderen der beyden Uebergeber keiner Minderung oder Aenderung unterliegen, und zu dessen getreuen Verabreichung der Uebernehmer sowohl als jeder andere allenfallsige Gutsnachfolger verbunden seyn soll.*

*a. jährlich 1 Schöffel Korn, oder hierfür das Geld, nach dem Normalpreise.*

*1 Schöffel Erdäpfel*

*1 Klafter Fichten= und*

*2 Klafter Birkenholz, welches ihnen zur Hand gebracht werden muß,*

*2 Metzen Obst, dann*

*12 fl. jährliche Herbergszins,*

*b. wochentlich in Geld 1 fl. 30 Dz.*

*dann ¼ Pfund Schmalz oder Buther, endlich*

*c. täglich 2 Köpfl süße Milch.*

*Ferner sind ihnen alljährl[ich] 15 Ellen Nesel (gedrukter Baumwollenzeug) zu verreichen, sowie das Recht des Mitwaschens und Mitbakens beym Anwesen zustehen soll. –*

*Vorstehender Austrag wird auf jährlich 150 fl. einhundert fünfzig Gulden an-geschlagen, und soll in diesem Anschlage hypothekarisch versichert werden. –*

*Die Kosten der Uebergabe bestreiten noch die Uebergeber, – welche zugleich mit dem Uebernehmer beantragen, daß der auf dem Anwesen noch eingetragenen Natural Austrag der Katharina und Monika Kirchbacher nachdem diese beyden wie gerichts bekannt ist, gestorben sind, dann das für die Uebernehmer und dessen verstorbenen ledigen Bruder eingetragenes großmütterliches Vermögen im Betrage zu 500 fl. gelöscht werden wolle.*

*Nachdem weitere Bedingungen nicht abgemacht wurden, hat man gegenwärtigen Vertrag geschlossen und nach geschehener Vorlesung zur Bestätigung unter-*

*zeichnen lassen.*
*Alois Fromholzer*
*Anna Maria Fromholzer*
*Alois Fromholzer*
*Urkundlich dessen nachstehende amtliche Fertigung am 31. Jäner 1849*
*Koenigliches Landgericht Viechtach*

Dieser Übergabevertrag gibt einen wichtigen Einblick, wie noch im 19. Jahrhundert das Erbrecht ausgesehen hat. Grundsätzlich übergibt der Erblasser die inzwischen von Abgaben abgelöste Immobilie mit dem Inventar an seinen Erben. Er verlässt somit auch sein bisheriges Wohngebäude, was manche Konflikte zwischen den Alten und den Jungen verhindert. Dafür erhält er im Gegenzug eine Ablösesumme und genau fixierte Natural-Leistungen, die sein tägliches Leben ermöglichen. In diesem vorliegenden Fall ist noch zusätzlich wichtig, dass der Vater seinem Sohn auch die „reale Gerechtsame“ des Färbens übergibt. Das „reale“ Färberrecht bedeutet – im Gegensatz zum „radizierten“, also auf dem betreffenden Flurstück verwurzelten Recht, das nur mit dem Verkauf des Grundstück weiterveräußert werden konnte –, dass es beliebig auch auf ein anderes Anwesen in Ruhmannsfelden übertragen werden könnte. So erbt Alois das Färberrecht von seinem Vater, dazu auch gegen Geld alle Färbe-Utensilien. Andererseits haben aber seine Eltern sogar ein Recht auf jährlich 15 Ellen bedruckten Baumwollstoff, was 12,4 Meter Stoff entspricht! Von seiner fälligen Zahlungssumme werden noch sein Elterngut und das Erbgut seines verstorbenen Bruder abgezogen sowie ehemalige Natural-Rechte der verstorbenen Vorbesitzer, selbst das Brennholz das „zur Hand gebracht werden muß“.

Im Jahr 1867 kann dann Alois (II) das Nachbargrundstück mit der Hausnummer 48 von Gotthard Ernst dazu erwerben, der als Steinhauer in den Granitbrüchen der Umgebung den Lebensunterhalt für seine Familie verdient hat (Josef FROMHOLZER, 21.01.2015). Dieser ist dann in die nahegelegene Brauerei Liebl umgezogen. Damit ergibt sich für Alois (II) Fromholzer Anwesen eine geschlossene Hofanlage mit einer großen Toreinfahrt zwischen den beiden Gebäuden, wie auch heute noch die Lagesituation des Anwesens besteht.

ÜBERGABEVERTRAG DER EHELEUTE ALOIS (I) UND ANNA MARIA FROMHOLZER AN IHREN SOHN ALOIS (II) (ARCHIV FROMHOLZER).

Hier ist im Detail festgelegt, was der Sohn erbt und welche Leistungen er den Eltern erbringt.

## Zwischen Bildung und Militär

Der Färbermeister Alois (II) Fromholzer, der das elterliche Anwesen am 31. Januar 1849 übernommen hat, führt dieses zu großem wirtschaftlichem Erfolg. Mit seiner Frau Theres hat er 9 Kinder, die innerhalb von 14 Jahren zur Welt kommen, 5 Jungen und 4 Mädchen.

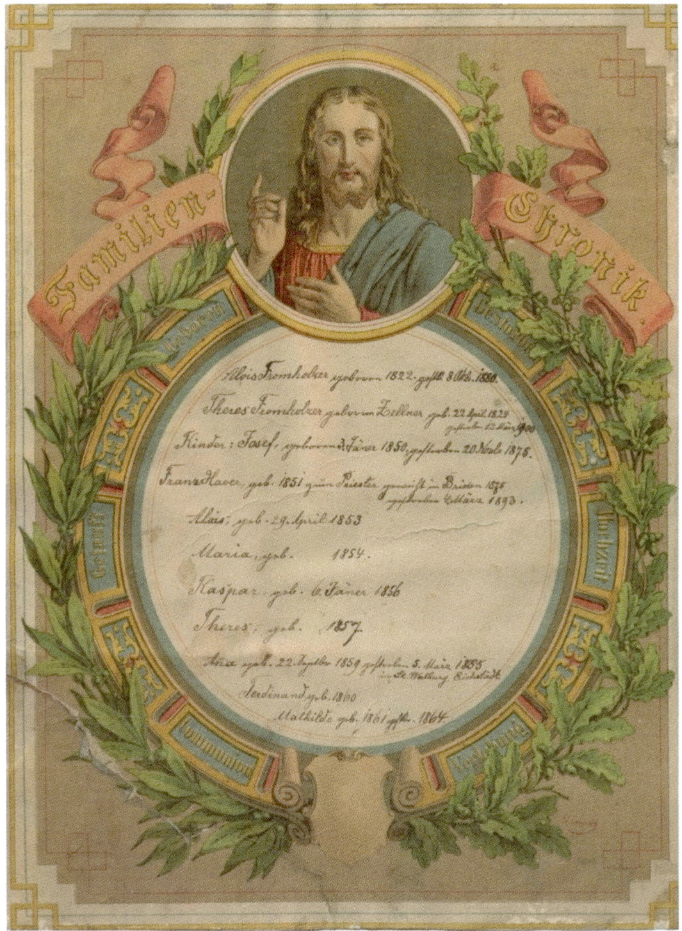


FAMILIENCHRONIK DER FÄRBERFAMILIE FROMHOLZER (ARCHIV FROMHOLZER).

Hier sind Alois (II) und seine Frau Theres mit ihren 9 Kindern verzeichnet, wovon allerdings eines bereits im Kindesalter, ein Sohn und eine weitere Tochter im Alter von 25 Jahren gestorben sind.

Er erwirbt sich hohe Achtung und ist mehrere Jahre als Bürgermeister für die Marktgemeinde tätig. Als 1859 ein Marktbrunnen aus Granit mit der Patrona Bavariae errichtet wird, stellt er sein Jahresgehalt als Bürgermeister für die nächsten zwei Jahre zur Finanzierung zur Verfügung.

Er setzt sich zum Ziel, allen seinen sechs verbliebenen Kindern eine gute Schulbildung angedeihen zu lassen.

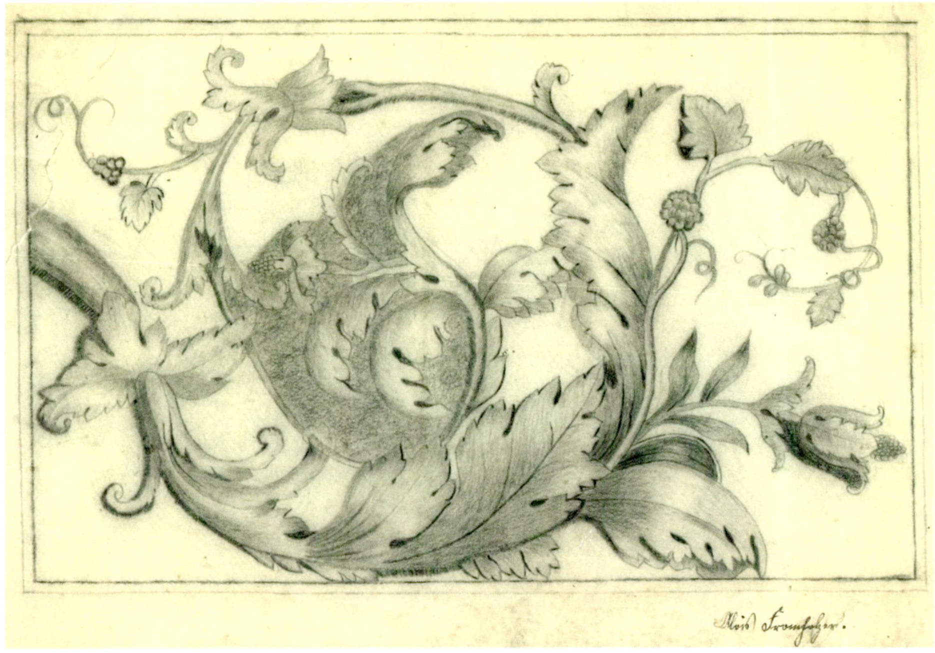

Blattornament-Studie Alois (III) (Archiv Fromholzer).
Die Zeichnung weist auf die breite Ausbildung hin, die Alois (II) seinen Kindern angedeihen ließ.

Sein zweiter Sohn besucht die Klosterschule in Metten. Er lernt dort u. a. Englisch, Latein, Griechisch und auch Stenographie sowie das Violinspiel. Seine zeichnerischen Fähigkeiten kommen ihm später auch für die Gestaltung von Druckmustern zugute. Das Abitur legt Franz Xaver im Sommer 1871 in Regensburg ab.

## Alois (III) in Schlesien und Norddeutschland 1872–73

Sein drittältester Sohn Alois (III), der 1853 geboren wird, ist im Juni 1872 als Wandergeselle in Schlesien unterwegs, um weitere Erfahrungen zu sammeln.

MANUSKRIPT DES WANDERBURSCHEN ALOIS (III) FROMHOLZER (ARCHIV FROMHOLZER).

Für sein Vorsprechen als Wandergeselle bei den Handwerksmeistern hat Alois einen standardisierten Dialog aufgeschrieben.

„Beim Einwandern

| | |
|---|---|
| Fremder | Verzeihen Sie Herr Meister? |
| Meister | Ja |
| Fremder | Ich wünsche dem Herrn Meister einen guten Tag, und Glück von wegen des ehrsamen Handwerkes. Meister und Gesselen von N. N. lasen den Meister vielmals Grüßen von wegen des ehrsamen Handwerkes. |
| Meister | Ich sage Meister und Gesellen Dank, und auch dir Fremder von wegen der ehrsamen Handwerks; sei mir wilkommen. |
| Fremder | Schön Dank |
| Meister | Verzeihe mir Fremder daß ich dich fragen darf, wo hast du den das ehrsame Handwerk gelernt? |
| Fremder | Verzeihen Sie Herr Meister, ich habe das ehrsame Handwerk in Ruhmansfelden in Bayern gelernt; auch wollte ich den Herrn Meister ganz freundlich angesprochen haben uns Nachtlager oder um ½ Stunde abzulegen, nach Handwerksgebrauch und Gewohnheit. |
| Meister | Wenn du willst da mit Vorlieb nehmen. Abdanken aus dem Nachtlager |
| Fremder | Ich sag dem Herr Meister meinen verbindlichsten Dank für alles Gute, daß ich bei Ihnen genossen habe, kommt heute oder morgen einer der Ihrigen zu mir, so werde ich es ihm mit Gleichen vergelten. |
| Meister | Nehmen damit vorlieb." |

Alois (III) hat im gleichen Dokument auch überliefert, wie die Zusammenkünfte der Gesellen damals nach einer festen Ordnung stattgefunden haben:

„Beim Ausschenken

| | |
|---|---|
| Ausschenksgeselle | Also mit Vergunst sind Fremde da? |
| Erster Fremder | Also mit Vergunst ja |
| Ausschenksg. | Also mit Vergunst ist uns vom Meister und Gesellen anbefohlen worden? |
| Erster Fremder | Also mit Vergunst ist uns vom Meister und Gesellen weiters nichts anbefohlen worden als Liebes und Gutes und euch Brüder einen freundlichen Gruß zu bringen, habe ich einen oder andern nicht gebracht, so bin ich schuldig ihn Euch zu bringen. Ich wünsche Euch Brüder! pp weiter wie beim Einwandern |
| Ausschenksgeselle | Ich sag Meister und Gesselen Dank und Euch Brüder. Von wegen des ehrsamen Handwerks seid mir willkommen. |
| Erster Fremder | Schön Dank |
| Aussch. G. | Verzeihe mir Fremder daß ich Euch fragen darf, wo habt Ihr den das Handwerk gelernt. |
| Fremder | Verzeiht mir Bruder ich habe das ehrsame Handwerk in N. N. gelernt Auch die Arbeitsgesellen sagen wo sie gelernt haben. |
| Ausschenksgeselle | Also mit Vergunst soll herum! |

Gehen die Anfragen samt den 3 Wahlen, hat einer oder der Andere etwas anzuzeigen, so kann er selber thun bei den 3 Wahlen. Also mit Vergunst Ihr gunsthaften Burschen jung und alt. So uns der liebe Gott auf eine so wunderbare Weise bei einander versammelt hat, so weiß ich weiter nichts, als Liebes und Gutes was Treue und Ehre zu steht. Sollte aber denoch ein guter ehrlicher Gessell unter Euch sein, der etwas gegen mich weis, was ich gegen das ehrsame Handwerk gegen Meister und Gesellen gethan und verbrochen habe, so sollte ich ihn gebeten haben selbes anzuzeigen da Bier, Brod, Wein, Lichter auf dem Tische stehen und die löbliche Bruderschaft bei einander versammelt ist, wenn er aber nichts weis so möchte ich ihn bitten still zu schweigen, fröhlich und guter Dinge zu sein begehr also mit Vergunst habe ich ausgeredet also mit Vergunst geht es weiter

Dieses sagt jeder Fremder und auch jeder Arbeitsgeselle

Aussch. G: Also mit Vergunst soll ausgeschenkt werden nach Handwerksbrauch und Gewohnheit. Setzt Euch nieder und macht Euch bequem.

Abdanken nach dem Ausschenken

Wir sagen Euch Bruder unseren verbindlichen Dank für Alles Gute das wir von Euch genossen haben. Kömt heute oder Morgen einer von Euch zu uns so werden wir es mit gleichem vergelten.

Geschrieben im Jahr 1867"

Noch im gleichen Jahr ist der Neunzehnjährige bereits in der Hauptstadt Berlin anzutreffen. Sein 3 Jahre jüngerer Bruder Kaspar sieht dies als große Bildungschance an und sehnt sich nach den kulturellen Angeboten der Großstadt:

*„In Berlin ist dir Gelegenheit geboten, dich auszubilden und dich mit Kenntnissen zu bereichern. Was du hier siehst, wird dir später nie mehr möglich werden zu schauen. Freilich braucht man hiezu Geld und nicht wenig, wie ich dies aus deinem Briefe ersehe. Allein spare nur, so wird dir auch wöchtlich so viel übrig bleiben, das es dir zu Ankauf eines Theaterbillets [usw.] ausreicht. Zu solchen Zwecken darf man sich die Kreuzer nicht reuen lassen, es ist immerhin lohnend. Ich war heuer noch in keinem Theater, denn dazu mangeln die Mittel. Uebrigens werde ichs heuer unterbleiben lassen und später, wenn mir unsere Mittel zu solchen Zwecken zu Gebote stehen, um desto öfter das Theater besuchen."*

(Kaspar Fromholzer, Brief 29. Dezember 1872)

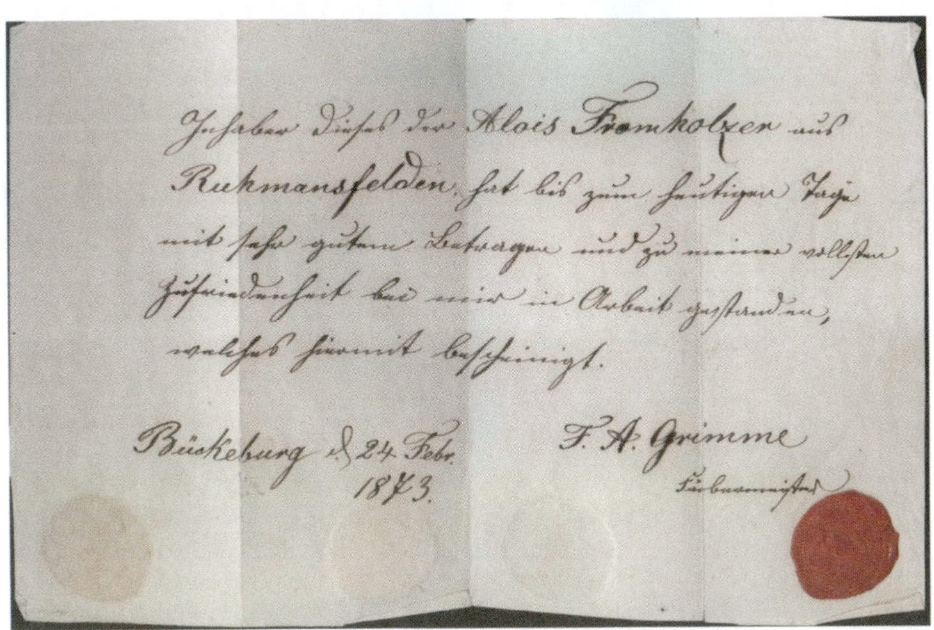

Inhaber dieses der Alois Fromholzer aus Ruckmansfelden, hat bis zum heutigen Tage mit sehr gutem Betragen und zu meiner vollsten Zufriedenheit bei mir in Arbeit gestanden, welches hiermit bescheinigt.

Bückeburg d. 24. Febr. 1873.

F. A. Grimme
Färbermeister

ZEUGNIS VON FÄRBERMEISTER GRIMME IN BÜCKEBERG 1873 (ARCHIV FROMHOLZER).
Alois (III) ist „mit sehr gutem Betragen und zu vollster Zufriedenheit in Arbeit gestanden".

*„Ansatz und Behandlung der Blaufarbe bei Heer Grimme in Bückeberg*
*Nachdem die Küpe mit weichem Wasser angefült, 8–10 ℔ Waid hinzu gethan, und einige Stunden geweicht hat, giebt man 4 ℔ Indigo 4 ℔ mittelfeinen Krapp 12 ℔ Pottasche 24 Handvoll Weitzen Klaie oder 3–4 Handvoll Weitzen-Mehl hinzu, die Weitzen Klaie muß aber mit ein barr Handvoll Weitzen-Mehl vermischt sein. Die Küpe wird als-dan erwärmt und bis sie die gehörige Wärme erhalten, oftmals gerührt, hernach aber alle 2 Stunden von Grund aufgerührt. Ist die Farbe nur nach Verlauf von 8–12 Stunden gehörig im Triebe sich geklärt hat, und stark […].“*

Blaufärben beim Färbermeister Grimme (Archiv Fromholzer).

Von besonderer Bedeutung ist hier festzuhalten, dass bei Färbermeister Grimme ein Färbeansatz von heimischem Färberwaid und wohl indischem Import-Indigo praktiziert wird.

Von Berlin geht Alois (III) nach Bückeberg ins Schaumburgische Weserbergland, wo er wichtige handwerkliche Fertigkeiten erwirbt, wie den „Ansatz und Behandlung der Blaufarbe bei Heer Grimme in Bückeberg“. Als er weiterziehen will, erhält er zunftgemäß ein Zeugnis von seinem Meister.

Alois (III) lernt viel in der Fremde dazu. Diese neuen Erkenntnisse will er auch seinem Vater in der Heimat mitteilen. So schreibt er Briefe nach Hause, in denen er dem Vater, dem Meister, mitteilt, welche neuen Färbe-Rezepturen zu welchen Ergebnissen führen. Er legt seinem Brief sogar Färbe-Proben bei.

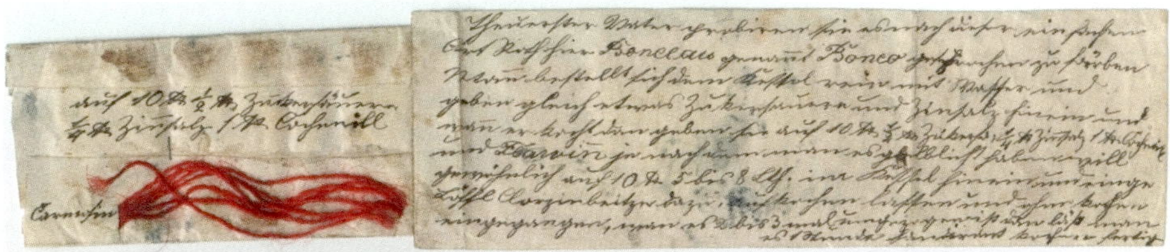

*auf 10 ℔ ½ ℔ Zuckersäure ¼ ℔ Zinnsalz 1 ℔ Cochenill*
*Carmesin*

*„Theuerster Vater probieren sie es nach dieser einfachen Art Rot hier Bonceau genannt Boneo gesprochen zu färben Mann bestellt sich dem Kessel rein mit Wasser und geben gleich etwas Zuckersäure und Zinsalz hierein und wann er kocht geben sie auf 10 ℔ ½ ℔ Zinnsalz 1 ℔ Cochenill und Flawin ja nach dem man es gelblich färben will gewöhnlich auf 10 ℔ 5 bis 8 Llf. Im Kessel hirein und einige Löffel Clorzinbeitze dazu, aufkochen lassen und ohne kochen eingegangen, wan es 2 bis 3 mal umgezogen ist dan lässt man es 1 Stunde handirent kochen fertig.“*

Brief Alois (III) an seinen Vater Alois (II)

Im Archiv der Familie Fromholzer findet sich eine beträchtliche Anzahl weiterer Färberezepte, die er seinem Vater als Briefe aus der Ferne geschickt hat, die dieser ausprobiert und aufbewahrt hat.

*„Wen Sie kein Flawin von Nürnberg aus beziehen können kann ich ihm eine Kleinigkeit zum probiren vorläufig schicken. Wenn Sie Clorzinbeitze dazu nehmen wird es haltbarer.*
*Clorzinbeitze*
*12 ℔ Zuckersäure*
*8 ℔ Wasse*
*4 ℔ Zinsalz*
*Auf 50 ℔ nehmen*
*wir eine Kaffe-*
*Tasse voll Beitze*
*Vielleicht bekommen Sie in Deggendorf Flawin. Wan nicht dann schreiben Sie mir und werde solchen schicken schwer ist es ja nicht es sieht aus wie gelbes Mehl."*

Brief Alois (III) an seinen Vater Alois (II)

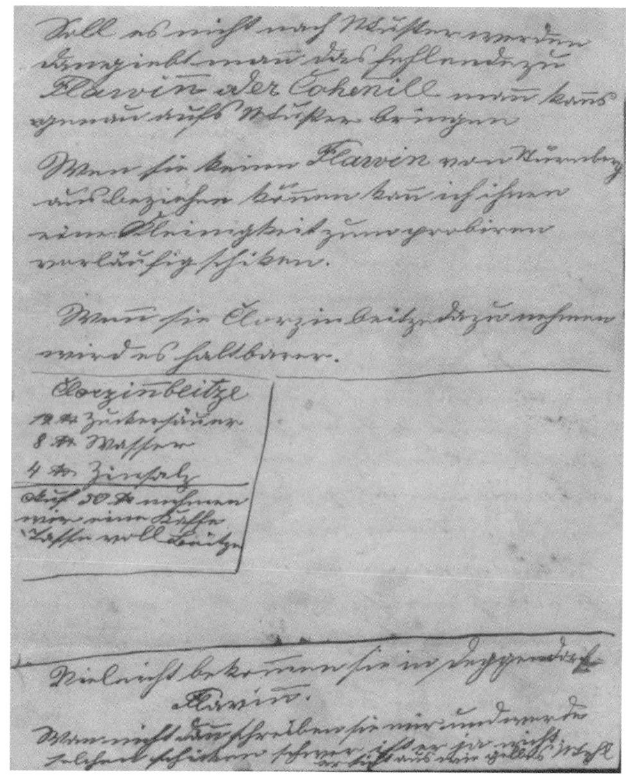

REZEPT FLAWIN-FÄRBUNG (ARCHIV FROMHOLZER).

Weiterhin stellt er aber auch fest: „Natürlich kann es der Landfärber nicht so billig und schön herstellen als wie im großen Betriebe wo wir gleich oft des Tag 5 bis 6 Zntr. [=Zentner] auf einer Kuffe [= Kübel/Hohlmaß] färben." Er erkennt also wesentliche Unterschiede zwischen dem Kleinbetrieb seines Vaters im Ruhmannsfelden und dem Großbetrieb in Bückeberg, in dem er arbeitet. Bückeberg hatte nach dem Wiener Kongress unter dem Schaumburg-Lippeschen Grafen Georg Wilhelm einen bedeutenden wirtschaftlichen Aufschwung erlebt, was auch das Färberhandwerk aufblühen ließ.

Alois hat auf seiner Wanderschaft nicht nur Rezepte gesammelt, sondern auch eine ganze Reihe von Blättern angelegt, auf denen er Blütenornamente gezeichnet hat. Hierbei hat er Blumen, wie Tulpen und Leberblümchen, und Getreideähren festgehalten. Es finden sich dabei auch zahlreiche kleine rechteckig begrenzte Flächen, auf denen er eine große Zahl an Streumustern dokumentiert hat. Weiterhin hat er Formen angelegt, die sich zum Druck von Rapportmustern, also linienhafte Muster für die Umrandung von Tischdecken, eignen.

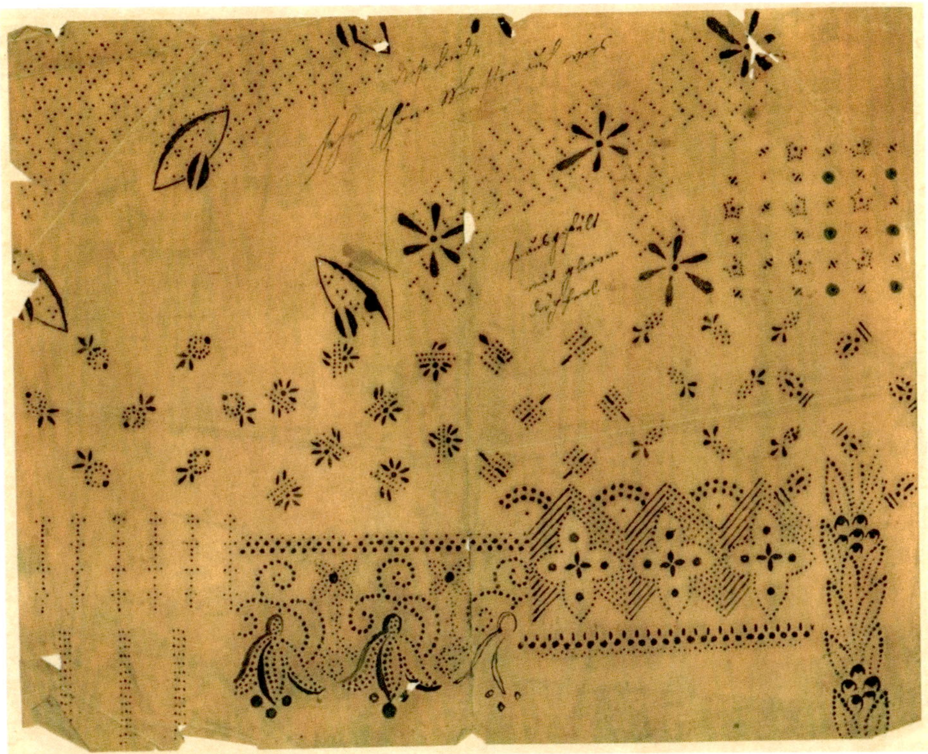

Mustersammlung, vermutlich von Alois (III). (Archiv Fromholzer).

Auf dem Blatt, das Blüten und Streumuster sowie Rapportmuster enthält, sind erläuternde Notizen vermerkt: „diese beide sehr schönes Muster auf weis“ (oben) und „so ausgefül[l]t mit gleine Düpferl“ (Mitte).

## Kaspar zur Schulbildung in Regensburg 1872

Während der 3 Jahre ältere Alois (III) noch auf der Walz ist, schickt der Vater seinen nächst jüngeren Sohn Kaspar als 16-Jährigen zur Schulausbildung nach Regensburg. Er berichtet seinem Bruder Alois, dass er „bei Herrn Anton Kölbig, Fürstlich Thurn= u. Taxischer Sekretär in Regensburg. /: Wollwirkergasse lit. A. Hs: No. 178 über 2 Stiegen" logiert, der in der „Obereinnehmerei" als „Cassa-Offiziant" angestellt ist (ADREß-BUCH FÜR DIE KÖNIGLICH-BAYERISCHE KREIS-HAUPTSTADT REGENSBURG). Er schläft im Zimmer des Sohnes und studiert nachmittags im Wohnzimmer der Familie. Er zahlt – nach eigener Einschätzung – nur 2 Gulden monatlich und genießt bei seinem Vermieter reichliche Vergünstigungen, dass er morgens „eine Tasse Kaffee nebst Brot sowie auch abends von dem Tische meiner werten Hausleute verabreicht" bekommt. „Ueberdies werden mir täglich die Schuhe geputzt, gewinne demnach an dem hiezu nötigen Zeitverlust, sowie an der notwendigen Stiefelwichse" (Kaspar Fromholzer, Brief 22. 12.1872). Im Gegenzug gibt er dem Sohn seines Vermieters „täglich Instruktionen", was wohl eine Tätigkeit als Hauslehrer bedeutet. Er hat von seiner Tante Nanni immerhin 14 Gulden zu Weihnachten bekommen, was ja 7 Monatsmieten ausgleicht. Er selbst macht sich Gedanken, was er der Familie zu Weihnachten schenken könnte:

*„Als Weihnachtsgeschenk präsentierte ich dem Großvater eine Flasche Ingelheimer Wein und den Geschwisterten Marzipan und anderes Zuckergepäck. Mit was wollte ich aber auch diese überraschen? Derartige Sachen dürften als Gristbescherung wohl am passendsten erscheinen. Jedenfalls wird dem Großvater der Ingelheimer gut gemundet haben, zumal jener ein großer Liebhaber eines derartigen Stoffes ist."*

(Kaspar Fromholzer, Brief 29. Dezember 1872)

Er berichtet in mehreren Briefen an seinen Bruder Alois, er müsse „nun tüchtig studieren, damit es mir bei der Seminarprüfung nicht geht, wie den thörichten Jungfrauen im Evangelium, oder wie meinen Vorgängern im vorigen Jahre, von denen (unter 18 Zöglingen) nur 4 die Prüfung bestanden." Auch in einem anderen Brief kommt sein schulischer Anspruch und Fleiß zum Ausdruck, aber zugleich sein Anliegen, mit der Familie rege in Kontakt zu bleiben:

*„Unsre Aufnahmsprüfung beginnt wahrscheinl. am 3. August. Ich habe hierfür keine Minute des Tlalges zu versäumen, das Studium zu pflegen und Tag und Nacht hirzu verwenden. Leider haben wir immer so viel schriftliche Aufgabe, daß uns nur wenige Zeit zum Studieren bleibt. Heute zum Beispiel musste ich unausgesetzt bis zwölf*

*Uhr (Mitternacht) schreiben und konnte erst nachher mit dem Briefe schreiben beginnen. Den Brief des Xavers konnte ich auch noch nicht beantworten."*

(Kaspar Fromholzer, Brief 19. Juni 1873)

## Xaver wird aus dem Studium zum Militär geholt 1873

Bekanntlich hat bereits vor Kaspar sein älterer Bruder Franz Xaver ebenfalls eine herausgehobene Schulbildung in der Benediktiner-Abtei Metten genossen, was sich anhand der abgebildeten Zeichnungen erahnen lässt. Dort erhält dieser eine klassische Ausbildung, bei der er u. a. Latein gelernt und die griechisch-römische Kultur kennengelernt hat.

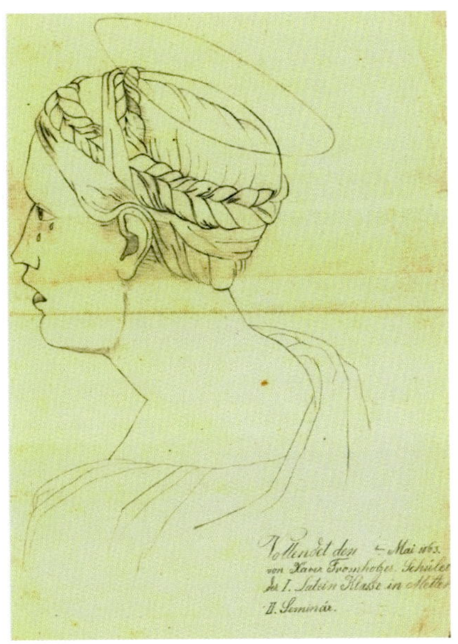

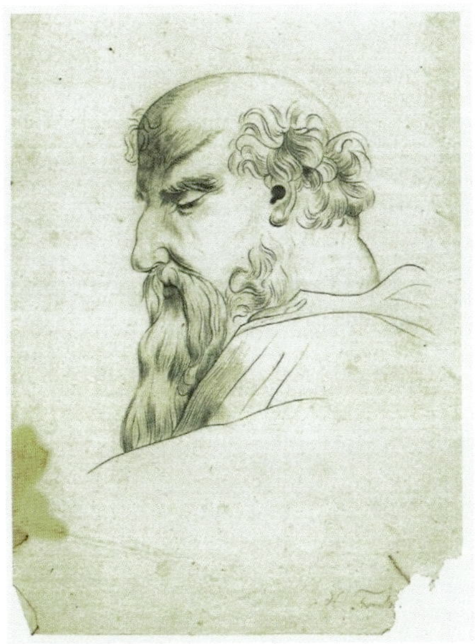

Franz Xaver Fromholzer, Kopfstudien (Archiv Fromholzer).

Diese Zeichnung des 12-Jährigen trägt die Beschriftung „Vollendet den [ten] Mai 1863. Von Xaver Fromholzer, Schüler der I. Latein Klasse in Metten II. Seminar."

Darstellung eines alten, weisen Mannes, signiert mit „X. Fromho[lzer]".

Mit dieser Bildung ebnen die damals neu errichteten Knabenseminare begabten Landkindern den Weg zu akademischen Berufen. So schafft auch Xaver den Sprung zum Studium in Regensburg.

Doch dieser zweitälteste Sohn wird im Alter von 22 Jahren unvermittelt aus dem Studium gerissen. Er erhält kurzfristig einen Stellungsbefehl, von dem sein Bruder Kaspar aus Regensburg dem Bruder Alois nach Berlin berichtet:

*„Regensburg den 7. Jänner [18]73*
*Lieber Bruder!*
*Wie ich aus deinem soeben erhaltenen Briefe ersah, hast du von Seite der Eltern oder vom Xaver noch nicht erfahren, welch' unangenehmes trauriges Loos unseren Bruder Xaver getroffen. Ich will dir daher eilig bekunden, daß dieser auf 8 Wochen zum Militär eingerufen wurde. Es ist dies ein höchst fataler empörender Fall. Mitten im Schuljahr ihn vom Studium abzurufen, ist wirklich rücksichtslos gehandelt und dürfte wol diese Handlung nichts weniger als human genannt werden. Die Folgen und Schulden dieser grenzenlosen Rücksichtslosigkeit werden sich unserem Bruder Xaver immerhin fühlbar machen. Morgen als am 8. ds. Mts. hat er schon im hiesigen Regiment zu erscheinen. Gemäß eines Briefes, den er am 4. ds. Mt. an meinen Hausherr schrieb, hat er seine plötzliche Einberufung in einem vom Vater zugeschickten Telegramm erhalten. Da in diesem Telegram nicht bezeichnet war, woher der Vater die Order der Einrückung Xavers erhalten habe, so kam dieser schließl. auf den Gedanken, es möchte vielleicht ein Irrtum diese Affaire hervorgerufen haben u. schrieb eilig an meinen Hausherrn in einem Briefe diesen Vorgang u. ersuchte zugleich den Hr. Sekretär im hiesigen Regimente nähere Anfrage zu halten. Von innigster Teilnahme dieses Mißgeschicks erfüllt, machte sich Hr. Sekretär daran, sich dieses Auftrages sogleich zu entledigen. Doch welcher Akt trat hier wieder findend im Wege, das Nähere eilig dem Xav[er] bekunden zu können! Weder der Hauptmann von den 3. Reggim noch der betreffende Unteroffizier wussten von der geschehenen Einberufung u. wir hatten nun nichts Besseres zu thun, als an den Regimentsoberkomandeur nach Straubing sofort zu telegrafieren, dessen Rückantwort erst anderen Tags ½ 1 Uhr (gestern) erfolgte.*
*Dieses Telegramm enthielt nun den Bescheid, Xaver habe den 8. ds. Mts. als Reserveoffizier einzurücken. Diese traurige Auskunft wurde nun an den Xaver telegraphiert und erwarte also morgen seine Ankunft.*
*Dies ist die kurze Mitteilung, von dem unerwarteten Ereignisse womit unser Bruder geschlagen, und muss schließen, da es bereits ¾ 2 Uhr Nachm. u. mithin Zeit geworden ist, in die Klasse zu spazieren. Lebe nun recht wol u. bleibe recht gesund wie es ist*
*Dein Dich liebender Br. Kaspar"*

(Kaspar Fromholzer, Brief 7. Januar 1873)

Hier zeigt sich, dass sich trotz moderner Technologie des Telegrafierens, immer noch durch persönliche Kontakte die Einberufung zunächst verhindern ließ. Die Bestürzung ist groß, als der Bruder doch innerhalb weniger Tage das Studium niederlegen und einrücken muss.

## Alois (III) kommt zur Ersatzreserve 1873

Um sich der Konskription in Viechtach Mitte Mai zu stellen, beendet Alois (III) seine Wanderschaft und kehrt rechtzeitig Ende April 1873 in die Heimat zurück. Eltern und Geschwister machen sich mit ihm Sorgen, dass er zum Militärdienst verpflichtet und damit für drei lange Jahre seiner Familie und seinem Beruf entzogen werde. Es wird ihm jedoch eine beschränkte Diensttauglichkeit attestiert, so dass er lediglich zur nur Ersatzreserve muss. Daher kann er nun weiterhin im elterlichen Färbereibetrieb mitarbeiten. Sein Bruder Kaspar ist enttäuscht, dass Alois nicht ganz von der Militärpflicht befreit wurde und die Gefahr einer Einberufung zu den Waffen nicht völlig gebannt ist:

*„So hat dich denn der harte Schicksalsschlag getroffen u. dich zu den blauen Kuttenmännern verbannt. Es war dies von mir ein schon längst gehegte Vermutung, daß dir dies verfluchte Loos beschieden werde. Denn, was sollte die vollkommene Befreiung vom Militärstande bei jetziger strengen, preußischen Conscribierung bei dir bewirkt haben! Das angebliche Gehörleiden konnte zu erwünschter Befreiung nicht ganz genügen, u. man darf nur von riesigem Glück sprechen, daß du der Reserve zugeteilt wurdest. Wir wollen nunmehr den sehnlichsten Wunsch hegen, vor den heranziehenden unheilvollen Wolken eines Krieges verschont zu bleiben u. den Frieden glücklich zu genießen: Dann könntest du kummerlos in der Heimat die Arbeit verrichten u. Beruhigung könnte in deiner Geschwister u. unserer Eltern Herzen einkehren."*

(Kaspar Fromholzer, Brief 22. Mai 1873)

# Ersatz-Reserve-Schein.

I.

Der Färberssohn & Färber militärpflichtige Alois Fromholzer, geboren am 29ten April 1853 zu [illegible] wird in Folge der am [illegible] Juni 1873 stattgehabten Superrevision wegen nicht vollkommener Dienstfähigkeit der ersten Classe der Ersatz-Reserve als Infanterist überwiesen.

ERSATZ-RESERVE-SCHEIN ALOIS FROMHOLZER 1873 (ARCHIV FROMHOLZER).
Aufgrund „nicht vollkommener Dienstfähigkeit“ kommt der „Färberssohn und Färber“ zur Reserve, muss aber jede Wohnsitzveränderung den Militärbehörden mitteilen.

Die Militärpflicht muss unter den Brüdern als sehr bedrückend gesehen worden sein, denn selbst der älteste Bruder Josef hätte 1874 eingezogen werden sollen. Er kann dem Militär aber entkommen, da er in einem „Freischein“ als „dienstuntauglich befunden wurde“. Er scheint als 24-Jähriger bereits ernstlich krank gewesen zu sein, da er bereits ein Jahr später gestorben ist.

## Xaver: „Dem verdammten Joch des Militärs entkommen“

Franz Xaver hat den Militärdienst im März 1873 als Vize-Feldwebel beendet, ist wieder zu seinem Theologie-Studium nach Innsbruck zurückgekehrt und verfolgt dort den Plan, nach Amerika auszuwandern, um als Seelsorger zu arbeiten. Darüber berichtet wiederum Kaspar:

*„Lieber Bruder [Alois (III)]*
*Obwohl die Geisterstunde schon gewichen und obwohl der Schlaf mich anzukämpfen sucht, so kann und darf ich es dennoch nicht unterlassen, noch die Feder zu ergreifen, um dir in Kürze auf deinen letzten mir lieben Brief zu erwidern, daß die Nachricht u. die Mitteilung über das Vorhaben Bruders Xaver mich äußerst überraschte und sein kühner und rascher Entschluss in Verwunderung und Staunen versetzte. Ob sein Entschluss wirklich*

*zur Ausführung gelangt, möchte ich lieber bezweifeln, da er schwerlich als Militär einen Auswanderungspass erlangen werde, ohne solchen er aber es wohl nicht unternehmen wird als Deserteur über den „kleinen Teich" zu setzen und auf immer auf die Rückkehr in sein Vaterland zu verzichten. Es wäre traurig genug, wenn er dieses verzweiflungsvolle Mittel anwenden würde und müsste, um dem verdammten Joch des Militärs zu entkommen. Jedoch wollen wir dies nicht erwarten, sondern nur das Beste hoffen. Am vergangenen Montag machte mir Xaver selbst Mitteilung von diesem seinem Vorhaben und hofft, in den Besitz eines Auswanderungspasses zu gelangen. Woher er diese Hoffnung schöpft, weiß ich nicht, jedoch wird er umsonst hoffen, denn Bismarck lässt seine armen Leute nicht so leicht fahren. – Wenn Du mir wieder einige Zeilen sendest, so könntest Du mir zugleich den Brief Xavers, den er euch am 5. ds. Mts. schickte, beifügen, denn ich bin höchst begierig auf die Schilderungen, die er über seine amerikanische Diözese machte und über die ausführlichen Motive seines Entschlusses, dessen er in euerem Briefe genauer erwähnte. Mir hat er davon nur weniges geschrieben, da die Zeit ihn drängte."*

(Kaspar Fromholzer, Brief 19. Juni 1873)

Unter den Fromholzer-Söhnen herrscht großes Unbehagen über die Bismarcksche Politik im preußischen Berlin. Sie äußern die Sorge, es könne – nach dem Deutsch-Französischen Krieg (1870/71) – erneutes Unheil heraufziehen.

Xaver erhält im Juli 1873 den Auswanderungsconsens, wird aus dem Staatsangehörigkeitsverband des Königreiches Bayern entlassen und kann sich auf die Seelsorge in der Diözese Buffalo vorbereiten. Am 25. Juli 1875 wird er im Tiroler Brixen zum Priester geweiht und geht dann nach Amerika, um in Gardenville im Staat New York als Pfarrer zu wirken. Der 1862 letztgeborene Sohn Ferdinand erhält ebenso eine breite schulische Ausbildung, wird wie die älteren Brüder auch nach Amerika gehen und dort als Arzt tätig sein.

Der Vater Alois (II) Fromholzer hat unter hohem finanziellem Einsatz versucht, seinen Kindern eine berufliche Ausbildung zu ermöglichen, die ihnen eine sichere Zukunft und eine angemessene Stellung in der Gesellschaft gewährleisten sollte: Für die Söhne eine anspruchsvolle schulische Bildung, bei der sie sogar die Gabelsbergersche Stenographie erlernten, sowie eine deutschlandweite Ausbildung im Färberberuf. Die Töchter Maria und Theres sind zeitweilig in der Stadt Passau nachzuweisen. Anna wird Klosterschwester in der Benediktinerinnen-Abtei St. Walburg in Eichstätt.

Nach dem Tod der Geschwister Josef (1850–75), Anna (1859–85) und Mathilde (1861–64) im Kindes- bzw. Jugendalter werden 5 der verbliebenen 6 Kinder aufgrund der politischen und sozialen Umstände nach Amerika auswandern. Den Anfang machen Kaspar, Xaver mit Maria und dann Ferdinand und Theres. Maria ist aber wieder nach Deutschland zurückgekehrt, aus „Heimweh" und „in Deutschland wäre es ihr lieber", wie Bruder Ferdinand ihre Gefühlslage bereits in einem Brief aus Springville am 28. Mai 1877 beschreibt.

# Auswanderung

## Kaspar reist nach Amerika 1875

Angesteckt vom Auswanderungsfieber seiner älteren Brüder Alois (III) und Xaver bricht Kaspar mit 19 Jahren er nach Amerika auf. Er geht nach St. Francis in Michigan. Dort erhält er eine fundierte Ausbildung, die seinen Lebensweg bestimmen wird.

Ein Jahr nach seiner Ankunft berichtet er in einem ersten Brief an seine Eltern eindrücklich von der Überfahrt und den ersten Eindrücken in dem fremden Land.

### Fahrt nach England

Kaspar beschreibt mit eindrucksvollen Details die Überfahrt nach Amerika:

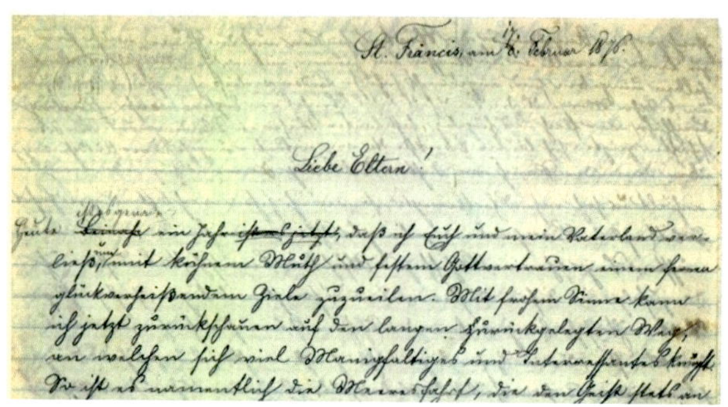

St. Francis, am 6. Februar 1876.

Liebe Eltern!

BRIEF VON KASPAR FROMHOLZER AUS ST. FRANCIS 1876 (ARCHIV FROMHOLZER).

*„St. Francis, am 6. und 17. Februar 1876*

*Liebe Eltern!*
*Heute ist es gerade ein Jahr, daß ich Euch und mein Vaterland verließ, um mit kühnem Muth und festem Gottvertrauen einem fernen glückverheißenden Ziele zuzueilen.*

*Mit frohem Sinn kann ich jetzt zurückschauen auf den langen zurückgelegten Weg, an*

*welchen sich viel Mannigfaltiges und Interessantes knüpft. So ist es namentlich die Meeresfahrt, die den Geist stets an die Erinnerung fesselt, denn diese ist wohl die großartigste der Reisen, welche man auf Erden machen kann. Der Anblick des Meeres alleinig schon macht die Seele entzücken und das eigene Gefühl erst, wenn man auf demselben schwimmt.*
*Als ich auf dem kahlen und flachen belgischen Gebiete von Brüssel der Seestadt und dem Einschiffungsplatze Ostende zueilte, senkte sich gerade die Sonne purpurrot und feurig in ungeheurer Größe hernieder in das von ferne wie glitzernder Silberstrahl aussehende Meer. Hier sah ich zum erstenmale nicht nur dieses, sondern zugleich eines der schönsten Schauspiele, die sich auf demselben zeigen.*
*Es war schon dunkel, als ich mich dort nach England einschiffte. Um Mitternacht war ich an der englischen Küste (in Dover) angelangt. Nach Verlauf von zwei Stunden konnte ich per Bahn nach London abgehen. Ohne Verzug ließ ich mich dort an die betreffende Bahnstation führen, um meine Reise nach Liverpool fortzusetzen. Auf die vielen Sehenswürdigkeiten, die in der Weltstadt London sich bieten, leistete ich Verzicht; denn abgestumpft von einer so langen Fahrt , war ich gegen großartige Steinhaufen u. dgl. ziemlich gleichgiltig; außerdem ist es ein gar unheimliches und unangenehmes Gefühl, wenn man in einem solchen Häuser-Labyrinth wie ein herrenloser Hund herumläuft und niemanden versteht als höchstens den Geldbeutel. Was ich bei der Durchfahrt mehrerer Straßen sah, waren nichts als Kaufhäuser und an eigenen Stellen angeschlagene Geschäftsanzeigen u. dgl. von der Größe eines mittelmäßigen Hauses. – Wie [es] in ähnlicher Weise z. B. die Amerikaner mit der Anpreisung und Ausbreitung ihrer Produkte und (ihres) Geschäftes treiben, zeigen die nicht nur gleich großen Anzeigen in den Städten, sondern auch die Firmen, welche hier zu Lande überall an den Landesstraßen und Zäunen, mit welchen die Felder allenthalben umgeben sind, angebracht sind. London verließ ich ungesäumt am 24. Febr. um 6 Uhr morgends. Die Landschaft dieses Striches von England, welche ich eilig durchfuhr, war flach und hügelig, fast lauter Wiesen- und Weidengrund. Von Ortschaften zeigten sich lauter Fabrikstädte von mitunter ungeheurer Ausdehnung, über denen der Rauch wie dichter Nebel lag. Da mein Zug nur wenig anhielt und sich rasend fortbewegte, so war ich schon nach sechsstündiger Fahrt mittags in Liverpool angelangt. Zu meiner Freude war für den nächsten Tag schon ein Schiff zur Abfahrt in Bereitschaft, brauchte mich demzufolge in dieser düsteren und äußerst nebeligen, sonst prächtigen Stadt nicht sehr langweilen."*

Kaspar reist also wohl über die 1866 von Deggendorf an die Eisenbahnlinie Passau–Regensburg–Nürnberg angeschlossene Zweigstrecke über Brüssel nach der Hafenstadt Ostende, um von dort über den Kanal nach England überzusetzen. Im „Häuserlabyrinth" von London mit seinen haushohen Werbeflächen fühlt er sich wie „ein herrenloser Hund". Unverzüglich reist er deshalb mit der

Bahn an großen Fabrikanlagen vorbei, bei denen er eine erhebliche Luftverschmutzung beobachtet, zum Seehafen Liverpool und von dort nach Amerika.

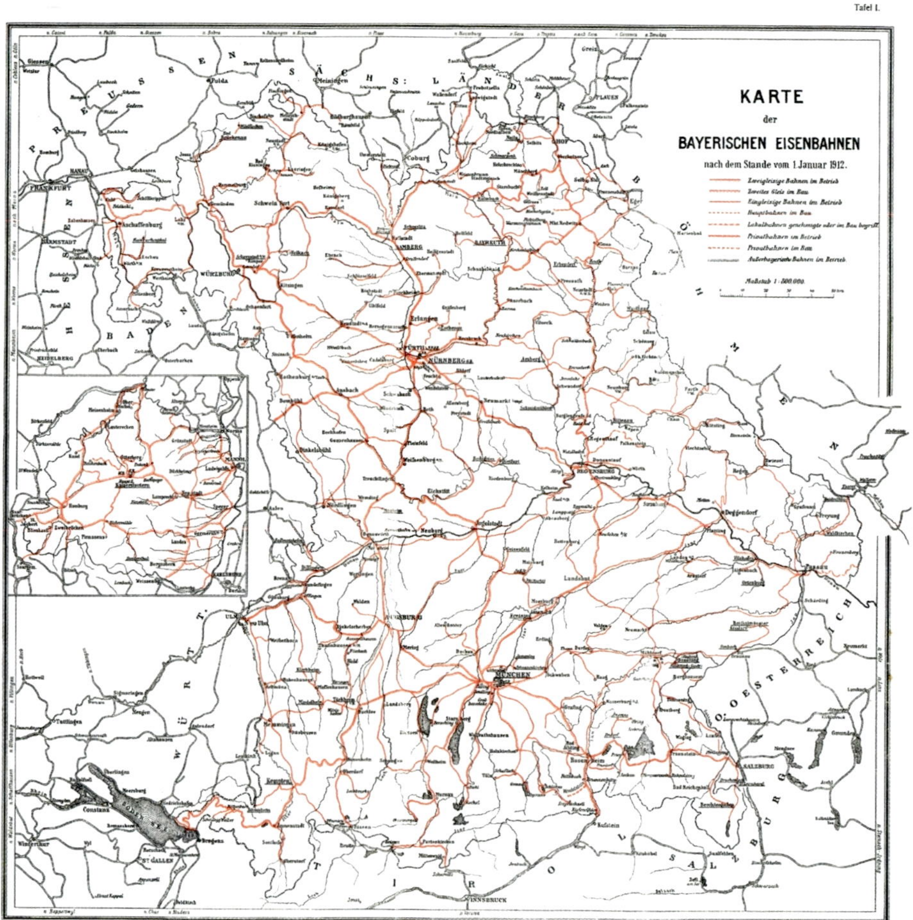


Bayerische Eisenbahnen 1912 (Röll).

Als sich Kaspar Fromholzer auf die Reise ans Meer macht, sind die Bahnstrecken in Deutschland schon weit ausgebaut. Auch die Stichstrecke nach Deggendorf zwischen Straubing und Passau ist bereits fertiggestellt, während die Regentalbahn erst 1889 eröffnet wurde.

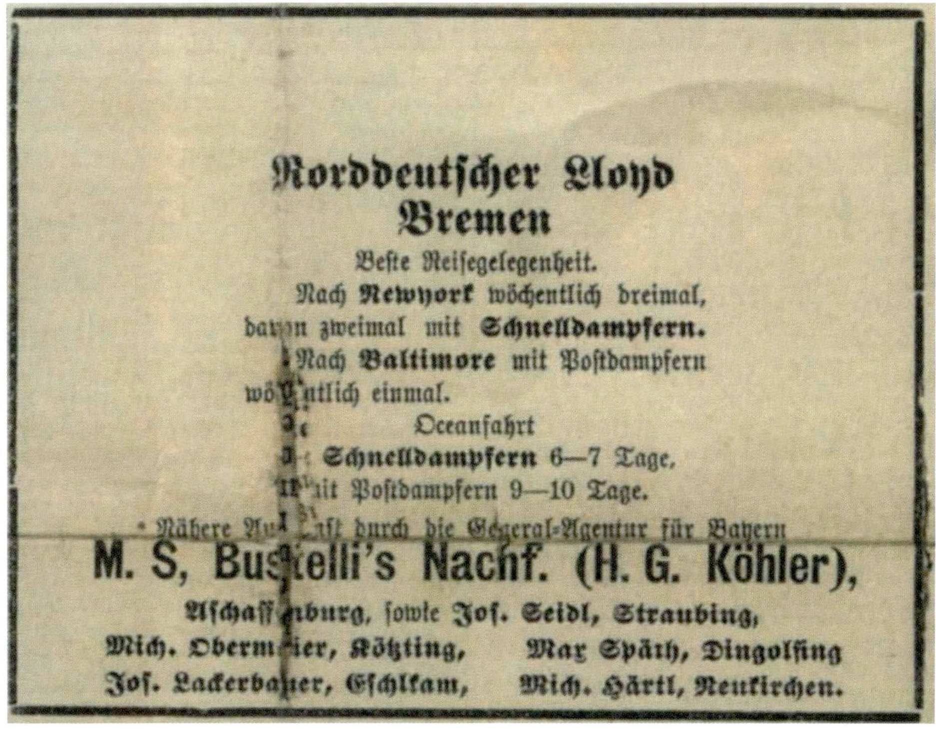

**Norddeutscher Lloyd**
**Bremen**
Beste Reisegelegenheit.
Nach **Newyork** wöchentlich dreimal,
da[illegible]n zweimal mit **Schnelldampfern.**
Nach **Baltimore** mit Postdampfern
wö[illegible]ntlich einmal.
[illegible] Oceanfahrt
[illegible] **Schnelldampfern** 6—7 Tage,
[illegible]it Postdampfern 9—10 Tage.
Nähere Au[illegible]ft durch die General-Agentur für Bayern
**M. S, Bu[illegible]elli's Nachf. (H. G. Köhler),**
**Aschaff[illegible]nburg,** sowie **Jos. Seidl, Straubing,**
**Mich. Oberm[illegible]ier, Kötzting,** **Max Spärh, Dingolfing**
**Jos. Lackerba[illegible]er, Eschlkam,** **Mich. Härtl, Neukirchen.**

ANZEIGE DES NORDDEUTSCHEN LLOYD, STRAUBINGER TAGBLATT, 27.03.1893 (ARCHIV FROMHOLZER).

Neben der „Red Star Line“ und der „White Star Line“ wirbt der „Norddeutsche Lloyd“ mit einer schnellen Überfahrt von Bremen nach Amerika in 7 Tagen dreimal wöchentlich. Kaspar wählt aber die Route über das belgische Ostende.

## Auf dem Schiff: II. Klasse

Im selben Brief notiert Kaspar weiter:

*„Das Schiff, welches mich aufnahm, war eines der kleinsten, die im Hafen lagen. Gleichwohl mochte es ungefähr die Länge haben wie von unserem Haus bis zum Maler-Haus. Es war ein Schraubendampfer, hatte also keine Räder nach Art derjenigen Schiffe, wie sie z. B. auf der Donau gehen, statt derselben wurde es durch eine große kurvenförmige Schraube am Vordertheil des Schiffes, welches wie ein Bohrer in Holz; oder Erde so in das Wasser bohrte, in Bewegung gesetzt. Außerdem hatte es noch 3 Masten, auf welchen bei günstigem Winde die Segel ausgespannt wurden. Diese Schraubendampfer,*

*welche gegenwärtig fast ausschließlich über das Meer gebraucht werden, stehen an Schnelligkeit den Räderdampfern nicht nach und sind dafür auch stärker und praktischer. Eine befriedigende Beschreibung eines solchen Schiffes zu geben, wäre verlorene Mühe, da dasselbe schwerlich einer Feder gelingen wird.*

*Da ich für die* II. *Klasse bezahlte, so wurde mir ein Zimmer angewiesen, welches für sechs Mann ganz schön und passend eingerichtet war, nämlich mit sechs Bettstätten, einem Waschbecken und zwei Lampen. Diese Zimmer für die II. als I. Classe sowohl befinden sich nicht im untersten Schiffsraume, im Bauche des Schiffes, wie die Cajüte, sondern sie sind in einem eigenen Aufbau eingerichtet, welcher sich in der Mitte des oberen Schiffstheiles von einem Ende bis zum anderen hinzieht. In diesem Aufbau waren auch die übrigen Räumlichkeiten, wie die Zimmer der Matrosen und Offiziere, des Speisesaals, die Küche usw. Zu beiden Seiten desselben waren mehrere Fuß breite Gänge und auf demselben das Verdeck mit dem Zimmer des Kapitän und des Steuermanns. Die Bedienung war unerwartet gut, es standen z. B. vor dem Aufstehen die gewichsten Schuhe schon in Bereitschaft, und die Kost war reichlich und nobel. Morgends acht Uhr breakfast (Frühstück), mittags 12 Uhr lunch (kl. Erholung), nachmittags vier Uhr dinner (Mittagsmahl) und abends*

Kaspar kann sich also immerhin eine Fahrkarte für die Zweite Klasse leisten, die als Sechsbett-Zimmer mit Waschbecken und Lampe ausgestattet ist und die – im Gegensatz zum „Zwischendeck“, das sich die Bayerwaldler meist nur leisten können, – auf der gleichen oberen Ebene wie die Räume für den Kapitän und die Offiziere untergebracht ist.

## Die Überfahrt: „Ein langgezogener Silberstreifen – Amerika“

Das Schiff macht Zwischenstopp in Quenstown, Irland und bricht dann über den Atlantik nach Amerika auf. Kaspar lernt nun auf offener See die Kräfte des Meeres kennen:

*„Leider war hiezu der Appetit nicht beschaffen, und ich mußte oft die herrlichsten Sachen, woran ich jetzt mein weidliches Gefallen hätte, unangetastet stehen lassen. Zeitweilige Appetitlosigkeit, Schwindel und gedrückte, unbehagliche Stimmung ist überhaupt die Folge der Meeeresfahrt und macht nach meinem Dafürhalten die vielbeschrieene Seekrankheit aus. Ich fühlte wenigstens weiter nichts, kann daher aber selbst nicht einmal sagen, ob ich die vermeintliche Seekrankheit hatte oder nicht. Mag sie sich zeigen, wie sie will, zum Sterben ist es jedenfalls nicht. Es haben daher die Schwester Marie und Bruder Xaver davor keine Befürchtungen zu tragen und ich kann ihnen auch kein Mittel dagegen anrathen. Gut ist es jedoch, wenn sie sich ein Gläschen Carmelitengeist mitnehmen. Da sie dann beide hoffentlich für I. Platz bezahlen werden, was insofern das Beste ist, als sie ein eigenes*

*Zimmer erhalten werden, so haben sie in dieser Beziehung auch keine anderweitigen Vorsorgen zu treffen; doch würde ich ihnen rathen, sich einige Flaschen guten, ächten Wein mitzunehmen. – [. . .]*
*So weit das Auge reichte, sah man nichts als Wellen, beweglichen Hügeln gleich, dunkel und düster, wie der bewölkte Himmel und zischend und brausend wie mächtiger Donner. Das Schiff bewegte sich auf und nieder, wie ein übermütiges Füllen. Ich hatte daran mein größtes Vergnügen, postierte mich auf den Hintertheil des Verdecks und ließ mich gemütlich schaukeln, boshaft wünschend, daß es noch mehr spektakeln möchte. Meinem Wunsche entsprechend sollte es auch kommen. Der Wind begann heftig zu blasen und die Wassermassen zu peitschen. Die Wellen schlugen über den Schiffsraum sausend herein, Regen fiel hernieder und das Schiff schwankte wie ein leichter Kahn nach allen Richtungen hin und her. Man konnte weder stehen noch gehen, ohne sich anzuklammern, wollte man nicht in eine Ecke geschleudert werden, wie ich einigemale erfahren mußte. Die hereinschlagenden Wellen prallten oft mit solcher Wucht an meine Zimmerwand, daß die Thüre oftmals aufgerissen wurde und das Innere übergoß. Als ich diese einmal schließen wollte, wurde ich ganz schonungslos und gründlich von oben bis unten gewaschen wie ein durch Wasser gezogener Pudel. Ein paar Koffern von Zimmergefährten schwammen demzufolge bald im Zimmer herum, die Betten wurden durchnäßt und wir genöthigt, in dem Speise¬saal Herberge zu nehmen, bis wieder bessere Zeiten kamen. In dieser Periode war ich herzlich froh, daß ich nicht in der düsteren dumpfen Kajüte im unteren Schiffsraum eingepfercht war, wo Mann und Weib, Groß und Klein, viele Italiener und dergleichen Nationalitäten unter ganz dürftigen Verhältnissen beisammen lebten. Was man hier weniger zu bezahlen hat, muß man auch mehr dulden. Das Meer geberdete sich jedoch nicht immer so wild; an manchen Tagen war es ganz ruhig und anscheinend harmlos. Dabei strahlte es oft wie Silber bei Sonnenschein oder [schimmerte] in bunten Farben. Selbst der Himmel hatte manchmal eine ganz eigenthümliche Färbung, eine wunderbare Zusammensetzung und Mischung aller Farben, wie sich's im Geiste gar nicht vorstellen läßt. Es scheint dieß der Reflex des Meeres zu bewirken, wenn die Sonne wiederstrahlt. Ebenso prachtvoll ist es bei Nacht, wenn die Myriaden von Sternen herniederfunkeln. Beim Leuchten des prachtvollen Sternenhimmels kamen wir (am 6. März) in den Golf-Strom (Meeresstrom), mit welchem von Norden eine Unzahl von Eisklötzen heruntergeflötzt wurde. Soweit das Auge reichte, war das Meer hievon bedeckt, und das klitzerte und flimmerte, wie Krystall und Feuerfunken, während es zugleich mächtig rauschte und toste. [. . .] Kurz, so viel Schönes, Großartiges und Angenehmes die Meerfahrt bietet, und gleichsam die ganze Seele in sich hineinzieht, so wird man derselben doch bald überdrüßig und wird zur Plage. Mit welcher Sehnsucht ich daher der Stunde der Erlösung geharrte, vermögen Sie sich vorzustellen.*

*Am 11. März ging ein herrlicher Morgen auf. Majestätisch und erhaben zogen un-weit und am Horizonte kühne und stolze Segelschiffe von staunenswerther Größe dahin, und gegen Nord und Süd zeigte sich in weiter Ferne ein langgezogener Silberstreifen, – es war schneebedecktes Land – Amerika. –"*

Mit eindrucksvollen Bildern beschreibt Kaspar die stürmische See und vergegenwärtigt sich, wie es den Kajüten-Passagieren der Dritten Klasse gegangen sein muss, die in der Tiefe des Schiffsrumpfes der Überschwemmung des tosenden Sturms ausgesetzt waren. Kaspar gibt bereits hier einen Hinweis, dass zwei seiner Geschwister, Marie und Xaver, beabsichtigen, auch nach Amerika zu gehen. Bemerkenswert erscheinen auch sein geographisches Wissen und seine Beobachtungen des Golfstromes.

## Ankunft in der „Welt-Handelsstadt New York"

Obwohl ihm während der Überfahrt der Großteil seines Reisegeldes gestohlen worden ist, blickt er freudig auf den Hafen von New York:

*„[...] Nach ungefähr 4stündigem unthätigen Warten in dem herrlichen Hafen, in welchem es wimmelte von Schiffen aller Art, die mitunter (wie die kleinen Schleppdampfer) gleich Pfeilen durch die Wellen schossen, wurden wir an's Trockene gesetzt und in die Welt-Handelsstadt New-York losgelassen. [...] Was ich in New-York sah, waren hauptsächlich große Geschäftshäuser und ein eilendes, drängendes und geschäftiges Menschengewühl. Unter letzterem fielen mir besonders Neger, mit Cylinder und Stock bewaffnet, sowie Neger-Damen mit ganz modernem Äußeren in die Augen. Anfangs mußte ich fast lachen, doch gewöhnt man sich bald an den Anblick fremder Menschenrassen, wie Indianer, Chinesen u.s.w. Was die Indianer anbelangt, so müssen die da weichen, wo die Axt der Kultur angelegt wird; deshalb finden sich Indianerstämme nur noch im Westen und Süd-Westen, besonders in Südamerika. Vor ungefähr 30 Jahren zurück hausten selbst hier in Milwaukee und Umgebung Indianer-Horden. Denn damals war hier noch sumpfige Wildniß, von Schlangen und Bären etc. belebt, während jetzt eine Stadt von mehr als 100.000 Einwohner und herrlicher Fruchtboden auf deren Stelle stehen. Das gibt ein Beispiel, mit welchen Riesenschritten die Kultur in Amerika vorwärts schreitet und wie Städte und Ortschaften erstehen und wachsen. Unter welchen Mühen und Beschwerden die Umschaffung sumpfigen, dichten Urwaldes in Ackerland geschieht, kann man sich einigermaßen vorstellen. Wenn man dieß ins Auge faßt, darf es einem allerding nicht wundern, wenn man mitunter ein Stück unter Spottpreis erhält. (Ein Acker Land ist oft um 10 Schillinge ca. 3 fl. zu haben.)"*

Kaspar Fromholzer erläutert den Landgang in New York als völlig einfach. Denn in dieser frühen Zeit der Einwanderung ist die Reglementierung in der Einwanderungsstation „Castle Garden“ noch nicht so streng, wie dies ab 1892 auf der Einwanderungsinsel „Ellis Island“ dann gehandhabt wird.

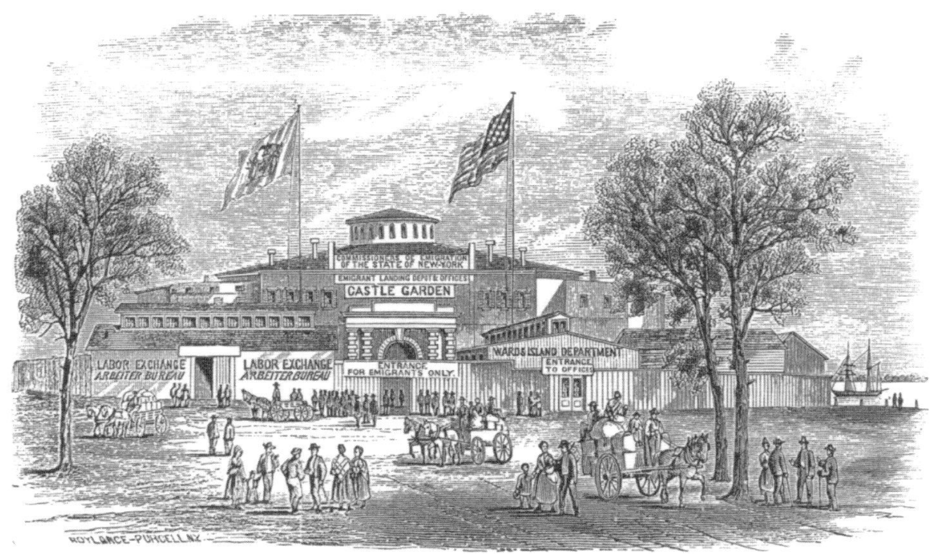


State Emigrant Landing Depot, Castle Garden, N. Y.

LANDUNGSDEPOT IN CASTLE GARDEN, N. Y. (KAPP 1870, nach S. 108)

Da damals die Deutschen das größte Kontingent an Einwanderern stellten, ist das Empfangsgebäude auch deutschsprachig beschriftet.

## „Mit welchen Riesenschritten die Kultur in Amerika vorwärts schreitet“

Auch im weiteren Verlauf des Briefes zeigt sich Kaspar als äußerst präziser Beobachter und versucht Erklärungen dafür zu finden, warum in Amerika manches anders läuft als „draußen“ im Bayerischen Wald:

*„Die Landwirtschaft wird hier fast überall mit Maschinen betrieben. Mit Maschine wird gepflügt, geeg(g)t, gesät, gemäht, gerecht und gedroschen; denn die Arbeiter sind hier zu wenig und bezahlen sich auch nicht. Der Bauer (Farmer genannt) macht gute Geschäfte, er ist 'good up' (wohlhabend); freilich muß er dagegen auch hart schaffen und sich stark mühen, bis er das wird. Von so dürftigem Leben, wie draußen, ist hier gar keine Rede. Beefsteak oder Schweinefleisch fehlen selten am Morgen- und Mittagstische, sowie Kaffee oder Thee nebst Kuchen (Pies) bei jeder Mahlzeit. Letzteres (Pies) ist ächt ameri-*

*kanische Lieblingsspeise, und gut essen überhaupt Landessitte. Einem Deutschen mag das luxuriös dünken, doch ist dieß erst begreiflicher, wenn man die verhältnismäßige Billigkeit der Eßwaren betrachtet (1 Pfund Schweinefleisch kostet ungefähr 10 cents, was verhältnismäßig 10 Kr sind) u.s.w.*
*Ein größerer Luxus und Bequemlichkeit zeigt sich nach außen. Der Amerikaner geht nicht gern, selbst wenn es eine halbe Stunde ausmacht, wird mit leichten Wagen gefahren, außerdem steckt sich jedermann in feine Kleider und der Landmann sogar erscheint oft mit Cylinder zur Kirche. Von dem Luxus der Damen und Dämchen aus einer gewöhnlichen Farmers-(Bauern) familie läßt sich gar nicht sprechen. Nicht nur, daß sie das Stadtfräulein (Ladies) an Kleiderprunk und Putz nicht nachstehen, klempern sie auch auf dem Klavier, machen ekelhafte Complimente, schwätzen gern viel Englisch (Deutsch zu sprechen schämen sie sich, wenngleich sie Deutsche sind) und überlassen sich gern dem Nichtsthun. Der Frauenwelt ist hier zudem eine bevorzugte Stellung vor den Männern eingeräumt, und durch die Staatsgesetze ist ihnen doppeltes Mannesrecht gesichert. Zufolge dessen kann ein Mann durch Beleidigung einer Lady (Dame, Fräulein) bei allenfallsiger Klage vor Gericht einer beträchtlichen Strafe (bis zu mehreren tausend Dollars) verfallen.*

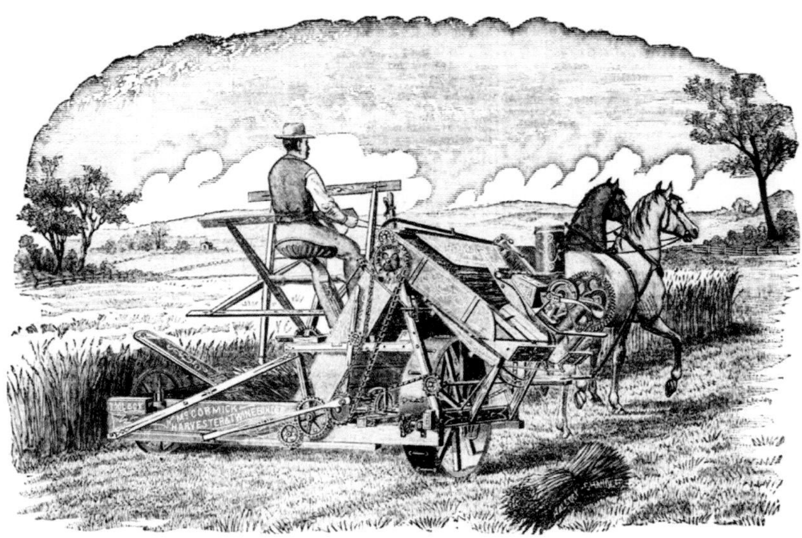

McCormick Doppelbinder, 1884 (Archiv Fegert).
Diese Getreide-Bindemaschinen begründen die Mechanisierung der Landwirtschaft.

Außer der Landwirthschaft umfaßt das Fabrikwesen und der Handel ganz besonders Amerika. Den Handwerksstand kennt man fast nicht, er existiert nur soweit, als die Maschinen und Fabriken manche Artikel nicht liefern können. Jeder ächte Amerikaner (sogenannte Yankee) ist gleich dem Juden ein geborener Kauf- und Geschäftsmann. Sein ganzer Charakter kennzeichnet ihn: ernst, trocken, steif und 'smart'(= pfiffig). Seiner Religion nach ist er meist Methodist, eine Sekte, die in leeren Äußerlichkeiten und Sonderlichkeiten als ein Lächerliches Zupfwesen und in Wahrheit pure Heuchelei sich zeigt und die im Grunde aber nur einen Gott, den Dollar, erkennt. Das Religionssektenwesen ist überhaupt eines der hier meist entwickeltsten, und vom Staate durch freie Religionsausübung begünstigt. Das ist ein bevorzugter Zustand, daß jedermann ungehindert und ungeniert seinem religiösen Cultus dienen kann.
So ist auch die Haltung der Sonntagsfeier viel gewissenhafter als draußen und von der Regierung strenge angeordnet. Alle Kaufläden sind geschlossen, die Fabriken ruhen, alle Arbeit wird aufgeschoben und die Eisenbahnzüge (außer den Schnellzügen) sogar gehen nicht. In der Feier des Sonntags geht man hier sogar so weit, daß ein Schuldner nach dem Gesetze nicht mehr zahlpflichtig ist, falls er vom Gläubiger an diesem Tage um Abzahlung angegangen wird. Selbst Spielen u.dgl. wird unterlassen. Mag nun diese Art Sonntagsfeier übertrieben streng erscheinen, so muß es die Katholiken in dem kath. Deutschland gewiß sehr beschämen, wenn sie hierin von den bei weitem ungläubigen und irrgläubigen Amerikanern übertroffen werden. Und gleichwohl bringt es dieser mit dem Nichtsthun am Sonntag weiter als der katholische Deutsche, der nicht nur am Sonntag, sondern auch an Festtagen (die es hier weniger gibt) nach Gewinn strebt und sich nicht die so nothwendige Ruhe gönnt.—
Was Wissenschaft und Kunst anbelangt, so blüht diese nicht so wie draußen; letztere wird durch das Maschinenwesen zu sehr niedergedrückt, und in Maschinenbauten und derartigen Erfindungen, sowie der dadurch vermittelten physikalischen Kenntnisse nehmen sie jedoch den ersten Rang ein. Man kann sagen, daß beides, Wissenschaft und Kunst, streng nach dem Nutzen gemessen werden. —
Faßt man alles in allem zusammen, so ist es verhältnismäßig hier nicht viel anders, wenigstens nicht viel besser, als bei uns draußen. Groß ist die Welt, doch überall voll Mühen; die gebratenen Vögel fliegen also auch einem in Amerika nicht ins Maul hinein. Das Anrühmen und Anpreisen von Amerika ist Europa gegenüber in dieser Beziehung mitunter eine Übertreibung und verräth nur Unwissenheit der wahren Verhältnisse. Viele von denen, die aus Gewinnsucht oder Aussicht auf leichteren Erwerb zum Leben hierher gehen, würden zuweilen gerne wieder retourieren, wenn sie wieder könnten; manche Enttäuschte haben es gethan. (Ich glaube auch der „Strauß Pauli" von unserem Heim, und wohl klugerweise). Die Zeiten sind gleich draußen ebenso und beziehungsweise schlechter. Die Geschäfte gehen gegenwärtig überall sehr flau, die Theuerung nimmt zu, die Indus-

*trie-Produkte werden schlechter und der Verdienst bleibt ziemlich gleichmäßig. Schlimm steht es namentlich für Arbeiter, da sie nur allenthalben schwer Arbeit finden, außer sie wandern weiter nach Westen oder Süden."*

In diesem Abschnitt seines Briefes weist Kaspar Fromholzer auf die enorme Mechanisierung der Landwirtschaft hin. Trotz der strikten Einhaltung der Sonntagsruhe konstatiert er den großen Erfolg der Wirtschaftsunternehmen. Andererseits sieht er die Kunst durch die Technik beeinträchtigt, wiewohl er die herausragende Rolle der Technik und der technischen Erfindungen anerkennt. Obwohl die Lebensmittelpreise niedrig sind, „fliegen einem die gebratenen Vögel [...] auch in Amerika nicht ins Maul hinein".

## St. Francis: Die „großen Seminarien für Priester und Lehrer"

*„[. . .] Was ich selbst von Amerika sah oder hörte, war nur Oberflächlichkeit; denn in dem Orte (St. Francis), wo ich lebe, bin ich von allem Thun und Treiben der Geschäftswelt, überhaupt jedem größeren Verkehr ziemlich abgeschnitten; es ist dieses nur eine kleine Station mit den beiden großen Seminarien für Priester und Lehrer, sowie einer Pfarrkirche und Pfarrhaus, dann einem Frauenkloster und Waisenhaus, nebst einigen zerstreut umher liegenden Farmers- (Bauern) häusern.*

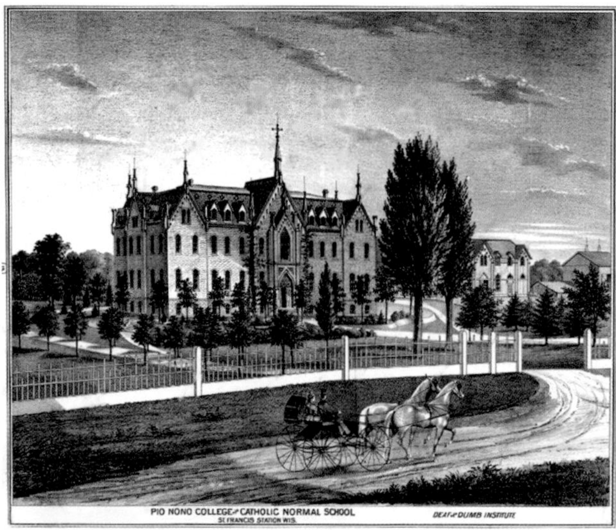


PIO NONO COLLEGE AND CATHOLIC NORMAL SCHOOL, ST FRANCIS STATION WIS. (SNYDER, VAN, VETCHEM & CO, Wisconsin State Atlas 1878).

Hier hat Kaspar Fromholzer seine Ausbildung genossen und Englisch gelernt.

*Das Häuschen, in welchem Herr Prof. Singenberger mit seiner Familie und ich wohnen, gehört dem Lehrerseminar und ist diesem gegenüber. Ringsum befindet sich Waldung, aus Eichen und Zuckerbäumen durchwegs bestehend. Eine halbe Stunde nördlich ist eine der größsten Eisenfabriken Amerikas und der Welt und eine kleine Strecke weiterhin breitet sich die geschäftige Stadt Milwaukee (mit ungefähr 120.000 Einwohnern) aus. Im Osten zieht der ungeheure und sehr tückisch und gefährlich schöne See Michigan dahin, auf dem es lebhaft von Schiffen wimmelt. Dieser See ist auch zum Theil Ursache des hier oft so strengen und langen Winters. Heuer haben wir einen fast undenkbar gelinden Winter; es ist beständiges Aprilwetter; die größte Kälte war ein paar Tage nur 18 – 20 Grad; während im vergangenen Winter die Kälte bis 32 Grad stieg, wobei man bei glühendem Ofen gefrieren mußte. Im Sommer ist es dagegen wieder schmachtend warm, so daß viele Arbeiter auf dem Felde oft plötzlich vom Sonnenstich betroffen niederstürzen. Die Fruchtbarkeit ist eine außerordentliche. Ich sah zu meinem Erstaunen selbst, wie gleichsam über Nacht die Bäume trieben und das Gras und Getreide keimte. Man hörte sozusagen das Gras wachsen. So waren im Mai die Felder fast noch kahl, und Ende Juli wird schon alles eingeheimst. Das Gras wächst sehr lang und wird es nicht frühzeitig genug gemäht, so vertrocknet es auf dem Felde und entzündet sich dann nicht selten unter den Sonnenstrahlen oder durch die sprühenden Funken der Lokomotiven, wodurch mitunter sogar Waldbrände entstehen. – Auf weitere geographische oder physikalische Berichte kann ich mich nicht mehr einlassen."*

(Kaspar Fromholzer, Brief 17. 2. 1876)

Der Auswanderer aus dem Bayerischen Wald schildert das in ländlicher Umgebung gelegene Kirchenzentrum St. Francis, das vom Franziskanerorden betrieben wird: Ausbildungsstätte für Priester und Lehrer, Frauenkloster und Waisenhaus. Das Seminar ist 1845 gegründet worden, um dem großen Priestermangel abzuhelfen, der in der Betreuung gerade deutscher Einwanderer des Mittleren Westens entstanden war. Der von ihm erwähnte Professor [Johann Baptist] Singenberger stammt aus der Schweiz und hat als Komponist mit über 1000 Kompositionen die katholische Tradition der Kirchenmusik in Amerika belebt, als Musiklehrer in der Catholic Normal School von St. Francis gewirkt und wurde für seine Verdienste von Papst Leo XIII zum Ritter des Georgsordens ernannt. Er gilt als die prägendste Persönlichkeit der katholischen Kirchenmusik in Amerika (BOERGER 1933, 136). St. Francis ist heute eine Kleinstadt im US-amerikanischen Bundesstaates Wisconsin mit 9546 Einwohner und zählt heute zur Metropolregion Milwaukee.

Als sein Vater stirbt, empfindet er die schmerzliche Trennung von der Familie:

BRIEF VON KASPAR FROMHOLZER AN DIE FAMILIE, 7. NOVEMBER 1880 (ARCHIV FROMHOLZER).

In diesem Brief aus Chicago betrauert der Sohn den Tod seines Vaters Alois, der im Alter von 58 Jahren gestorben ist.

*„Liebe Mutter und Geschwistertet*
*Keine Nachricht hätte mich mehr bestürzen und mit Trauer erfüllen können, als die des frühen und ungeahnten Heimganges unsers guten Vaters. „Unergründlich sind die Ratschlüsse des Herrn und Niemand weiß weder den Tag noch die Stunde, wann der Herr kommt." Dieses Wort, welches zu solch bitterer Wahrheit geworden, kann uns in unserem Schmerze nur im Hinblick darauf mit Beruhigung und Trost erfüllen, daß unser lieber Vater gut vorbereitet und ergeben in den göttlichen Willen dahingeschieden ist. Friedsam und ruhig hat er gelebt und so ist er auch ruhig und, hoffen wir, selig gestorben. Für ihn war gewiß der Tod nur Gewinn. Uns aber wird er immerfort mit Schmerz und Wehmuth erfüllen. […]"*

(Kaspar Fromholzer, Brief 7. 11. 1880)

# Die Geschwister kommen nach

Kaspars langer Brief von 1876 in die Heimat, in dem er sein erstes Jahr in Amerika resümiert, muss seine Geschwister auch darin bestärkt haben, dass Amerika Hoffnung und Zukunft für sie bietet.

## „Reverend Father Fromholzer": „Liverpool to New York 1876"

Denn bereits im August desselben Jahres wird sein Bruder Franz Xaver, der im Jahr zuvor zum Priester geweiht wurde, auswandern, wie er dies seit 1873 geplant hatte. Ihn begleitet seine 3 Jahre jüngere Schwester Maria.

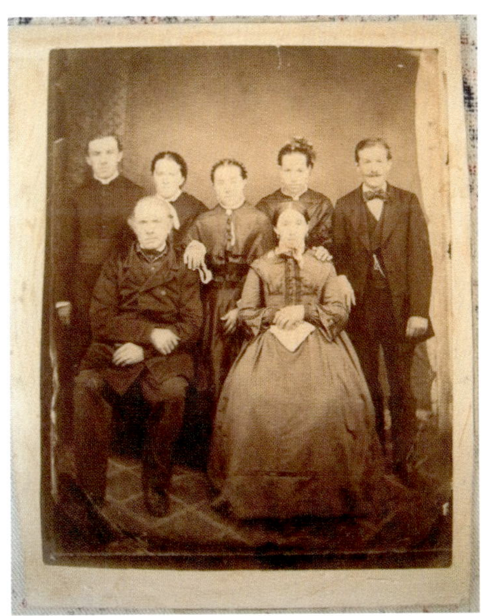

Franz Xaver und Familie, 1875 (Archiv Fromholzer).

Von links: Franz-Xaver, Maria, Theres, Anna, Alois (III); davor die Eltern Alois (II) und There-se nach der Primiz am 4.8. 1875

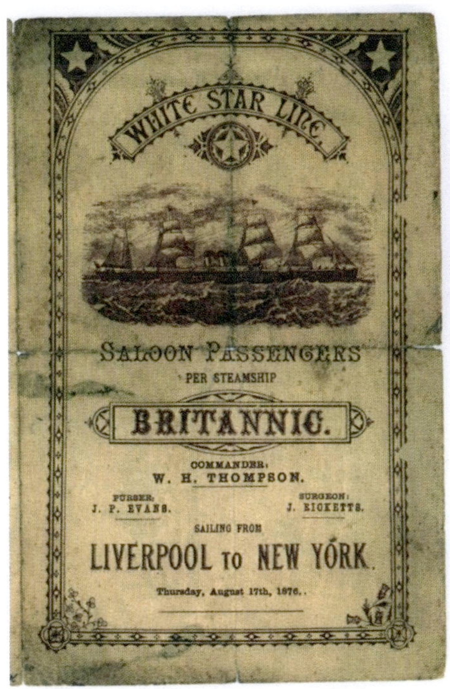


Überfahrt Franz Xaver (Archiv Fromholzer).

Die „Britannic" der „White Star Line" fährt von Liverpool nach New York.

In der damaligen Zeit sind die Dampfschiffe auch immer noch mit Segelmasten und Segeln ausgerüstet, die bei gutem Wind Energie sparen helfen und den Passagieren das Gefühl der Sicherheit vermitteln, falls die Schiffsmaschinen ausfallen sollten.

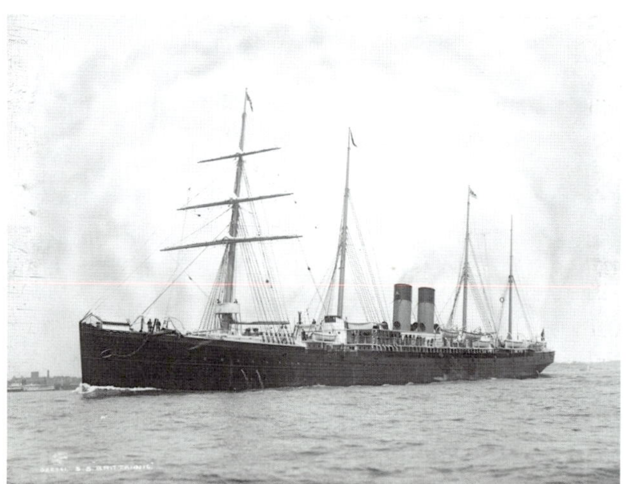

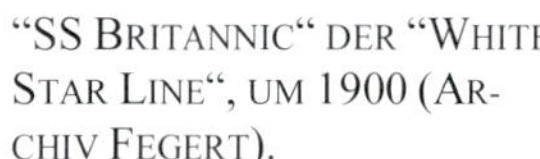

"SS Britannic" der "White Star Line", um 1900 (Archiv Fegert).

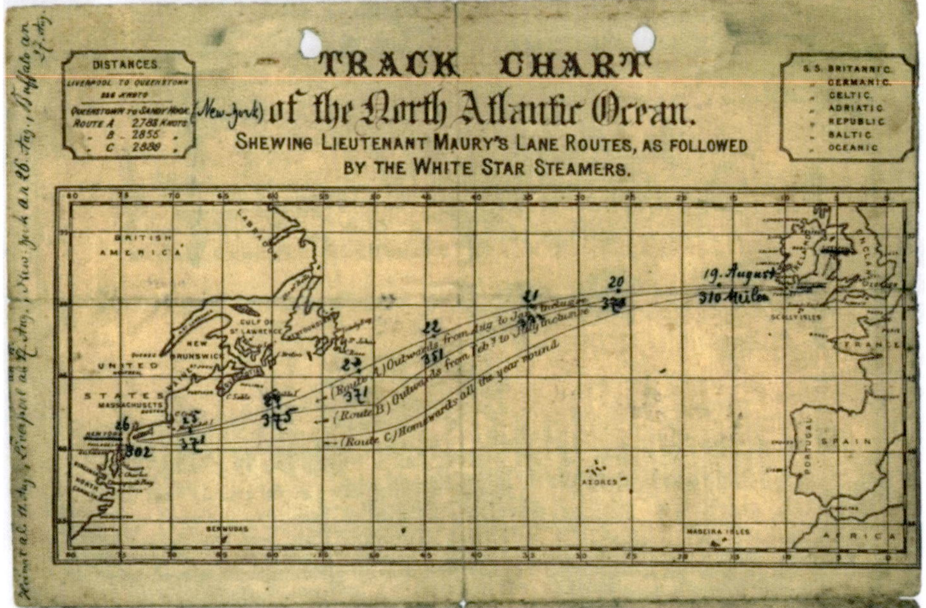


Reiseroute des Franz Xaver Fromholzer mit dem Schiff "Britannic"(Archiv Fromholzer).

Hier sind eine Sommerroute und eine Winterroute nach Amerika sowie eine südliche Route zurück nach Europa eingezeichnet.

Franz Xaver, oder – wie er in der Passagierliste verzeichnet ist – „Reverend Father Fromholzer“ notiert mit einem handschriftlichen Eintrag auf dem Überfahrtsdokument „Heimat ab 11. Aug[ust] [1876], Liverpool an 15., ab 17. Aug, New York an 26. Aug. Buffalo an 27. Aug.“ Die „Britannic“ hat auf der 13-tägigen Sommerroute 2783 Seemeilen, d. h. 5154 Kilometer zurückgelegt. Von New York aus reist er mit der Eisenbahn nach Buffalo, das am Ostufer des Erie-Sees liegt. Knapp 20 Jahre wirkt er in der Diözese Buffalo als Pfarrer in verschiedenen Gemeinden, bis er dort 1893 stirbt:

Auf seinem Sterbebild steht: „Zum frommen Andenken im Gebete an den Hochw. Herrn Frz. X. Fromholzer, Pfarrer der Vierzehn Nothhelfer-Kirche in Gardenville, Diöcese Buffalo N. Y. zum Priester geweiht am 25. Juli 1875 in Brixen, Tyrol, wirkte 16 ½ Jahre in den Gemeinden Springville, Ashford, Scheldorn und Gardenville, starb nach kurzer schmerzhafter Krankheit, wohl vorbereitet und ergeben in Gottes Willen am Samstag 4. März 1893 ½ 3 Uhr Nachmittags im Alter von 42 Jahren“ (ARCHIV FROMHOLZER). In einem Nachruf des STRAUBINGER TAGBLATTES (29.3.1983) wird u. a. seine Hingabe an seine kirchliche Arbeit, seine hohe Begabung für Kunst und Musik und seine große Offenheit im Umgang mit seinen Gemeindegliedern gerühmt.

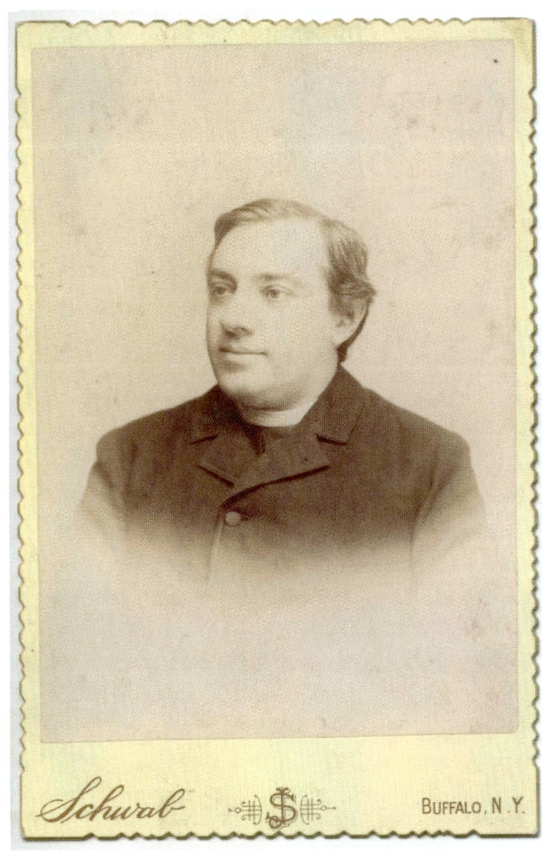


FRANZ XAVER FROMHOLZER UM 1893 (ARCHIV FROMHOLZER).

## Bruder Ferdinands Überfahrt 1877: „2. Cajüte alles sehr gut"

Kaum ein Jahr nach den Briefen von Kaspar macht sich auch der gerade einmal 15 Jahre alte, jüngere Bruder Ferdinand auf die Reise nach Amerika. In lebhaften Worten beschreibt er seine Überfahrt:

*„Springville, 28. Mai 1877*
*Brief an Eltern, Geschwister und Tanten*
*‚Land! Land!' hieß es am Morgen des 19. Mai. Ja, es war Land und zwar Amerika. Näheres über die Seereise: Am 5. Mai abends um 1/2 6 Uhr stieß das Schiff vom Lande. Am 7. fuhren wir in den Kanal La Manch zwischen England und Frankreich hinein, wo in Southamton in England das Schiff 36 Stunden vor Anker lag. Am 9. wurde der Hafen verlassen, und wir fuhren vom 10. bis 18. ohne Land zu sehen. Auf dem Schiffe war in der 1. und 2. Cajüte alles sehr gut, im Zwischendeck sehr schlecht. In der 2. Cajüte aßen wir um 8 Uhr, 12 Uhr und 7 Uhr. Morgens bekamen wir gewöhnlich Fleischpflanzl oder ähnliches mit Soße und Kartoffeln, dann Butter, schwarzes und weißes Brot und dann Kaffee. Mittags: Suppe, Rindfleisch, Braten, Kartoffel, Butter, Käse,, Schinken, geräucherte Zungen, Gefrorenes oder Torte mit Nüssen oder Nüsse und Äpfel. Zwischendeck zu fahren, rate ich niemanden; seekrank war ich 1 1/2 Tage, dann stellten sich 2 Tage lang heftige Kopfschmerzen ein. Sturm hatten wir keinen großen. Ein Stürmchen kann man es nennen, denn die Wellen schlugen über Bord und das Wasser rauschte auf dem Deck wie ein Bach. Großer Sturm wenn ist, sagten die Schiffsleute, dann dringt das Wasser bis unter die untersten Zimmer und Räume vor und es läuft dann gewöhnlich handbreit auf allen Gängen und allen Zimmern umher. Einmal saß ich am Deck auf einer Bank, war in den Schal eingewickelt und hätte bald eingeschlafen, obgleich der Wind sehr heftig und kalt ging. Da kam eine Welle über Bord und ich wurde vom Kopf bis zum Fuße auf einer Seite naß. Das Wasser lief mir sogar in die Stiefel hinein. So ging es mehreren. Fische sahen wir auf offener See nicht, was eine große Seltenheit ist, denn oft schwimmen ganze Scharen von Schweinfischen nach. Im Hafen von New York sahen wir einige braune Fische. Schiffe begegneten uns ziemlich viel, aber alle in einiger Entfernung (z. B. 3 - 4 Stunden). Auf den Schiffen waren 600 bis 700 Personen. Das Schiff hatte 6- bis 700 Pferdekräfte. Es wurden täglich 80-81 Tonnen Kohle verbraucht. Nebel hatten wir eine ganze Nacht lang und bei Tag einige Stunden. Da mußte immer die große Dampfpfeife sich hören lassen, damit kein Zusammenstoß erfolgte, weil in der selben Gegend mehrere Schiffe fuhren. Die Pfeife brüllte so heftig, daß man sich hätte die Ohren verstopfen wollen. Günstigen Wind hatten wir selten. Das Schiff legte täglich zurück:*
*Am 6. Mai 250 Seemeilen ..., am 8. und 9. Mai in Southampten,... am 19. Mai 294 Seemeilen; im ganzen 3382 Seemeilen. 4 Seemeilen geben eine deutsche Meile, 3382 See-*

*meilen geben 875 1/2 Meilen oder 1691 Stunden, Am 19. Mai nachmittags 2 Uhr landeten wir im Hafen zu New York. Verzollt wurde mir nichts, der Zollinspektor nahm nichts heraus, sondern nahm nur das Papier, welches daraufag, weg. Um 7 Uhr abends fuhr ich mit der Bahn nach Buffalo, wo ich am Pfingsttag abend 1/2 8 Uhr ankam. Der Zug hätte mittags 12 Uhr in Buffalo ankommen sollen, mußte aber auf einer Station 7 Stunden warten, weil zuvor zwei Züge zusammenstießen. Am 21. fuhr ich nach Springville, wo ich mittags 12 Uhr ankam. Bruder Xaver war bei meiner Ankunft nicht zu Hause. Er war in Euchfort und kam erst Samstag (26.) nach Hause. Die Maria hatte, als sie hierherkam, Heimweh. In Deutschland wäre es ihr lieber. So sagt jeder Deutsche.*
*[. . .] Endlich viele Grüße an Euch von Eurem Sohn, Bruder und Neffen. Viele Grüße an die Hagengruber Kathi."*

(Ferdinand Fromholzer, Brief 28. 5. 1877)

Wie sein Bruder Kaspar kann sich Ferdinand die Zweite Kajüte leisten, in der für Bayerwaldverhältnisse geradezu fürstlich gespeist wird: Braten, geräucherte Zunge, Gefrorenes! Immerhin ist sein Schiff für 3380 Seemeilen 15 Tage unterwegs, bis es in New York festmacht. Auch er kommt aufgrund seiner Passage in der Zweiten Schiffsklasse ohne Schwierigkeiten durch die Zollkontrolle und fährt unverzüglich mit der Eisenbahn über Buffalo nach Springville, wo er wegen eines Zugunglücks mit siebenstündiger Verspätung ankommt. Er hatte gehofft, dass sein Bruder Kaspar bei seiner Ankunft ihn in Empfang nehmen würde. Doch zumindest empfängt ihn seine Schwester Maria.

## Passverlängerung vs. Militärpflicht

Als 18-Jähriger schreibt Ferdinand im Jahr 1880 wieder einen Brief in die Heimat, in dem er seinem Bruder Alois (III) Folgendes berichtet:

*„Calvary, 20. April 1880*
*Ich habe vor Weihnachten meinen Reisepaß der Verlängerung wegen an die deutsche Gesandtschaft nach Washington geschickt. Vor einigen Wochen erhielt ich ihn wieder. In demselben steht: ‚Verlängert bis 15. März 1882. Inhaber wird aufmerksam gemacht, daß er im J. 1882 militärpflichtig wird und den diesbezüglich für Deutschland u. beziehungsweise Bayern geltenden gesetz- und verordnungsmäßigen Bestimmungen nachzukommen hat.' Viechtach, d. 6.II. 1880. Von der deutschen Gesandtschaft in Washington erhielt ich auch ein Schreiben, worin unter anderem auch folgendes steht: ‚Eine weitere Verlängerung hat deshalb nicht stattfinden können, weil Fromholzer im J. 1882 militärpflichtig wird, und hat das königl. bayr. Staatsministerium ausdrücklich darum*

*gebeten (!), denselben auf die betreffende im Paß befindliche Bemerkung des kgl. Bezirksamtes Viechtach aufmerksam zu machen.'*

Ferdinand hat als Minderjähriger nach drei Jahren in Amerika noch nicht die amerikanische Staatsbürgerschaft erlangt, und deshalb wird sein deutscher Reisepass nur um zwei Jahre verlängert, weil er dann genau einen Monat, nachdem er 20 Jahre alt geworden ist, im bayerischen Staat seinen Militärdienst abzuleisten hat. Doch dadurch lässt er sich nicht beeindrucken, denn ein Jahr später berichtet er in einem Brief:

*„Ich werde in diesen Tagen meinen Reisepaß an den König von Baiern selbst schicken, damit er ihn entweder auf bestimmte oder auf unbestimmte Zeit verlängere. Am guten Erfolge zweifle ich nicht."*

(Ferdinand Fromholzer, Brief 10. 4. 1881)

## College-Ausbildung in Calvary „jährlich 150 Dollar"

Unverdrossen fährt er an seinen Bruder Alois in der Heimat fort, welchen finanziellen Aufwand seine College-Ausbildung in Calvery bedeutet. Die heutige St. Lawrence Seminary High School ist bereits 1860 als "Convent Latin School" von den Kapuzinern am Mt. Calvary in Wisconsin im Hinblick auf Aufgaben in der katholischen Kirche gegründet worden.

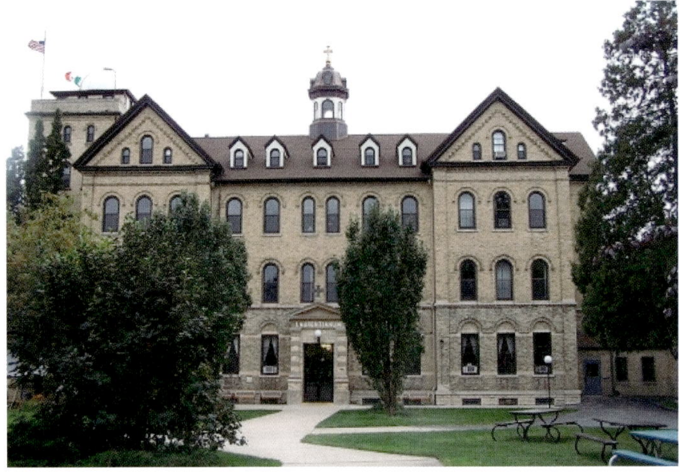

St. Lawrence Seminary Mt. Calvary, Wisconsin (www.capuchinfranciscans.org).

Mit seiner 150 Jahre währenden Tradition ist dies die älteste Niederlassung des Kapuziner-Ordens in Amerika. Das Hauptgebäude „Laurentianum" wurde 1881 erbaut.

„Du fragst, ob sich hier Zöglinge befinden, die Freiplätze haben etc. Allerdings sind mehrere hier, weil eben die Hochw. Capuziner Väter zu freigebig sind. Mir wurde vor nicht langer Zeit auch eine solche Stelle angeboten; aber ich habe sie abgelehnt. Denn die Hochw. Capuziner Väter sind sehr arm, haben für einen großen Haushalt und das Collegium zu sorgen; auch werden sie in diesem oder nächstem Jahr wegen Mangel an Raum noch eine neue Studierhalle bauen müssen. Es wäre also unverschämt, wenn ich die Güte derselben in Anspruch nähme! An Wäsche habe ich mehr als genug; aber um meine Kleider steht es sehr schlecht, und um den „Nervus rerum" -das Geld - am schlechtesten! Das verhält sich so: Bruder Xaver hat im letzten Jahre eine Kirche gebaut und ein Schulhaus eingerichtet, wie Du wohl wissen wirst. Nun, das kostet auch Geld; aber dazu kommen noch andere Umstände, von denen Du hoffentlich durch Bruder Xaver oder Caspar schon etwas gehört haben wirst!
Ich würde den Vater wohl gerne um Unterstützung bitten, aber es sind, wie man's aus den Zeitungen ersieht, schlechte Zeiten: Schlechte Geschäfte und - was auch sehr viel heißen will - die preuß. Majestät verlangt schwere Opfer an Steuern.
Über die Bezahlung steht in den Statuten des Collegiums :
‚Die Bezahlung zu lo $ per Monat, $ 1 per Monat für Waschen und Flicken mit inbegriffen, hat beim Beginn eines jeden Semesters zu geschehen und ist zu leisten, wie folgt:
I. Semester, Kost, Unterricht und Wäsche $ 60
II. Semester $ 40 Für die regelmäßigen Dienste des Arztes $ 5 Per Semester beim Rector für laufende Bedürfnisse
zu deponieren $ 10
(II. Semester) $ 10
Summe $ 125'
Da man Papier, Bücher, Kleider, Schuhe etc. etc. nach Bedürfnis zu kaufen hat, so kommt das Ganze per Jahr sehr leicht auf $ 150,00 zu stehen, was, wenn man den Dollar ($) zu 4 Mark rechnet, 600,00 Mark ausmacht. Das scheint nach deutscher Währung allerdings sehr viel zu kosten; allein man muß nach dem Erwerb (Verkehr) rechnen: Man nimmt hier in Amerika $ 1 ebenso leicht ein, wie in Deutschland 1 Mark; mit den Ausgaben verhält es sich natürlich ebenso. Man kann also, von dieser (Haupt) Seite aus betrachtet, sagen, daß das Studium in Calvary jährlich sich eigentlich nur auf 150,00 Mark belaufe! Auch im Vergleiche zu übrigen amerikan. Collegien ist das zu Calvary das billigste! Was ist nun zu tun? Das Ziel erstreben! Ja, aber Eile mit Weile! Ferner: Wie? womit? Das Schuldenmachen ist eine gar sehr bedenkliche Sache; man kann sich

(Ferdinand Fromholzer, Brief an den Bruder Alois, 20. 4. 1880)

Obwohl er nur andeutungsweise von seiner engen finanziellen Situation berichtet, ist es doch ein Bettelbrief und seine Eltern in der Heimat handeln:

*„Am 17. März erhielt ich vom Br. Alois einen Brief, in welchem er nach meiner Lage fragte. In meinem Antwortschreiben ließ ich ihn in meine Karten schauen. Aber da hatte ich die Bescherung! Denn am 18.VI. empfing ich durch E. Weinmann, München $ 50,00, und zwar, ohne darum gebeten zu haben! Aber ich hatte in meinem Briefe (im Antwortschreiben nämlich) - soweit ich mich noch erinnere - an Br. Alois die Bitte gerichtet, daß er mir, teuere Eltern, über Euere pekuniären Verhältnisse Näheres mitteilen möchte; denn nach eben dieser Aufklärung wollte ich mein Verhalten (d.i. das Bitten oder Nicht-Bitten um Unterstützung) einrichten! Aber es kam einmal anders [. . .] Nehmt deshalb, teuere Eltern, fürlieb mit einem herzlichen ‚Gott vergelte es!' [. . .] Während dieser Vakanz habe ich einige Studenten der Umgebung besucht. Doch von dieser ‚Bummel-Sucht' war ich bald geheilt. Denn am besten gefallt es mir hier in Amerika doch zu Hause, d.h. in meiner Heimat Nr. 2. [. . .] Am 7. oder 8. September soll die Schule wieder beginnen. Vom genannten Zeitpunkte an habe ich die ‚Ehre', Schüler der V. Latein-Klasse zu sein. Ein Jahr darauf folgt Philosophie oder richtiger ‚Viel-Ochsen-Vieh'! Wieder ein Jahr später folgt nochmals Philosophie (der II. Cursus). Und dann? - Bis zu diesem ‚Und dann?' will ich noch mehr über meinen Beruf nachdenken, obwohl ich die richtige Wahl schon getroffen zu haben glaube; denn hier heißt es : ‚Langsam und deutlich!', da dieser Schritt zu wichtig ist!'"*

(Ferdinand Fromholzer, Brief an die Eltern, Calvary, 22. 8. 1880)

An seinem College erfährt der 18-Jährige somit eine Ausbildung, die damals eine altphilologische Ausrichtung hatte. Im folgenden Brief erläutert er seinen Eltern und Geschwistern in der Heimat mit klarsichtigen Überlegungen, wie sich sein Berufswunsch vom Priesterstand zum Arzt entwickelt hat:

### „Meine Standeswahl: Praktischer Arzt"

*„Im letzten Briefe sagte ich, daß ich Euch bald meine Standeswahl mitteilen wolle. Jetzt bin ich in der Lage, dies tun zu können. Damit Ihr aber meine Wahl besser beurteilen könnt, will ich die Hauptmomente meines Lebens ganz wahrheitsgetreu hier folgen lassen. Vom Oktober 1875 bis ungefähr April 1876 war ich (wie Ihr wißt) in Schäftlarn. Während dieser Zeit schrieb mir Br. Xaver, ob ich nicht Musiklehrer oder Priester werden wollte. Um mich der Musik zu widmen, meinte er, sei ich schon etwas zu alt, da man mit diesem Fache möglichst frühe anfangen sollte. Damals aber stand ich im 13. Jahre. Ich überlegte das, und entschied mich schon nach ein paar Tagen für den hl. Priesterstand. Aber zu dieser Zeit kannte ich weder die große Würde noch die unzähligen Beschwerden dieses Standes noch auch das Leben überhaupt. Und so kam es denn, daß*

ich schon im 14. Lebensjahre mich zu diesem schönen Stande nicht mehr so sehr hingezogen fühlte; und dieses Berufsgefühl wurde noch schwächer im 15. Jahre, der Zeit meiner Auswanderung. Als ich 16 Jahre alt war, wußte ich nicht, was ich beginnen sollte. Bald dachte ich an diesen, bald an jenen Stand; aber ich fand keine Ruhe, und mit Bangen schaute ich in die Zukunft. Aber, werdet Ihr vielleicht fragen, warum hast Du uns dies nicht mitgeteilt? Ich tat es nicht:

1. weil ich nicht den Mut dazu hatte,

2. dachte ich, wenn ich es auch tun würde, so müßte ich mich gleich zu einem neuen Stande entschließen, dies wäre mir aber damals geradezu unmöglich gewesen,

3. erwartete ich fortwährend die Stunde, die den dunklen Schleier von meiner Zukunft entfernen würde.

Und, ‚Gott sei Dank', sie kam. Im Juli und August 1879 (große Vakanz) arbeitete ich hier bei unserem Arzte in der Apotheke. In dieser Zeit dachte ich öfters an den Beruf eines Arztes; aber dieser Stand wollte mir damals nicht recht gefallen, da mich besonders die vielen und anstrengenden Studien desselben davon abschreckten. Beim Beginn des Schuljahres 1879/80 teilte ich meine Unentschlossenheit einem älteren und klugen Studenten (er ist jetzt Philosoph) mit. Er fragte mich, ob ich ganz und gar keine Lust hätte, Doktor zu werden. Ich sagte ihm, daß ich allerdings daran schon gedacht hätte, daß mir aber dieser Stand nicht recht gefallen wollte. Er aber zeigte mir die Erhabenheit desselben, indem er ungefähr Folgendes sprach: ;Sieh, was die Erhabenheit des Standes betrifft, so folgt der Arzt unstreitig dem Priester. Der Priester heilt die Seele, der Arzt den Leib; der Priester gibt hin seine Zeit, seine Gesundheit, kurz sein ganzes Ich aus Liebe zu Gott für das ewige Heil seiner Pfarrkinder. Ähnlich auch der w a h r e Arzt: er verfügt nicht mehr über seine Zeit, sondern wenn er zu einem Kranken gerufen wird, so geht er, ob bei Tag oder bei Nacht, bei Sturm, Regen, Schnee oder bei Sonnenschein: das gilt ihm alles gleich; er geht, sei es nun um seinem kranken Mitbruder die Gesundheit wiederzugeben oder ihm wenigstens wohltuende Linderung zu verschaffen, wenn er nicht mehr gerettet werden kann; ja, er geht und wird vielleicht selbst ein Opfer jener Krankheit, von welcher er seinen Nächsten befreien wollte!' Diese Gedanken durchkreuzten von da an beständig meinen Kopf; und ungefähr im November 1879 machte ich den festen Entschluß, Arzt zu werden. Doch gingen dieser Wahl nicht nur heiße Gebete voraus, sondern es folgten ihr auch mehrere hl. Kommunionen, welche ich lediglich empfing, um ja die richtige Wahl zu treffen: Und jedes Mal wurde das Verlangen, Doktor zu werden, nur heftiger! Seit dieser Wahl ist nun bereits ein Jahr verflossen; fast jeden Tag habe ich an meinen Entschluß gedacht: aber er reute mich nicht! Ich glaube deshalb fest, daß dies mein Beruf ist, und ich bitte und beschwöre Sie, innigst geliebte Mutter, diese meine Wahl durch Ihren mütterlichen Segen zu bestätigen und zu heiligen. Ich weiß und fühle es, daß es Ihr sehnlichster Wunsch gewesen wäre, noch zu erleben den Tag, an welchem ich zum ersten Male *die Stufen des Altares betreten würde, daß Sie um die Erlangung dieses Wunsches die inbrünstigsten Gebete zu Gott emporsandten, daß Ihrem Mutterherzen das größte Glück widerfahren wäre, wenn noch ein zweiter Sohn sich dem hl. Priesterstande gewidmet hätte, aber ich weiß auch, daß dasselbe Mutterherz es ist, welches nur das Wohl seines Kindes und nicht dessen Verderben will, welches nicht will, daß sein Kind sich einem Stande hingebe, zu welchem dasselbe nicht berufen ist, da es wohl ble]denkt das Wort: ;Wahrlich, wahrlich sage ich euch, wer nicht zur Türe in den Schafstall eingeht, sondern anderswo hineinsteigt, der ist ein Dieb und ein Mörder.' Ich habe in dieser Angelegenheit zuerst den Herrn Doktor und darauf den Hochw. P. Rector um Rat gefragt. Daraufhin wurde folgender Plan entworfen: Ich mache hier die jetzige V. Klasse noch ganz durch, studiere dann im nächsten Jahre Logik (I. Klasse der Philosophie; wenn diese nicht absolut notwendig ist, dann lasse ich sie vielleicht fallen, da ich dabei 1 Jahr an Zeit gewinne). Darauf geht es wieder hinaus in die weite Welt, das heißt, auf eine gute medizinische Anstalt. R. P. Rector wird, wie er mir sagte, eine solche ausfindig zu machen suchen. (Es sind deren in Detroit, Chicago, New York, Cincinnati, Philadelphia etc.) Das Studium der Medizin wird ungefähr 2 bis 2 1/2 Jahre in Anspruch nehmen (in Deutschland noch einmal so viel!) Dann wäre ich eigentlich schon neugebackener „Wunderdoktor", nicht wahr? Hat noch lange Zeit! Dann bin ich erst ein theoretisch gebildeter Lehrling; um aber auch in der Praxis gebildet zu werden, werde ich dann 1 Jahr lang in einem Hospitale unter Aufsicht erfahrener Ärzte am Heile der leidenden Menschheit salbadern, und mich darauf in einem Winkel dieser großen Republik als praktischer Arzt niederlassen! Bis dahin werde ich ungefähr 24 Jahre alt. Ob wir dann einander wiedersehen werden? Nochmals ein „Glückseliges Neujahr!" und herzliche Grüße von Eurem dankbaren Sohn, Bruder, Neffen Ferdinand Fromholzer"*

(Ferdinand Fromholzer, Brief an die Mutter, Geschwister und Tanten, Calvary 12. 12. 1880)

Ferdinand versucht hier den Segen seiner Mutter zu erhalten, Arzt werden zu dürfen. Geschickt bemüht er sich, das Wohlwollen der Mutter zu erringen – ausführlich legt er die Befragung seines Gewissens dar, führt kluge Wegweiser an und appelliert an das gute Herz der Mutter, nicht ohne klug ein Bibelwort anzuführen. Hat er in diesem Brief noch liebliche Worte gefunden, schreibt er aber einen Monat später dringlich und direkt. Er rechnet der Familie vor, wie hoch seine Studienkosten sind und bittet seine Familie in der Heimat unumwunden und nachdrücklich, ihm diese auflaufenden Studiengebühren zu finanzieren:

*„Die Studienkosten belaufen sich in einem Schuljahre für einen Amerikaner ungefähr auf $ 150,00; denn diese können manche notwendigen Artikel von zu Hause mitnehmen. Ich aber muß alles im Kaufladen holen und deshalb darf ich das Schuljahr auf $ 175,00*

*anschlagen, ohne dabei zu weit zu gehen. Dazu kommen noch Schulden vom letzten Jahre. Dies und der Betrag für das ganze Schuljahr 1880/81 belaufen sich auf $ 300,00. Durch Bezahlung dieser Summe werden alle Kosten bis zum Ablauf des Schuljahres gedeckt. [. . .] Schließlich möchte ich den Br. Alois noch bitten, mit der Übersendung dieser 300,00 Dollars nicht zu lange zu warten, denn in den Statuten dieses Collegiums steht: ;Bei diesem niedrigen Preisansatze ist selbstverständlich prompte Vorauszahlung am Beginn eines jeden Semesters vorausgesetzt, ohne welche die Ermäßigung nicht möglich wäre.' Das 2. Semester beginnt mit dem 8. Februar. Bis diese Zeilen zu Euch gelangen, ist der 8. Februar zwar schon vorüber, aber das macht nichts aus; so lange wird man uns schon noch nachsehen."*

(Ferdinand Fromholzer, Brief an die Mutter und Geschwister, Calvary, 31. Januar 1881)

Trotz der eigenen finanziellen Belastungen reagiert der Bruder Alois in der Heimat sofort auf den Hilferuf und schickt dem Bruder Geld nach Amerika und Kaspar, der Bruder in Amerika, unterstützt ihn auch tatkräftig:

*„Den Brief des Br. Alois habe ich empfangen (23.II.), auch die M 318,75 ($ 75) und am 14. IV. die $ 126. Man rechnet die Mark gewöhnlich zu 23 1/2 Cts. Die beste Art und Weise, Geld zu verschicken, ist die vermittelst des Wechsels. Die Postanweisung ist deshalb nicht gut, weil die Post von Calvary keine Kasse besitzt. Der Hochw. P. Rector muß deshalb die Postanweisung immer in die nächste Stadt (Fond du Lac) schicken, wodurch Auslagen entstehen.– Für die bis jetzt gebrachten Opfer ein herzliches Gott vergelte es! Doch muß ich Euch auch zugleich bitten, den Rest der verlangten Summe so zu schicken, daß er wenigstens in der ersten Hälfte des Mts. Juni hier anlangt. Denn nach dem Ausspruche unseres Hochw. P. Rectors reisen wir schon ungefähr am 20. Juni ab. Br. Kaspars Bett habe ich und auch seine Wäsche. Er machte hier keinen Gebrauch davon, da das Kloster dem Musiklehrer Bett und Wäsche stellt; deshalb schrieb er, als ich noch bei Br. X. war, daß ich diese Sachen nicht hieher mitzunehmen brauche."*

(Ferdinand Fromholzer, Brief an die Mutter und Geschwister, Calvary, 10. April 1881)

Die Überlegungen zu seiner Zukunftsplanung hat Ferdinand auch in die Wirklichkeit umsetzen können: Über eine Zwischenstation in Buffalo im Staat New York kann er sich schließlich als praktischer Arzt in Sheldon in Wyoming eine Existenz aufbauen. Er als Sohn aus einer Handwerkerfamilie im Bayerischen Wald mit 9 Kindern hat es in Amerika geschafft, in den angesehenen Stand eines Akademikers aufzusteigen.

## Kaspar in der deutschen Community seit 1886

### „Meine Addresse ist: Mr. K. Fr. Organist of St. Mary's Church"

Die Ausbildung bei dem berühmten Prof. Singenberger in der katholischen Schule St. Francis in Wisconsin hat den Lebensweg Kaspars grundlegend geprägt. Im Jahr 1886 berichtet er nach seinem 10-jährigen Aufenthalt in St. Francis in einem Brief stolz in die Heimat:

*„In meiner jetzigen Stellung als Organist habe ich es leicht; doch ist es nicht zum reich werden. Sonst bin ich immer gesund und möchte das auch von Euch Allen hoffen und wünschen. Meine Addresse ist: Mr. K. Fr. Organist of St. Mary's Church, – Rome N. Y. –"*

(Kaspar Fromholzer, Brief 15. 10. 1886)

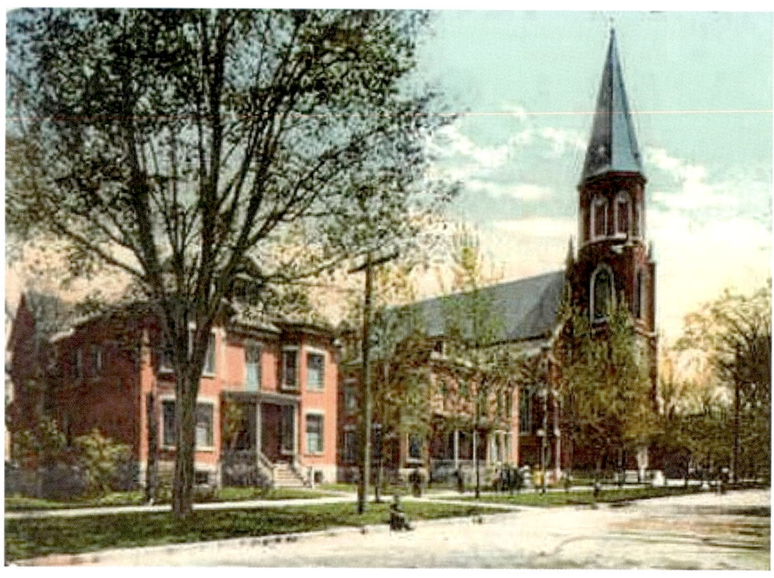

St. Mary's Church, Rome, NY. um 1920 (Archiv Fegert)
In dieser Kirche findet Kaspar Fromholzer seine erste Organistenstelle.

Während Kaspar an der Westküste des Michigan-Sees seine Ausbildung gemacht hat, findet er weit im Osten, 50 km südöstlich des Ontario-Sees in Rome im Staat New York seine erste Anstellung. Offensichtlich kann er mit seiner Organistenstelle sein Leben bestreiten.

## Heirat: „Die Erkohrene ist eine junge Wittfrau von 23 Jahren"

Als Kaspar 35 Jahre alt ist, erreicht ein Brief die Familie in der alten Heimat, der eine entscheidende Wendung in seinem Leben beschreibt:

„Allegheny, den 16. Febr. [18]91
481 East. Str.
Liebe Mutter u. Geschwister!

Es wird eine für Sie überraschende und erfreuliche Kunde sein, daß ich nunmehr ein glücklicher Ehegatte und Hausvater bin. Die Erkohrene ist eine junge Wittfrau von 23 Jahren. Ich wurde erst vor 3 Wochen mit ihr bekannt, und da sie sowohl gut empfohlen als geneigt war, so habe ich diese Sache sofort zu raschem Abschluss gebracht. Die Hochzeit fand am Fastnachtsdienstag statt. Ich habe gewünscht, daß Bruder Xaver den Knoten schürzt, aber der großen Entfernung u. der Ungunst der Zeit wegen, musste ich auf diese Ehre verzichten. Dagegen haben mich am Hochzeitstage eine recht ansehnliche Anzahl Gäste und Freunde beehrt. Am Abende erfreute mich sogar der weit über die Grenzen des Staates hinaus berühmte Caecilia Männerchor mit einer Serenade. An Gastgeschenken fehlte es auch nicht. Ich schätze den Werth derselben auf 75–80 Dollars. Es sind lauter brauchbare Artikel. Am brauchbarsten wäre freulich ein Geldgeschenk, denn s' Heirathen kostet gar viel Geld. Wir haben schon 200 Dollars für Einrichtung u. d. gl. verausgabt und sind noch mit Rechnungen im Rückstand. Da ich selbst mittellos bin, so bestritt meine liebe Gattin die Kosten. Wenn Sie, liebe Mutter, im Beginn meines Hausstandes mir unter die Arme greifen wollen, so werde sowohl ich, als meine gute Josephine Ihnen recht dankbar sein. Es wird die beste Hilfe sein, die Sie mir in diesem Leben noch erweisen können. Meine Gattin ist wirklich eine Perle und verdient, daß Sie dieselbe als Tochter annehmen und ihr einige Unterstützung in der Begründung des Haushaltes angedeihen lassen. Sie hat aus ihrer vorherigen Ehe einen 20 Monate alten Knaben, den sie die letzten Monate im kath. Waisenhause unterbrachte. Ich nahm den Knaben zu mir und werde mich bemühen, demselben ein wirklicher Vater zu sein. Leider ist der Kleine im Waisenhause sehr vernachlässigt worden und sieht daher sehr ärmlich und leidend aus. Doch ist zu hoffen, daß ihn die jetzige Pflege wieder aufrichten wird. Die Beziehungen, von denen ich Ihnen vordem meldete, habe ich, da ich sie ungünstig fand, in den Anfangsstadien abgebrochen. Mit der endlich Erkohrenen bin ich vollkommen zufrieden u. fühle mich recht glücklich an ihrer Seite.

Ich schicke Ihnen hiermit ihr Bild. Das meine wird in etwa 2 Wochen nachfolgen. – Mithin Gott befohlen u. recht herzl. Grüsse von mir und Gattin!

(Brief an die Familie, 16. 2. 1891)

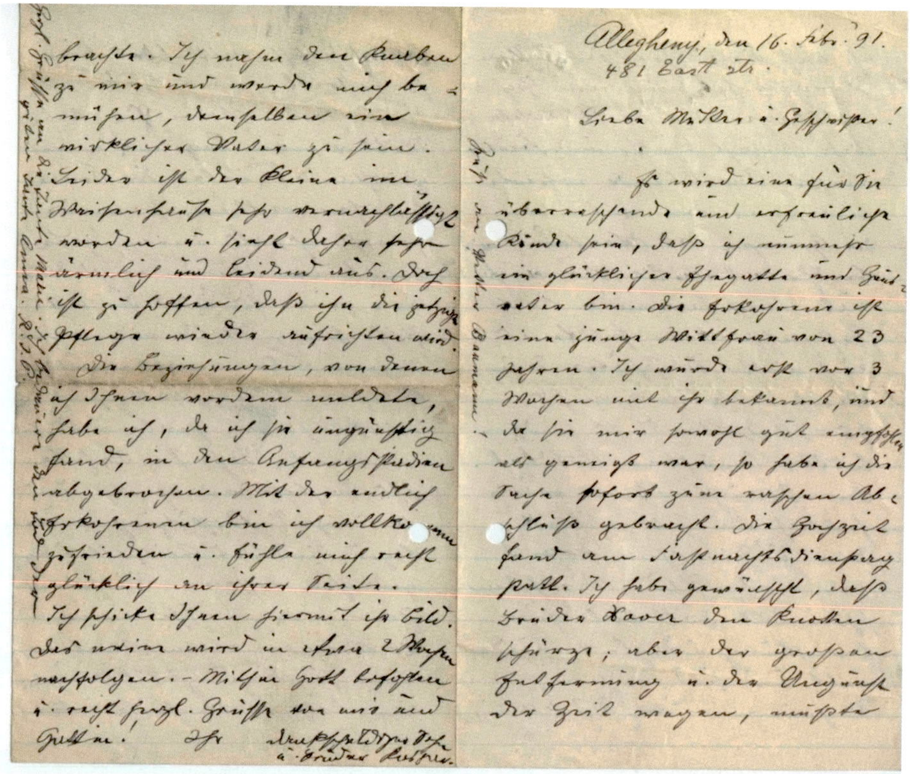

BRIEF VON KASPAR FROMHOLZER, 16. FEBRUAR 1891 (ARCHIV FROMHOLZER).
Hier teilt er seiner Familie mit, dass er kurz entschlossen eine junge 23-jährige vermutlich deutschstämmige Witwe geheiratet hat.

Kaspar lebt zwischenzeitlich in Allegheny, einer Kleinstadt in Pennsylvania, die heute nach Pittsburg eingemeindet ist. Allegheny war lange als "Deutschtown" bekannt. Die 1852 gebaute St. Mary's Catholic Church und das daneben 1888 angesiedelte Priorat bayerischer Benediktiner bildete das Zentrum der Deutschen. Dort hat Kaspar eine neue Stelle als Organist angetreten.

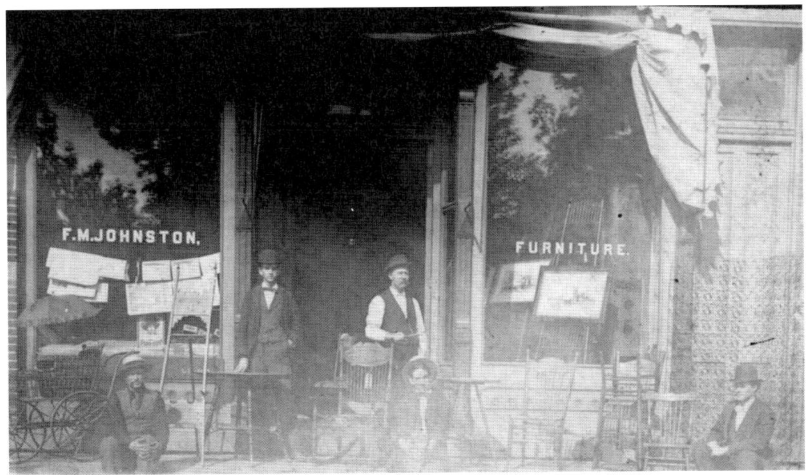


F. M. JOHNSTON'S FURNITURE STORE ALLEGHENY, PA circa 1890 (TOM CURRIER).
Straßenszene mit dem Laden eines Möbelhändlers in den 1890er Jahren, in denen Kaspar Fromholzer mit Frau und Kindern in dieser Stadt lebte.

In dieser deutschsprachigen Umgebung trifft er auf eine junge Witwe mit ihrem knapp zweijährigen Kind, das diese, um selbst zur Arbeit gehen zu können, in einem Waisenhaus untergebracht hat. Die dann spontan erfolgte Hochzeit hat ihn 200 Dollar gekostet, während die Geschenke 80 Dollar ausmachen. Deshalb geht er in seinem darauffolgenden Brief die Mutter in der Heimat um Geld an.

## Hilfe aus der alten Heimat: „Den Stoff zum Kleid haben Sie gut gewählt"

Die Mutter muss ihm in ihrem Antwortbrief die schwierige finanzielle Lage des Färbereiunternehmens dargestellt haben, denn er nimmt dies geschickt auf:

„Allegheny, den 1. April 1891
481 East Str.
Liebe Mutter!

*Für Ihren lieben und schönen Brief herzlich dankend, drücke ich mein Bedauern aus, daß der heimatliche Geschäftsgang so wenig ermutigend ist. Hoffentlich wird mit dem Aufblühen der Natur das Geschäft wieder mehr in Fluß kommen und bessere Zustände schaffen. Wenn die Conkurenz der Fabrikwaren noch mehr zunimmt, so ist leider zu befürchten, daß die Produktion von handgefertigtem Baumwollendruck ganz niedergehalten und das Geschäft immer mehr zu einem Kleingeschäft herabgedrückt wird. Doch solang es soviel Gewinn abwirft um den täglichen Auslagen begegnen zu können, ist noch immer keine Ursache vorhanden, den Muth und die Hoffnung sinken zu lassen. Glücklicherweise sind die Ansprüche an Lebensbedürfnisse zur Zeit nicht mehr so umfassend wie zu Lebzeiten des lb. Vaters. Es ist keine Kinderschar mehr zu ernähren und zu erhalten, und Bruder Alois wird anscheinlich kaum mehr ein Familienband anknüpfen. Ihn allein wird das Geschäft auch im kleinen Betriebe ernähren. Desshalb ist der Ausblick für den Fortbestand des väterlichen Geschäftes noch immer kein so trüber, als es in der [der] Winterzeit dünken mag. Es sind ja verhältnismässig nur Wenige, die keine Brodsorgen haben und die nicht von Hand zu Mund leben müssen. Auch ich gehöre zu der grossen Masse, die sich von Tag auf Tag kümmerlich durchzudrücken hat. Wenn ich durch die Beschaffung von Hauseinrichtung u. d. gl. Keine Schulden hätte machen müssen, so könnte ich allerdings sagen, daß ich nicht nur ein bescheidenes Auskommen hätte, sondern vom Monatsgehalt noch einen Sparpfennig beiseite legen könnte. Unter den gegebenen Verhältnissen aber wird es noch geraume Zeit nehmen, bis ich die Schuldensorge abwälzen und leichten Muthes in die Zukunft schauen kann. Es wäre mir daher lieb gewesen, wenn Sie mir zur Entlastung meiner Schulden hätten helfen können. Zweihundert Mark oder ungefähr 50 Dollars nach hiesigem Geld würden genügen, meine Hauptbürde abzuwälzen. Vielleicht sind Sie mit Beginn des Sommers im Stande, mir eine derartige Hilfe zuzuwenden. Dieser Geldbetrag ließe sich etwa brieflich oder durch Vermittlung einer Wechselbank sicher schicken. Da der Cours beständig wechselt und schwankt [,] ist es gar nicht nöthig, mit der Abschickung auf bessere Courszeit zu warten."*

(Brief an die Mutter, 1. 4. 1891)

Neben 399,80 Mark ($59,19) über eine Privatbank, – wie Alois (III) am 8. Mai 1891 festhält – schickt die Mutter den jungen Leuten auch ein Paket voller Textilien und Stoffe aus der eigenen Herstellung sowie religiöse und Alltags-Gegenstände. Darauf nimmt die Schwiegertochter Josephine in ihrer sehr fehlerhaften Orthographie an die „Wertheste Mutterl" Bezug.

*„[. . .] Liebe Mutter den Stoff zu Kleide haben Sie sehr gut gewählt, da ich noch keine solche Farbe habe, auch ist hiesiger Stoff nicht so gut wie Jener. Alles kann sehr gut brauchen. Damit Sie Gewissheit haben über die Sachen Theile ich mit wie folgt. Kleider stoff blau, Schürzen stoff eben blau, Wollstoff wie jens Stücken, 6 par Strümpfe, 6 Taschentücher, 1 Tischtuch, 2 Handtücher, 2 Gebetbücher, 2 Biergläser, u. 3 Rosenkränze. Das alles haben wir erhalten u. machte uns große Freude liebe Mutter weils aus Ihrer Hand ist." [. . .] Aus den Gläsern haben wir ein Baiurisches getrunken Ihnen zum Wohl Sie solleben Ho o == ch"*

(Josephine Fromholzer , Brief Alleghney 23.7.1891)

Es handelt sich hier um den ersten Brief, den die Ehefrau des Kaspar Fromholzer an ihre Schwiegermutter in Ruhmannsfelden schreibt:

*„Wertheste Mutterl!" [. . .] ich bin ganz glücklich, daß Sie mich so vieler Güte bei Ihnen würdig gemacht haben, so möge Sie unser lieber Herr Gott uns noch recht lange uns zum Troste bei bester Gesundheit am Leben*

Sie schreibt deshalb, da ihr Mann wegen seiner Arbeit als Organist und Musiklehrer keine Zeit zum Briefschreiben findet.

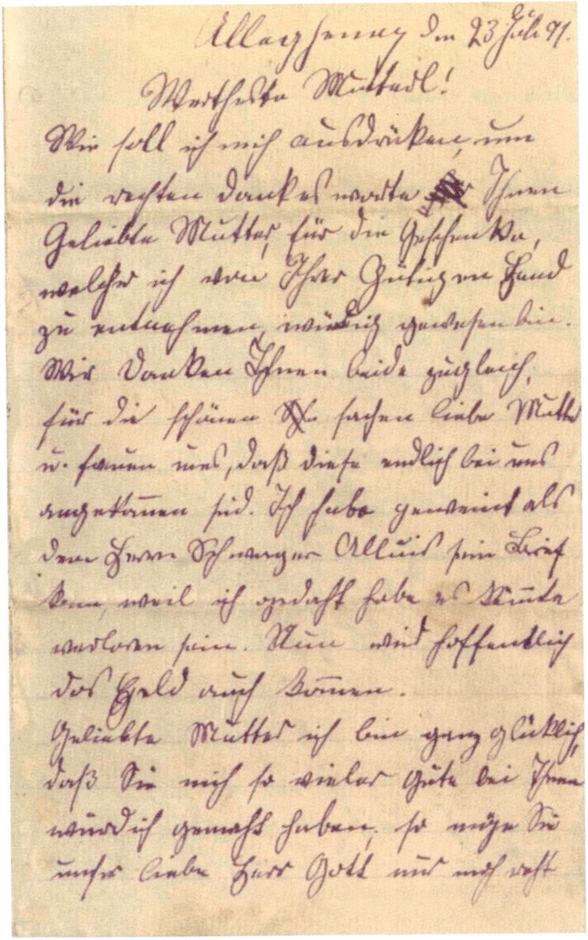

Brief der Ehefrau Josephine Fromholzer, 23. Juli 1891 (Archiv Fromholzer).

Darüber hinaus macht die Schwiegertochter im selben Brief einerseits nochmals deutlich, wie notwendig sie eine Geldüberweisung brauchen, andererseits berichtet sie vom wachsenden Einkommen ihres Mannes durch Orgelspiel in der Kirche und Musikschüler und der Vorstellung einen eigenen Musikladen zu eröffnen – wenn er das Geld dazu hätte:

*„Wir ziehen Montag d. 27. D. M. um, da Kasper eine andere Stelle daselbst angenommen u. wir dort besser thun als hier, weil der Herr Pfarrer nicht so viel bezahlte als einem rechten Organisten zukommt. Auch sind dort mehr Schüler für Musikunterricht zu nehmen wie hier. Hier haben wir 500 Thaler das Jahr einkommen dorten 9 ½ Thlr*

*Monatlich Rent so geht bald 30 immer fort, wenn alles gekauft werden muss. Dort zahlen wir nur 9 Monatliche Rente 2 Zimmer u. Dachstube. In Deutschland ist nicht so theuer mit den Wohnung aber hier ist es billigs 10 Thlr Monat. Liebe Mutter Organist zu sein ist auch ein verdießliches Geschäft, dafür wollte Kaspar Eignes Geschäft anfangen, wenn wir etwas Geld haben, ungefähr ein Musikstore; damit das wenn eine gerade nicht da ist, man etwas in Händen hat. Aber die Rente ist zu hoch für ein Geschäft braucht man noch viel mehr. So wie Gott will kommt die Zeit auch noch, wo ich mein 2 hundert Thlr. Erheben kann dann helf ich mit; Liebe Mutter hoffentlich kann das Geld nicht verloren gehen, jetzt brauchen wir es zu umziehen nöthig, da wir noch nichts auf die Seite legen konnten. Wir sind recht glücklich u. zufrieden mit nander lie[be] Mutter auch Kaspar fühlt sich recht glücklich gegen früher wo er so trostlos umher geirt ist. Wenn nun alles abezahlt ist was wir noch Schulden, dann geht es in Gottes nahmen schon. Für die Gebetbücher herzlichen Dank will für Sie auch darin beten. Sind die Rosenkränze schon geweiht? Lie[be] Mutter verzeihen Sie meine schlechtae schrift, denn der Kleine war um mich wie ich geschrieben habe. „Das ist ein lustiger Bube, Jed[er] hat ihn recht gern, weil er so drollig ist."*

(Josephine Fromholzer, Brief Alleghney 23 .7. 1891)

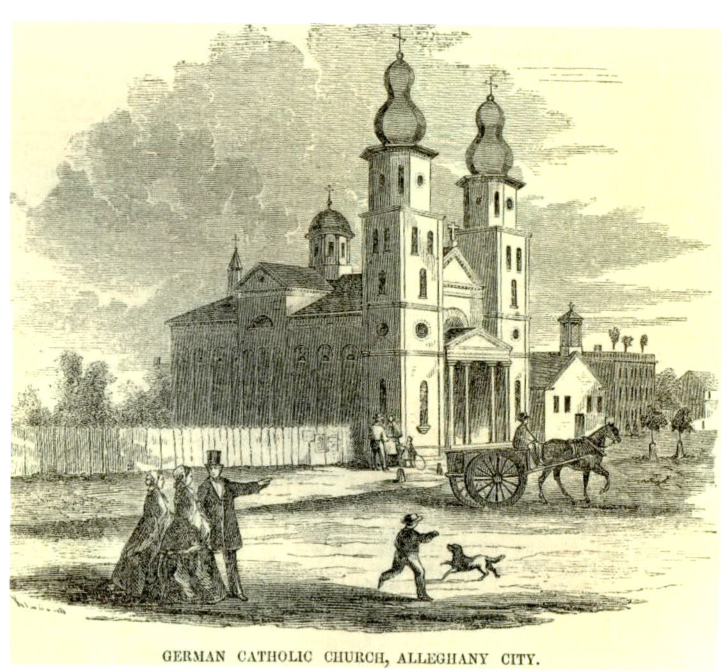

GERMAN CATHOLIC CHURCH, ALLEGHENY CITY, 1857 (ARCHIV FEGERT).

Im Umfeld dieser kirchlichen Einrichtung gelingt es Kaspar Fromholzer seine Organistentätigkeit auszudehnen und gleichzeitig als Journalist tätig zu werden.

## Aufstieg: „Kasper ist jetz Organist und Journalist"

Zwei Jahre später gelingt es Kaspar, die Existenz seiner Familie, in der nun neben dem Stiefkind ein weiteres, gemeinsames Kind aufwächst, auf eine sichere Basis zu stellen. Er vermag sich neben seiner Organistenstelle als Journalist zu etablieren, was er unter erheblichen persönlichen Opfern bewältigen kann.

*„Auch bei uns Liebe Mutter hatte das Neue Jahr etwas veränderliches mitsich gebracht. nähmlich der Kasper ist jetz Organist und Journalist u[nd] bleibt ihm nicht viel Zeit zu etwas anderem nicht einmahl zu Brief schreiben. Er verlässt uns Nachmittags gegen 3. Oder 4 Uhr u. kommt erst gegen 4 Nachts heim. Es ist Nachmittags ein Mühsames u, Anstrengendes Schreiben aber er hat Freude daran, wen Ihr Wunsch geliebte Mutter in erfüllung geht, daß Gott ihn gesund erhält, so haben wir in kurzer Zeit mit der Noth abgeschlossen. Der Kasper bringt jeden Samstag seine 14 Thaler von diesem bestreiten wir unser Lebensunterhalt, u. etwas wandert in die Sparkasse u. der Monatliche Gehalt bleibt ziemlich ganz. Zwar haben wir noch mit einigen Schulden zu käm[p]fen, aber auch diese werden weniger. Auch ist der Kasper wieder in Bomsag [?] auf seinem alten Platz die Deutschen sind gemütlicher als die Irischen. Der Jetzige Vater Gregorius ist ein freundlicher Mensch u. hat sich auch gefreut, daß mein Man etwas neben bei verdient. Kasper sagte Allegheny gefällt ihn den besten er würde nicht gerne fort von da. Jetz kutschiert er viel bei den Herren Geistlichen herum, ist überall beliebt 8 mahl haben Sie ih[m] den Platz angeboten u. er hat sich so gefreit das er beide Posten ausfüllen könnte.*

(Josephine Fromholzer, Brief Alleghney 14. 2. 1893)

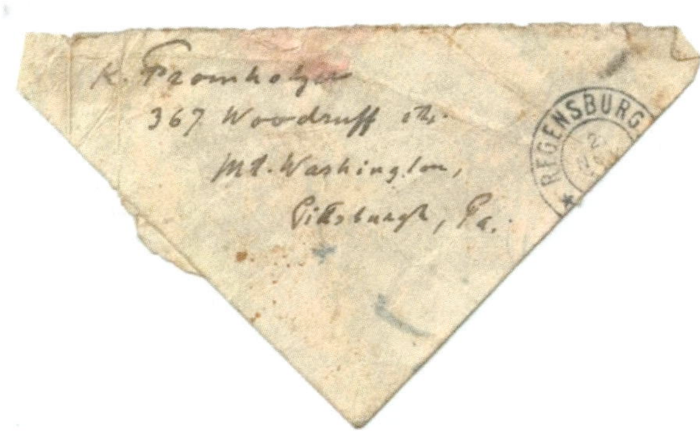


ADRESSE VON KASPAR FROMHOLZER (ARCHIV FROMHOLZER).

Dieser Ausriss aus einem Briefkuvert hat sich in einem alten Färberkalender von 1919 gefunden. Er ist zwischenzeitlich mit seiner Familie offensichtlich nach Mt. Washington, einem Stadtteil im benachbarten Pittsburg, umgezogen.

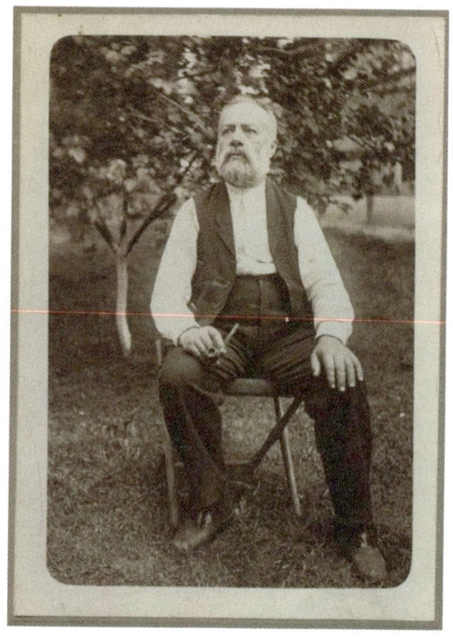

Kaspar Fromholzer, um 1910 (Archiv Fromholzer).

Selbstbewusst stellt sich der Zeitungsredakteur auf diesem Foto dar.

## Theres: „Wer nicht fortgeht, kommt nicht heim" 1890

Die Schwester Theres hat bereits Anfang 1883 zum ersten Mal den Ozean überquert und ist am 12. Februar 1883 in Springville angekommen, um den Haushalt ihres geistlichen Bruder Franz Xaver zu führen. Vom Dezember 1889 bis Oktober 1890 kann sie nochmals die alte Heimat besuchen. Am 7. Oktober 1890 bricht sie wieder nach Amerika auf. Ihre Reisebeschreibung ist insofern interessant, da sie zusammen mit einer Freundin auf der Bahn nach Mainz gefahren und dort aufs Schiff bis Rotterdam gegangen ist, um dann auf einen Atlantik-Dampfer einzuschiffen.

### Reise auf dem Rhein: „müssen sehen, ob wir nach Rotterdam kommen"

*„Köln, 9. Oktober 1890*
*[. . .]*
*Kamen Montag Abends ½ 12 Uhr (7. Oktober) in Mainz an, mußten noch in ein Gasthaus, da auf dem Bahnhof niemand bleiben darf, was uns für eine Person (2 Mark früh Kaffee, Trinkgeld 1 Mark) sogleich 3 Mark kostete. Gingen nächsten Tag aufs Schiff, fuhren gestern morgens, den 8. Oktober, ab, waren mittags in Koblenz, abends 6 Uhr in Köln. Gingen gleich in die Stadt, es war aber schon dunkel, konnten den Dom inseitig nicht mehr sehen, was mir sehr leid tat, spazierten in der Stadt herum, die sehr schön*

*ist, und, was mir aufgefallen, die Leute sind alle so freundlich und zuvorkommend. Bei der Nacht fährt dieses Boot nicht, wegen Gefahr, heute Morgen wollte es um 6 Uhr abfahren, liegt aber jetzt (schon gleich 9 Uhr) noch in Köln, da sehr viel Nebel ist und es nicht abfährt, bis klares Wetter ist. Jetzt müssen wir erst sehen, ob wir Freitag noch nach Rotterdam kommen oder noch die Bahn benützen müssen.*
*Es ist eine wunderschöne Gegend, neben dem Rheine links und rechts die vielen herrlichen Bauten und alten Ruinen, die man da sehen kann.*
*Es ist eine angenehme Reisegesellschaft, und ich und meine Freundin unterhalten uns ganz gut, sie sendet Euch die besten Grüße. Ich habe eine ganz gute Hoffnung und bin recht gesammelt, obgleich es heißt, wir bekommen Sturm, denn ich weiß, daß viele geliebten Seelen meiner in ihrem frommen Gebete gedenken. Bei Euch wird alles seinen alten Gang gehen. Der Zoll, heißt es, ist jetzt sehr streng, ich werde aber doch kein Malheur (?) bekommen. Ich bin recht gesund und arbeite an meinem Tuch.*
*Die Kost ist sehr teuer hier auf dem Boot, habe mir weiter nichts geben lassen wie jeden Tag 1 Tasse Kaffee (kleine Tasse 20 Pf), da könnte man fett werden, es kostet alles Geld, daheim weiß man gar nicht, wie schön man's daheim hat, aber wer nicht fortgeht, kommt nicht heim.*
*Ich schreib jetzt schon, da hier der Brief noch 10 Pf. kostet und ich Zeit habe.*
*Bitte grüßet mir herzlich die Tanten, Herrn Vetter Baumann, alle in unserem Hause, nur ist es mir nicht recht, daß das Wawerl nicht mehr bleibt, wir hätten es sehr gerne gesehen. Grüßet alle, wo nach mir fragen, besonders seid Ihr gegrüßt von Eurer Tochter.*
*Sage dem lieben Bruder Alois ein herzliches Vergelt's Gott für alles empfangene Gute.“*

(Theres Fromholzer, Brief Köln 9.10.1890)

## Kindererziehung: „Theres und Daniel nehmen Geigenstunden“

Theres hat mit ihrem Bruder Franz Xaver den Wechsel von Springville in die Pfarrei Gardenville im Staat New York miterlebt. Dort lernt sie einen Deutschen kennengelernt, der wohl aus den Nordschwarzwald stammt. Schon bald nach der Rückkehr aus der Heimat heiratet sie im Januar 1891 und hat vier Kinder großzuziehen.

Wie sie in einem Brief aus dem Jahr 1901 berichtet, haben sie und ihr Mann Karl Gentner drei Kinder verloren, ein weiteres werden sie 1919 verlieren. Die Eheleute müssen sehr sparen, da sie sich vorgenommen haben, ihren drei Kindern möglichst gute Startchancen in der neuen Heimat bieten zu können.

*„Theres geht auch in die Hochschule, Daniel ist im 6ten Grad. Theres und Daniel nehmen Geigenstunden, bezahle jede Woche 85 Ct. Wir sind gesund. Karl arbeitet immer,*

*sparen können wir jetzt nichts, wenn wir die Kinder lernen lassen."*

Der Ehemann Karl arbeitet in einer „planning mill", das heißt einem Unternehmen, das rohes Schnittholz zu Holz für den Innenausbau weiterverarbeitet. Bereits 1893 können sie sich doch ein „Haus für 2100 und 23 Dollars" kaufen und sie „giebt die Adress an. Nämlich Theres Gentner 63 Fox Street Buffalo N. Y."

Theres macht sich auch Gedanken um die Glaubensentwicklung ihrer Kinder:

*„Welche Sorgen und Angst muß man um die Kinder haben, besonders in diesem Land, wo alle Glaubenssekten durcheinander wohnen, daß sie ihren Glauben behalten und selig werden."*

(Theres Gentner, geb. Fromholzer , Brief Buffalo, 29. 3. 1901)

Sie erzieht ihre Kinder sehr ernsthaft im katholischen Glauben und so geht ihre Tochter Helen als 17-Jährige zu den Franziskanerinnen in Stella Niagara, Lewiston, im Staat New York, um dann als Schulschwester zu arbeiten. Eindrücklich berichtet sie von der Schwere der Entscheidung für die Tochter und gleichermaßen für die Eltern.

*„Helen weinte sehr, wie sie ging, war mir auffallend; über eine Woche kam ein Brief, daß sie nicht mehr heimkommen will, da der Abschied so hart sei, sondern sie will bleiben für immer. Gut, ich schrieb gleich, sie muß heimkommen, sie kam auch, sagt aber, sie will eintreten. Gut, das ist etwas Hartes, man darf nicht zu viel abreden, da man auch nicht weiß, wenn es der Beruf ist, was dann später daraus wird; wir gaben (stimmten) zu, unter der Bedingung, daß sie in die Schule gehen darf, da sie Lehrerin werden will. [. . .] Ich ging mit ihr und blieb 3 Tage dort, es ist schön, aber es ist und war sehr hart. Wir haben den Sommer schon sehr viel geweint. Helen ist ein schönes Mädchen, aber daheim nicht gesund, dort fühlt sie (sich) besser. Da kann man nicht viel sagen, denn es ist Gewissenssache, für die Ewigkeit. Helen ist zu gut für die Welt und auch nicht zum Heiraten."*

(Theres Gentner, geb. Fromholzer, Brief Buffalo, 12. 9. 1909)

Die junge Ordensschwester arbeitet später tatsächlich als Lehrerin:

*„Meine Tochter Helen, Sr. Frances, ist nur 100 Meilen von Haven in S. D. [= South Dakota], sie war zuvor ganz am anderen Ende, dem Staat Washington, mußte 3000 Meilen fahren. Sie hat 48 kleine Indianerbuben in der Schule. Sie sagt, sie liebt die Buben, sind so talentvoll im Zeichnen und in der Musik. Die Schulbuben bilden eine ganze Musikband, spielen einige Musik."*

(Theres Gentner, geb. Fromholzer, Brief Buffalo, 11. 11. 1923)

## Land of promise?

Obwohl die überlieferten Briefe der Geschwister in Amerika sicherlich diejenigen sind, die von Wendepunkten und außerordentlichen Ereignissen berichten, so dokumentieren sie nahezu nur Positives und lassen nur wenig vom harten Leben in der Neuen Welt aufschimmern, wie etwa die ersten Briefe des Bruders Kaspar aus der Zeit seines Beginns in Amerika von 1876 bis ins Jahr 1891 von latentem Geldmangel zeugen, verbunden mit den Bitten um Geldüberweisungen aus der alten Heimat.

Kaspar schreibt als 52-Jähriger an den 3 Jahre älteren Bruder Alois (III) in die Heimat:

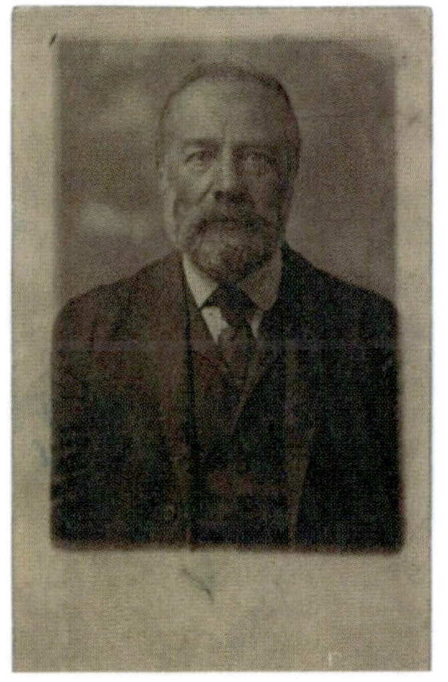

POSTKARTE KASPAR FROMHOLZER 12. JULI 1908 (ARCHIV FROMHOLZER).

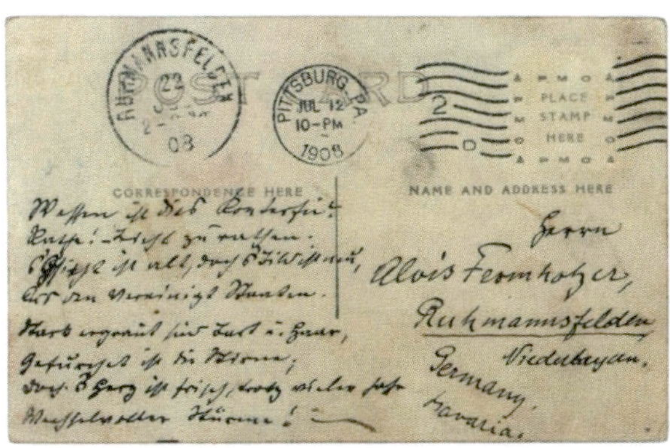


„Wessen ist dies Konterfei?
Rathe! 's nicht zu rathen.
S'Gsicht ist alt, doch s'Bild ist neu,
Er's von Vereinigt Staaten.
Stark ergraut sind Bart und Haar,
Gefurchet ist die Stirne;
doch s' Herz ist frisch, trotz vieler Jahr
wechselvoller Stürme!"

Als der Bruder Alois, der bereits 1880 die elterliche Stoffdruckerwerkstatt in Ruhmannsfelden übernommen hat, mit dem Gedanken spielt, den Betrieb aufzugeben, um auch nach Amerika zu gehen, kann Theres im Brief an ihre Schwester Marie, die ja selbst inzwischen aus Amerika in die Heimat zurückgekehrt ist, nur abraten:

*„Bruder Alois schreibt, er hätte Lust, nach South Dakota zu gehen, ich riet ihm ab, aber Karl würde es gleich tun, dann wollte er mit ihm arbeiten. Sollte er kommen, so kommst Du natürlich mit und kommst zu uns, um bei uns zu bleiben. Ich bitte Gott, daß er es so schickt, wie es am besten ist."*

(Theres Gentner, geb. Fromholzer, Brief Buffalo, 14. 8. 1910)

## Erster Weltkrieg: „Lebensmittel sind viel teuerer"

Der Ausbruch des Ersten Weltkriegs macht die Geschwister in Amerika nachdenklich. So schreibt Theres ihrem Bruder Alois (III) in die Heimat:

*„[Lieber Bruder Alois]*
*Warum schriebst Du kein Wort von Schw. Marie? Ich wünschte, ich hätte sie früher hereinkommen lassen, der Krieg muß sie ganz nervös machen. Herr Bauer sagte auch kein Wort von ihr. Ich denke, ich bekomme die Briefe, wenn Du schreibst, die anderen bekommen sie ja auch. Also schreibe mir, was Ihr und Schw. Marie macht. Wir haben immer schönes Wetter. Viele Grüße an alle Bekannten. Wir wollen füreinander beten und uns in den Willen Gottes ergeben."*

(Theres Gentner, geb. Fromholzer, Brief Buffalo, Oktober 1914)

*„Liebe Schwester Marie,*
*[. . .] Manchmal habe ich ein solches Heimweh und fühle mich ganz verlassen, aber das vergeht auch wieder. Das Leben ist eben hart und veränderlich. Oft danke ich Gott, daß er die Mädchen zu diesem Stande [= Ordensschwester] berufen hat, da sie doch die weltlichen Sorgen nicht haben und besser nach dem Willen Gottes leben können. Sie haben mehr innere Freuden wie wir, wenn man nur nach dem Glauben lebt, so fühlt man (sich) glücklich. Der Winter ist nicht sehr kalt, doch haben wir schon einige Monate Schnee. Dann denke ich wieder an die lieben armen Soldaten im Schnee. Wegen dem Krieg wird hier alles viel teuerer, die Schuhe kosten beinahe nochmal so viel, Lebensmittel sind viel teuerer. Karl ist allein zum Verdienen. Wenn wir nur unser Haus frei hätten, daß wir nicht immer Zins bezahlen müßten. Man meint, hätte man dieses nicht, dann hat man wieder etwas anderes. Hoffe, bald von Dir zu hören. [. . .] Bete für mich. Daniel macht (es) gut mit dem Studieren. Mit Gruß D. liebe Schwester Theres"*

(Theres Gentner, geb. Fromholzer, Brief Buffalo, Buffalo, 7. 1. 1917)

Theres sieht die angespannte Lage sowohl in Deutschland als auch in Amerika und ist in Sorge um alle Geschwister.

## Zwischenkriegszeit: „Entschieden besser hier als gegenwärtig daheim"

Auch nach dem Ersten Weltkrieg bleiben die Kontakte zwischen den Verwandten im Bayerischen Wald und Amerika bestehen. Die Nichte Theres, die Tochter von Alois (III), hat sich offensichtlich erkundigt, wie das Leben nun in Amerika ist. Und so antwortet ihre Tante Theres im fernen Buffalo:

*„Buffalo, 19. August 1923*
*Meine liebe Theres!*
*Habe Deinen Brief vor 2 Tagen mit Freuden erhalten; ich will, so gut ich kann, Antwort darauf geben. Es tut mir leid, daß Du auch mit Ohrenleiden behaftet bist, es scheint, ist in der Familie.*
*Das zweite, wie alt bist Du? Meine Theres ist geboren den 7ten Juni 1895, gestorben den 6. Februar 1919 in der Blüte der Jahre. Wie sollst Du als junges Mädchen in Deutschland dienen oder in Leithum [=im Haushalt des Bruders mitzuleben] gehen? Du bist herzlich willkommen von uns allen bei uns, wenn Du Dich entschließen willst, in das gelobte Land zu kommen. Es ist entschieden besser hier als gegenwärtig daheim, nur das eine ist, Heimweh, Heimweh, davon wird niemand verschont und manche packt es gar arg. Es ist im menschlichen Herzen immer ein Sehnen und Hoffen, bis es ruht in Gott, nur wer das rechte Ziel im Auge hat, fühlt sich daheim. Du hast ja auch niemand nahe mehr wie Deinen Bruder. Bin froh, Du hast einen guten lieben geistlichen Ratgeber, an den Du Dich halten kannst. Gott verläßt die Seinen nicht. Will sehen, was Rev. Father Helmbrecht ratet. [...]"*

*„Der Alois scheint mir ein ganzer Geschäftsmann zu sein, was mich freut, aber er soll seine Gesundheit schonen im Geschäft, ich weiß es, denn ich hab schon vieles mitgeschafft in der Färberei, was ich heute in meinen Armen noch fühle, das viele Wasserputeln."*

(Theres Gentner, geb. Fromholzer, Brief Buffalo, 11. 11. 1923)

So leben schließlich nach der Rückkehr Marias aus Amerika vier der 6 überlebenden Geschwister aus der Fromholzer-Familie in Amerika. Sie leben alle in dem Gürtel südlich der Großen Seen, zwar einige Reisestunden voneinander entfernt, aber im Wissen um die Familienbande. Bei der Feier zur Ewigen Profess ihrer Tochter Helen beklagt Theres zwar, dass niemand von der Verwandtschaft dazugekommen ist. Doch trotzdem helfen sie sich gegenseitig mit materiellen Zuwendungen. Sie sind in der Fremde und doch nicht allein. Ein klassisches Beispiel für die sogenannte „Kettenwanderung."

Der Bruder Ferdinand hat immerhin neun Kinder gehabt, aber nur ein Sohn trägt den Namen Fromholzer in Amerika weiter. Eben dieser Sohn Otto D. Fromholzer, der bei einer Eisenbahn-Gesellschaft gearbeitet hat, ist 1959 gestorben und wie dessen Schwester Florence 1968 auf dem Allegany Cemetery beerdigt worden (Town of Allegany).

Der Bruder Franz Xaver arbeitet bekanntlich als Priester in Gardenville im Staat New York, wo er 1893 stirbt.

In der Familientradition der Fromholzers in Ruhmannsfelden ist bekannt, dass Kaspar letztlich „Redaktionär beim Pittsburger Beobachter" geworden ist und danach bis 1926 zuletzt in Los Angeles gelebt hat. Er hinterließ 5 Kinder (Ancestry) und sein Grab haben Verwandte aus der Heimat besucht.

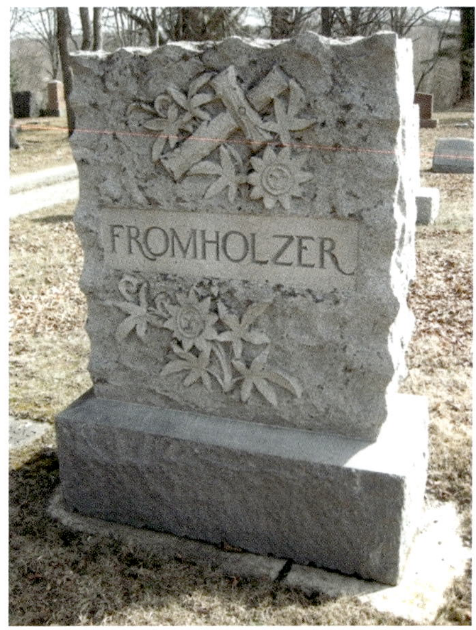


Grabstein Ferdinand Fromholzer, St. Mary's Cemetery in Strykersvill, Wyoming County, NY. (Jim & Elizabeth 2010, Find A Grave Memorial # 51355675, 19. April 2010).

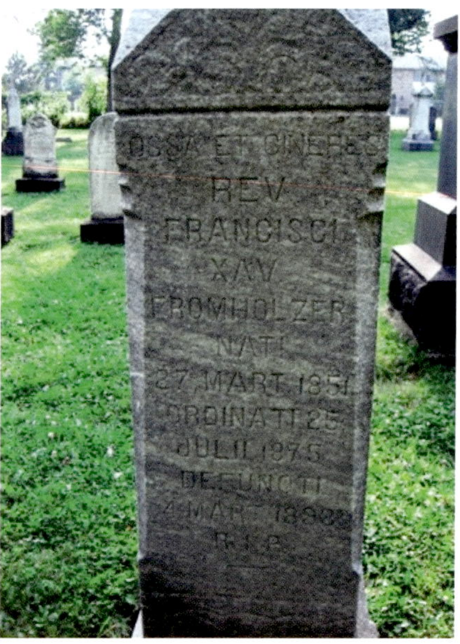


Grabstein „Rev. Franciscus Xav. Fromholzer", Fourteen Holy Helpers Cemetery in Gardenville, Erie County, NY. (Charles Zadora, Find A Grave Memorial # 55867971, 4. August 2010)

Eine Gruppe von Familienforschern in den USA, "Find A Grave", hat sich zur Aufgabe gemacht, systematisch alte Gräber zu erfassen und im Internet zu dokumentieren.

# Handwerkstradition in Ruhmannsfelden

## Alois (III): Ein Meister im Wandel der Zeit 1880–1923

Alois (III) ist bekanntlich in Deutschland geblieben und hat auf seiner Gesellenwanderung in der Fremde beruflich wichtige neue Erfahrungen gemacht, hat zahlreiche neue Färberezepte kennengelernt und ist 1873 wieder in den väterlichen Betrieb zurückgekehrt. Nach seiner Meisterprüfung und dem Tod seines Vaters am 8. Oktober 1880 übernimmt er die Färber- und Druckerwerkstatt.

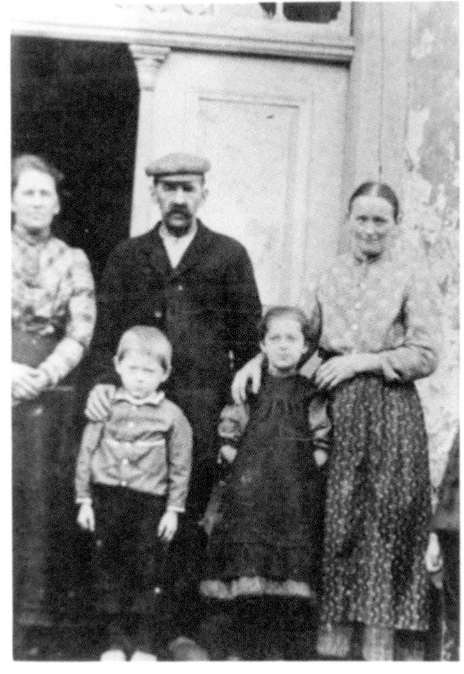

Die Färberfamilie Alois (III) Fromholzer, um 1909 (Archiv Fromholzer).
Der Färbermeister mit seiner Frau Anna Maria (rechts), seiner Schwester Maria (links) und seinen Kindern Alois (IV) und Therese.

## Erprobung seiner Färbe-Rezepte

Jetzt kann Alois (III) im eigenen Betrieb all sein Wissen anwenden, was er in der Lehre, aber vor allem auf der Walz bei verschiedensten Meistern im ganzen deutschsprachigen Raum gelernt hat.

Seine Rezepte machen deutlich, dass sich Alois in der Übergangszeit von den Pflanzenfarben zu den industriell gefertigten chemischen Farben befindet.

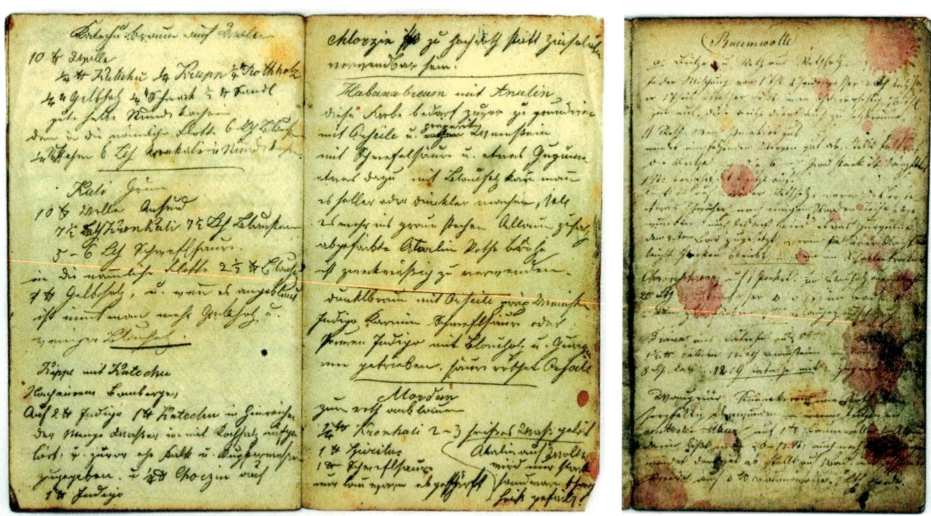

REZEPTHEFT ALOIS (III) FROMHOLZER, 3 SEITEN (ARCHIV FROMHOLZER).

Diese Seiten demonstrieren die akribischen Aufzeichnungen zu „Katechu"[= Gerber-Akazie], „Kali Grün", „Kippe mit Katechu", „Habanabraun mit Analin" [= Anilin] und „Mordan" [= heute noch als medizinische Tinktur verwendet] sowie die Spuren intensiver Arbeit auf der Seite über die Bearbeitung von „Baumwolle".

Neben „Krapp" (Rubia tinctorum) ist in Deutschland als weit verbreitete Blaufärbepflanze der „Färberwaid" (Isatis tinctoria) zu nennen. Die königskerzenförmige Pflanze des „Wau" (Reseda luteola) bringt ein leuchtendes Gelb hervor. Bemerkenswert ist, dass die fünf „Waid-Städte" Erfurt, Gotha, Tennestadt, Langensalza und Arnstadt durch den Anbau von Waid reich geworden sind. Die „Waidjunker" von Erfurt gründeten mit dem Erlös aus Waidanbau und -handel ihre Universität.

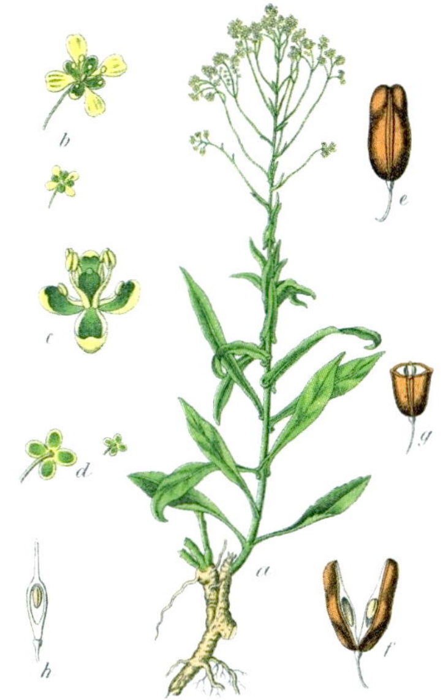

FÄRBERWAID (Jacob STURM 1796).

Er erreicht eine Größe von 30 bis 150 cm und stammt aus Westasien, wurde aber bereits im Altertum in Europa kultiviert. Die Blätter enthalten das farblose Glykosid Indican, das durch Fermentation zu Indigo oxidiert wird.

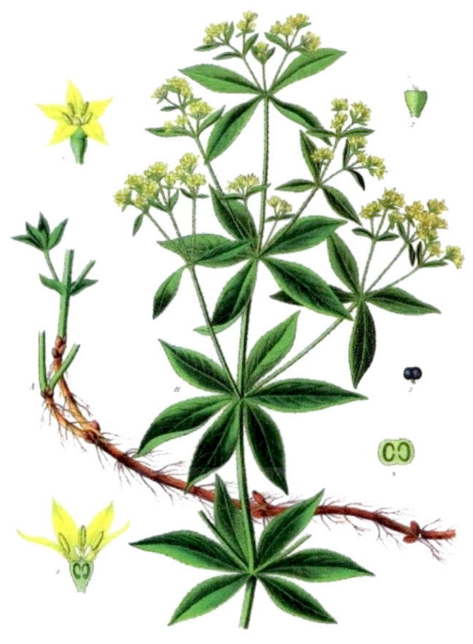

KRAPP (Franz Eugen KÖHLER, Köhler's Medizinal-Pflanzen, 1887).

Echte Färberröte, Krapp genannt. Die wissenschaftliche Bezeichnung „Rubia“ verliehen die Römer dem Krapp, weil seine Wurzel roten Farbstoff enthält.

Seit der Entdeckung Amerikas kommen weitere gut färbende Grundstoffe in Deutschland hinzu: Brasilholz, Cochenille, Blauholz etc. Beizen auf Alaun-Basis mit Zinnsalz, teilweise kombiniert mit anderen Metalloxyden, ergaben nun haltbare Färbeergebnisse (vergl. HARZHEIM 1998, 88).

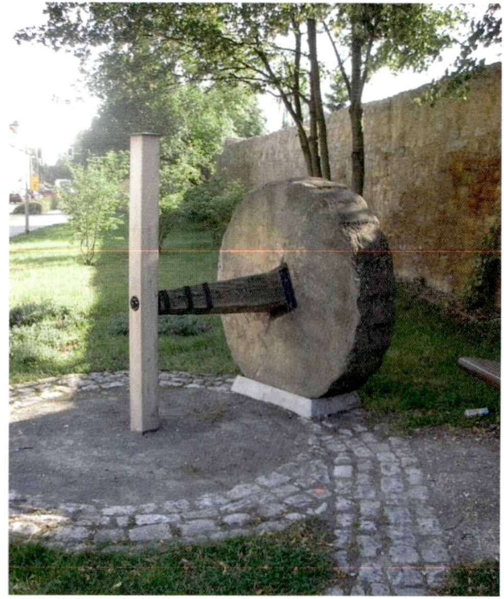

WAIDSTEIN IN SÖMMERDA (Michael SANDER).

Der „deutsche Indigo“ wird aus den Blättern des Färberwaids hergestellt. Er wird seit dem 9. Jahrhundert hauptsächlich in Thüringen angebaut. Die Stadt Erfurt erlangte als Zentrum des Waidhandels Macht und Reichtum. Zur Verarbeitung waren Waidmühlen erforderlich. Das Kennzeichen des Waidmahlsteins ist die gezähnte Lauffläche, die ihn von einem Getreide- bzw. Ölmahlstein unterscheidet (MÜLLEROTT 1990. 53).

Bei der Erschließung des südamerikanischen Kontinents „entdeckten die Portugiesen nur ein Produkt, das sie interessierte: Rotholz, auch Brasilholz genannt. In Europa, wo die Textilindustrie blühte, war es als Färbemittel begehrt. Brasilholz wurde zum Hauptausfuhrprodukt des neuentdeckten Territoriums, und es gab dem portugiesischen Teil Amerikas seinen Namen: Brasilien“ (EGLAU).

## Drei Färbemethoden

Das Färben ist eine hohe Handwerkskunst, deren Grundbegriffe etwa bei der Textilwissenschaftlerin HECHT (1991) dargestellt werden.

Naturfasern haben schon selbst eine Eigenfarbe wie der Flachs, der ein helles Braun aufweist. Doch schon früh in der Kulturgeschichte machen die Menschen die Erfahrung, dass es Säfte von Pflanzen gibt und Farbstoffe im Boden, die den Fasern leuchtende Farben wie Rot, Gelb oder Blau gaben. Doch zunächst waren diese Farben nicht abriebfest und waschecht. Erst im Färbebad konnten dauerhaftere Verbindungen zwischen der Farbe und der Faser hervorgebracht werden. Diese anspruchsvollen Verfahren wurden in Indien, China, Ägypten, Mexiko, Peru und Griechenland entwickelt.
Es gibt grundsätzlich drei unterschiedliche Färbeverfahren:

## Substantive oder Direktfarbstoffe

Zum einen gibt es Farbstoffe, die, wenn sie ins Färbebad gegeben werden, das Gewebe direkt färben. Entweder werden sie direkt absorbiert oder es findet eine chemische Reaktion statt. Sie werden deshalb substantive oder Direktfarbstoffe genannt. Dabei handelt es sich nur um wenige Farbstoffe, die aus Wurzeln, Flechten und Früchten hergestellt werden. In den Vegetationsgebieten Mitteleuropas gibt es Rinden und Hölzer, die gelb und braun färben. So liefert die Eichenrinde einen dunkelbraunen Farbton, wobei der Gerbstoff der Rinde die Beständigkeit des Farbtons erzeugt. Walnüsse können ebenfalls zur Braunfärbung herangezogen werden. Eine große Gruppe von Färbepflanzen stellen die Flechten dar. Sie beinhalten farblose Säuren, die meist dadurch erschlossen werden, dass die Flechten zerrieben, in Wasser ausgekocht und zwei bis drei Wochen fermentiert werden. Diese Färbeflechten, wie Cudbear, Orseille und Persio, stammten von den Kanarischen Inseln, den Azoren und dem schottischen Hochland.

## Küpenfarbstoffe

Es gibt Farbstoffe, die nicht wasserlöslich sind und erst in einer alkalischen Lösung oder Lauge durch Reduktion in wasserlösliche Bestandteile aufgeschlossen werden. Der Sauerstoff entweicht. In dieser „Leukoverbindung" kann der Farbstoff auf der Textilfaser aufziehen. An der Luft erhält die Farbe durch Oxidation ihre Beständigkeit.

Der bekannteste und wichtigste Küpenfarbstoff ist der Indigo, der als „König der Farbstoffe" (CHRIST 1953) bezeichnet wird und als einziger in dieser Gruppe kalt gefärbt wird. Der wasserunlösliche blaue Indigo wird durch Reduktion in die wasserlösliche weiße Leukoverbindung überführt. In der Luft schlägt dann diese weiße Farbe durch Oxidation in die wasserunlösliche blaue Farbe um:

| Aufnahme von Elektronen | | Abgabe von Elektronen |
|---|---|---|
| REDUKTION | | OXIDATION |
| Farbstoff | Leukoverbindung | Farbstoff |
| (wasserunlöslich) | (wasserlöslich) | (wasserunlöslich) |
| Indigoblau | Indigoweiß | Indigoblau |

Es gibt etwa 50 verschiedene Pflanzen, die sich zur Gewinnung des Farbstoffes eignen. In Mitteleuropa wird im Mittelalter und der frühen Neuzeit besonders der Färberwaid (Isatis tinctoria) zur Herstellung dieser blauen Farbe verwendet. Ein anderer in der Geschichte der Farben wichtiger Stoff, der als farblos erst beim Sonnenlicht seine leuchtend rote Farbe entwickelt, ist der Purpur, die Farbe der Fürsten. Er wird aus den Drüsen der Purpurschnecke gewonnen.

## Beizenfarbstoffe

Durch Beizen wird eine dauerhafte, überwiegend wasch- und lichtechte Bindung zwischen den Fasermolekülen und dem Farbstoff erzeugt. Als Beizmittel werden Metallsalze verwendet, die im Boden, gelöst im Schlamm oder als lösliche Bestandteile in Pflanzen vorkommen. In den daraus hergestellten Salzlösungen werden die Fasern bzw. Textilstoffe gekocht oder die Beize wird direkt in das Färbebad gegeben.

Alaun (= Kaliumaluminiumsulfat) gilt als eines der ältesten Beizmittel, mit dem eine breite Palette wasch- und lichtechter Rot- und Gelbtöne erzeugt werden können. Bekannte Farbstoffe wie Krapp, Cochenille, Blauholz erhalten ihre Haftung an der Textilfaser erst durch das Beizen, indem die molekularen OH-Gruppen der Farbstoffe eine chemische Verbindung mit den Metallatomen der Beizmittel eingehen und mit den Eiweißverbindungen der Textilfaser reagieren, also eine dauerhafte Farbwirkung hervorbringen. Das Krapp-Rot stammt meist von der Strauchpflanze Rubia tinctoria. Cochenille wird aus roten Schildläusen gewonnen, die historisch den mexikanischen Feigenkaktus als Wirtspflanzen nutzten. 1 400 000 getrocknete Weibchen ergeben 1 kg roten Farbstoff (BÖHMER 1990, 61). Den wichtigsten Gelb-Farbstoff liefert der Färberwau (Reseda luteola), der je nach Beizmittel, etwa mit Alaun ein kräftiges Gelb, mit Chrom einen Goldton, mit Zinnsalz ein grelles Gelb und mit Eisen ein dunkles Oliv bis Braun erzeugt. Zahlreiche Färbehölzer, wie Blau- und Gelbholz sind Beizenfarbstoffe. (weiterführende Literatur: HALLER 1951).

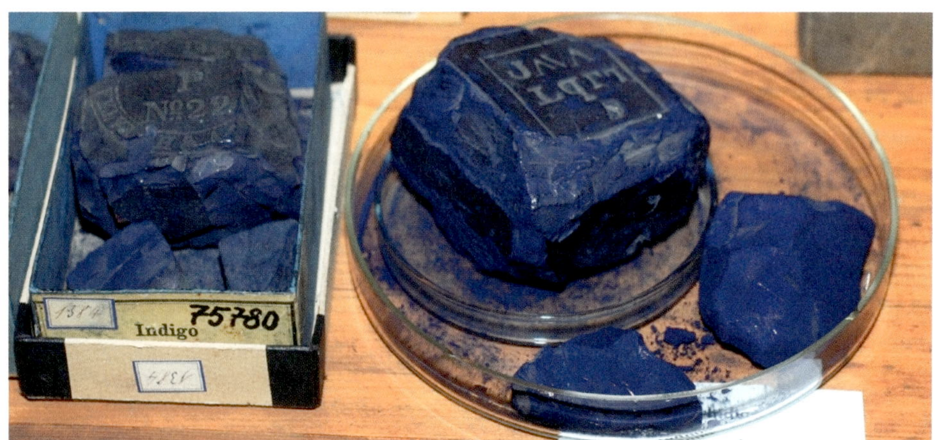


INDIGO (HISTORISCHE FARBSTOFFSAMMLUNG TU DRESDEN, WIKIMEDIA COMMONS, SHISHA-TOM). Mit schweren Eisenkugeln werden die Indigo-Brocken fein gemahlen.

Zieht man Lexika und Handbücher aus dem ausgehenden 19. Jahrhundert heran, lassen sich breite Informationen zu Vorkommen, Gewinnung, Farbausprägung und Handelsformen gewinnen. Gleichzeitig erhalten wir Einblick in den Wissensstand über den Farbenkatalog der damaligen Zeit Als Beispiele seien genannt:

„*Krapp* (Färberröte, frz. garance; engl. madder; holl. mee oder meekrap); bis vor wenigen Jahren noch die wichtigste Färbepflanze neben der Spenderin des Indigo, schon in den ältesten geschichtlichen Zeiten bei den Römern, Griechen und Orientalen in Gebrauch, hat seit Entdeckung des künstlichen Alizarins immer mehr an Bedeutung verloren. Die Pflanze (Rubia tinctorum) ist im Orient heimisch, wird dort regelmäßig gebaut und ist dort am reichsten an Farbstoff. Sie fügt sich aber kältern Klimaten und ihr Anbau hat sich daher weiter über Europa verbreitet. […] Der Anbau war vor dem dreißigjährigen Kriege in Deutschland weit ausgedehnter und beschränkt sich jetzt fast nur auf Schlesien (Breslau, Liegnitz), die Pfalz und Elsaß, doch ist, wie auch in Frankreich, der Krappbau außerordentlich zurückgegangen. Die Krapppflanze ist ein unsern Labkräutern und dem Waldmeister nahe verwandtes Gewächs mit ausdauerndem, schlanke gekrümmte Zweige austreibenden Wurzelstock und krautartigem, kantigem, verästeltem Stengel, um welchen lanzettförmige Blätter zu 4-6 Quirlen niederhängend sitzen. […] Der K. gibt ein besonders haltbares Rot, wenn auch nicht ganz so schön, wie das mit Kochenille erzeugte. […] Die im Handel befindlichen Krappsorten sind folgende: Levantinischer oder Türkischer. Kommt wie bemerkt ungemahlen in den Handel als Alizari oder Lizari, hauptsächlich aus Syrien und Kleinasien und von der Insel Cypern über Smyrna, dann von Griechenland, wo die beste Sorte in dem ehemaligen Böotien gezogen wird. […] Die Orte, wo der elsässer K. hauptsächlich präpariert wird, sind Straßburg, Hagenau, Geißelbrunn. […] Schlesischer oder Breslauer K. In den Umgebungen von Breslau, Liegnitz, Neumarkt ist der Krappbau aus frühern Zeiten her in Übung, jetzt aber sehr zurückgegangen“ (BEYTHIEN / DRESSLER 1884, 291–294).

„*Orseille*, Persio Cudbear
Diese Farbstoffe werden aus verschiedenen Flechtenarten, namentlich Lecanora tartarea und zahlreichen Roccellaarten bereitet. Man sammelt die Flechten fast an allen felsigen Küsten, nicht nur Nord- und Südeuropas, sondern auch in dem ostindischen Archipel, China, Japan, den Capverdischen Inseln u. s. w. Zu ihrer Verarbeitung werden die Flechten in Wasser aufgeweicht und mit faulem Harn oder ammoniakalischem Wasser einer Gährung überlassen, bis nach etwa 6 Wochen die ganze Masse in einen violetten Brei verwandelt ist. Dieser Brei bildet die Orseille. Wird der Brei zur Trockne gebracht und gepulvert, so heisst die Waare Persio oder Cudbear. Der Farbstoff löst sich in Wasser scharlach- bis violettroth, Alkalien machen die Farbe dunkler, Säuren hellroth; Thonerdesalze liefern braunrothe, Zinnsalze hellrothe Nie-

> derschläge. Ausser der teigförmigen Orseille und dem Persio kommt auch ein bis zur Sirupsdicke eingedicktes Extrakt in den Handel und endlich ein sehr schön feurigrother Farbstoff ‚Orseillepurpur' (pourpre francais oder vegetabilischer Purpur).
>
> Orseille und Persio dienen in der Färberei namentlich zum Grundiren, vor Allem in der Wollfärberei für sog. Modefarben [siehe Abbildung Rezeptbuch Alois, Blatt 2 auf Seite 156], wie Braun, Olive, Cerise etc." (BUCHHEISTER 1893, 930).

Die bei Alois (III) Fromholzer genannten „Sandel", „Gelbholz", „Blauholz", werden aus den Hölzern asiatischer und mittelamerikanischer Baumarten gewonnen. Hinter „Corinth" verbergen sich die „Korinten", also die getrockneten tiefdunklen Trauben aus den Mittelmeerländern. Die Cochenille, das Karmin-Rot, wird aus weiblichen Schildläusen gewonnen, die an den Wurzeln der Kermeseiche oder am Feigenkaktus leben. Für ein Kilogramm sind 140.000 Schildläuse nötig.

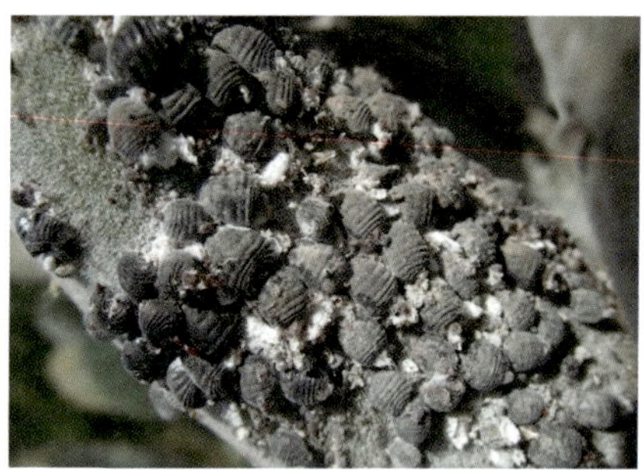

COCHENILLESCHILDLAUS-KOLONIE AUF EINER OPUNTIE (WIKIPEDIA COMMONS).

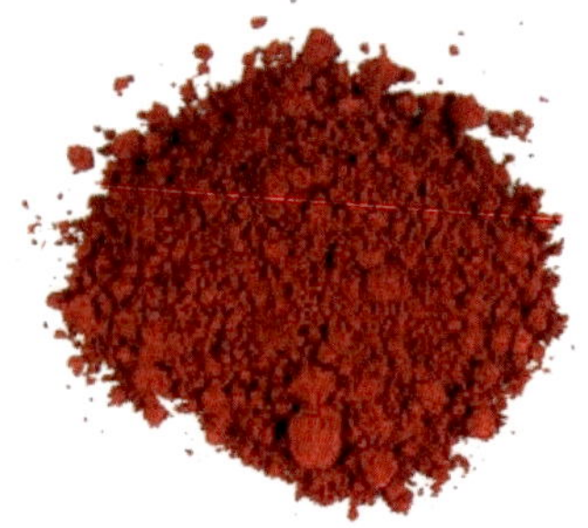

COCHENILLE, PULVERISIERT (SEHESTEDTER NATURFARBEN 2015).

Die Läuse werden gekocht, gefällt, getrocknet und pulverisiert. In Europa sind die Kanarischen Inseln ein wichtiger Lieferant für Cochenille von Wildstandorten (Weiterführende Literatur: http://kremer-pigmente.de/36040.htm (14.09.2015).

Bei „Sumak Siziliarum" handelt es sich um die Rinde eines Strauches, der insbesondere in Sizilien, der Ägäis und dem Vorderen Orient vorkommt. Bei der „Mirabolana" genannten Substanz handelt es sich vermutlich um einen aus der Kirschpflaume gewonnenen Farbstoff. Das Mineral Alaun hat man aus Alaunstein oder alaunithaltigen Erden gewonnen, wie sie oftmals in vulkanischen Gegenden vorkommen. Bei dem bei Alois Fromholzer genannten „Porzellanweis" muss es sich um das mineralische Kaolin handeln. Der Weinstein setzt sich an Fasswänden von Holzfässern und am Korken von Weinflaschen ab.

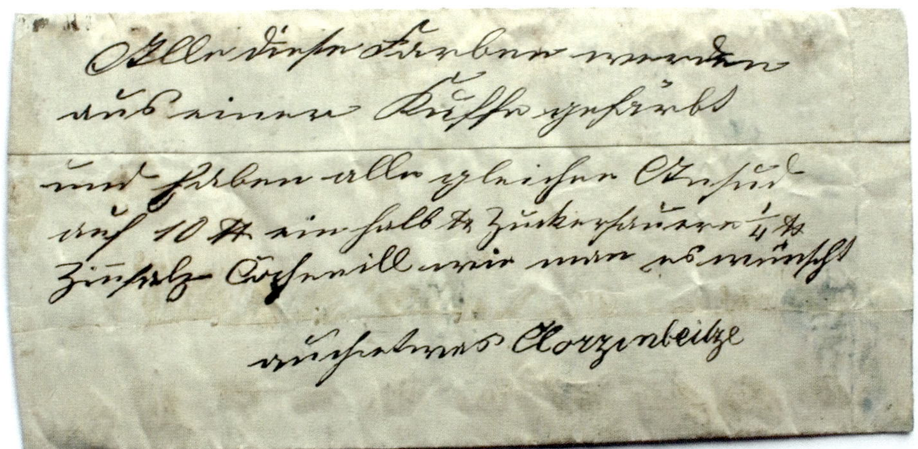

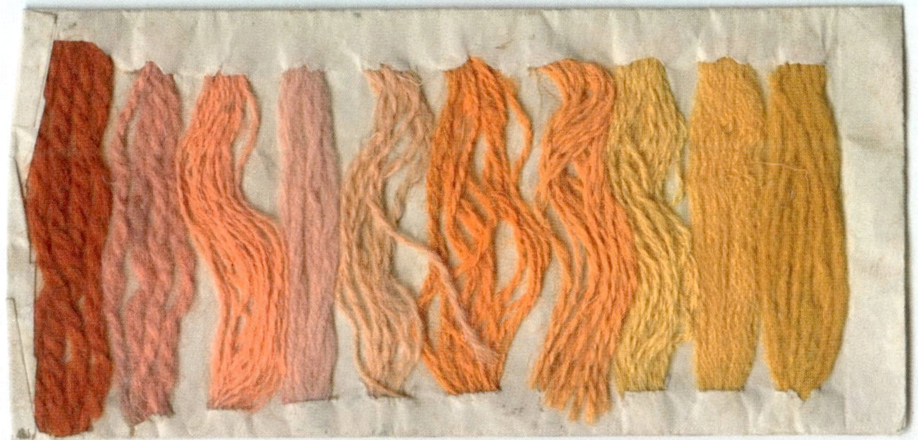

FÄRBE-VERSUCHE MIT COCHENILLE (RÜCKSEITE UND VORDERSEITE) (ARCHIV FROMHOLZER).
„Alle diese Farben werden aus einer Kuffe [= Farbbehälter] gefärbt und haben alle gleichen Ansud auf 10 ℔ einhalb ℔ Zuckersäure ¼ ℔ Zinnsalz Cochenill wie man es wünscht auf etwas Clorzinbeitze".

Hier dokumentiert Alois (III), wie er mit dem Farbstoff Cochenille von Gelb-Braun über Gelb, Orange, Rosa zu einem tiefen Rot gelangen kann – entsprechend dem der Kunst entlehnten Farbkreis der natürlichen Farben.

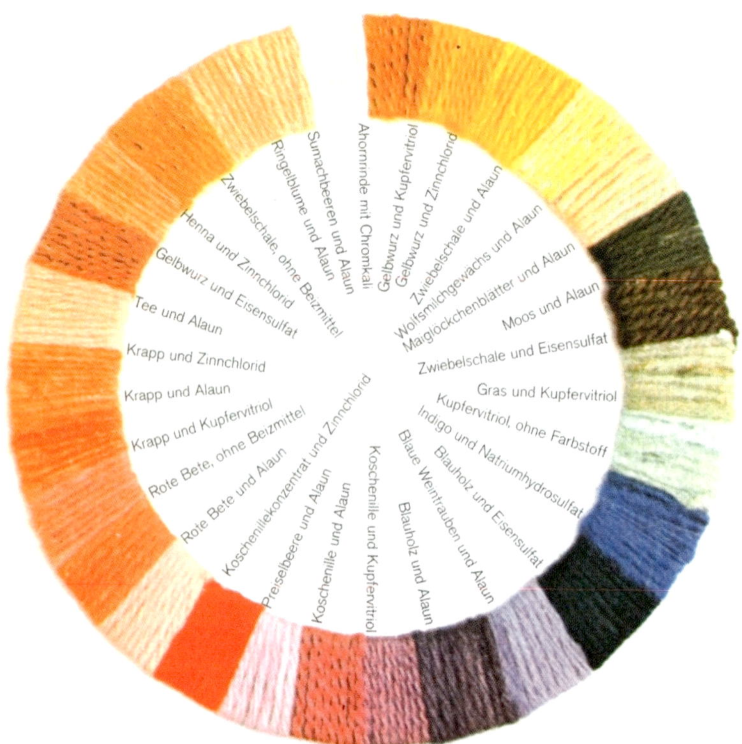


FARBKREIS NATÜRLICHER FARBEN ( VERÄNDERT) (AUS: SVINICKI 1974).
Das Wissen über natürliche Färbemittel wird heute wieder belebt und findet bei ökologisch orientierten Textilherstellern Verwendung.

Während tierische Geweberohstoffe, wie Wolle und Seide, wesentlich aufnahmebereiter für Farbpigmente sind (vergl. BRÜGGEMANN/BÖHMER 1980, 93), erweist sich die Flachsfaser als sehr hartnäckig bei der Aufnahme von Farbstoffen. Lediglich mit Indigo ließen sich früher dauerhafte Färbeerfolge erzielen. Deshalb hat bis ins 19. Jahrhundert das Blaufärben mit Indigo in der Weiterverarbeitung von Leinen dominiert (vergl. HARZHEIM 1989, 87).

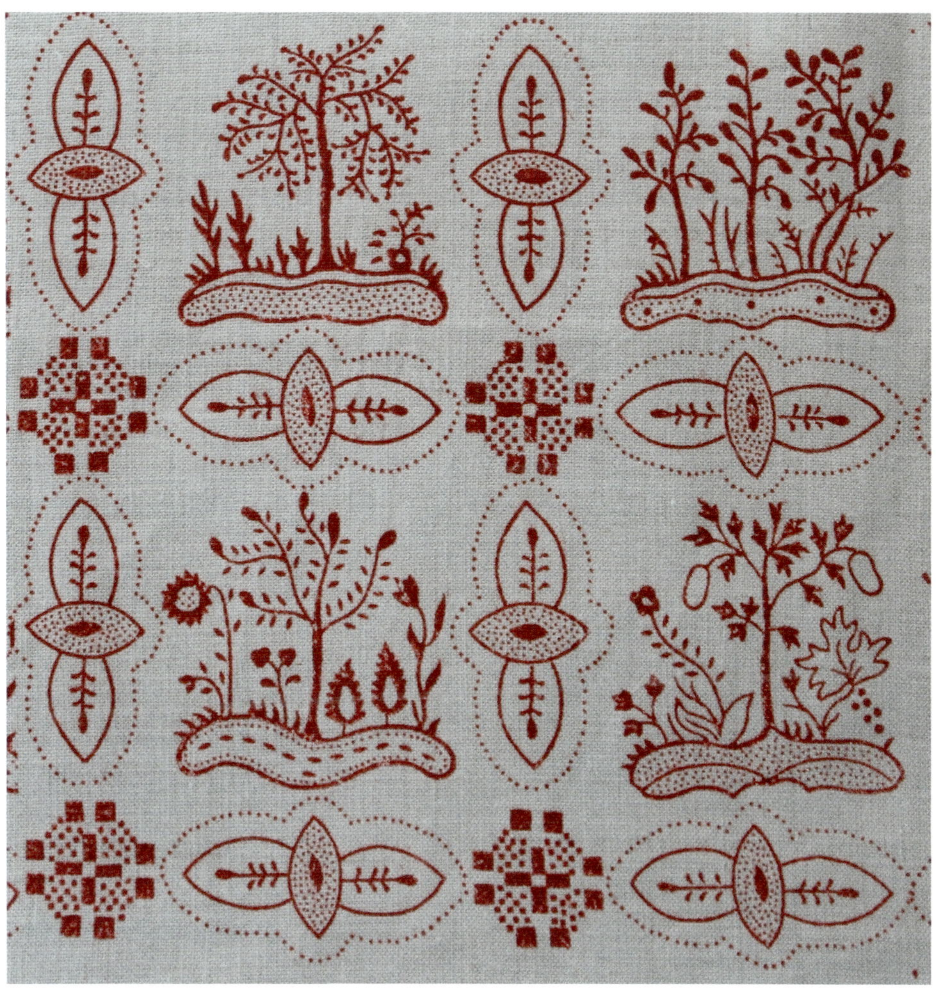

Model-Direktdruck aus der Werkstatt Fromholzer mit Färbepflanzen, 2014 (Archiv Fegert).

Nach Auskunft von Josef Fromholzer sind auf diesem Model verschiedene Färbepflanzen und die Bindung des Leinens dargestellt.

## Der Blaudruck mit Model

Neben der durchgängigen Färbung der Stoffe gewinnt bereits seit dem 18. Jahrhundert das Bedrucken des Leinenstoffes mit einem „Model" (aus Birnbaum- oder Nußbaum-Holz) an Bedeutung. Nach Auskunft von Josef Fromholzer, dem heute tätigen Handwerksmeister, sind die ältesten Model seines Betriebs schon bis zu 350 Jahre alt. Einer der Model hat die Jahreszahl 1835 eingeschnitzt.

Die ursprüngliche Bedeutung des Begriffs „Blaudruck" liegt in der Reservedrucktechnik (vergl. ÜBERRÜCK 2008, 25 ff.). Im 16. Jahrhundert ist im Katharinenkloster in Nürnberg erstmals ein Blaudruckrezept belegt. Ab 1689 betreibt ein Jeremias Neuhofer in Augsburg zum ersten Mal den Blaudruck als Reservedruck in Deutschland. Diese Technik hat sich schnell ausgebreitet, dass schon 4 Jahre später 16 Blaudruckereien in Augsburg anzutreffen sind. Nach SCHILL (1980, 110) soll es um 1700 in Augsburg etwa eintausend Drucktische gegeben haben und 1790 in Hamburg sogar 1400.

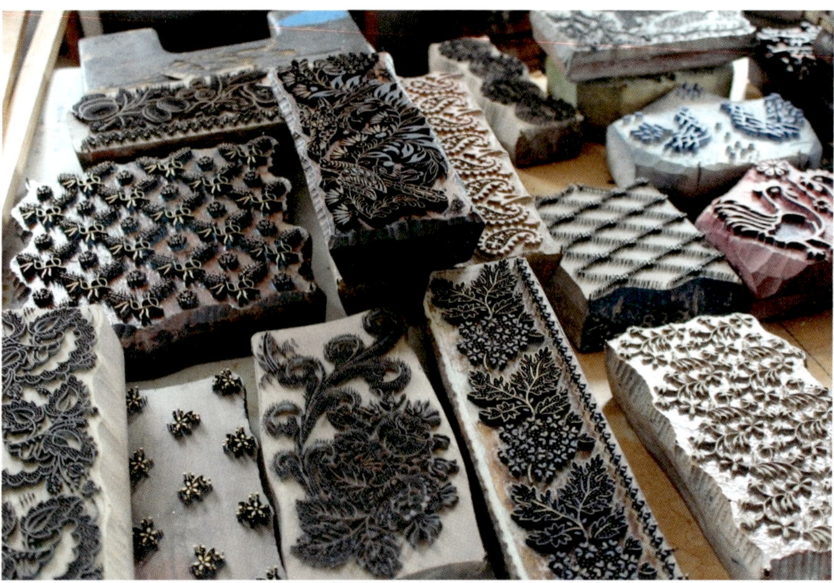

DRUCKMODEL DER STOFF-DRUCKEREI FROMHOLZER (ARCHIV FROMHOLZER).
Eine Auswahl aus dem Schatz von über 2000 Model, die entweder als reine Holzmodel oder mit Messingstiften hergestellt sind.

## Druckmethoden – Modeldruck als Handdruck

Man unterscheidet: den eigentlichen Handdruck mit Model, den Spritzdruck, den Film- oder Siebdruck und den Maschinen-, Walzen- oder Rouleauxdruck.

Der eigentliche **Handdruck** mit hölzernen Druckmodeln der Druckformen ist die älteste Art des Druckens. Das charakteristische Handwerkszeug sind Druckformen meist aus gut abgelagertem, feinfaserigem Birnbaumholz, die das Muster erhaben ausgearbeitet zeigen.

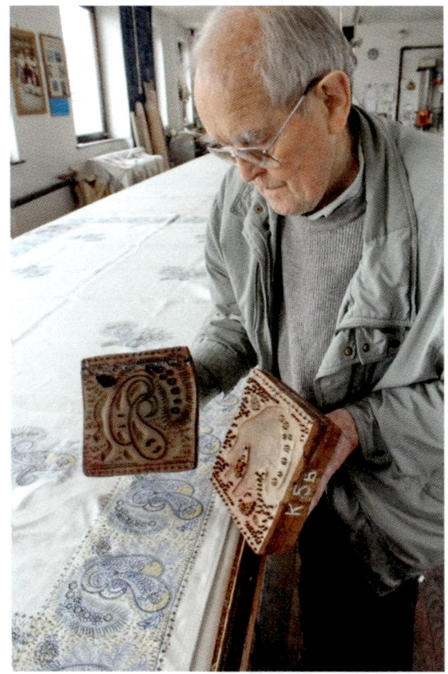


JOSEF FROMHOLZER MIT PAISLEY-MODEL UND -MUSTER 2014 (FOTO: FEGERT).

Mit zwei Modeln werden die zwei Farben Blau und Gelb des Musters hergestellt.

Jedes Muster benötigt zumindest so viele Druckformen, als es Farben aufweist. Die Druckseite des Models wird mit Terpentinöl und Bimsstein plangeschliffen. Die übliche Größe der rechteckigen bzw. quadratischen Druckformen von etwa 20 bis 40 cm erfordert bei der Handhabung besondere Kraftanstrengung, muss sich doch der Drucker damit oft weit über den breiten Drucktisch strecken und präzise im Rapport einsetzen. Zum Treffen des Rapports, also sowohl beim Weitersetzen des einen Druckmodels, als auch beim Einsetzen des 2. Models mit den entsprechenden Formen der 2. Farbe usw. dienen kleine „Ansatzstifte“ in den Ecken der Druckformen, die auf dem Stoff nur einen ganz feinen Farbtupfen hinterlassen. Das Vorhandensein dieser Tupfen ist ein charakteristisches Merkmal handgedruckter Ware.

Seit dem 19. Jahrhundert benutzt man Model, bei denen sehr feine Konturen im Muster durch Messingstifte und -platten entstehen, die ins Birnbaumholz eingeschlagen worden sind.

Bei mehrfarbigen Drucken arbeitet man mit drei Arten von Druckformen: 1. den sog. Vordruckformen für feine Konturen des Musters, die als 1. Gang, also als Vordruck, in schwarz oder dunklen Tönen gedruckt werden und gleich eine Übersicht des Musters ergeben. Da diese zarten Partien in Holz ausgearbeitet zu zerbrechlich wären, werden sie in kleineren Teilen aus Metall gegossen und mit einzelnen Stiften und Blechstückchen auf der ebenen Oberfläche des Holzmodells aufgenagelt. Den Hauptteil des Musters machen 2. die sog. „Passerformen" aus, die, wie ihr Name sagt, in den Vordruck und aneinander passen. Je vielfarbiger das Muster, desto mehr solche Formen sind nötig. Die Passerformen sind in Holz ausgestochen. Schließlich gibt es 3. noch für die großflächigen Partien die Spiegel- oder Deckerformen, die zur Erzielung einer gleichmäßigen Farbaufnahme meistens gefilzt sind.

Der „Reservedruck" besteht, wie die asiatische Batik-Technik, darin, mit einer farbabweisenden Masse, dem „Papp", bestimmte Stellen des Gewebes abzudecken, damit beim anschließenden Eintauchen und damit Einfärben des gesamten (Leinen-) Stoffes diese Partien vor der Farbaufnahme geschützt, damit also „reserviert" werden. Bei Alois (III) finden sich drei Rezepte, um diesen „Papp" herzustellen:

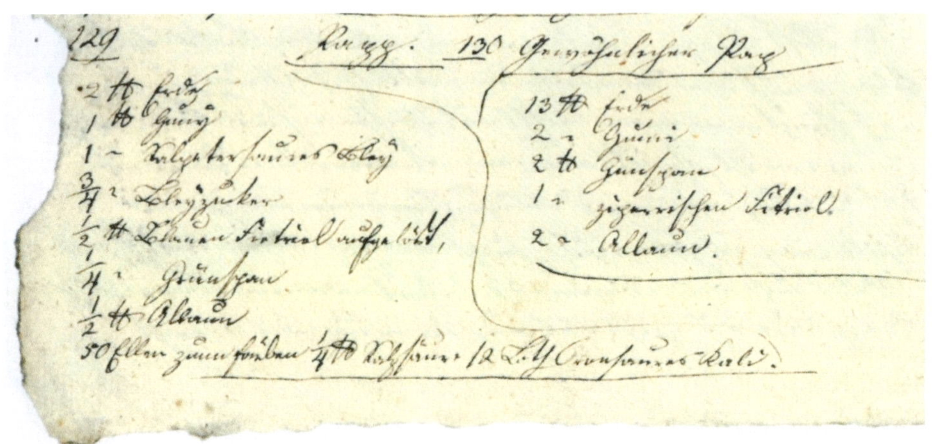

„Papp"-Rezepte Alois (III) um 1874 (Archiv Fromholzer).
Hauptbestandteile sind [Kaolin-] Tonerde, Gummi, Grünspan, Vitriol und Alaun.

Einer der drei „Papp“ besteht bei Alois (III) aus „2 ℔ [Kaolin-Ton]erde, 1 ℔ Gummi [Arabicum], 1 ℔ salpetersaurem Blei [= Bleinnitrat], ¾ ℔ Bleizucker [= Bleiacetat], ½ ℔ Vitriol[= Kupfersulfat] aufgelöst, ¼ ℔ Grünspan [= Kupferacetat], ½ ℔ Alaun“. Er notiert, dass „50 Ellen zum färben ¼ ℔ Salzsäure und 12 Loth Cromsaueres Kali“ brauchen.

An dieser Stelle kann immerhin geklärt werden, woher die Färberei Fromholzer das Vitriol bezogen hat. Denn der heute tätige Meister Josef weist im Gespräch darauf hin, dass es ganz in der Nähe, im Bodenmaiser Silberbergbaurevier, eine „Vitriolhütte“ gegeben hat, die jüngst wieder als Bodendenkmal erschlossen wurde (vergl. Bodenmais Tourismus & Marketing 2015).

Der „Papp“ wird über eine Art Stempelkissen auf den Model aufgebracht. Dann wird dieser vorsichtig – oft über markierende „Ansatzstifte“ an den Ecken – auf den Leinenstoff aufgesetzt und mit einem Holzhammer festgeklopft. Der Model muss nach dem Gebrauch vom Papp, der schnell erhärtet, gereinigt werden. Dann kann der Stoff ins Farbbad gegeben werden. Dieser wird durchgefärbt, bis auf die Stellen, die mit dem Papp „reserviert“, also geschützt sind. Damit wird deutlich, dass der negative Reservedruck kein Blaudruck ist, sondern eine Blaufärbung, abgesehen vom ungefärbten Bereich des Model-Musters.

In gleicher Weise funktioniert auch der Direktdruck. Allerdings wird nicht der Stoff als Negativ „reserviert“, also für den Farbauftrag ausgespart, sondern die Farbe wird – statt dem „Papp“ – direkt auf den Model aufgetragen und dann als Positiv auf den Stoff aufgedruckt. Das Modelmuster erscheint also farbig auf dem ungefärbten Untergrund (vergl. Infobox: Druckmethoden – Modeldruck).

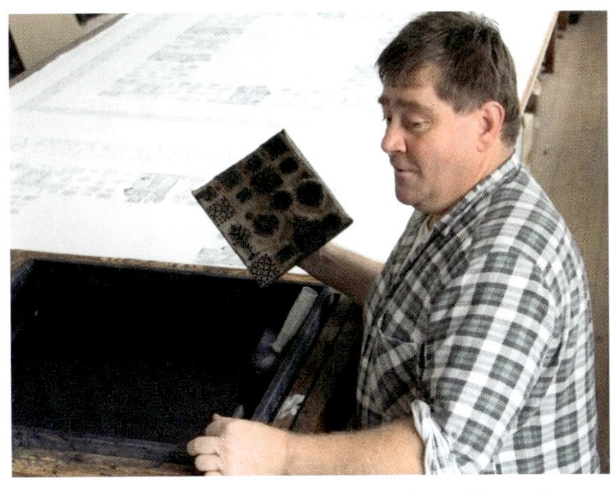

Willi Preiß beim Direktdruck 2014 (Foto Fegert).
Der Model, einer der ältesten im Bestand der Fromholzers, wird im „Chassis“, dem Farbkasten, eingefärbt.

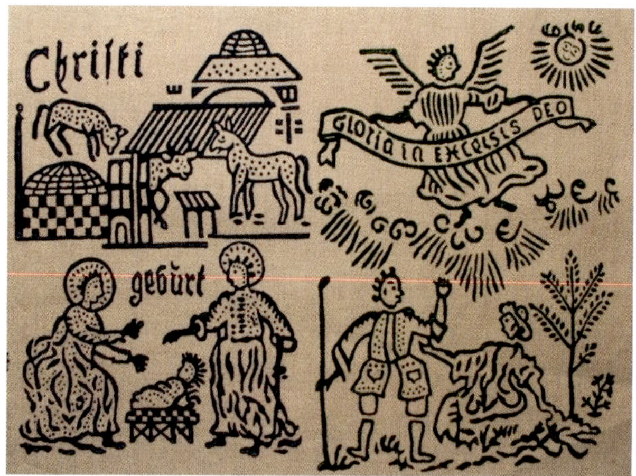


Bei „Christi Geburt" handelt es sich um ein altes Muster christlicher Motive, das seit dem 18. Jhdt. immer wieder in ähnlichen Varianten als Model geschnitten worden ist (Einbeck, Pulsnitz, Museum Gotha, Erfurt, Ruhmannsfelden) (Überrück 2008, 128 ff.).

Direktdruck, Christi Geburt, Model von Alois (V) Fromholzer um 1990 (Archiv Fegert).

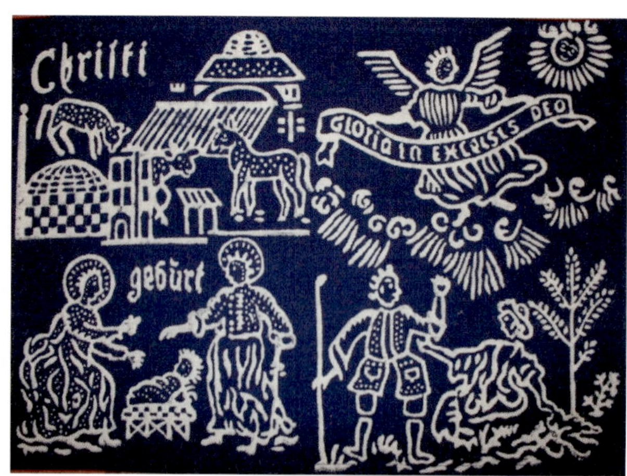


Reservedruck, Christi Geburt, Model von Alois (V) Fromholzer um 1990 (Archiv Fegert).

Der heute Meister, Josef Fromholzer, weist auf die unterschiedliche Farbgebung hin, die bei bleifreiem oder bleihaltigem Papp entsteht:

> „Man kann also auf dem Wege des Reservagedrucks weisse, hellblaue, gelbe, grüne, orange, olive und cremefarbige Muster auf dunkelblauem Grunde und durch geeignete Arbeitsweise und Verwendung eines bleifreien Papps neben einem bleihaltigen alle möglichen zwei- und mehrfarbigen Kombinationen nebeneinander erzielen. [...]

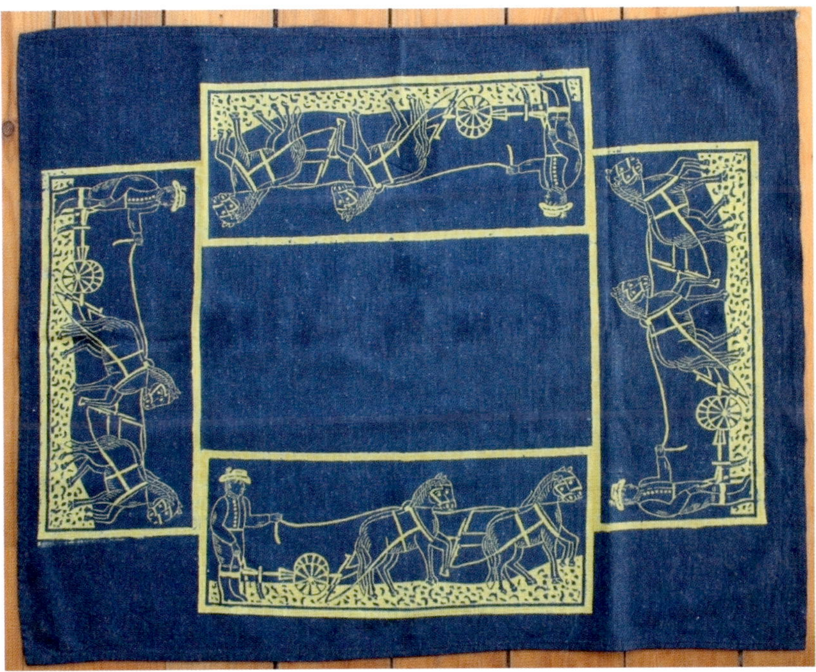

BLAUDRUCK MIT BLEIHALTIGER PAPP-RESERVE, FROMHOLZER-WERKSTATT (ARCHIV FROMHOLZER).
Durch das Bleisulfat, das Alois (III) verwendet, erzeugt er in den 1880er Jahren ein blaustichiges Gelb an den reservierten Stellen.

> Wird eine mit einem Bleisulfat enthaltenden Papp bedruckte Ware durch eine Lösung von Bichromat gezogen, so entsteht auf den bedruckten Stellen gelbes chromsaures Blei, bei der Passage durch eine kochende alkalische Lösung von neutralem Chromat, orangefarbiges basisches Chromat.
> Erfolgt der Aufdruck nicht auf weissem Boden, sondern auf hell-vorgeblautem, so erhält man an Stelle von Gelb und Orange grün- bzw. olivfarbige Muster.“

(Aufzeichnungen Josef Fromholzer um 1960)

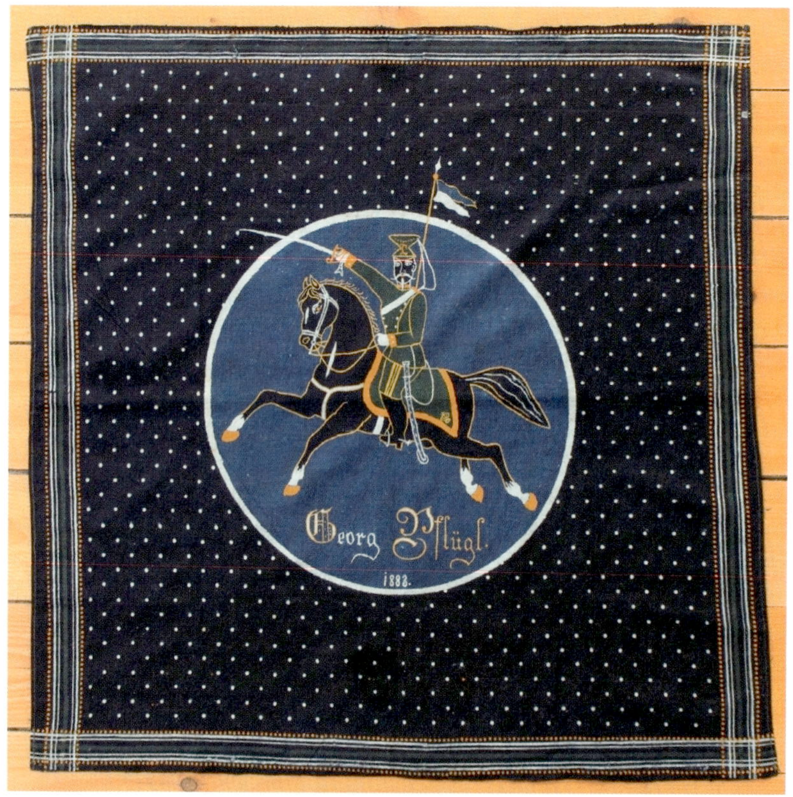


SCHNUPFTUCH FÜR GEORG PFLÜGL 1883, FROMHOLZER-WERKSTATT (ARCHIV FROMHOLZER).

„Das haben wir immer hergezeigt und es ist bewundert worden, weil man auch im Blaudruck vierfarbig gedruckt hat", berichtet Josef Fromholzer dem Autor in einem Gespräch (03.03.2015). „Weiß und Orange ist als erstes gedruckt worden. Also Weiß bleifrei, gelb bleihaltig, dann ist hellblau gefärbt worden, dann ist wieder gedruckt worden, und grün ist bleihaltig und hellblau ist wieder bleifrei."

Der in dem Schnupftuch genannte Georg Pflügl stammt vermutlich aus Viechtach, wie einem Verzeichnis des „K. Gymnasium und Lateinschule zu Straubing 1867/68" zu entnehmen ist, da dort sowohl ein „Pflügl, Xaver", mit 20 Jahren und 2 Monaten" und als auch ein „Pflügl, Jakob, 13 J. 6 M., [aus] Viechtach", zur Schule gehen, deren Vater den Beruf des „Fragner", also eines Händlers als Beruf hat (ARBEITSKREIS REGIONALGESCHICHTE NIEDERRHEIN UND FAMILIENFORSCHUNG 2010). Dass diese beiden Söhne gleichzeitig auf das teuere Gymnasium in Straubing geschickt werden können, zeugt von einem erheblichen Wohlstand des Händlers aus Viechtach. So ist zu erklären, dass sich der Sohn Georg das aufwändig gefärbte und damit kostspielige Schnupftuch leisten kann. Mit der Lanzenfarbe weiß/blau, seiner grünen Uniform und der goldenen Königskrone auf der grünen Satteldecke weist er sich als stolzes Mitglied des „Königlich Bayerisches 4. Chevauleger-Regiment ‚König'" aus. Die jeweiligen Könige von Bayern waren stets Inhaber des Regiments, so ab 1864 Ludwig II.

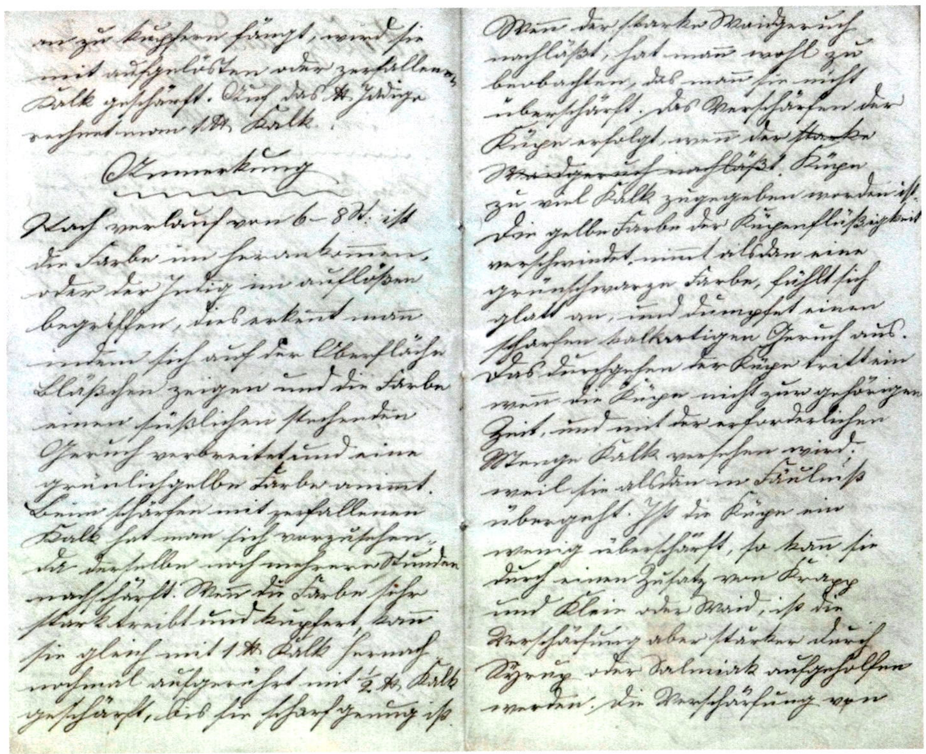

Anmerkung zur Indigo-Färbung (Archiv Fromholzer).
Diese sorgfältigen Aufzeichnungen erleichtern Alois (III) die Erprobung seiner Rezepte.

Da die Indigo-Färbung von besonderer Bedeutung für den Blaudruck ist, hat sich ihr Alois (III) auch mit besonderer Sorgfalt in seinen Aufzeichnungen gewidmet:

*„Anmerkung Nach verlauf von 6–8 St[unden] ist die Farbe im herankommen oder der Indig im auflößen begriffen, dies erkennt mann indem sich auf der Oberfläche Bläßchen zeigen und die Farbe einen süßlichen stechenden Geruch verbreitet und eine grünlichgelbe Farbe annimmt. Beim schärfen mit zerfallenen Kalk hat man sich vorzusehen, da derselbe nach mehreren Stunden nachschärft. Wenn die Farbe sehr stark treibt und kupfert, kann sie gleich mit 1 ℔ Kalk hernach nochmal aufgerührt mit ½ ℔ Kalk geschärft, bis sie scharf genug ist. Wenn der starke Waidgeruch nachläßt, hat man wohl zu beobachten, das man sie nicht überschärft. Das Verschärfen der Küpe erfolgt, wenn der Küpe zu viel Kalk zugegeben worden ist. Die gelbe Farbe der Küpenflüßigkeit verschwindet, nimmt alsdan eine grünschwarze Farbe, fühlt sich glatt an, und dumpfet einen scharfen kalkartigen Geruch aus. Das Durchgehen der Küpe tritt ein wenn die Küpe nicht zur gehörigen Zeit, und mit der erforderlichen Menge Kalk versehen wird, weil sie alsdan in Fäulniß übergeht. Ist die Küpe in wenig überfärbt, so kann sie durch einen Zusatz von Krapp und Kleie oder Waid, ist die Verschärfung aber stärker durch [Traubenzucker-] Syrup oder Salmiak aufgeholfen werden. [. . .]"*

Aus heutiger Sicht bemerkt dazu ein Fachmann der Färbe-Kunst:

> „Blau mit Waid
> Der Färber Waid, Isatis tinctorial, ist bis vor kurzem in Deutschland, Frankreich und England im großen angebaut worden. Die Blätter der Pflanze wurden unmittelbar vor der Blüte geerntet, zu einer Paste zerstampft und in Haufen einer Vorgärung unterworfen, dann zu apfelgroßen Kugeln geformt und an der Sonne getrocknet. Dieser präparierte Waid spielte bis zur Erfindung des synthetischen Indigo in der Blaufärberei eine große Rolle. Er bildete den Hauptbestandteil der sogenannten Waid-Indigoküpe. Das Verfahren ist genau überliefert, es ist jedoch für die Anwendung im kleinen ungeeignet und kann für die Heimfärberei nicht in Betracht kommen. Die Führung der Küpe ist außerordentlich schwer und erfordert langjährige Erfahrung" (SPRÄNGER, [5]1981, 81).

Alois (III) hat nach Auskunft seines Enkels Färberwaid verwendet, allerdings auch etwas vom teuren, aber farbstärkeren Indischen Indigo dazu gegeben, wie er es bei Meister Grimme gelernt hat (siehe Abbildung S. 70).

## Das Färben auf der Tauchküpe

Der Färbermeister Alois (III) hat seinerzeit über eine ältere, rund ausgemauerte Küpe mit einem sternförmigen Küpenreifen verfügt, sein Sohn Alois (IV) baut zwei weitere, viereckige. Eine davon ist als „Netzküpe" zur Vorbehandlung des

Leinens mittels Absäuerung gegen Kalkanlagerungen benützt worden. Dies hat verhindert, dass sonst mögliche Kalkablagerungen einen fleckigen Farbauftrag hervorrufen.

Anlässlich von Filmaufnahmen des Bayerischen Rundfunks 1988 sind auch fotographischen Aufnahmen gemacht worden. Sie können durch ein Manuskript erläutert werden, das der Enkel von Alois (III), der heutige Färbermeister Josef, in einem Manuskript aufgezeichnet hat. So wird illustriert, wie der Färbvorgang beim Blaudruck in der Tauchküpe seit Generationen vor sich geht (AUFZEICHNUNGEN JOSEF FROMHOLZER UM 1960):

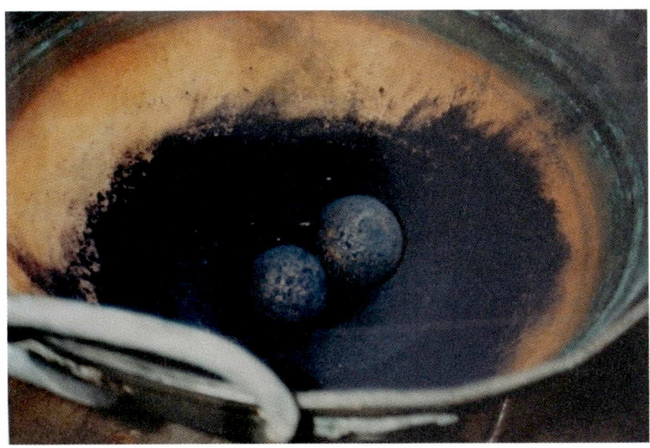

ZERMAHLEN DES NATURINDIGOS MIT EISENKUGELN IN EINER METALLSCHALE, 1988 (SÄMTLICHE AUFNAHMEN: ARCHIV FROMHOLZER).

„DIE ZUBEREITUNG DER STAMMKÜPE

Natur-Indigo wird in einer Stammküpe verküpt. Der einige Tage in Wasser eingeweicht und übergossen gewesene Indigo wird mit warmem Wasser in einer Kupferschale mit rollenden Eisenkugeln aufs feinste abgerieben.

Hierauf kommt die gefärbte Flüssigkeit in das Indigofaß. Das Gefäß, welches etwa 20 Liter fassen muß, wird zur Hälfte mit heißem Wasser gefüllt und ca. 750 g frisch gelöschter Kalk hinzugesetzt; diese Lösung wird sorgfältig mit dem Indigo verrührt. Hierauf fügt man noch 750 g klein gestoßenen oder in heißem Wasser aufgelösten Eisenvitriol hinzu.

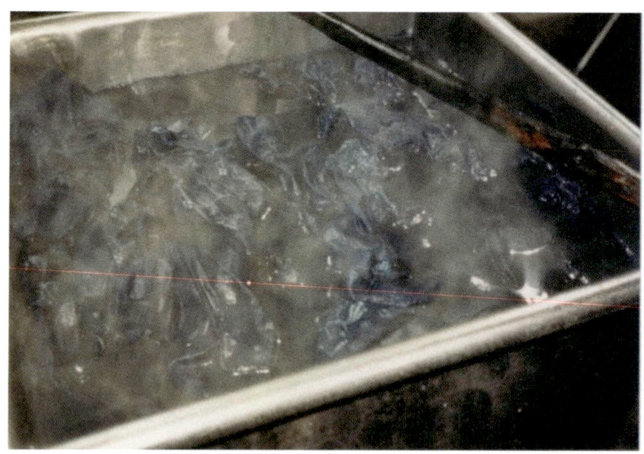

Das Indigofaß wird alsdann bis auf 2/3 mit heißem Wasser angefüllt, alles noch einmal gut umgerührt und zugedeckt. Nach ca. 6 Stunden ist der Indigo verküpt. Die Küpe muß dann gelb sein und wird der mit Kalk und Eisenvitriol vorgeschärften Küpe portionsweise zugesetzt.

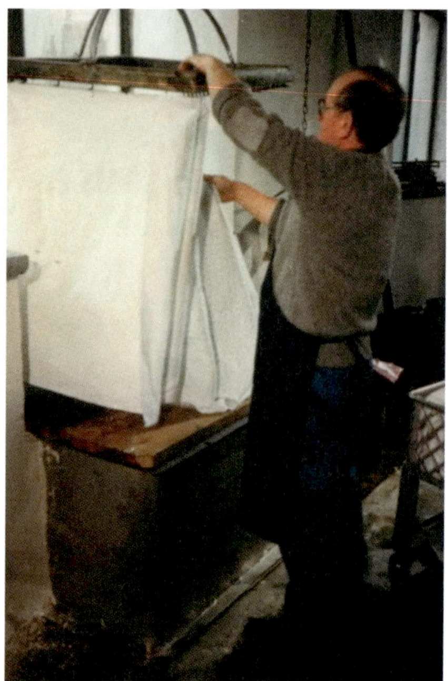

AUFSPANNEN AUF HOLZ- ODER STERNREIFEN.

[Dabei handelt es sich entweder um einen rechteckigen Holzrahmen oder um einen runden Eisenreifen. Beide sind mit zahlreichen Haken versehen, auf die der Stoff im Zickzack, beim Holzrahmen, bzw. schneckenförmig, beim Sternreif, aufgespannt wird, um eine gleichmäßige Durchtränkung mit Farbe zu gewährleisten.]

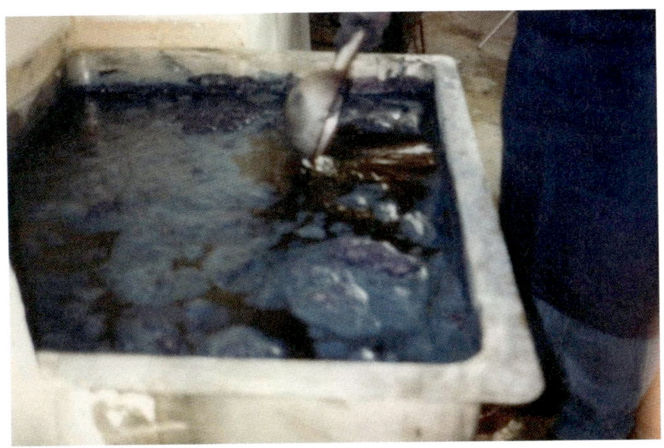

Die auf der Oberseite der Flotte schwimmende ‚Blume' wird vor dem Eingehen mit einem Brett abgestrichen und abgeschöpft, damit sie sich nicht auf das Stück absetzt und Flecken verursacht.

Um die mitgerissene Luft, die dem Stoff in Form kleiner Bläschen anhängt und zur Entstehung von heller gefärbten Flecken Anlass gibt, zu entfernen, bewegt man den Sternreif sofort nach dem Eingehen einigemale ruckweise einige Zentimeter senkrecht auf und ab.

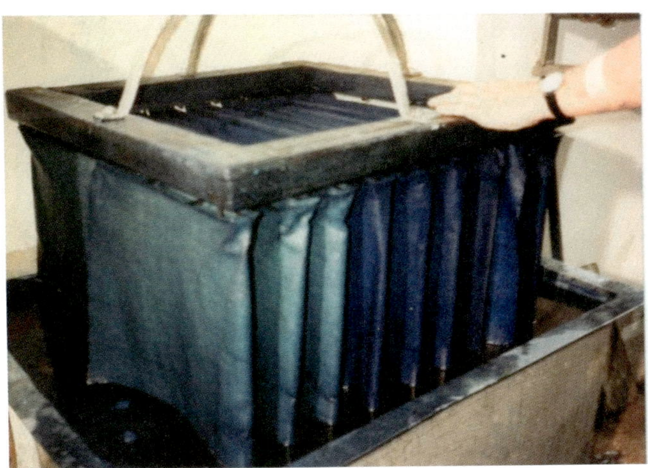

GEFÄRBT WIRD IN MEHREREN ZÜGEN:

15 Minuten in der Küpe
15 Minuten oxidieren
(Das Vergrünen geschieht durch Hängen über der Küpe, wobei die Stücke gleichzeitig abtropfen. Wenn das Stück frei im Rahmen hängend gefärbt wird, fördert man die Vergrünung durch Auseinanderschlagen der einzelnen Lagen mit einem dünnen Stock.)

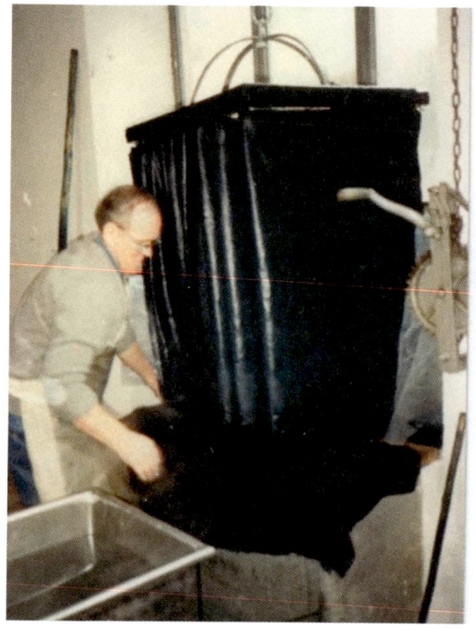

Nach 4-5 Zügen spannt der Färber um, dabei wird die Stoffunterseite nach oben gespannt, daß eine gleichmäßige egale Färbung erreicht wird.
Bis zur Erreichung eines kräftigen Indigoblaus färbt man weitere 5–7 Züge. Hierauf wird getrocknet.

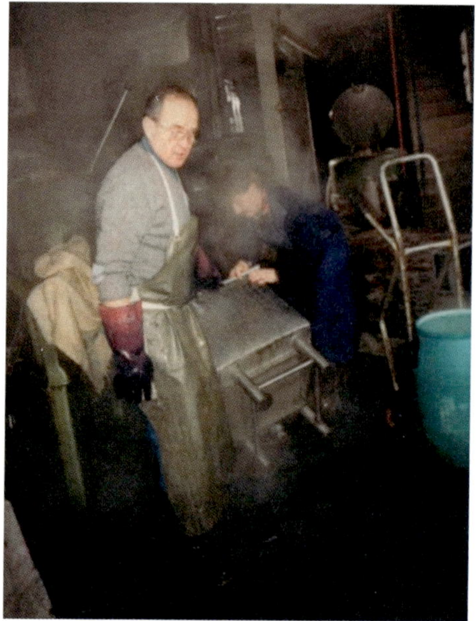

Das Abziehen der Reserve nach dem Färben zur Erzielung der Weißeffekte geschieht in einem leicht saueren Bade, hierauf wird mehrmals gründlich gespült, neutralisiert und zur Verbesserung der Reibechtheit geseift“ (JOSEF FROMHOLZER um 1960).

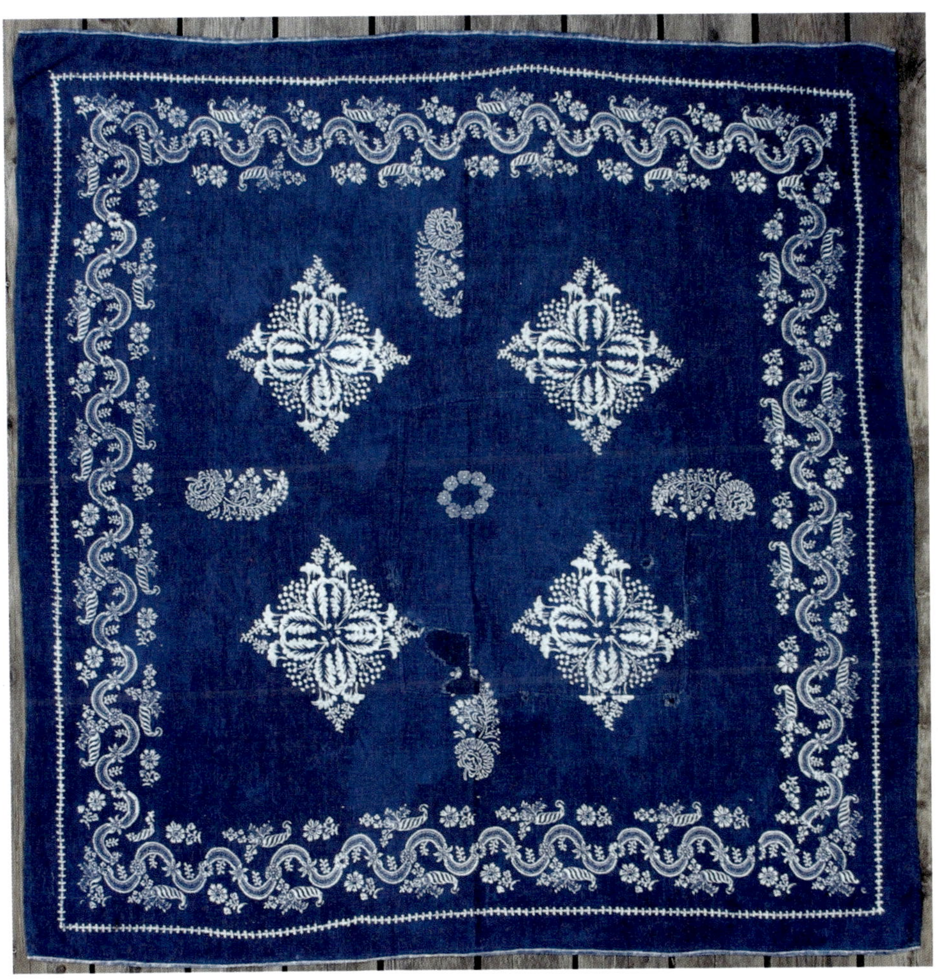

BLAUDRUCK IN DER NATUR-INDIGO-KÜPE, 137X137 CM (ARCHIV FROMHOLZER).

Es handelt sich hier um die älteste erhaltene Blaudruck-Leinen-Tischdecke im Besitz der Färberei Fromholzer, die in der Zeit zwischen 1870 und 1880 von Alois (III) Fromholzer gefärbt worden ist. In die ältere, schon vorher benutzte ungefärbte Decke ist in der Mitte ein quadratisches Stück Leinen als Flicken eingesetzt worden, bevor sie mit Papp versehen und danach in der Indigo-Küpe aus Waid und Natur-Indigo gefärbt worden ist. Daneben gibt es kleinere Stopfungen, die mit farblich abweichendem Blaudruck-Stoff unterlegt und mit der Nähmaschine repariert worden sind, ein klarer Hinweis auf den Wert, den man den Gegenständen früher beigemessen hat. Der Enkel Josef Fromholzer schwärmt geradezu von dieser Farbigkeit, die sein Großvater Alois (III) eineinhalb Jahrhunderte vor ihm hervorgebracht hat.

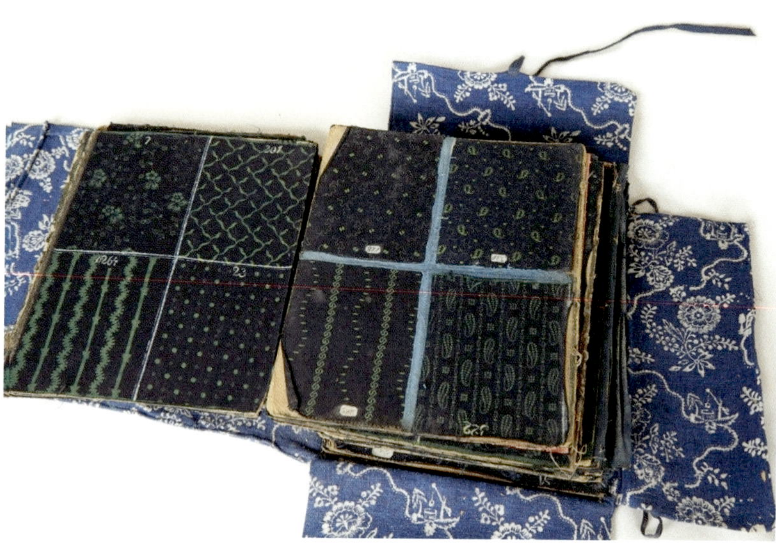

Ein Musterbuch der Familie, um 1850/60 (Foto: Josef Lang, Freilichtmuseum FINSTERAU).
Das durch den Gebrauch zerlegte Musterbuch erhielt um 1950 eine genähte Stoffkassette.

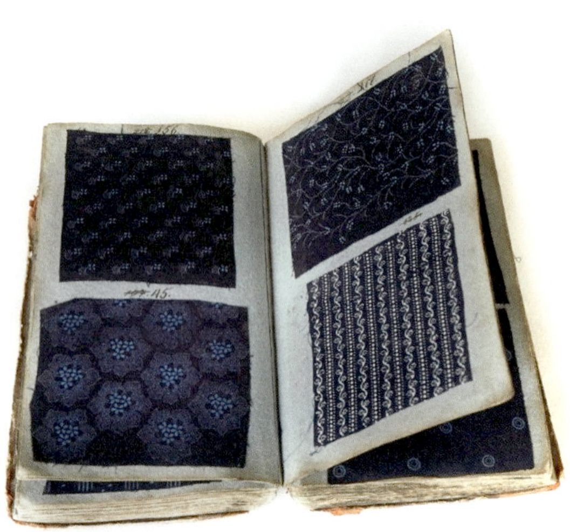

Musterbuch der Druckerei Schradin (Foto: Josef Lang, Freilichtmuseum Finsterau).
Diese um die 200 Jahre alte Sammlung von nummerierten Natur-Indigo-Mustern haben die Fromholzers aus dem Bestand der eingestellten Regensburger Druckerei Schradin erworben.

## Naturfarben heute

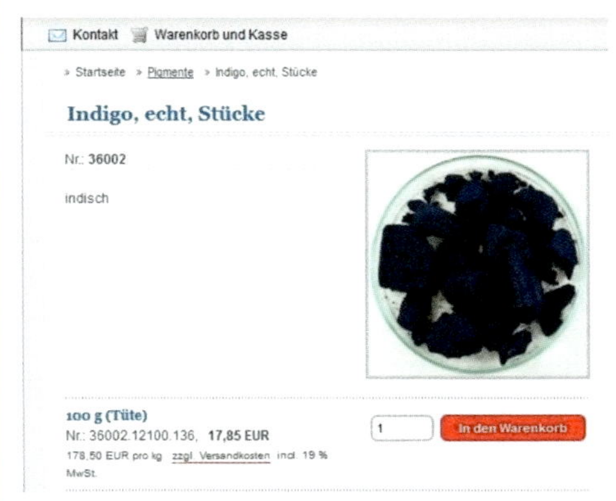


NATURINDIGO (KREMER PIGMENTE 2015)

Die Firma „Kremer Pigmente“ als europaweit führendes Unternehmen hat sich auf Naturfarben für breite Anwendungen spezialisiert. Beispielsweise kosten dort im Jahr 2015 Naturindigo 178 € je kg, Cochenille 214 €, Reseda luteola 380 € und Krapplack 952 €. Doch nur 1 Gramm Kermes-Läuse kostet stattliche 28,75 €, 1 Gramm echter Purpur sogar 2.439,50 €, da dafür 10.000 Schnecken benötigt werden! Hier wird deutlich, wie aufwändig die Gewinn von Naturfarben ist und wie kostbar diese sind.

„Mit der Entdeckung und Entwicklung synthetischer Farbstoffe auf Basis von zunächst Steinkohle, später überwiegend Erdöl, kam die industrielle Textilfärberei mit Pflanzenfarben innerhalb von ca. 50 Jahren vollständig zum Erliegen. Lediglich in folgenden Bereichen haben Naturfarbstoffe nie ganz ihre Bedeutung verloren: als Lebensmittelfarbstoffe, für kosmetische Zwecke, zum Färben von Papier und Pelzen, als Künstlerpigmente, in Pharmazeutika sowie als Indikatoren bzw. analytische Reagenzien. […]

Nicht zuletzt aufgrund der wieder gestiegenen Bedeutung von Naturtextilien, wie Wolle, Baumwolle, Hanf, Leinen und Seide, erlebt das Färben mit Naturfarbstoffen seit Ende der 1980er Jahre eine Renaissance. Kritische Verbraucher achten beim Kauf und Gebrauch von Textilien zunehmend auf deren ökologische Qualitätskriterien. Die Nachfrage nach Alternativen nimmt daher zu. […]

Der Einsatz von Pflanzenfarben zur Restauration alter Gewebe oder Gemälde findet beachtenswertes Interesse. Damit eröffnen sich in der heutigen Zeit interessante Perspektiven für die Wieder- bzw. Neueinführung bestimmter Färbepflanzen in Deutschland. Die bislang kommerziell gehandelten Naturfarbstoffe bzw. Färbepflanzen zur Textilfärbung stammten fast ausschließlich aus Wildsammlungen in südlichen Ländern. Eine Kontrolle zur Ressourcenschonung ist bei diesem Material nicht bzw. nur in eingeschränktem Maße möglich. […] Für die heimische Landwirtschaft bietet der Färbepflanzenanbau folgende Potenziale: Beitrag zur Erweiterung der Fruchtfolgen durch Erhöhung der Fruchtartenvielfalt […], Verbesserung des Images der Landwirtschaft […], Schaffung von Arbeitsplätzen in der Landwirtschaft und im ländlichen Raum […].“ (FACHAGENTUR NACHWACHSENDE ROHSTOFFE E. V. 2013, 5 f.)

## Das Maschinenzeitalter mit der „Spinning Jenny"

Doch bereits ein halbes Jahrhundert vor Alois (III) Geburt hat es eine Revolution durch die neuen mechanischen Webstühle im kolonialen England gegeben. Nach der Erfindung des fliegenden Weberschiffchen durch den Engländer John Kay (1733) und die „Spinning Jenny", das Spinnrad mit mehreren Spindeln, durch James Hargreaves (1764/70), der Dampfmaschine von James Watt (1769–84) bringt der mechanische Webstuhl von Edmund Cartwright 1785 den entscheidenden Wandel, der auch nach Mitteleuropa übergreift.

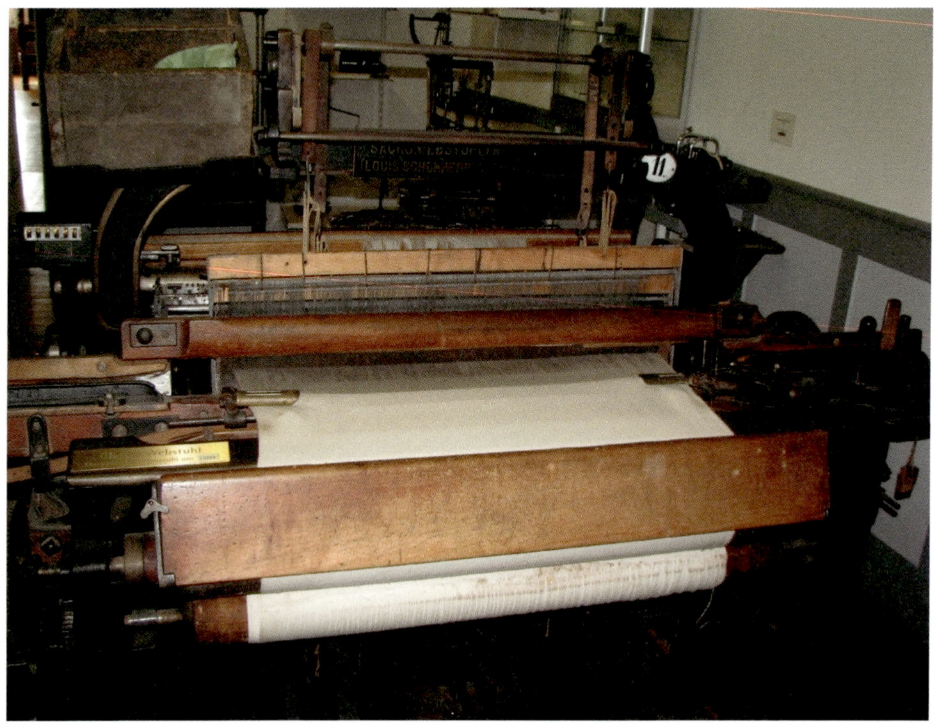

MECHANISCHER WEBSTUHL 1900, WEBEREIMUSEUM LAICHINGEN/SCHWÄB. ALB (FOTO FEGERT).
Der mechanische Webstuhl, hier das Beispiel aus der Sächsischen Webstuhlfabrik von Louis Schönherr aus Chemnitz, veränderte das Weber-Handwerk grundlegend.

Die enorme Umwälzung, die mit der Mechanisierung der Tuchproduktion einherging, lässt sich beispielhaft an den Heim-Webern und dem Verlagssystem der Leinen-Händler in Schlesien erläutern:

> „Bis zur ersten Hälfte des 18. Jahrhunderts war schlesisches Leinen auf dem Weltmarkt sehr gefragt, es wurde in Holland, England, Spanien und ihren jeweiligen Kolonialgebieten abgesetzt. Auch die afrikanischen Sklaven, die auf südamerikanischen Plantagen arbeiten mußten, wurden in schlesisches Leinen gezwängt. Doch mit der industriellen Revolution in England verschlechterte sich die Lage der Heimarbeiter im schlesischen Textilgewerbe drastisch. Die englische Industrie konnte billigere Stoffe liefern und verdrängte das schlesische Leinen weitgehend vom Weltmarkt. Die Händler in Schlesien versuchten nun, den Preisvorteil der Engländer dadurch auszugleichen, daß sie den Heimarbeitern immer weniger bezahlten." (WIRTZ 1981, 67).

Die Heimarbeit in Schlesien und anderen Regionen wurde durch die Dumpingpreise unrentabel. Die Unternehmer gaben den Preisdruck an die Heimarbeiter weiter. So ist in der „Kölnischen Zeitung" vom 18. Juni 1844 zu lesen:

> „Was wir im Nachfolgenden mittheilen, sagt dasselbe Blatt, ist theils aus schriftlichen, theils mündlichen Berichten von Augenzeugen entnommen, in deren Wahrhaftigkeit wir unserseits kein Misstrauen zu setzen berechtigt sind, die wir indessen doch nur als subjective Auffassungen dessen geben, was unsere Berichterstatter, die wir möglichst mit eigenen Worten reden lassen, sahen. Bekanntlich begannen jene Auftritte bei dem Baumwollenfabrikanten Zwanziger und Söhne in Peterswaldau, der noch vor 30 Jahren ganz mittellos, sich jetzt ein Vermögen von 230.000 Thlr. erworben, und dessen Härte in Bedrückung der Weber sprichwörtlich geworden. Besonders wird über einen Sohn desselben geklagt. Die Veranlassung zu den zerstörenden Auftritten wird nun folgendermassen angegeben: Am 3. d. M. zog ein Haufe Weberburschen vor das Wohnhaus des Zwanziger und sang dort ein die Handlungsweise gedachter Herren darstellendes Lied, das sie schon vorher an die Thüren angeheftet hatten, von wo es durch Zwanziger wieder entfernt worden war. Das Lied ist aus dem Bewusstsein des Contrastes zwischen der üppigen, sich breitmachenden Herrlichkeit der Fabrikherren und der elenden Lage der Arbeiter hervorgegangen. Bei dieser Gelegenheit gelang es den Fabrikherren, einen der tumultuarischen Sänger in Haft zu bekommen."

Der naturalistische Dichter Gerhart Hauptmann hat in den 1880er Jahren in Schlesien Interviews unter den Betroffenen des Jahres 1844 gemacht und hat alte Zeitungen studiert. Anhand dieser Recherchen lässt er in seinem „Sozialen Drama" „Die Weber", eine Weberfrau bei der Ablieferung ihrer Heimarbeit beim Fabrikanten Dreissinger über den zu geringen Lohn (in schlesischem Dialekt) klagen:

> „Ich bin gewiß ni faul, aber ich kann ni mehr aso fort. Ich hab halt doch zweemal an Iebergang gehabt. Und was de mei Mann is, der is ooch bloßich halb; a war beim Zerlauer Schäfer, aber der hat'n doch au nich kenn'n von sein'n Schad'n helf'n, und da ... Zwing'n kann ma's doch nich . . . Mir arbeit'n gewiß, was wir ufbringen. Ich hab schonn viele Woch'n keen'n Schlaf in a Aug'n gehabt, und 's wird auch schonn wieder gehn, wenn ock ich und ich wer de Schwäche wieder a bissei raus krieg'n aus a Knoch'n. Aber Se miss'n halt ooch a eenziges bissei a Einsehn hab'n."
>
> Gerhart Hauptmann, Die Weber $^{3}$1998, 10

Darauf lässt er den Fabrikanten Dreissiger sagen:

> „Auf wem bleibt's denn schließlich sitzen? Natürlich doch auf uns Fabrikanten. Wir sind an allem schuld. Wenn so'n armes Kerlchen zur Winterszeit im Schnee steckenbleibt und einschläft, dann kommt so'n hergelaufener Skribent, und in zwei Tagen, da haben wir die Schauergeschichte in allen Zeitungen. Der Vater, die Eltern, die so'n Kind schicken ... i bewahre, wo werden die denn schuld sein! Der Fabrikant muß ran, der Fabrikant is der Sündenbock. Der Weber wird immer gestreichelt, aber der Fabrikant wird immer geprügelt: das is'n Mensch ohne Herz, 'n Stein, 'n gefährlicher Kerl, den jeder Preßhund in die Waden beißen darf. Der lebt herrlich und in Freuden und gibt den armen Webern Hungerlöhne. – Daß so'n Mann auch Sorgen hat und schlaflose Nächte, daß er sein großes Risiko läuft, wovon der Arbeiter sich nichts träumen läßt, daß er manchmal vor lauter Dividieren, Addieren und Multiplizieren, Berechnen und wieder Berechnen nicht weiß, wo ihm der Kopf steht, daß er hunderterlei bedenken und überlegen muß und immerfort sozusagen auf Tod und Leben kämpft und konkurriert, daß kein Tag vergeht ohne Ärger und Verlust: darüber schweigt des Sängers Höflichkeit. Und was hängt nicht alles am Fabrikanten, was saugt nich alles an ihm und will von ihm leben. Nee, nee! ihr solltet nur manchmal in meiner Haut stecken, ihr würd's bald genug satt kriegen."
>
> Gerhart Hauptmann, Die Weber $^{3}$1998, 15 f.

Auch für die neue Berufsgruppe der Leinen-Fabrikanten scheint es nicht einfach gewesen zu sein, mit den englischen Billigimporten mitzuhalten. Doch viel größer ist die Belastung für die Heim-Weber, deren Existenzen bedroht sind. Und auch der Arbeitsalltag der Färber verändert sich im Zuge der „Industriellen Revolution".

## Die neue Technik des Rouleaux-Drucks

Eine mit der Weberei vergleichbare Entwicklung hat sich auch im „Zeugdruck", dem Textildruck, abgespielt. Bereits 1752 hat man in Irland mit gravierten Kupferplatten zu drucken angefangen. Der schottische Erfinder Thomas Bell hat im

Jahr 1785 die Druckmaschine mit rotierenden Metallwalzen, das Rouleaux-Druckverfahren entwickelt. So können die Unternehmen ab dieser Zeit eine höhere Auflage von Stoffmustern im Seriendruck erzeugen und dann auch billigere Produkte auf den Markt werfen.

Der Enkel von Alois (III), der heutige Färbermeister Josef Fromholzer, führt in einem Referat aus, das er anlässlich seiner Ausbildung in der Textilfachschule Reutlingen 1952 gehalten hat:

> „Wie schon erwähnt ist die Roleauxdruckmaschine, für die Druckerei von Geweben, die am meisten verwendete Maschine. Man kann hier in einem Arbeitsgang bis zu 16 Farben drucken, letztere Zahl wird allgemein als oberste Grenze angesehen, da mit wachsender Farbenzahl die Wirtschaftlichkeit der Maschine rasch sinkt.
>
> Als rotierende Druckunterlage dient der Druckzylinder oder Presseur. [...] Die Druckwalzen können mittels Schraubenspindeln, an den Druckzylinder angeschraubt oder von ihm entfernt werden. [...] Die Zuführung der Druckfarben an die Druckwalzen geschieht durch die Auftragswalzen, die in den Farbtrögen oder Chassis lagern. Die überschüssige Farbe wird durch Rakeln oder Abstreichmesser von den Druckwalzen abgestrichen und fließt in die Farbtröge zurück.“ (Fromholzer 1952).

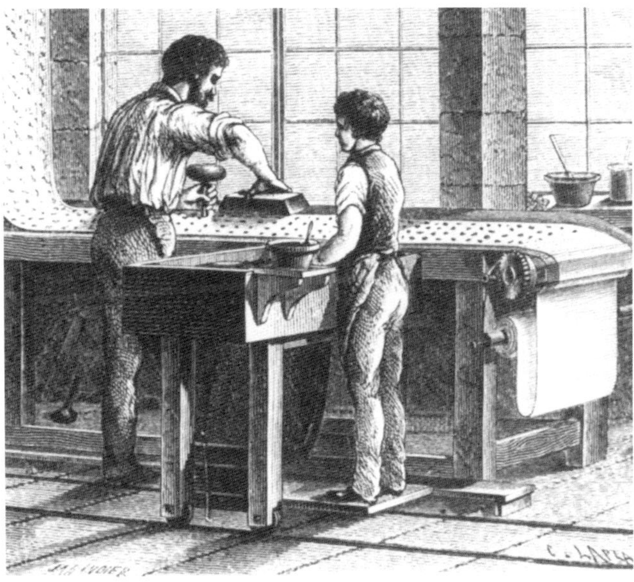

Handdruckerwerkstatt, Rouleaux-Druck um 1868 (Archiv Fegert).

Die alte Handarbeit des Modeldrucks wird hier durch den Farbauftrag über Druckwalzen rationalisiert.

Glücklicherweise sind Blaudrucker wie die Familie Fromholzer als ländliche Unternehmer mit ihren zwei bis drei Gesellen damals noch durch das Zunftwesen und ihren direkten Absatz im unmittelbaren Umland sozial abgesichert.

Doch der Preisdruck hat auch Deutschland erfasst und wirkt sich auch auf den Handwerksbetrieb von Alois (III) aus. Dennoch steht er der neuen Zeit sehr aufgeschlossen gegenüber, denn er macht sich auch Aufzeichnungen und Skizzen für moderne Maschinen, die die Arbeit erleichtern und beschleunigen sollen.

*„Den Salmiak-Kasten hat Alois [III] auf seiner Wanderschaft (1870–73) abgezeichnet. Damals wurde ja noch sehr viel Schafwolle gefärbt, und zum Reinigen dieser Schafwolle wurde der Salmiak-Kasten hauptsächlich verwendet. Am Technikum Reutlingen gab es dafür den „Leviathan“, eine Woll-Waschmaschine zum kontinuierlichen Waschen von loser Wolle: die Schafwolle ist da hineingekommen und wurde dann mit einer Art Gabeln durch die einzelnen Bäder durchgezogen, nach dem letzten Spülbad wurden die Stoffe dann von zwei Walzen abgequetscht. Mit Salmiak-Geist gehen die Verunreinigungen und das Fett, das der Schafwolle anhaftet, am besten raus. Und bei uns sind früher, als noch die Kleiderfärberei betrieben wurde, die zu färbenden Kleider mit zwei, drei Milliliter Salmiak im Liter vorgewaschen worden.“*

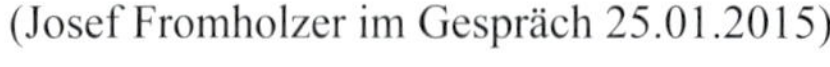

(Josef Fromholzer im Gespräch 25.01.2015)

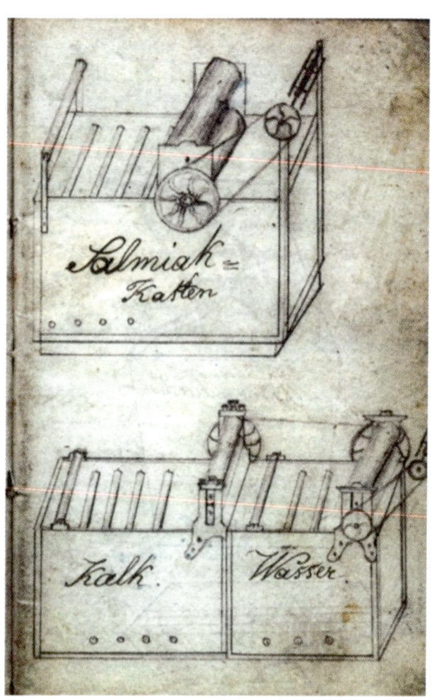


GERÄTE ZUR FARBHERSTELLUNG MIT SALMIAK UND KALK (ARCHIV FROMHOLZER).

*„Zum Kalk- und Wasserkasten: Früher, als es noch keine chemische Bleiche und kein Waschmittel gab, da ist das handgewebte Leinen, nachdem es mit Aschelauge gekocht worden ist, auf dem Rasen gebleicht worden, und zwar ist es immer wieder mit Wasser besprüht worden, damit es weiß wird. Je nachdem, wie kalkhaltig das Wasser in der Gegend war, waren in dem Leinen dann viele Kalkrückstände, und die mussten vor dem Färben in einem leichten Säurebad behandelt werden. Und wenn das nicht richtig abgesäuert ist, dann hat das beim Färben auf der Küpe nicht gleichmäßig genetzt, ist also die Farbe nicht gleichmäßig aufgezogen, dann hat man Flecken bekommen. Und das hat schrecklich ausge-*

*sehen! Und deswegen hatte unser Vater als zusätzliche Sicherheit eine Küpe als Netzküpe, wo nichts anderes drin war als Ätzkalk und Wasser. Leicht alkalisch, und da hat er einen Zug etwa eine Viertelstunde gegeben, dass das richtig genetzt hat, und dann ist er erst ins Farbbad hineingekommen.“*

(Josef Fromholzer im Gespräch 25.01.2015)

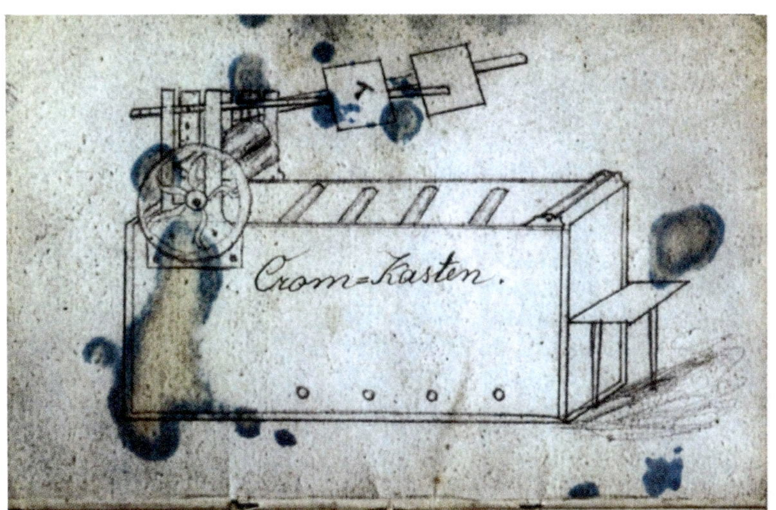


Chromkasten, Zeichnung von Alois (III) (Archiv Fromholzer).

*„Der Chromkasten ist zum Chromieren, um weiße Drucke gelb zu machen, und zwar mit Chromkali. Den verwendete man zu meiner Reutlinger Zeit auch zur Verbesserung der Waschechtheiten von substantiven Farbstoffen, damit die Sachen nicht abfärben. Und die Zeichnungen, die sind von unserem Großvater (1871/73), das ist dann schon der Übergang zur leichten Industrialisierung.“*

(Josef Fromholzer im Gespräch 25.01.2015)

## Eine neue Zeit bricht an: Die Anilinfarben

Neben der neuen Technik nimmt auch der Fortschritt der Farb-Chemie eine rasante Entwicklung. In seinen Rezepten hat Alois (III) neben Naturfarben auch an einigen Stellen Zutaten wie „Anilinblau“ und „Stuttgarter Violet“ verzeichnet. So machen seine Rezepte deutlich, dass sich Alois (III) in der Übergangszeit von den Pflanzenfarben zu den industriell gefertigten chemischen Farben befindet. Denn die Revolution in der Farbherstellung hat begonnen.

Bereits 1834 publiziert Friedlieb Ferdinand Runge seine Entdeckung, dass sich aus dem aus Steinkohleteer hergestellten Anilin Farbstoffe gewinnen lassen. Nach einem anfänglichen Desinteresse an dieser Entdeckung entsteht in Deutschland 1852 in Offenbach die erste Teerfarbenfabrik.

Den entscheidenden Durchbruch erzielt William Henry Perkin mit der Entdeckung des ersten violetten Farbstoffes aus Anilin, dem „Anilinpurpur" oder „Mauvain" im Jahr 1856. In der Folge kommt es zu weiteren Entdeckungen, so z. B. zur synthetischen Herstellung von „Fuchsin" 1859. Auf der Londoner Weltausstellung 1862 werden erstmals die neuen Teerfaben vorgestellt. Im Jahr 1869 gelingt es Johann Peter Grieß die Azofarbstoffe herzustellen und die Chemiker Gräbe und Liebermann bringen weitere Anthrazenfarbstoffe, „Methylgrün" und „Methylviolett". Dann synthetisieren 1860 Girard und de Laire „Anilinblau" (GIRARD 1872, 1556). Bereits 1870 veröffentlicht der Professor am Polytechnikum Karlsruhe Carl Engler erstmals eine Studie, in der er Spuren von künstlichem Indigo beschreibt. Die Indigo-Synthese schafft letztlich Adolf von Baeyer (1835–1917) im Jahr 1878, für die er 1883 erstmals die richtige Strukturformel aufstellt.

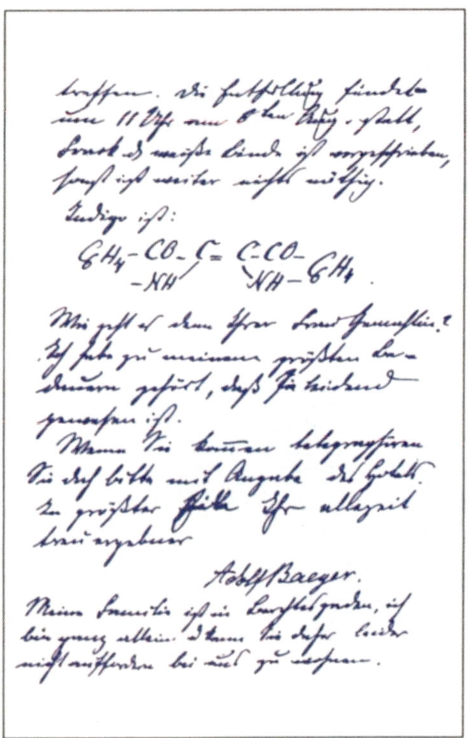

Indigo ist:

$$C_6H_4-CO-C=C-CO-C_6H_4$$
$$-NH- \qquad -NH-$$

Adolf Baeyer.

INDIGO-FORMEL VON ADOLF VON BAEYER 1883 (IN: SCHMIDT 1997, 121).

In diesem berühmten Brief von 3. August 1883, heute im Deutschen Museum München aufbewahrt, stellt der Chemiker die Formel für das künstliche Indigo dar.

Damit blüht die chemische Industrie rasant auf, die damit auch den wesentlichen Entwicklungsimpuls der Industrie in Deutschland überhaupt gibt: Friedrich Bayer & Co in Elberfeld (1863), Lucius & Brünning in Frankfurt (1863), die Badische Anilin- & Sodafabrik in Ludwigshafen (1865) und Aktiengesellschaft für Anilin-Fabrikation (Agfa) in Berlin (1872). Immerhin investiert die BASF damals in die Erforschung des Indigos 18 Millionen Goldmark (HOFFRITZ 2013).

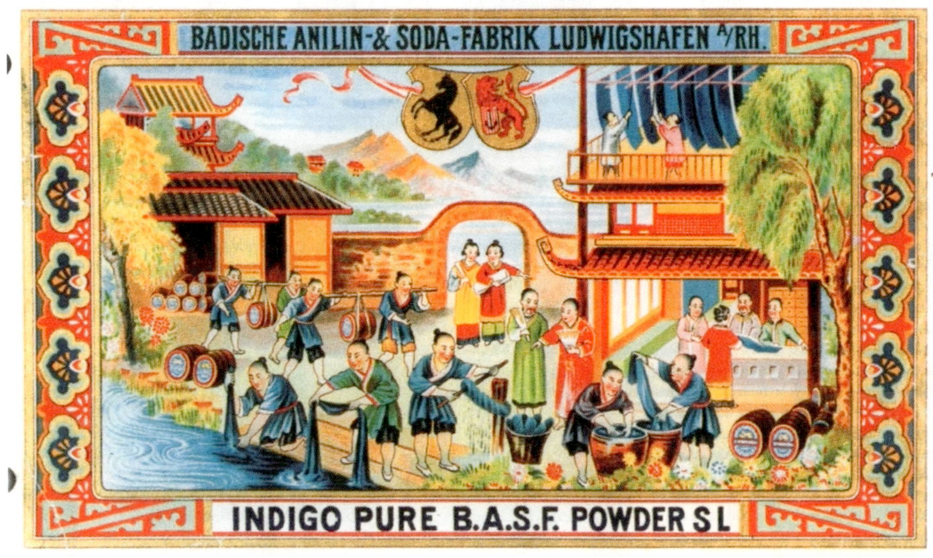


AUFKLEBER DER BASF FÜR INDIGO 1903 (ARCHIV FROMHOLZER).

Dieser historische Markenaufkleber diente dem Schiffsversand nach China, einem der Hauptmärkte für den Indigo-Export des Unternehmens.

In Merck's Warenlexikon von 1884 lässt sich der Stand der damaligen Farbstoff-Chemie nachlesen:

> „*Anilinfarben.* – Die Fabrikation von Farbstoffen aus Anilin und dem ihm nahestehenden Toluidin hat eine sehr bedeutende Ausdehnung erlangt und wird vorzugsweise in Deutschland, nächstdem in England und Frankreich betrieben. Die A. bilden eine besondere Abteilung der Teerfarben (s. d.) und werden in sehr großen Mengen in der Färberei, Zeugdruckerei, Buntpapier- und Tapetenfabrikation, zum Färben von Holz, Metall, Leder u. dergl., zum Buntdruck u. s. w. verwendet; sie bilden einen bedeutenden Exportartikel nach China, Japan, Ostindien und andern Ländern. Der Wert

der *Ausfuhr* von Anilinfarben und Teerfarben aller Art (Anilinfarben allein sind nicht angeführt) aus dem deutschen Zollgebiete belief sich 1880 auf 31037000 Mk, der der *Einfuhr* nur auf 6749000 Mk. – Die Zahl der in den Handel kommenden eigentlichen Anilinfarben ist schon ziemlich groß, noch viel größer ist aber die Zahl der möglicherweise darstellbaren Farben dieser Art. Die wichtigsten A. (sie sind unter ihren gebräuchlichsten Namen beschrieben) sind folgende: Fuchsin (inkl. Rubin), Hofmanns Violett, Jodgrün, Kaiserviolett, Anilinblau, Alkaliblau, Wasserblau, Toluidinblau; die genannten Farben, von denen viele wieder in verschiedenen Nummern und Nüancen vorkommen, stammen sämtlich vom Rosanilin (s. d.) ab. Fernere Anilinfarben sind: Mauveïn, Safranin, Viktoriagelb, Chrysanilin, Phosphin, Chrysoin, Emeraldin, Chrysoidin, Phenylenbraun, Bismarckbraun, Anilingrau, Methylanilingrün, Diphenylaminblau, Kännel, Aurantia, Indulin, Malachitgrün und Tropäolin in verschiedenen Nüancen“.

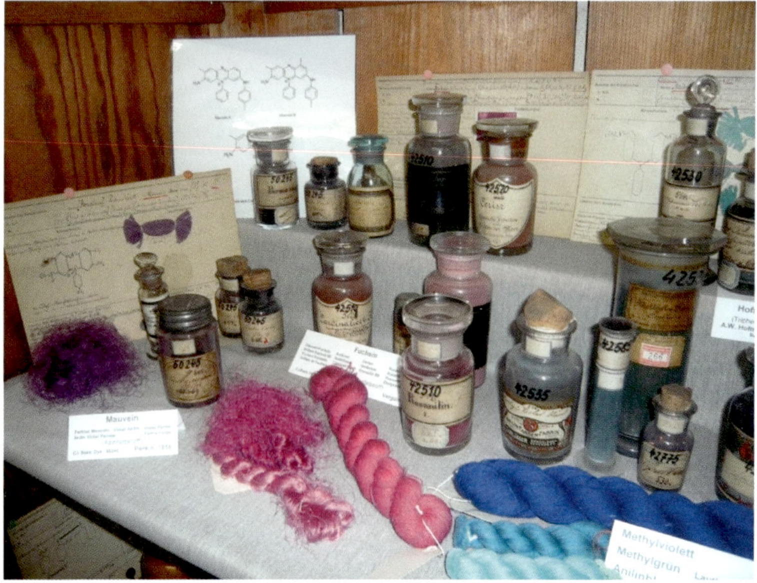


ERSTE TEERFARBSTOFFE (HISTORISCHE FARBSTOFFSAMMLUNG TECHN. UNIVERSITÄT DRESDEN, WIKIMEDIA COMMONS).

Die pulverisierten Farbstoffe und die damit erzielten Färbe-Ergebnisse geben einen Einblick in die schnell wachsende synthetische Farbstoffpalette.

Im Juli des Jahres 1897 kommt „Indigo rein B. A. S. F.“ auf den Markt. Es wird von der Konkurrenz diffamiert, dass es kein wirkliches synthetisches Indigo und auch dem Naturindigo nicht ebenbürtig sei.

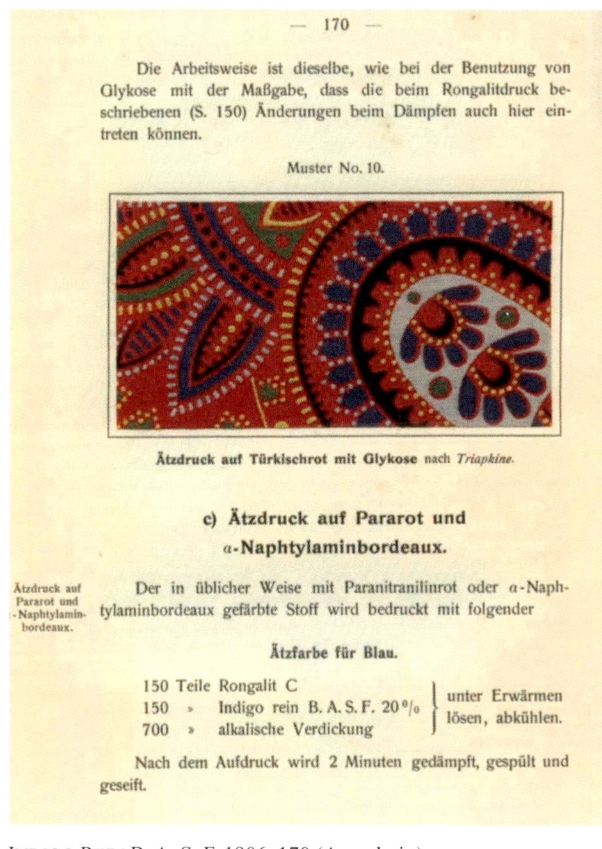
— 170 —

Die Arbeitsweise ist dieselbe, wie bei der Benutzung von Glykose mit der Maßgabe, dass die beim Rongalitdruck beschriebenen (S. 150) Änderungen beim Dämpfen auch hier eintreten können.

Muster No. 10.

**Ätzdruck auf Türkischrot mit Glykose** nach *Triapkine*.

**c) Ätzdruck auf Pararot und $\alpha$-Naphtylaminbordeaux.**

Ätzdruck auf Pararot und $\alpha$-Naphtylaminbordeaux.

Der in üblicher Weise mit Paranitranilinrot oder $\alpha$-Naphtylaminbordeaux gefärbte Stoff wird bedruckt mit folgender

**Ätzfarbe für Blau.**

150 Teile Rongalit C
150 » Indigo rein B. A. S. F. 20 %
700 » alkalische Verdickung
} unter Erwärmen lösen, abkühlen.

Nach dem Aufdruck wird 2 Minuten gedämpft, gespült und geseift.

INDIGO REIN B. A. S. F. 1906, 170 (Ausschnitt).

Die BASF entwickelt aber eine durchdachte Marktstrategie und veröffentlicht deshalb ein 299 Seiten starkes Fachbuch als Anleitung für die Färberei-Betriebe über die „Anwendung von Indigo rein B. A. S. F. in der Baumwollfärberei“, „Anwendung von Indigo rein B. A. S. F. in der Druckerei“ und „Anwendung von Indigo rein B. A. S. F. in der Wollfärberei“. Darin wird auch die erforderliche maschinelle Ausstattung beschrieben. Dieses Lehrbuch befindet sich auch in der Werkstatt der Familie Fromholzer.

Die BASF stellt in diesem Fachbuch die Vorzüge des synthetischen Indigos heraus:

> „Es ist der Einführung des synthetischen Produkts zu verdanken, dass die Küpenfärberei, welche zur Zeit, als der Pflanzenindigo noch allein herrschte, in den meisten Fällen empirisch betrieben wurde, zum Nutzen des Konsumenten eine rationelle Umgestaltung erfuhr. Veraltete Anwendungsarten wurden ausgeschaltet, der Färber wurde über die unter seinen Händen sich abspielenden Vorgänge aufgeklärt und mit ökonomischen, vereinfachten Methoden vertraut“ (BADISCHE ANILIN- & SODAFABRIK 1906, 9)

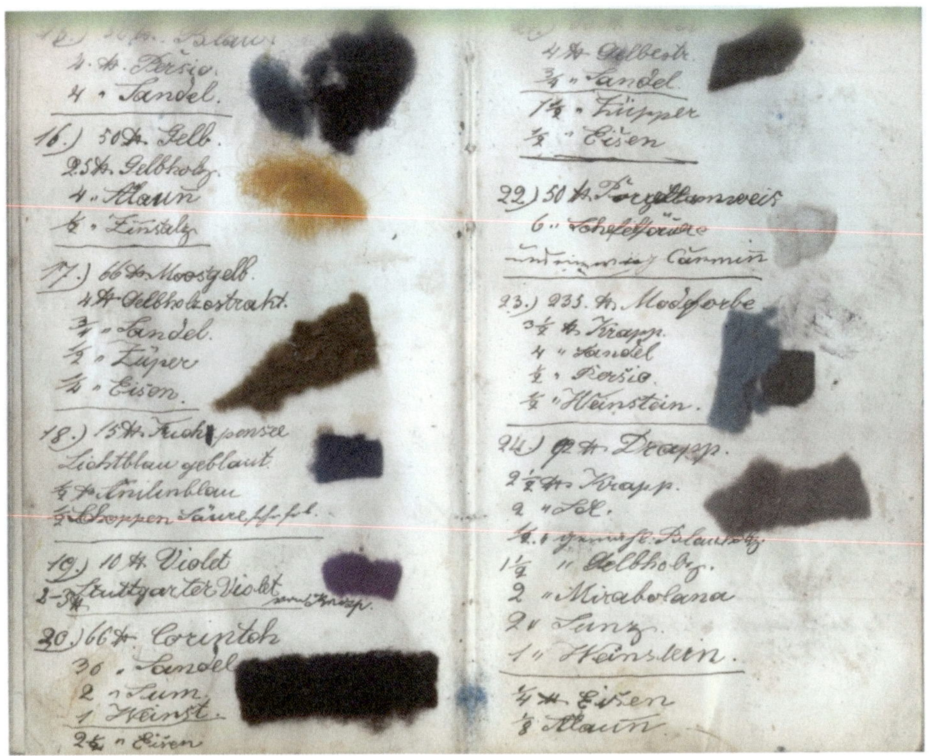

4 ℔ Persio.
4 " Sandel.

16.) 50 ℔ Gelb.
2.5 ℔ Gelbholz
4 " Alaun
½ " Zinsalz

17.) 66 ℔ Moosgelb
4 ℔ Gelbholzextrakt.
¾ " Sandel.
½ " Züper
¼ " Eisen.

18.) 15 ℔ Fuchsinpensee
Lichtblau geblaut.
¼ ℔ Anilinblau

19.) 10 ℔ Violet
2–3 ℔ Stuttgarter Violet

20.) 66 ℔ Corintch
30 " Sandel
2 " Sum.
1 " Weinst.
2½ " Eisen

4 ℔ Gelbholz.
¾ " Sandel.
1½ " Züpper
½ " Eisen

22.) 50 ℔ Porzellanweiss
6 " Schwefelsäure
Carmin

23.) 235 ℔ Modefarbe
3½ ℔ Krapp.
4 " Sandel
½ " Persio.
½ " Weinstein.

24.) Drapp.
2½ ℔ Krapp.
2 " Sal.
1½ " Gelbholz.
2 " Mirabolana
2 " Sunz
1 " Weinstein.

¼ ℔ Eisen
⅛ Alaun

Rezeptseiten aus den Aufzeichnungen von Alois (III), Blatt 2 (Archiv Fromholzer).

Neben traditionellen Farbstoffen wie Gelbholz, Persio, Sandelholz und Sumak finden sich in den Rezepten auch „Stuttgarter Violet“, „Fuchsin pensée“ und „Anilinblau“. Die aufgeklebten Farbmuster illustrieren das Ergebnis des Färbevorgangs.

Die oben abgebildete Seiten aus der Rezeptsammlung des Alois (III) Fromholzer zeigen, dass er neben der Anwendung bewährter Farbansätze auch vermehrt mit den neuen künstlichen Farben experimentiert hat. Bei „Krapp“, „Persio“, „Sandel“, „Gelbholz“, „Blauholz“, „Carmin“, „Corinth“, Alaun oder „Sumak Siziliarum“ handelt es sich um die alten Naturfarbstoffe. Bei „Stuttgarter Violet“, „Fuchsin pensée“ und „Anilinblau“ handelt es sich dagegen um die neuen chemischen Farbstoffe.

Obwohl die Zurückhaltung bei den traditionellen „Koloristen“, also Färbern, groß ist und es nahezu 20 Jahre gedauert hat, bis sich das Synthese-Indigo durchgesetzt hat (HALLER 1951, 196), tritt Alois (III), wie Geschäftsunterlagen aus den 1890er Jahren zeigen, in einen regen fachlichen Austausch mit den Farbfabriken, um eine sichere Anwendung der neuen Farben zu gewährleisten.

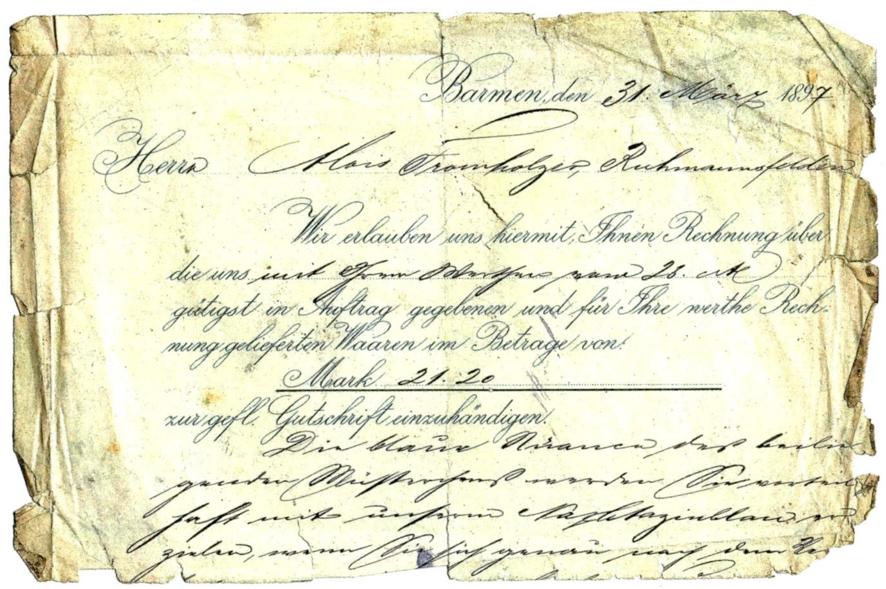

Barmen, den 31. März 1897

Herrn Alois Fromholzer, Ruhmannsfelden

Wir erlauben uns hiermit, Ihnen Rechnung über die uns [illegible] gütigst in Auftrag gegebenen und für Ihre werthe Rechnung gelieferten Waaren im Betrage von:

Mark 21.20

zur gefl. Gutschrift einzuhändigen.

Die blaue Nuance des beiliegenden Musters werden Sie vortheilhaft mit unserem Naphtazinblau erzielen, wenn Sie sich genau nach dem Ve

RECHNUNG DER FARBENFABRIK WÜLFING, DAHL & CO., AG, 1897 (ARCHIV FROMHOLZER).

Auf der Rechnung wird auch eine Arbeitsanweisung mitgeteilt: „Die blaue Nuance des beiliegenden Musters werden Sie vorteilhaft mit unserem Naphtazinblau erzielen, wenn Sie sich genau nach dem Ver[fahren richten …].

Auf der Rückseite der Rechnung fährt der, heute würde man sagen, „technische Kundendienstberater“ fort:

*„… nach den Angaben des Verfahrens II arbeiten und mit unserem Säureviolet 4 BS 83 nuancieren. Sie werden mit 4 % Sulfaminbraun A 86 + ½ % Säureviolet 4 BS gut zurechtkommen. Die Nachbehandlung mit Kupfervitriol [= Kupfersulfat] geschieht am besten eine ganze Stunde lang, da dadurch sich die dunkele Nuance schön und gleichmäßig entwickelt. Wir zweifeln nicht daß Sie zu befriedigenden Resultaten [kommen werden.]“*

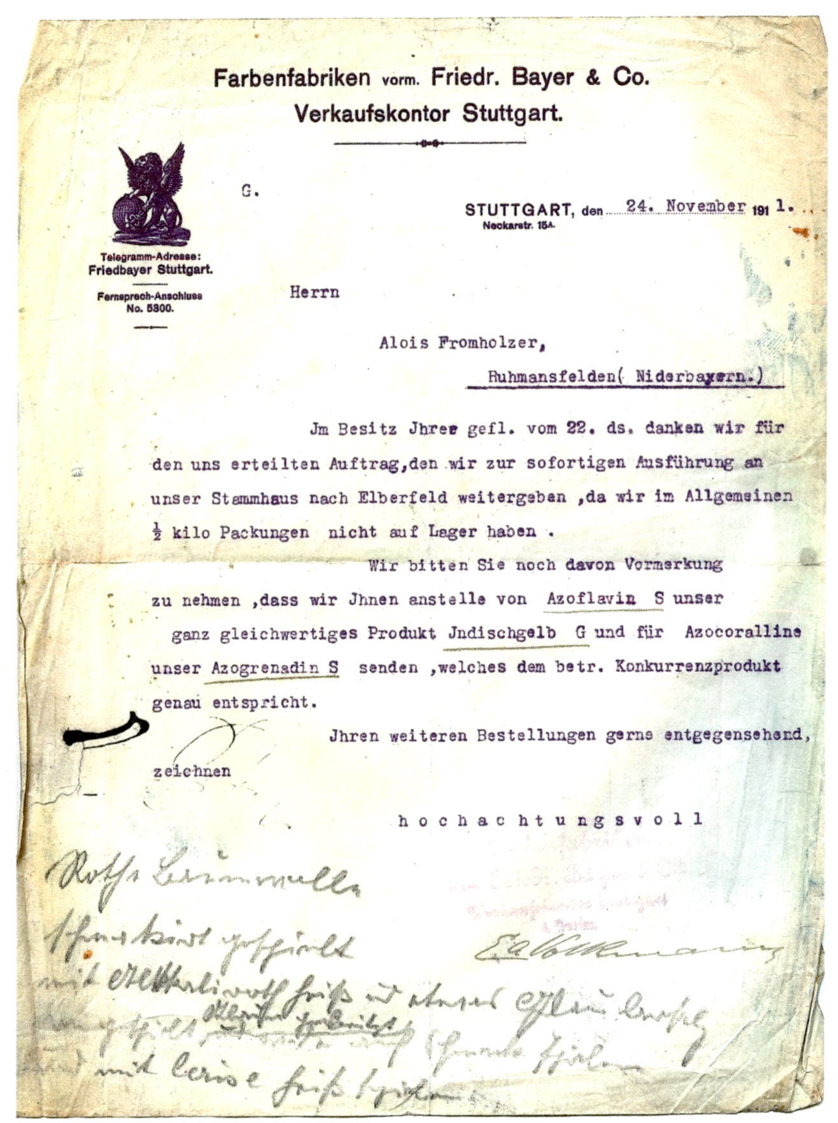

Farbenfabriken vorm. Friedr. Bayer & Co.
Verkaufskontor Stuttgart.

Telegramm-Adresse: Friedbayer Stuttgart.
Fernsprech-Anschluss No. 5300.

G.

STUTTGART, den 24. November 1911.
Neckarstr. 15A.

Herrn

Alois Fromholzer,

Ruhmansfelden( Niderbayern.)

Jm Besitz Jhres gefl. vom 22. ds. danken wir für den uns erteilten Auftrag, den wir zur sofortigen Ausführung an unser Stammhaus nach Elberfeld weitergeben, da wir im Allgemeinen ½ kilo Packungen nicht auf Lager haben.

Wir bitten Sie noch davon Vormerkung zu nehmen, dass wir Jhnen anstelle von Azoflavin S unser ganz gleichwertiges Produkt Jndischgelb G und für Azocoralline unser Azogrenadin S senden, welches dem betr. Konkurrenzprodukt genau entspricht.

Jhren weiteren Bestellungen gerne entgegensehend, zeichnen

hochachtungsvoll

KORRESPONDENZ MIT DEN FARBENFABRIKEN VORM. FRIEDR. BAYER & CO (ARCHIV FROMHOLZER).
Dieses Schreiben zeigt, dass die Farbenfabriken damals unter erheblichem Konkurrenzdruck um ihre Kunden geworben haben: „…welches dem betr. Konkurrenzprodukt genau entspricht.“

Der erzeugte Wert der deutschen Farbstoffproduktion steigt von 24 Millionen Mark (1874) auf 65 Millionen Mark (1890), und erreicht im Jahre 1908 allein mit Ausfuhr in Höhe von 63.000 Tonnen einen Wert von 120 Millionen Mark.

Der hohe Bedarf an synthetischen Farben in der Textilindustrie hat die Produktion und den Ausbau der chemischen Fabriken erheblich beschleunigt. Die Massenproduktion und Konkurrenzsituation hatte erhebliche Auswirkungen auf die Preise, wie das an der Erzeugung des Alizarin zu zeigen ist, das 1868 von Carl Graebe und Carl Liebermann synthetisiert worden ist.

## Alizarinproduktion (1869–1924)

| Zeit | Menge (in 1000 kg) | Preis (Mark pro kg) |
|---|---:|---:|
| 1869 | | 270,00 |
| 1871 | 15 | 140,00 |
| 1873 | 100 | 120,00 |
| 1878 | 750 | 23,00 |
| 1884 | 1350 | 12,50 |
| 1913 | 2000 | 1,78 |
| 1924 | 1120 | 1,15 |

Quelle: Hapke (1989) nach Mueller 1909, S. 362–363, 377.

Um den weiteren Preisverfall zu stoppen, kommt es 1877 mit der „Alizarin-Konvention" zu einem Preiskartell zwischen dem englischen Unternehmen des Farbpioniers Perkin und der BASF, dem sich Bayer und die Farbwerke Hoechst anschließen. Doch da damals nur Produktionsverfahren patentrechtlich geschützt sind und nicht die Substanzen, geht der europäische Konkurrenzkampf um die Beherrschung des Marktes weiter, der dann auch die Preise weiter fallen lässt.

Alois Fromholzer gibt sich in seinen Aufzeichnungen und den Färbemustern seiner Rezeptbücher Rechenschaft, wie die verschiedenen Grundstoffmischungen zu unterschiedlichen Färbeergebnissen führen. Er vergleicht seine traditionellen Farbansätze mit den neuen synthetischen Farben. So wird damals in der Literatur das synthetische Flavin auch als überaus für die Orangefärbung geeigneter Farbstoff beschrieben: „Die mit Flavin erzeugten Orangetöne sind feurig und echt und können den mit Azofarbstoffen in saurem Bade gefärbten an die Seite gestellt werden" (Ganswindt 1889, 517).

1
2 sindiert
3 Flawin gefärbt
¼ ℔
bei die nicht
Nummerirten
ist anstatt Flawin
Curcumme es wird
aber nicht so rein.
Bei dem das mit B
gezeichnet ist nur
Cochenill und Sud,
das heißt blau
Bonceau
das N°4 ist Carmesin
wird zuerst wie
die anderen Bonceau
gefärbt und dan mit
cristalirtem Fuchsin
Diamand ausgefärbt
Auf 10 ℔
komt 1 ℔
Cochenill

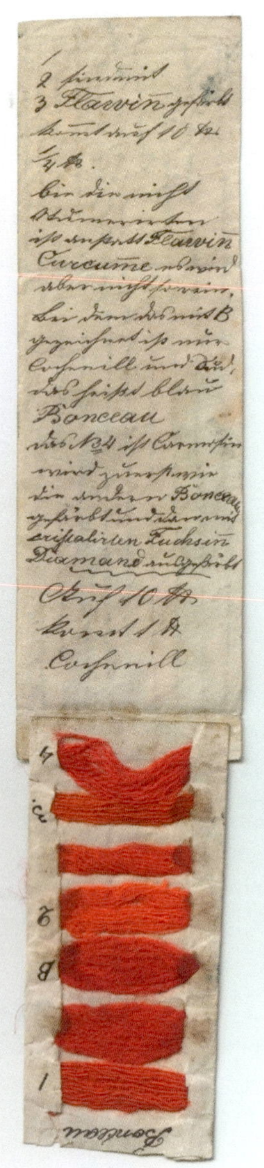

Rezept Alois (III) Fromholzer
(Archiv Fromholzer).

Um zu verdeutlichen, welche ungeahnte Erweiterung der Farbpalette durch Anilinfarben erfolgt ist, sei hier auf die Ausführungen des anerkannten Praktikers und Chemie-Professors Robert Haller verwiesen:

> „Wir wissen, daß die Palette der Koloristen damals nur geringe Variabilität zeigte. Vor mir liegt ein kleines, offenbar selten gewordenes Büchlein von W. Stein, Professor der Chemie an der polytechnischen Schule zu Dresden, aus dem Jahre 1874 ‚Prüfung der Zeugfarben', der die damals bekannten Farbstoffe aufzählt. Es sind die folgenden:
>
> I. Rote Farben: Krapp, Cochenille, Lakdye, Kermesbeeren, Rotholz, Orseille, Saflor, Anilinrot (Fuchsin), Phenylrot (Corallin), Safranin.
>
> II. Gelbe Farben: Krapp auf Zinnbeize, Gelbholz. Quercitron, Rhamnusbeeren, Fisetholz, Wau, Orleans, Curcuma, Anilingelb, Pikrinsäure.
>
> III. Blaue Farben: Indigo, Königsblau (Turnbulls-blau), Anilinblau, Blauholz.
>
> IV. Violette Farben: Anilinviolett, Hoffmanns Violett, Perkins Violett, Krapp mit Eisen.
>
> V. Orange Farben: Anilinorange, alle anderen durch Kombination von Rot mit Gelb erhalten.
>
> VI. Grüne Farben: Anilingrün, Küpenblau + Gelbholz, Chromgrün, Schweinfurtergrün.
>
> VII. Braune Farben: Anilinbraun, Catechu, Krapp auf Tonerde + Eisenbeize, Manganoxyd, alle anderen Mischungen.
>
> VIII. Schwarze Farben: Anilinschwarz, Chromschwarz aus Blauholz, Mischungen von Küpenblau, Blauholz und Gelbholz, Blauholz und Curcuma.
>
> Läßt man aus dieser Liste die Anilinfarben beiseite, so wird man dann die Pigmente haben, welche dem Koloristen im Anfang des 19. Jahrhunderts zur Verfügung standen. Sieht man von den neuen Teerfarbstoffen, welche die uns zunächst interessierende Epoche anfangs des 19. Jahrhunderts noch nicht kannte, ab, so blieben dem alten Koloristen nur der Krapp (Alizarin), der Indigo, der Catechu, die Farbhölzer Gelbholz und Blauholz, Kreuzbeeren und eine Anzahl von anorganischen Pigmenten, wie Chromgelb, Chromorange, Chromgrün, Berlinerblau und Manganbister" (In: HALLER 1951, 189).

**101** Im Namen Jesu. 1916.

| Monat | Tag | EINNAHME | | |
|---|---|---|---|---|
| Februar | 20 | Xaver Obermeier für 4 Ztr. Garben à 18 M | 72. | |
| " | 21. | Maria Köppl für drucken | 30. | |
| März | 21. | Für die alten Kessel [illegible] und Messing [illegible] | 222 | |
| " | " | " drucken [illegible] | 26 | 40 |
| April | 12 | Julius Wallach für gedruckte Leinwand | 122. | 45 früher |
| " | 26 | Bayerische Handelsbank Filiale Deggendorf | 188 | 50. |
| Mai | 3 | Julius Wallach München für Decken | 125 | 50 |
| Juni | 29 | " " " " Druckdecken | 194 | 55. |
| Juli | 28 | " " " " [illegible] | 33 | 55 |
| Septbr | 9 | Julius Wallach München | 43 | 10 |
| Oktober | 10 | Vogl für [illegible] Garben 1 Ztr. 84 à 15 M | 27 | 40 |
| " | 15 | Obermeier für 4 Ztr. [illegible] à 12 M 50 | 50 | |
| Dezember | 1 | Herrn Revieren [illegible] | 30. | |
| " | 29 | Julius Wallach München | 41. | 45. |
| " | " | ~~Theres für Kaufmann Hell~~ | ~~39.~~ | |

ALOIS (III): EINNAHMEN „IM NAMEN JESU 1916“ (ARCHIV FROMHOLZER).

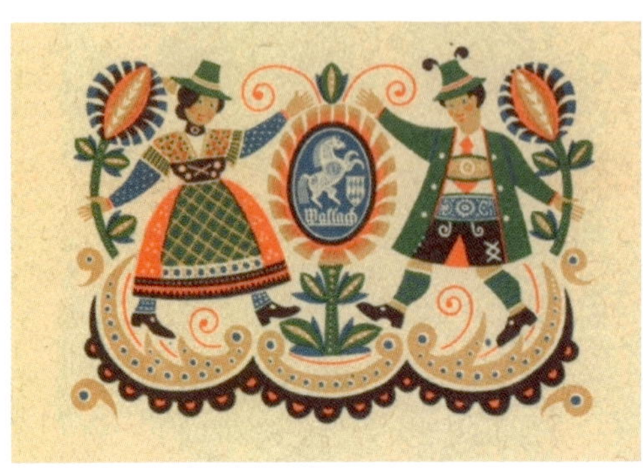


EINLADUNG WALLACH (ARCHIV FROMHOLZER).

Alois (III), der nach Auskunft seines Enkels Josef ein sehr religiöser Mensch war, hat „Im Namen Jesu 1916“ – wie die obige Abbildung zeigt – offenbar sehr erfolgreich sein Färberhandwerk betrieben – immerhin hat er schon das bekannte jüdische Volkstrachten-Geschäft Wallach in München zum Kunden. So kann er im Jahr 1916 an die renommierte Firma Decken und Leinwanddrucke im Wert von 560 Mark liefern.

Interessant ist, dass er auch noch Einnahmen durch die Landwirtschaft verbucht, indem er für „Korn“, also Roggen, und Hafer rund 150 Mark erlöst. Er hat damals auch seinen Betrieb modernisiert. Er kann so „die alten Kessel, Reibschale und Messing“ verkaufen und nimmt dafür immerhin 222 Mark ein. Weiterhin muss er beachtliche finanzielle Rücklagen haben, denn er kann an halbjährlichen Zinsen bei der Filiale Deggendorf der Bayerischen Handelsbank 188 Mark erwirtschaften.

## Schicksalsschläge: Zwei Brände

Der erfolgreiche Handwerker bleibt von Rückschlägen nicht verschont. Zweimal brennt es in seinem Anwesen.

□ **Ruhmannsfelden,** 26. August. Ein furchtbarer Brand hat gestern unsern Markt heimgesucht. Nachmittag 3 Uhr zündeten, wie man sagt, Kinder ein Fuder Korn an und im Nu stand das ganze Haus des Wagners Metzger in Flammen. Die Flammen flogen über vier Häuser und zündeten beim Wirth Al. Lukas nochmal an, so daß es auf beiden Seiten brannte. Im Ganzen brannten 21 Häuser nebst Nebengebäuden mit fast der ganzen Ernte nieder. Es brannten ab: der Wagner Metzger, Launzinger, Hacker, Bielmeier Jackl, Pfeffer, Beirer, Englmeier, Färber Fromholzer, Wirth Lukas, Wilhelm-Bräu, unterer Metzger, Wissinger Bäcker, Schaffer-Bräu, Eierhändler Ulmer, Kaufmann Rauch, Kaufmann Probst, Rankl-Bräu, Zattler Schreiner. Wenn der Pfarrhof nicht so feuerfest gebaut wäre, dann wäre der ganze Markt ein Raub der Flammen geworden. Da auch das Wasser sehr wenig, so war das Löschen fast unmöglich. Die telegraphisch gerufene Feuerwehr von Deggendorf mit ihrer vorzüglich funktionirenden Spritze leistete ganz Hervorragendes, allein bei der großen Ausdehnung des Brandes und dem Wassermangel mußte man auf Rettung der noch nicht ergriffenen Gebäude bedacht sein. Außer dem größten Theil des Mobiliars, der Waaren- und Erntevorräthe ver-

Straubinger Tagblatt, 29. August 1894 (Auszug) (Archiv Fromholzer).

Im Weiteren berichtet die Zeitung über den Großbrand in Ruhmannsfelden, dass auch Vieh verbrannte und Erntevorräte zerstört worden seien. Insgesamt seien 150 Obdachlose zu beklagen.

Am 25. August 1894 kommt es in Ruhmannsfelden zu einer Brandkatastrophe, bei der sich ein Feuer vom Marktplatz durch den Ort frisst und 21 Wohnhäuser und weitere 40 Scheunen und Nebengebäude einäschert. Im Straubinger Tagblatt ist zu lesen: „Färber Fromholzer verlor seine gesammte der Neuzeit entsprechende Färberei-Einrichtung von großem Werthe.“ Neben den regionalen Zeitungen berichten sogar die Münchner Neuesten Nachrichten von diesem Brandunglück. „Für die Abgebrannten von Ruhmannsfelden wurde eine öffentliche Sammlung angeordnet. Die abgebrannten Häuser wurden von italienischen Baumeistern und Bauarbeitern aufgebaut. Das ersieht man an dem italienischen Baustil der ganzen Häuserfront von Stadler bis Hirtreiter, nämlich an der horizontalen Fassade dieser Häuser, die zum echten Waldlerstil, die Giebelfassade, der gegenüberliegenden Häuserseite gar nicht passt“ (HÖGN 1949).

Ein weiterer Brand, der im Nachbarhaus gelegt worden ist, lässt 1919 den landwirtschaftlichen Stadel und das komplette Wirtschaftsgebäude niederbrennen.

Mehrfach spielt Alois (III) mit dem Gedanken den Geschwistern nach Amerika zu folgen. Schon 1884 schreibt ihm sein Bruder Franz Xaver aus Springville im Staat New York:

*„Freilich hat dieses Handwerk beim Wechsel der Zeit seinen goldenen Boden verloren, aber es ist immerhin einträglich genug, um bei mäßigen Ansprüchen sein Fortkommen zu finden. Hier weiß man vom Färberhandwerk gar nichts. Jede Hausfrau ist selbst Färberin und in der Apotheke holt sie die Farbe und das Rezept."*

Als Alois (III) nach der Jahrhundertwende nochmals über die Auswanderung sinniert, kann Theres im Brief aus Amerika an ihre Schwester Marie nur abraten:

*„Bruder Alois schreibt, er hätte Lust, nach South Dakota zu gehen, ich riet ihm ab, [. . . ] aber Karl würde es gleich tun, dann wollte er mit ihm arbeiten. Sollte er kommen, so kommst Du natürlich mit und kommst zu uns, um bei uns zu bleiben. Ich bitte Gott, daß er es so schickt, wie es am besten ist."*

(Theres Gentner, geb. Fromholzer, Brief Buffalo, 14. 8. 1910)

Die Einschätzung der Geschwister mag Alois (III) bewogen haben, sein Färberhandwerk in Ruhmannsfelden fortzuführen.

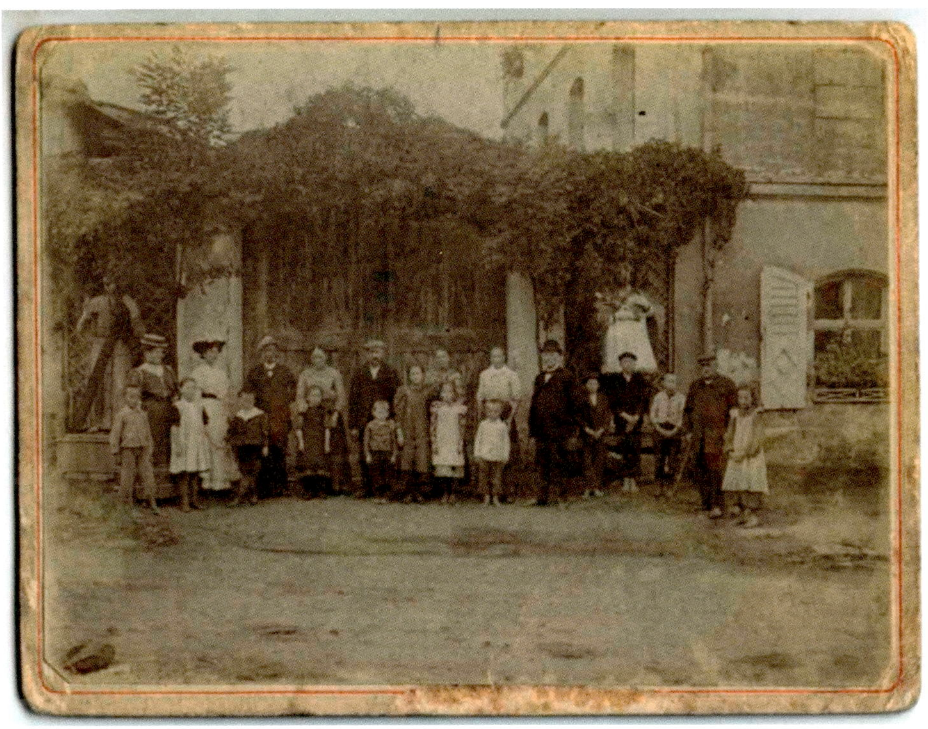

ALOIS (III) MIT FAMILIE VOR SEINEM ANWESEN UM 1909 (ARCHIV FROMHOLZER).

Der stolze Handwerksmeister mit seiner Familie, Nachbarn und Feriengästen vor dem Hoftor seines Anwesens. Rechts der Heilige Nepomuk, der heute noch an dieser Stelle steht. Die Christus-Statue, links, wird heute im Innern des Werkstattgebäudes in renoviertem Zustand aufbewahrt.

## Alois (IV): Erbe 1923 und Siegeszug des Indanthren

„Alois Fromholzer, geb. am 17. September 1902, trat nach dem Tode des Vaters am 3. Juni 1923 treu das Erbe an. In den Jahren nach dem Ersten Weltkrieg und in der Inflationszeit war die zum Anwesen gehörige Landwirtschaft eine wesentliche Stütze. Ihm gelang es, die alten Geschäftsbeziehungen aufrecht zu erhalten und zum überlieferten Blaudruck hinzu die neuen Methoden des INDANTHREN-Farbendrucks aufzunehmen, die er als Volontär bei den Farbwerken HOECHST kennen gelernt hatte“ (FROMHOLZER 1960).

## Schulische und berufliche Ausbildung

Alois (IV) muss, wie sein Sohn Josef berichtet, ein zartes Kind gewesen sein.

Doch in den Zeiten der Ernte hat er in der eigenen Landwirtschaft immer mitzuhelfen, obwohl auch ein Knecht und einen Magd da waren.

Er hat wie die Generationen zuvor auch eine breite Ausbildung erhalten. Mit 13 Jahren schickt ihn sein Vater auf die „Winterschule" der Benediktiner nach Weltenburg. Diese ist, wie in vielen anderen Klöstern auch, eine der wenigen Bildungseinrichtungen für die ländliche Bevölkerung.

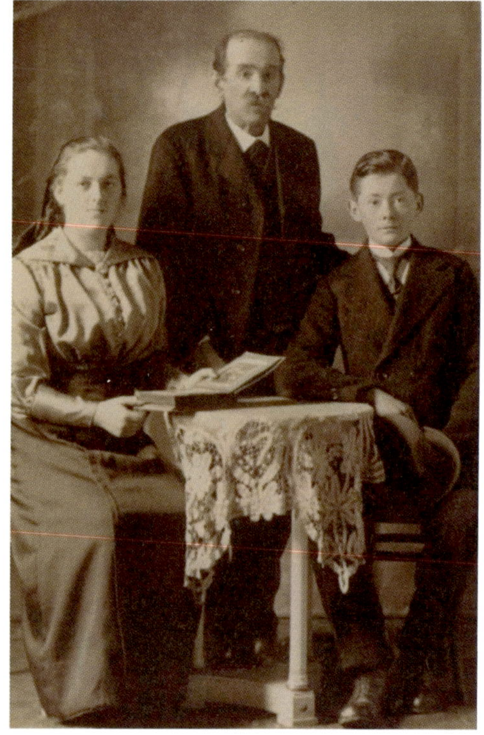

ALOIS (III) MIT TOCHTER THERES UND SOHN ALOIS (IV) UM 1920 (ARCHIV FROMHOLZER).

Alois (IV) geht in Weltenburg jeweils in den Winterhalbjahren 1915/16 und 1916/17 zur Schule. Er hat dort den zweiten Kurs abgeschlossen bei „sehr großem Eifer und sehr lobenswertem Betragen." In allen Fächern, also Religion, Deutsche Sprache, Rechnen, Zeichnen und Feldmessen, Naturlehre, Acker- und Pflanzenbau, Tierzucht einschließlich Molkerei, Betriebslehre und Buchführung sowie Landwirtschaftliche Gesetzeskunde, hat er durchgängig die Note „sehr gut". „In den praktischen Übungen hat der Schüler sehr großen Eifer und sehr große Geschicklichkeit gezeigt." Vom März 1917 bis zum Oktober 1919 steht er bei seinem Vater als Färber in der Lehre. Er besteht seine Gesellenprüfung im November 1919 in Deggendorf und legt die Meisterprüfung dann im Juni 1924 in Passau ab. Allerdings darf er den Meistertitel erst nach der Vollendung des 24. Lebensjahres tragen.

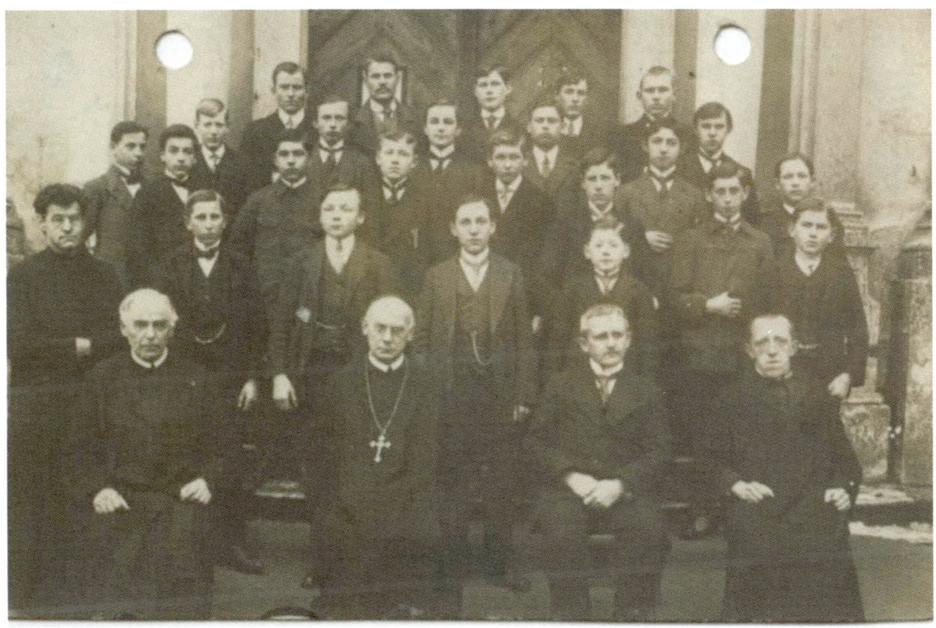

ALOIS (IV) IN DER WINTERSCHULE 1915/17 IN WELTENBURG (ARCHIV FROMHOLZER).
Der schmächtige Bub steht in der zweiten Reihe, direkt hinter dem Lehrer mit dem Schnurrbart.

Er macht im Sommer 1919 ein zweimonatiges Volontariat beim bekannten Färbermeister Biber in Schongau und „hat sich selber durch Fleiß, Treue und ordentliches Betragen meine vollste Zufriedenheit erworben. Besondere Anerkennung möchte ich ihm noch aussprechen für sein an den Tag gelegtes großes Interesse an allen vorkommenden Arbeiten. Dies bestätigt Josef Biber, Färberei- und Chemische Wäschereibesitzer.“ In einem kleinen Büchlein hält Alois (IV) fest, welche Färbeverfahren im Hause Biber angewandt werden.

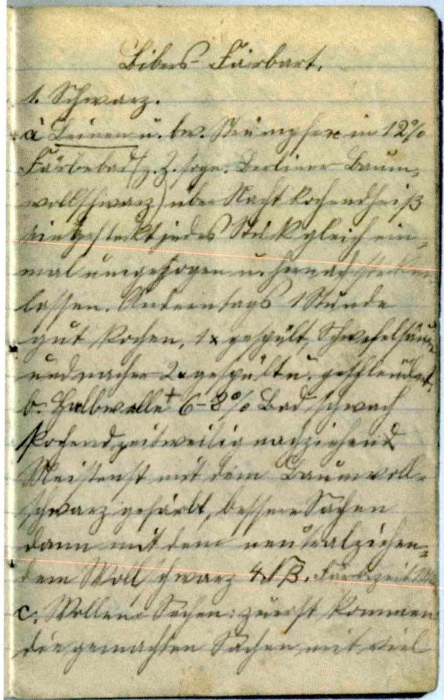

„Bibers–Färbart“ (Archiv Fromholzer).

In diesem kleine Büchlein hat Alois (IV) aufgezeichnet, wie der Färbermeister Biber seine Färbungen erreicht hat. Hier notiert er, wie die Farbe Schwarz auf Leinen, Halbwolle und Wolle hergestellt wird.

Neben seinem Aufenthalt in der Färberei Biber in Schongau sammelt er Erfahrungen bei dem angesehenen Färber Schal in Straubing, dessen Frau aus der Fromholzer-Verwandtschaft stammt, und bei Sailer & Gruber in Eggenfelden.

## Der Farbenbestand bei Färberei Schal in Straubing

Während seines Volontariats beim Färbermeister Schal in Straubing lernt Alois (IV), welche neuen Anilin-Farben sich dort bewährt haben.

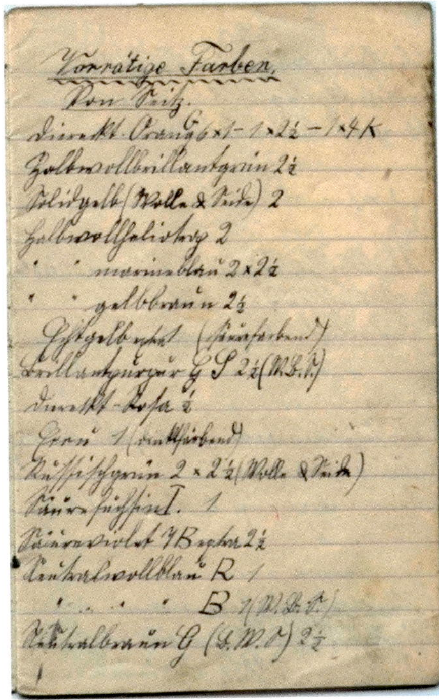

Vorrätige Farben.
Von Seitz.
Direkt-Orange G × 1 – 1 × 2½ – 1 × 4 K
Halbwollbrillantgrün 2½
Solidgelb (Wolle & Seide) 2
Halbwollschwarz 2
" " marineblau 2 × 2½
" " gelbbraun 2½
[illegible]
[illegible] G S 2½ [illegible]
Direkt-Rosa ½
[illegible] 1 [illegible]
[illegible] 2 × 2½ (Wolle & Seide)
[illegible] 1
[illegible] 4 B extra 2½
[illegible] R 1
" " " " B 1 [illegible]
[illegible] G [illegible] 2½

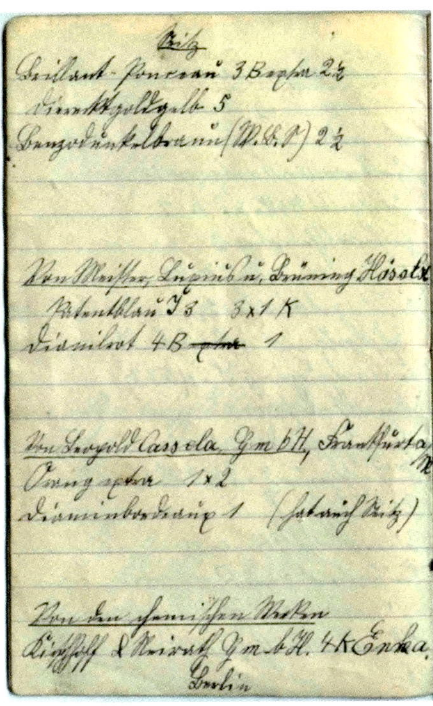

Seitz
Brillant-Ponceau 3 B extra 2½
Direktgoldgelb 5
[illegible] 2½

Von Meister, Lucius u. Brüning Höchst
Patentblau V 3 3 × 1 K
Dianilrot 4 B 1

Von Leopold Cassella GmbH, Frankfurt a/M
Orange extra 1 × 2
Diaminbordeaux 1 [illegible]

Von den chemischen Werken
Kirchhoff & Neirath GmbH. 4 K Enka.
Berlin

„VORRÄTIGE FARBEN" IN DER FÄRBEREI SCHALL, 1920 (Ausschnitt) (ARCHIV FROMHOLZER).
Hier hat sich Alois (IV) aufgeschrieben, welche Farben im Färbereibetrieb Schal vorhanden sind.

Die Lieferanten sind dort bei der Färberei Schal damals die Firmen „Anilinfarben-Fabrik-Geschäft Seitz" in Frankfurt, „Meister, Lucius u. Brüning" in Höchst, „Leopold Cassella GmbH" in Frankfurt/Main, „Kirchhoff & Neirath" GmbH in Berlin und die „Badische Anilin- & Sodafabrik". Der hauptsächliche Geschäftspartner ist die Anilin-Farbenfabrik Seitz, deren Gründer die Anilinfarben als Mitarbeiter bei Bayer kennengelernt hat.

## Alois' Übernahme des Familienbetriebs 1923

Doch der plötzliche Tod des Vaters im Juni 1923 macht es notwendig, dass sich Alois (IV) nach dem Abschluss seiner eigenen Färberlehre in die Verantwortung der Familientradition stellt. Noch keine 21 Jahre alt, muss er sich in die Pflicht nehmen lassen, den väterlichen Handwerksbetrieb zu führen. So kann er als erster in der Familie nicht mehr auf Wanderschaft gehen! Bereits im nächsten Jahr macht er die Meisterprüfung und gründet eine eigene Familie und heiratet die 25-jährige Wirtstochter Maria Kraus aus dem nahen Achslach.

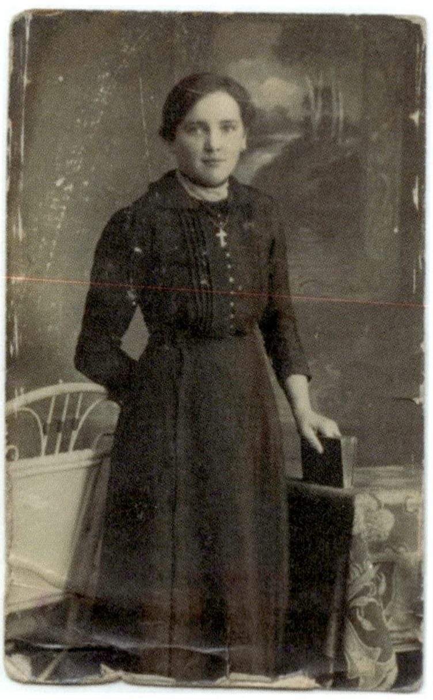

Die Braut Maria Kraus um 1920 (Archiv Fromholzer).

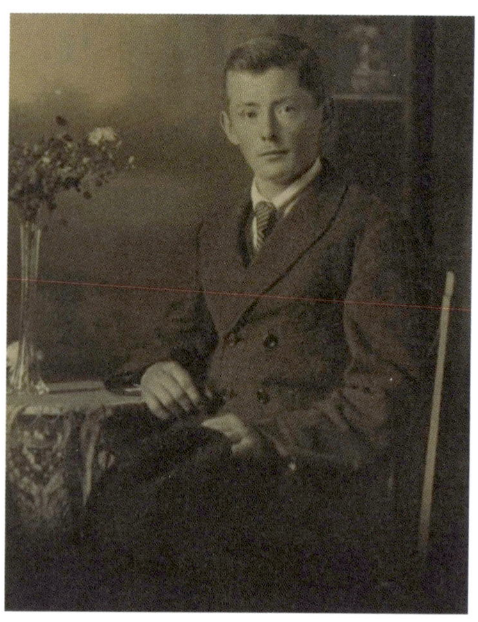

Alois (IV) Fromholzer um 1922 (Archiv Fromholzer).

Die junge Frau wird am 14. September 1899 geboren, er drei Jahre später am 17. September 1902.

Der junge, schmächtige Alois (IV) und seine Frau wissen darum, in der siebten Generation des Färbergeschlechts Fromholzer zu stehen, und übernehmen, wie man es damals erwartete, diese Verpflichtung. Das junge Paar hat vier Söhne und eine Tochter, von denen die drei ältesten Söhne später das Färberhandwerk erlernen werden.

## Farbechtheit

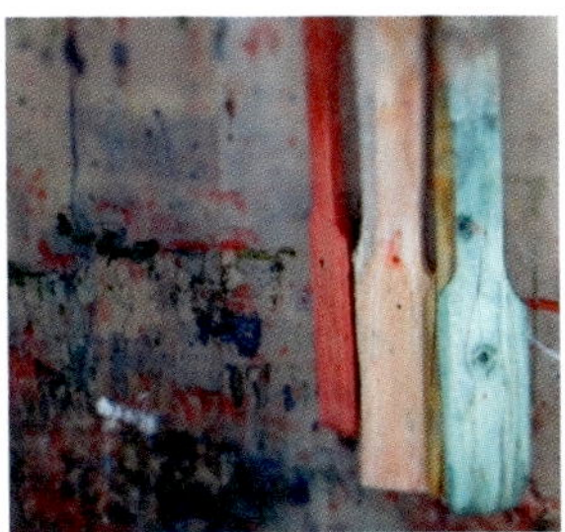
WERKSTATT FROMHOLZER 2015 (FOTO: FEGERT).

Die Farbechtheit ist ein Problem, das die Färber jahrhundertelang bewegt hat. Welche grundlegende Veränderung durch die Entwicklung der Indanthren-Farben erfolgt ist, verdeutlich eine Bestandaufnahme von 1871 – also bevor das Indanthren gekommen ist:

„XXXVI. Prüfung auf Aechtheit der Farbstoffe.
Prof. W. Stein, von welchem eine schätzbare Abhandlung über die Prüfung von Zeugfarben im polytechn. Journal, 1871, Bd. CC S. 51 mitgetheilt wurde, hat jetzt eine Schrift über diesen Gegenstand veröffentlicht, welche die vollste Beachtung der Färber, Zeugdrucker, Tuch- und Handschuhleder-Fabrikanten etc. verdient.

Wir entnehmen daraus die nachstehenden für den Consumenten wichtigen Angaben über einfache Prüfungsmethoden der Aechtheit von Farben.

Rothe Farben. Man kocht eine kleine Probe des Stoffes 1) mit Seifenwasser; dieses muß ungefärbt bleiben oder sich höchstens schwach färben; 2) mit Kalkwasser. Auch dieses darf sich nicht oder nur wenig färben. Wenn es farblos geblieben ist oder sich nur schwach gefärbt hat, so muß auf die Farbe des Stoffes geachtet werden, welche weder gebleicht, noch gelblich noch braun geworden seyn darf. Diese einfachen Versuche genügen, indem sie im Allgemeinen die Gegenwart oder Abwesenheit von Rothholz, Orseille, Saflor, Santel und sogen. Theerfarben erkennen lassen.

Gelb. Das ächteste Gelb ist das Krappgelb, am wenigsten ächt sind Orleans und Curcuma; etwas besser vielleicht Fisetholzgelb. Die Lichtächtheit der übrigen kann man als ziemlich gleich betrachten. Waschächt sind von diesen übrigens nur die Farben der ersten Gruppe. Um daher zu erfahren, ob eine gelbe Farbe ächt sey, wird sie nacheinander mit Wasser, dann mit Weingeist und zuletzt mit Kalkwasser ausgekocht. Färben sich die ersteren merklich gelb, das letztere röthlich, wobei die Farbe des Stoffes selbst in's Bräunlichrothe übergeht, so ist die Farbe unächt.

Blau. Eine blaue Farbe ist nicht ächt, wenn dieselbe 1) mit Weingeist (gewöhnlichem Brennspiritus) gekocht, diesem eine rothe, rothviolette oder blaue Färbung mittheilt; 2) beim Erwärmen mit Salzsäure und Wasser oder Weingeist die Flüssigkeit roth färbt, bez. die eigene Farbe in Roth oder Braunroth verändert. […]“

In: POLYTECHNISCHES JOURNAL 1873, 215–216.

## Indanthren – die Umwälzung

Die Technologie des Färbens, die mit der zufälligen Entdeckung des Anilin-Farbstoffes auf der Teerbasis durch W. H. Perkin 1856 beginnt, was zur Zurückdrängung der Naturfarben geführt hat, erfährt den entscheidenden neuen Impuls durch die Erfindung des Chemikers der BASF, Dr. René Bohn, der am 6. Februar 1901 das Indanthren als „Verfahren zur Darstellung eines blauen Farbstoffes der Anthracenreihe" unter DRP 129 845 zum Patent angemeldet hat. Es ist der lange gesuchte Küpenfarbstoff, der „Lichtechtheit, Waschbeständigkeit und Wetterfestigkeit" aufweist. Sein Name leitet sich aus Indigo und Anthracen ab. Bohn beschreibt seinen neuen Farbstoff: „Dieses neue Blau lässt sich wie Indigo ausfärben und hat die gleiche Lichtechtheit. Aber der Farbstoff sitzt auf der Faser wie eingebrannt." Damit ist der besondere Vorzug des neuen Farbstoffes beschrieben, der seinen Siegeszug begründet. Auch Alois (IV) beginnt diese neue Farbe und das damit verbundene Färbeverfahren zu erproben.

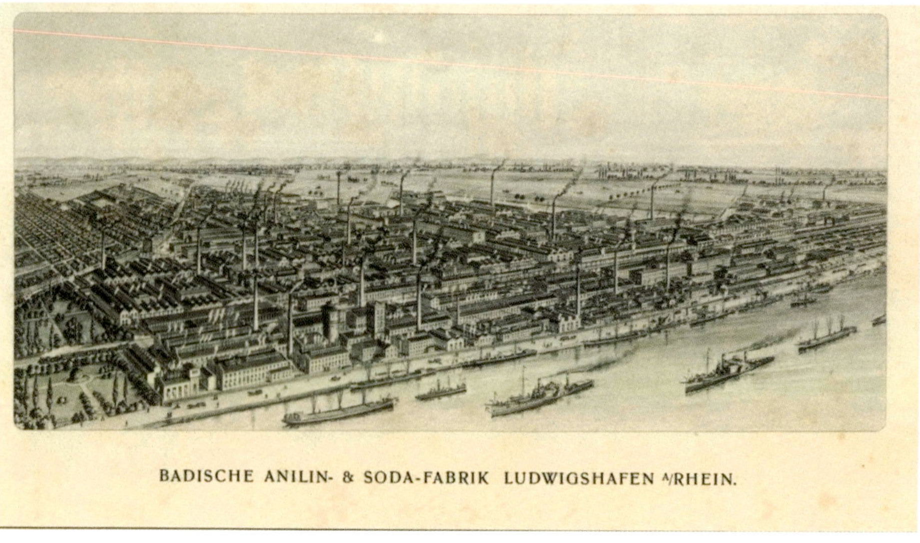


Die BASF im Jahr 1907 (Badische Anilin- & Soda-Fabrik 1906).

Bereits mit Gründung des Unternehmens 1865 siedelt der Mannheimer Unternehmer Friedrich Engelhorn seine Firma auf der linksrheinischen, damals bayerischen Seite des Rheins an, da Mannheim aus Furcht vor Konkurrenz und Schmutz keine Industrieflächen ausgewiesen hat.

## Standortwahl Badische Anilin- & Soda-Fabrik

„Friedrich Engelhorn, der Gründer der BASF, betrieb seit 1848 eine Leuchtgasfabrik. Dabei entstand Teer als Abfall. Der Engländer William Henry Perkin hatte gezeigt, wie aus Teer ‚Anilinfarben', also künstlich hergestellte organische Farbstoffe, hergestellt werden können. Der Wunsch, solche Farben für die Textilindustrie herzustellen, bewog Friedrich Engelhorn, die BASF zu gründen.

Engelhorn war Mannheimer Bürger und gründete die Firma in seinem Heimatort, damals Teil des Großherzogtums Baden. Dies ist auch im Gründungsnamen ‚Badische Anilin- & Soda-Fabrik' ausgedrückt. Dass die BASF dann allerdings sogleich ans andere Rheinufer in die bayerische Rheinpfalz wechselte, hing mit einem ‚harten' Standortfaktor zusammen: Mannheim wollte die neue Fabrik nicht. Furcht vor Konkurrenz und Schmutz veranlasste Mannheim, kein Fabrikgelände auszuweisen. In Ludwigshafen fand sich dagegen eine geeignete Fläche, die groß genug war, die für die Farbenproduktion notwendigen Fabriken und Lagergebäude zu beherbergen. Bahnanschluss und Schifffahrt waren weitere Argumente, die für den Standort in Ludwigshafen sprachen.

Auf der linksrheinischen, rheinpfälzischen Seite (sie gehörte seinerzeit zum Königreich Bayern) war die Bereitschaft groß, eine Industrieansiedlung zu genehmigen, wie dem königlich-bayerischen Gründungsschreiben vom 27. April 1865 zu entnehmen ist. Der bayerische König Maximilian II. galt als ein an Naturwissenschaften interessierter Monarch.

Zu Beginn der Industrialisierung war die Meinung weit verbreitet, dass Patente den Wohlstand gefährden. Es gab daher keinen Patentschutz im Deutschen Reich, was es Friedrich Engelhorn erlaubte, die technischen Entwicklungen von Henry Perkin (er entdeckte 1856 den Farbstoff Mauvein) in seiner Heimatstadt umzusetzen. 1877, im gleichen Jahr, als das deutsche Patentgesetz verabschiedet wurde, erhielt die BASF das erste deutsche Patent für einen Teerfarbstoff (Methylenblau)"

(BADISCHE ANILIN- & SODA-FABRIK 2015).

Nicht bedacht wurde damals von der Mannheimer Kommunalpolitik, dass die Rheinebene vorwiegend im Bereich der Westwindzone liegt und damit Mannheim eben gerade von der Abluft der linksrheinischen, westlich gelegenen Industrieanlagen der BASF in Ludwigshafen beeinträchtigt wird.

Hatte die BASF 1865 mit gerade mal 30 Arbeitern angefangen, überschritt die Firma 1897 schon die Marke von 5.000 Beschäftigten und sorgte dafür, dass sich die internationalen Warenströme umkehrten: Noch 1896 hatte Deutschland blaue Farbe für fast 20 Millionen Goldmark importiert, sechs Jahre später exportierte es bereits Kunst-Indigo für denselben Betrag bei dreifacher Menge (HOFFRITZ 2013).

Ein innovativer Farbstoff wird von der BASF als „Indanthrenblau RSN“ im Jahr 1903 und unter dem Namen „Algol“ 1906 von Bayer mit hohem Werbeaufwand auf den Markt gebracht. Eine völlig neue Marktstrategie wird dafür entwickelt. Neben dem Färber soll auch der Verbraucher von der Qualität der Produkte überzeugt werden. Der Begriff Indanthren wird 1922 zum Markenzeichen für alle hochwertige Küpenfarbstoffe.

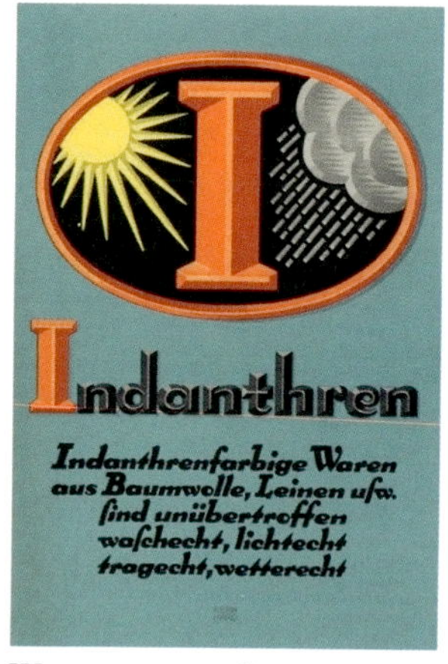


WARENZEICHEN INDANTHREN 1930ER JAHRE (ARCHIV FEGERT).

Diese Baumwoll- und Leinenstoffe werden als lichtecht, waschecht und wetterecht bezeichnet.

Auf den ersten Indanthrenfarbstoff folgt in den beiden ersten Jahrzehnten des 20. Jahrhunderts durch die Farbchemie-Unternehmen „Badische Anilin- & Sodafabrik“ „Wülfing, Dahl & Co.“, „Farbwerke Hoechst AG, vorm. Meister Lucius & Brüning“ und „Cassella Farbwerke Mainkur“ ein rascher Ausbau des Indanthren-Sortiments, welches dann in den 20er Jahren mit dem Indanthrenbrillantgrün, das als „Caledon Jade Green, Colour 313“ in Schottland entwickelt wird, und mit dem schönen „Indanthrenbrillantorange“ von Cassella und Höchst eine Abrundung erfährt.

Die Indanthrene entwickeln sich als geeignete Farbstoffe für den Buntätz- und den Direktdruck. Zunächst liegen diese Indanthrenfarbstoffe als Teig und grobkörnige Pulver vor, die in einem aufwändigen Verfahren zunächst vorverküpt und eine Viertelstunde gedämpft werden mussten. Erst eine spätere Weiterentwicklung reduziert die Fixierzeit auf 3 Minuten und erhöht damit die Produktivität auf das Fünffache.

Bis in die Wende zum 20. Jahrhundert werden vor allem „Zinnsalze zum Ätzen substantiver Färbungen benutzt. Zu diesem Zweck verwendete man das Zinnchlorür, dessen Wirkung sich aber nur schwer auf das Zerstören des Farbstoffs allein beschränken ließ. Man lief Gefahr, die Faser selbst anzugreifen, was sich aus der Abspaltung von Salzsäure aus dem Ätzmittel und der damit im Gefolge stehenden Bildung von Hydrozellulose leicht erklären lässt“ (HALLER 1928, 210).

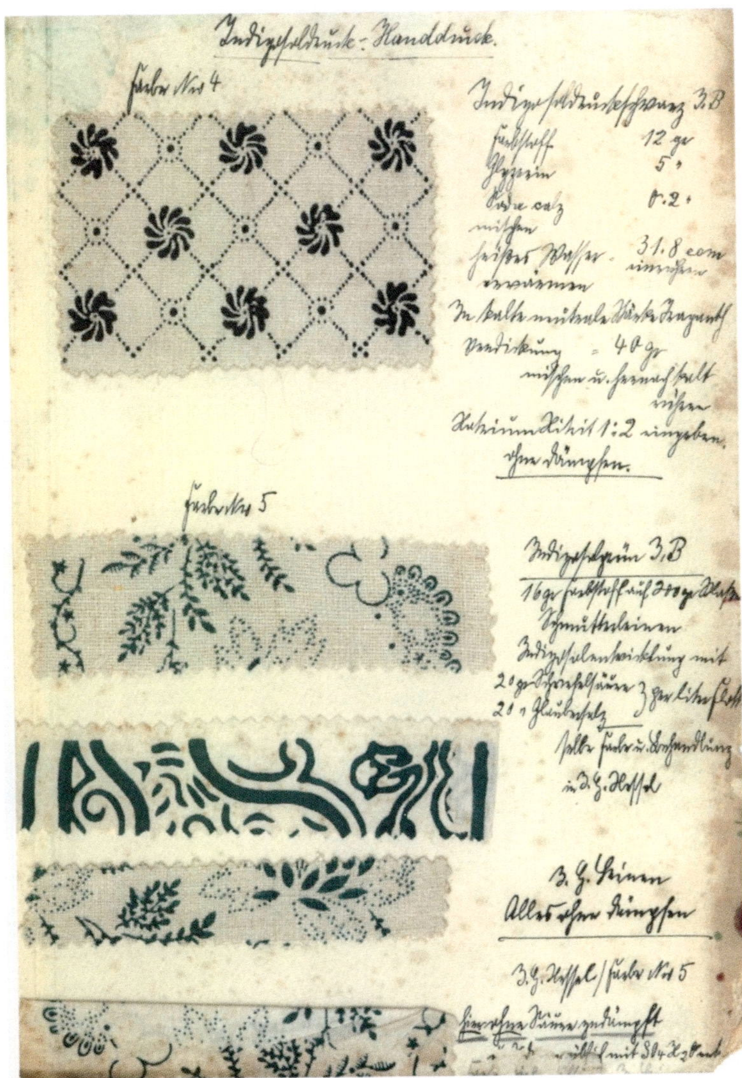

DIREKT-DRUCKE VON ALOIS (IV) 1937 (ARCHIV FROMHOLZER).

Der junge Färber notiert sich hier sehr genau, die Zusammensetzung der „Indigosol"-Rezepte, die er in seinem Volontariat bei I. G.-Farben in Höchst kennengelernt hat.

So ist es 1905 das Verdienst der BASF, das „Rongalit C, welches den Küpenfarbstoff löst und den Azofarbstoff zerstört, [als] den Schlüssel zur modernen Druckerei-Technik [entwickelt zu haben]“ (CHRIST 1953), was heute noch immer Verwendung findet.

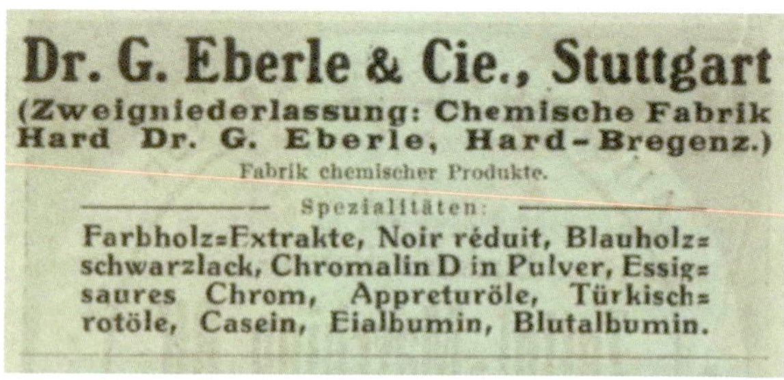


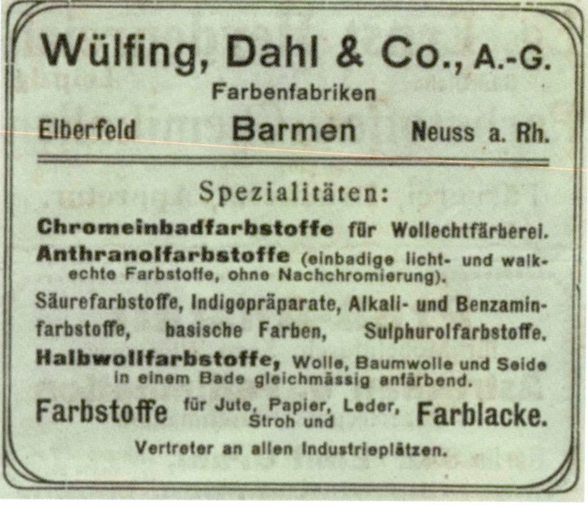


Zunächst konkurrieren noch die traditionellen Naturfarben, etwa „Farbholzextrakte“, mit den neu aufkommenden Indanthrenfarben. So ist Indanthren-Farbstoff „Anthranol“ erstmals 1910 von Kurt H. Meyer im chemischen Laboratorium der Akademie der Wissenschaften in München dargestellt worden und wird hier im „Deutschen Färberkalender 1919“ als Spezialität offeriert.

Beide Anzeigen stammen aus dem gleichen Jahrgang dieses Fach-Kalenders, der von Alois (IV) gelesen wurde.

ANZEIGEN FÜR FARBSTOFFE (DEUTSCHER FÄRBERKALENDER 1919) (ARCHIV FROMHOLZER).

Um sich mit diesen neuen Farben vertraut zu machen, verbringt Alois (IV) um 1920 einige Zeit als Praktikant bei den Farbwerken Hoechst. Das 1863 als Teerfarbenfabrik gegründete Unternehmen hat als Lieferant der französischen Kaiserin Eugénie und mit der Herstellung von Fuchsin und Anilin europaweite Geltung erlangt. Im Jahr 1869 brachten die Farbwerke den synthetischen roten Farbstoff Alizarin (Krapprot), den sie sich patentieren ließen, auf den hart umkämpften Markt. Mit diesem erfolgreichsten Produkt schafften sie den Durchbruch zu einem der drei größten deutschen Chemieunternehmen.

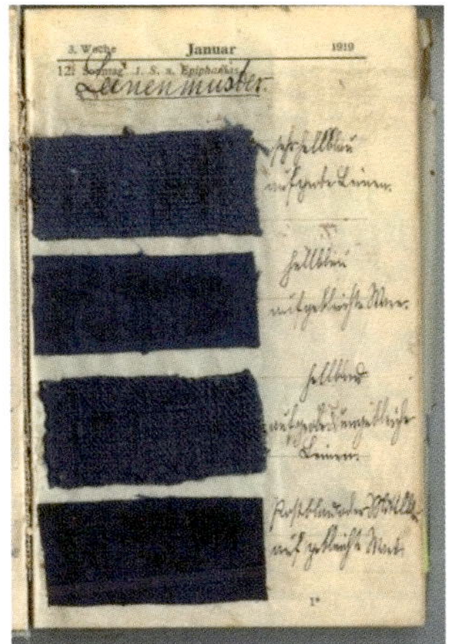


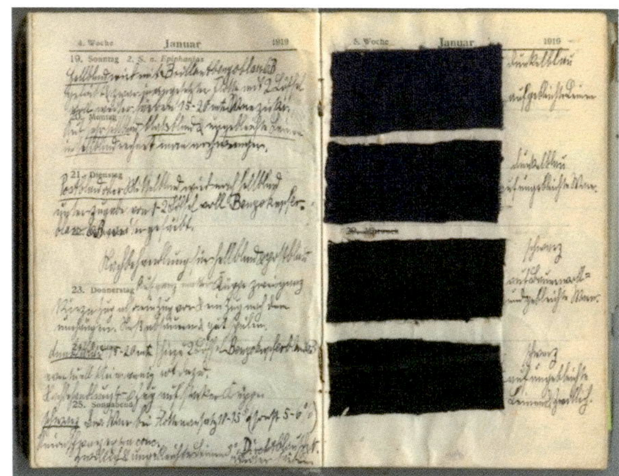


LEINENFÄRBEMUSTER DES ALOIS (IV) NACH 1919 (ARCHIV FROMHOLZER).

Der Färbermeister dokumentiert, wie mit Indanthren-„Brillantbenzoblau 6 B“ verschiedene Blau- und Schwarzfärbungen auf gebleichtem, ungebleichtem Leinen, ungebleichter Baumwolle und ungebleichtem Leinen-Zwillich ausfallen.

## Alois' Leben nach dem 1. Weltkrieg: Die 1920er Jahre

Im „Deutschen Färberkalender“ von 1919, der sich im Besitz von Alois (IV) befand, ist ein Beitrag zur Situation in der Zeit nach dem Ersten Weltkrieg mit dem Titel „Der selbständige gewerbliche Mittelstand während der Übergangswirtschaft“ abgedruckt:

> „Die durchaus einseitigen Veränderungen in der sozialen und wirtschaftlichen Struktur des deutschen Volkes, die während des Krieges als Folgeerscheinung der kriegswirtschaftlichen Ereignisse in immer weiterem Ausmaße zutage getreten sind, lassen keinen Zweifel mehr darüber obwalten, dass wir Zuständen entgegengehen, welche für den Ausbau unseres wirtschaftlichen, politischen und sozialen Organismus nicht als erfreulich bezeichnet werden können. […] Noch aber hat sich nicht der oberste Grundsatz überall Bahn gebrochen, daß […] nach Kriegsende auch wieder einer mittelstandsfreundlichen Wirtschaftspolitik Raum gewährt wird. [Zu fördern sind] 1. Staatliche Maßnahmen zur Wiedereröffnung geschlossener Gewerbebetriebe. 2. Private Kreditbeschaffung […] insbesondere zur Beschaffung von Rohstoffen, Halbfab-

rikaten und Maschinen. 3. Die Versorgung des Handwerks und Kleingewerbes mit Rohstoffen. 4. Arbeitsbeschaffung für Handwerk und Kleingewerbe. […]"

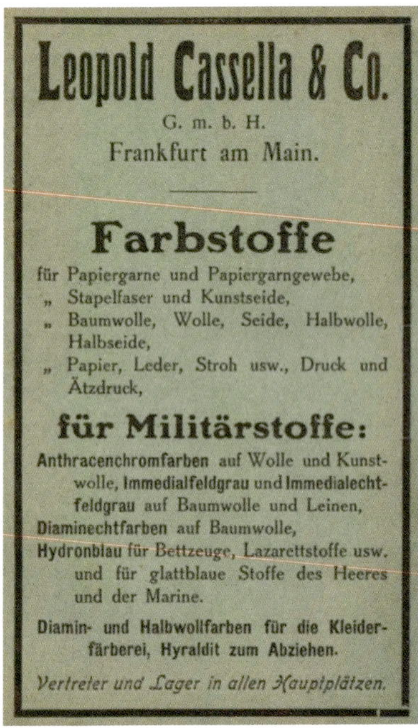


ANGEBOT U. A. FÜR ERSATZSTOFFE UND MILITÄRBEDARF (DEUTSCHER FÄRBERKALENDER 1919) (ARCHIV FROMHOLZER).

In dieser Zeit nach dem Ersten Weltkrieg ist die wirtschaftliche Not groß. Die Kunden suchen in ihren Truhen und Kasten die Aussteuer-Ballen von Leinen heraus und bringen sie zu Alois (IV), um daraus Kleiderstoffe färben zu lassen.

„Zur Zeit des Vollbetriebes der Spinn- und Webereien und ihrer Veredlungsbetriebe, besonders der Baumwollfärbereien, Appreturen und Druckereien, waren die Baumwollwebstoffe billig erhältlich, und der Kleider- oder Landfärber hatte nicht viel Arbeit, höchstens auf Frühjahr oder den Herbst zu, wo es Kleider zu reinigen und zu waschen gab. Die Frauen, Töchter und Mägde auf dem Lande kauften sich schöne farbige Blusen und sogenannte Kostümkleider. Mit ihren Acht-Tag-Fetzen, das sind leichte Kleidungsstücke, die nicht lange ganz blieben, sind sie dahergekommen, haben nichts mehr geflickt, keine Strümpfe gestopft und nicht genäht.

Jetzt aber, wo die Männer und Söhne im Felde stehen, und die Arbeiten im Felde, Stall und beim Fuhrwerk dem weiblichen Volk überlassen blieb, ist eine dauerhafte Kleidung höchst notwendig. Nun ziehen sie das Tuch, die Leinewand aus ihren Kästen und lassen es zu Kleidungsstücken färben. Besonders der immer zunehmende Mangel an Webstoffen zwingt dazu; die Arbeitskleidung ist weit notwendiger, und in Ermangelung von Leinewand muß irgend entbehrliche Tisch- und Bettwäsche herhalten, und zum Färber werden auch Tisch- und Leintücher gebracht." (ROGGENHOFER 1919, 61 f.).

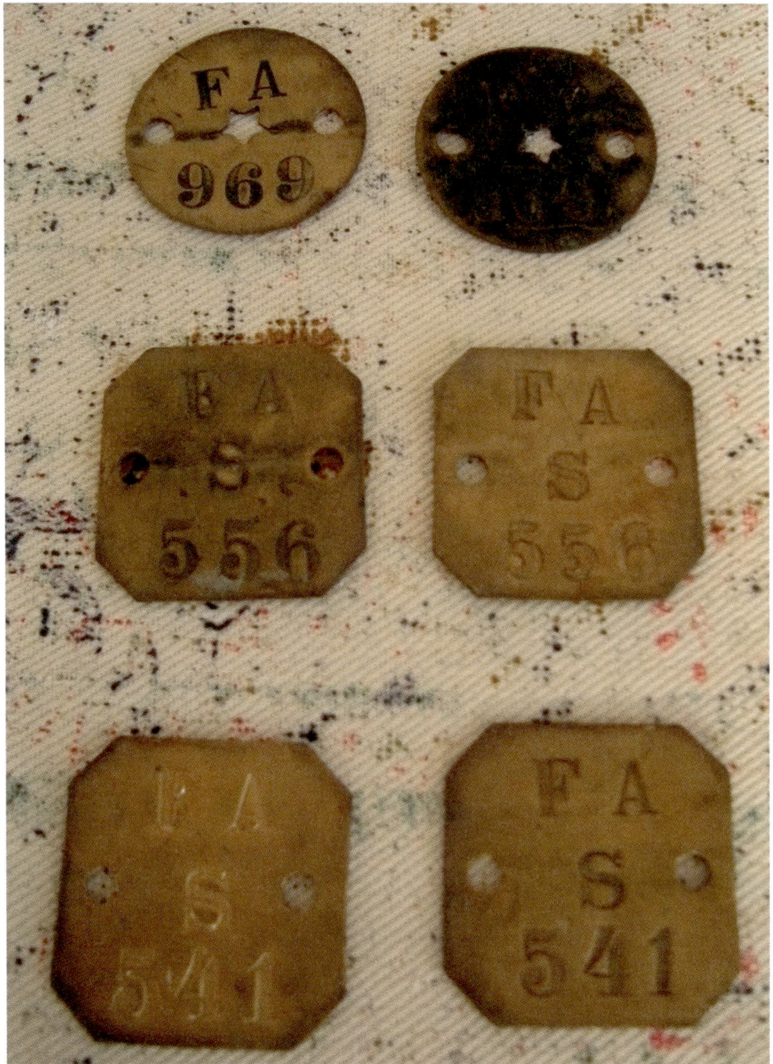


Messingmarken des Handwerksbetriebs Fromholzer (Archiv Fromholzer).

Damit die Kunden, die Stoff zum Färben gebracht haben, ihrem eigenen Stoff sicher wieder bekamen, ist eine Marke an den Stoff angeheftet worden, die andere erhielt der Kunde. „F A“ steht für „Fromholzer Alois“, „S“ für „Blau-“ und „Schwarzdrucker“, die zunächst Leinen und später auch Baumwolle gefärbt haben. Der eingestanzte Stern hilft Analphabeten bei der Identifikation ihres eigenen Textils.

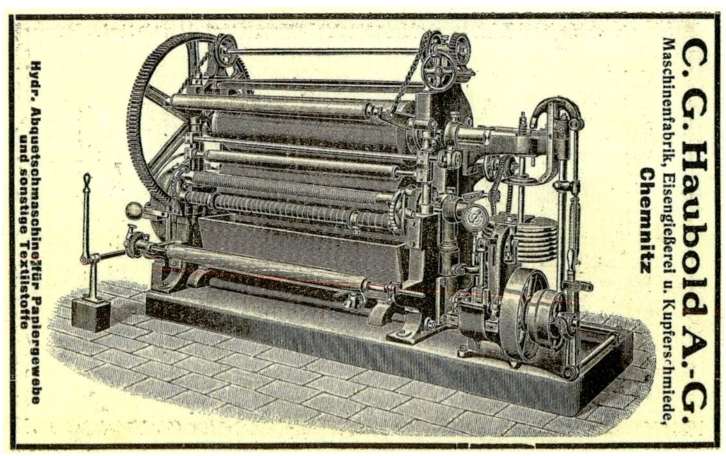


ABQUETSCHMASCHINE 1918 (DEUTSCHER FÄRBERKALENDER 1919) (ARCHIV FROMHOLZER).
Der durchgefärbte Stoff wird durch die Walzen gequetscht, um überflüssige Farbe zu entfernen.

## In der Zwischenkriegszeit: Messe und Handwerksausstellung

Josef Fromholzer schätzt die Bedeutung und das besondere Verdienst seines Vaters (IV) im Rückblick ein:

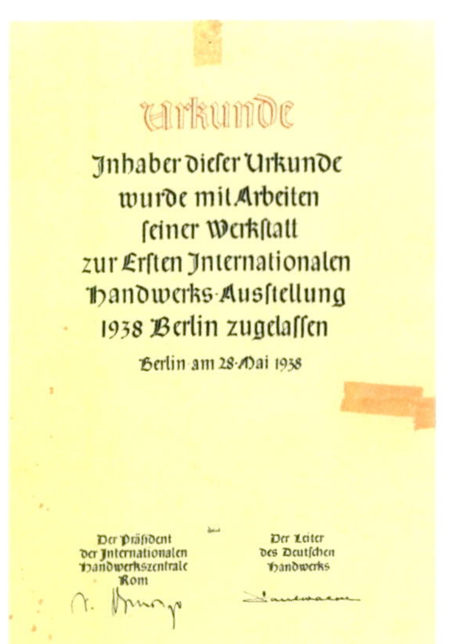

Urkunde

Inhaber dieser Urkunde wurde mit Arbeiten seiner Werkstatt zur Ersten Internationalen Handwerks-Ausstellung 1938 Berlin zugelassen

Berlin am 28. Mai 1938

Der Präsident der Internationalen Handwerkszentrale Rom

Der Leiter des Deutschen Handwerks

*„Der Vater war immer bestrebt, sein Wissen dem Stand der Technik anzupassen. Die Blaudrucker sind beim Blaudruck stehen geblieben, während der Vater den Direktdruck eingeführt hat. Durch Ausstellungen auf der Leipziger Messe und der Handwerksausstellung in Berlin usw. hat er den Kundenkreis überregional erweitert.“*

Brief Josef Fromholzer, 12.03.2015

TEILNAHMEURKUNDE ZUR ERSTEN INTERNATIONALEN HANDWERKS-AUSSTELLUNG 1938 (ARCHIV FROMHOLZER).

Alois (IV) bleibt nicht auf dem Kenntnisstand stehen, den er sich während seiner Lehre und Meisterprüfung angeeignet hat. Immer wieder besucht er Farbenfabriken und bildet sich fort, z. B. auch im Jahr 1937, wo er in den Farbwerken Hoechst die neuesten Entwicklungen kennenlernt.

Seine Vorhangstoffe und Tischdecken werden zur Zeit der „Heimatkunst-Bewegung" der 1930er Jahre u. a. auch im Warenkontor des „Deutschen Heimatwerks" in Düsseldorf geführt und ausgestellt.

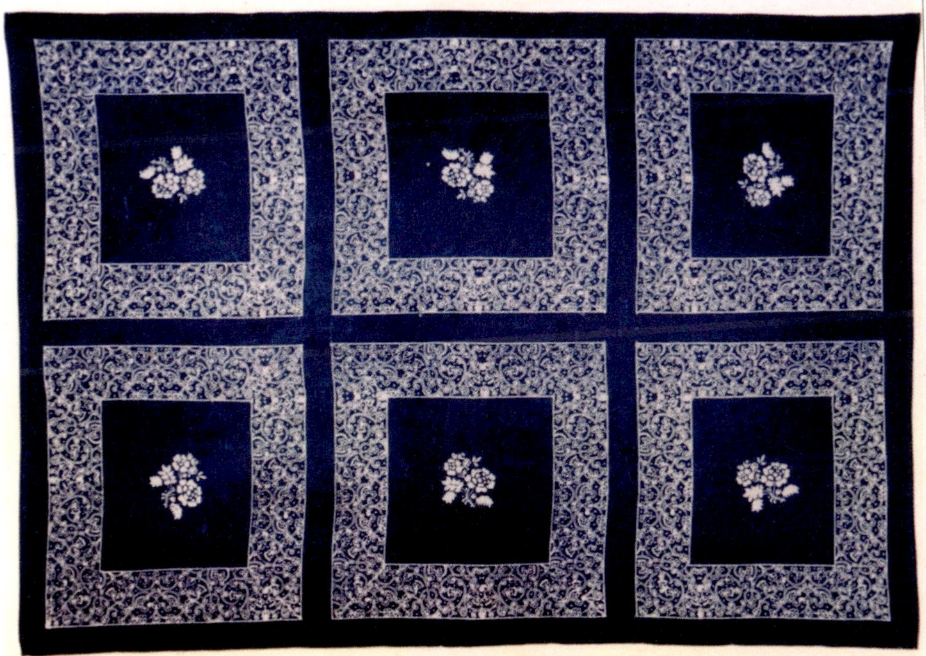

Tischdecke von Alois (IV) Fromholzer (Archiv Fromholzer).
Dieser flächige Reserve-Druck ist typisch für den Stil des Meisters.

Die herausragende Bedeutung von Alois (IV) Fromholzer findet seine Würdigung, als er am 27. Februar 1943 mit Lungenentzündung und Rippenfellentzündung stirbt.

In seiner Grabrede führt Pfarrer Bauer von Ruhmannsfelden u. a. aus, dass Alois (IV) seine „Tüchtigkeit im Beruf und seine uneigennützige Nächstenliebe“ dem „Vorbild seines Vaters“ verdankte. Er sei „unermüdlich seiner Landwirtschaft und besonders seinem Geschäft“ nachgegangen. „Geschäftsaufträge erhielt er aus ganz Deutschland. Gehörte er doch zu den nur 8 Färbern in ganz Bayern, die noch die edle und schwierige Kunst der Handdruckerei verstehen und ausüben. Überall waren seine Ostmarkdrucke mit den gefälligen Mustern und Farben gesucht und geschätzt“ (ARCHIV FROMHOLZER).

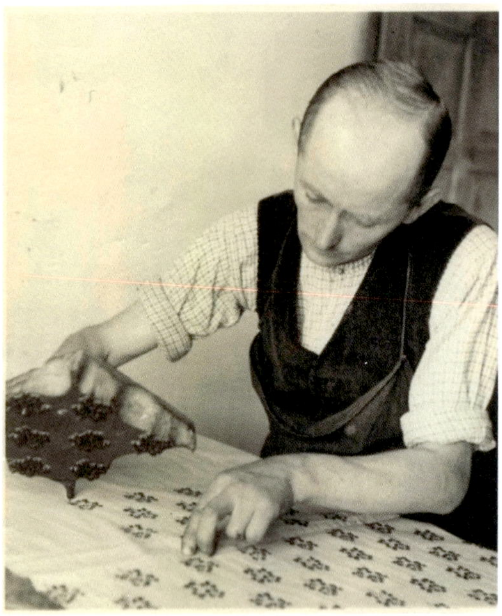

ALOIS (IV) FROMHOLZER 1930ER JAHRE (ARCHIV FROMHOLZER).

Im Direktdruck mit einem Model bedruckt er Leinen für Vorhänge und Tischdecken. Er setzt gerade den Ansatzstift auf, um einen präzisen Fortdruck des Musters zu erreichen.

Auch Direktor Dr. Pflaumer, Vorstandsmitglied der I. G. Farben, bezeichnet Alois (IV) Fromholzer als „sachkundigen, verständigen Meister“. „Leider konnte er die Erfahrungen, die er in seinem Drang nach persönlicher Vervollkommnung sich in unserer Färberei in Höchst angeeignet hat, nur eine kurze Zeit anwenden, zumal ja auch noch der Krieg es stark behinderte, ganz seine Kunst auszuüben. Die schönen Stücke, die ich zum Glück vorsorglich bei ihm mir bis in die letzte Zeit gesichert habe, waren uns schon immer eine große Freude, drücken sie doch soviel Tradition und kunstschöpferischen Sinn aus.“ (ARCHIV FROMHOLZER). Er kenne teilweise auch die Söhne und freue sich für die Witwe, „wenn Sie Ihren Betrieb durch irgendeine Hilfe weiterhin aufrecht erhalten können.“

## Josef und seine Brüder Alois und Xaver ab 1943

Am 18. Februar 1943 machen der 1925 geborene Alois (V) und sein 1926 geborener Bruder Josef die Gesellenprüfung. Ein paar Tage später, am 27. Februar 1943, mitten im Zweiten Weltkrieg, stirbt Alois (IV) Fromholzer als 41-Jähriger. Bruder Xaver, geboren 1931, ergreift später auch noch den Färberberuf.

### „Unser Vater war uns immer Vorbild und Lehrmeister"

Josef lernt bereits als Kind die beschwerliche Arbeit des Färberhandwerks kennen, und doch erlebt er das Familienleben als herzliches Miteinander:

*„Uns gegenüber hat er aber schon eine gewisse Strenge in der Erziehung an den Tag gelegt. Wir haben praktisch von Kindheit an mitgeholfen. Mit elf Jahren hab' ich schon gedruckt, Schnupfertücher, da geht's nicht ganz so genau. Und da ich auf den Drucktisch noch nicht hinauflangen konnte, arbeitete ich von einem kleinen Podest aus."*

(Josef Fromholzer im Gespräch, 04.03.2015)

*„Ja die Mutter hat viel mitgemacht, zwei Söhne im Krieg. Der Vater ist im Februar gestorben. Im November haben wir beide einrücken müssen. Und da war auch noch die Landwirtschaft dabei, und Bruder Xaver hat mit dreizehn Jahren die Landwirtschaft machen müssen. Und die Schwester war 16, der jüngste erst 7, aber die Mutter hat wirklich viel geleistet, bis zuletzt."*

(Josef Fromholzer im Gespräch 16.10.2014)

*„Gepflegter Haushalt und die gute Küche der Mutter machten das Miteinander zur Freude."*

(Brief Josef Fromholzer 13.03.2015)

Sie arbeitet auch als Witwe immer noch gerne im Laden.

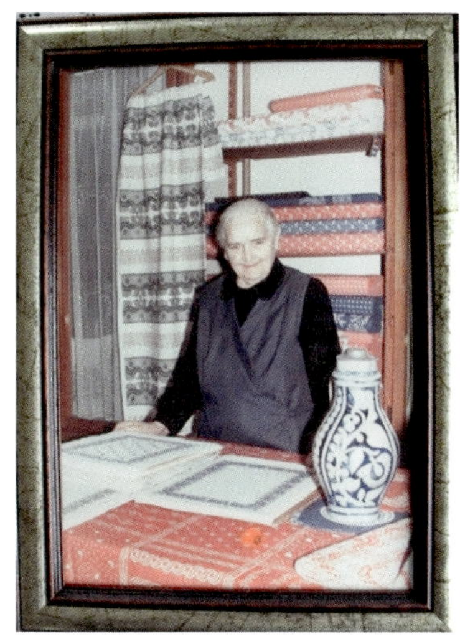

MUTTER MARIA FROMHOLZER, ENDE DER 1960ER JAHRE (ARCHIV FROMHOLZER).

## Mit siebzehn „haben wir beide einrücken müssen"

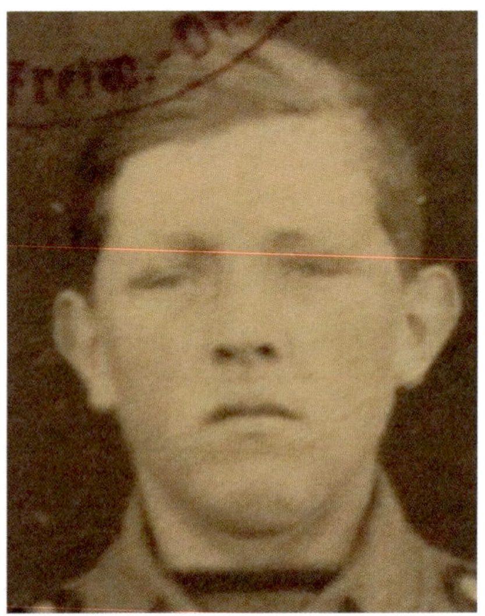

Josef Fromholzer 1944 (Archiv Fromholzer).

Der Ausschnitt aus seinem Wehrpass zeigt den kaum 18-Jährigen, der an die Front muss.

Von der Musterungskommission wird Josef (II) noch im Januar 1944 absichtlich auf eine Körpergröße von 1,66 festgelegt, obwohl er kleiner als die erforderlichen 1,65 cm ist und wird damit – trotz Einspruch der Mutter – zwangsweise als noch nicht 18-Jähriger zur Wehrmacht eingezogen. Er muss nach Pommern zur Feldartillerie, dann zur Flak, erleidet eine schwere Rückenverletzung und kommt ins Kriegslazarett Stettin. Im Lazarett in Hildesheim erlebt er im März 1945 schwere Bombardierungen und gerät in amerikanische, dann in britische Gefangenschaft und übersteht unter großen Entbehrungen den Winter in einem Lager in Belgien. Dann wird er nach Süd-England transportiert.

Auf dem Marsch vom Hafen zum Gefangenenlager hat er sich die Füße wund gelaufen: Beim schnellen Aufbruch hat er zweierlei Stiefel erhalten, einer zu groß, einer zu klein, in denen er nicht gehen konnte. Im Lager gibt es keine Waschmöglichkeiten, es wird nur „nur Läusepulver reingestreut". Er muss „zum Glück zur Air Force zu Aufräumungsarbeiten", doch später hat er trotz Verwundung „Kartoffel klauben müssen".

*„Der Kommandant hat mich als Putzer genommen und hat mit mir geredet, als ob ich Englisch könnte. […] Er war distanziert, das ist klar, aber unheimlich korrekt. [Josef verbringt zwei Jahre in England als Kriegsgefangener.] Und da hat einer in Pembrey (Südwales) in der Küche gearbeitet, und ich habe den Speisesaal und die Aufenthaltsräume für die Offiziere und Flugzeugführer sauber machen müssen, und da gab es eine Bäckerei, die das Lager beliefert hat, die haben den Koch eingeladen und gesagt, er könne auch einen Freund mitbringen, der hat mich dann mitgenommen, und die Familie war so gut zu mir, der Bäcker hat mir ein Zeugnis ('To whom it may concern') geschrieben, dass er*

*mich als ehrlich, willig, fleißig kennengelernt habe, und wenn ich Probleme hätte, solle ich das herzeigen. […] Ich habe dann auch Englisch gelernt.“*

(Josef Fromholzer im Gespräch 16.10.2014)

Immerhin darf er Briefe in die Heimat schreiben.

*„Nach der Entlassung war ich noch acht Tage in Hamburg Bergedorf in Quarantäne, sind dann über Munsterlager, und in Hammelburg haben wir dann den Entlassungsschein gekriegt. […] Am 1. April 1946 war ich hinübergekommen [nach England], am 28. März 1948 bin ich heimgekommen.“*

(Josef Fromholzer im Gespräch 16.10.2014)

Auf einer Glückwunschkarte zum Neuen Jahr 1950 schreibt ihm immer noch der Bäcker-Konditor Davies, bei dem er 1947 als Kriegsgefangener oft eingeladen war, “[I] would like you to come for a holiday anytime you wish“.

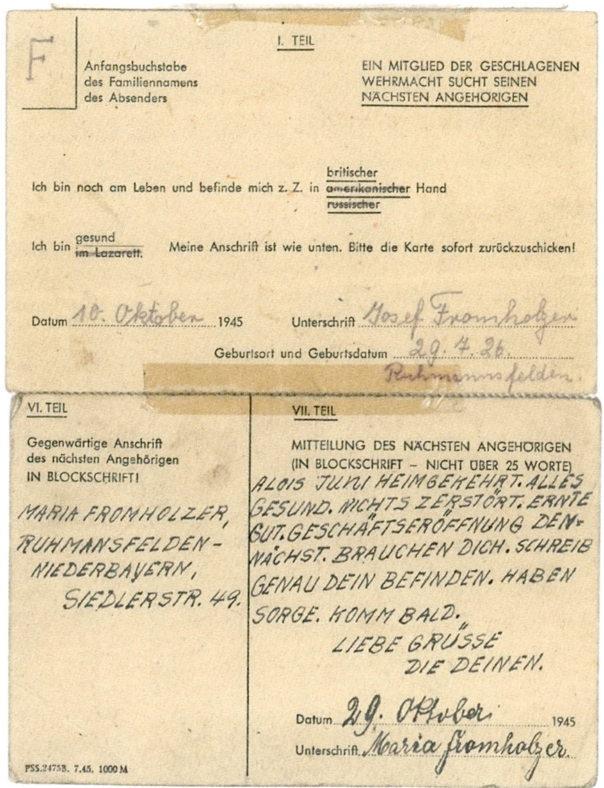

F

Anfangsbuchstabe des Familiennamens des Absenders

I. TEIL

EIN MITGLIED DER GESCHLAGENEN WEHRMACHT SUCHT SEINEN NÄCHSTEN ANGEHÖRIGEN

Ich bin noch am Leben und befinde mich z. Z. in britischer ~~amerikanischer~~ ~~russischer~~ Hand

Ich bin gesund ~~im Lazarett.~~ Meine Anschrift ist wie unten. Bitte die Karte sofort zurückzuschicken!

Datum 10. Oktober 1945 Unterschrift Josef Fromholzer

Geburtsort und Geburtsdatum 29.4.26. Ruhmannsfelden.

VI. TEIL

Gegenwärtige Anschrift des nächsten Angehörigen IN BLOCKSCHRIFT!

MARIA FROMHOLZER, RUHMANSFELDEN - NIEDERBAYERN, SIEDLERSTR. 49.

VII. TEIL

MITTEILUNG DES NÄCHSTEN ANGEHÖRIGEN (IN BLOCKSCHRIFT – NICHT ÜBER 25 WORTE)

ALOIS JUNI HEIMGEKEHRT. ALLES GESUND. NICHTS ZERSTÖRT. ERNTE GUT. GESCHÄFTSERÖFFNUNG DEMNÄCHST. BRAUCHEN DICH. SCHREIB GENAU DEIN BEFINDEN. HABEN SORGE. KOMM BALD. LIEBE GRÜSSE DIE DEINEN.

Datum 29. Oktober 1945

Unterschrift Maria Fromholzer

PSS.2475B. 7.45. 1000 M

Benachrichtigung von und an Josef (Archiv Fromholzer).

Das „Mitglied der geschlagenen Wehrmacht [Josef Fromholzer] sucht seinen nächsten Angehörigen“. Die Mutter erhält somit die amtliche Nachricht, dass ihr Sohn Josef in britischer Gefangenschaft ist. Ihre Antwort an ihn ist selbstredend: „Geschäftseröffnung demnächst. Brauchen Dich. […] Komm bald“ (29. Okt. 1945).

## Modernisierung des Betriebs: Der innovative Drucktisch 1948

Als die Brüder Alois und Josef aus dem Zweiten Weltkrieg heimkommen, machen sie sich sofort daran, ihre Kenntnisse weiter auszubauen und die Betriebseinrichtungen zu modernisieren. Alois (V) hat 1949 sechs Wochen beim Meisterbetrieb Himmelsbach in Freiburg gelernt, Indigo im Ätzdruck anzuwenden.

*„Druckereien waren damals sehr verschlossen, da ist man nicht hineingekommen, man hat möglichst den Betrieb nicht hergezeigt. Da ging es um die ganze Betriebsausstattung.*

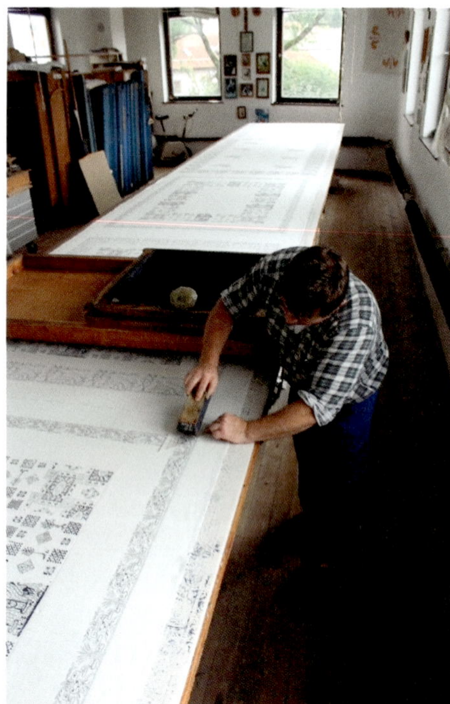

DRUCKERGESELLE WILLI PREIß AM DRUCKTISCH 2014 (FOTO: FEGERT).

Die „Chassis" mit dem Farbkasten läuft als Wagen über die ganze Länge des Tisches und lässt sich hinüber und herüber ziehen.

*Da hat der Landesinnungsmeister Würth gesagt, wir sollten eine Prüfung für die Druckerei machen, und hat veranlasst, dass wir bei der Druckerei Wallach die Druckerprüfung machen können, um den neuesten Stand der Technik kennenzulernen. Der hat unheimlich werben müssen, dass der Wallach uns reingelassen hat. Und wie die Prüfung beendet war, hat Herr Sedlmeier [von der Druckerei Wallach in Dachau] gesagt: ‚So, habt's jetz' alles g'sehen?'*

*Unser Vater hatte für die Chassis einen eigenen Tisch gegenüber dem Drucktisch gehabt, und der hat sich für jeden Model drehen müssen, eintauchen und drehen. Mein Bruder Alois war unheimlich geschickt. Heimgekommen, und sofort ist ein langer Drucktisch gemacht worden und die Chassis als Wagen darauf, 1948."*

(Josef Fromholzer im Gespräch 17.10.2014)

## Nach dem Zweiten Weltkrieg: ‚Viechtacher Leinen organisieren'

*„Nach Kriegsende, da gab's eine unheimliche Färbeaktion. [...] Der Alois hat mit fünf oder sechs Mann angefangen. Die haben dauernd gefärbt. Einer oder zwei haben gedruckt. Wenn die Soldaten mit der Militärkleidung heimgekommen sind, dann ist diese umgefärbt worden. Zum Teil haben's auch ganz viel Decken gefärbt, amerikanische Wolldecken, das Olive in Blau. Die Firma Kreussler hat da sogar einen eigenen Farbstoff entwickelt, weil das Olive schwer zu überdecken war und bei Blau das Olive immer zu sehr durchgedrückt hat. So hat man dann das Olive der amerikanischen Wolldecken einigermaßen in ein schönes Blau färben können. Das waren dann Farbstoffe, die speziell in der Kleiderfärberei verwendet wurden. [...] Damals ist auch viel „organisiert" worden. Zum Beispiel in Viechtach, da ist ein Waggon Leinen stehen geblieben, und das war das ‚Viechtacher Leinen'. Leinen war im Krieg vielfältig verwendet worden, zum einen als Verbandsmaterial. Und dann hat man auch – ich war ja beim LIG (Leichtes Infanteriegeschütz) – , wenn bei Nacht geschossen wurde, ein Salzsackerl aus Leinen der Kartusche über den Zelluloid-Plättchen beigefügt, damit man das Mündungsfeuer nicht gesehen hat. Deswegen war das Leinen damals Militäreigentum. Über dieses 'Viechtacher Leinen' sind die Leute damals hergefallen und haben sich einen Ballen davon genommen. Nach und nach haben sie das dann färben lassen, und wir haben das noch jahrelang im Lohndruck für Tischdecken, auch für Dirndl verarbeitet. Das war ein wunderschönes Leinen!*

*Damals hatten wir einmal eine größere Menge Leinen [zum Verarbeiten], und wie das auf dem Färbejigger lief, hat das – die Sonne schien gerade ein wenig herein – so golden reflektiert, eine wunderschöne Farbe. Und da war keine Regierung und nichts, als der Übergang war, und dann haben sie bei uns dieses Leinen – das wir gekauft hatten, das also kein 'Viechtacher Leinen' war – beschlagnahmt und mitgenommen. Mein Bruder Alois ist dann mit einem Kameraden aufs Landratsamt gegangen, und hat es zurückgefordert und auch wieder bekommen."*

(Josef Fromholzer im Gespräch 30.04.2015)

Josef Fromholzer beschreibt, dass in gleicher Weise – wie nach dem Ersten Weltkrieg – die Militärstoffe zu zivilen Kleidern umgefärbt worden sind und dass nach den Kriegsverlusten ein hoher Bedarf an Gebrauchsstoffen für Kleider und Mäntel bestand. Das Organisieren bedeutet damals das Überleben!

## Alois' Meisterprüfung in Freiburg 1951: Der Ätzdruck

Alois (V) hat 1951 bei der Färberei Himmelsbach in Freiburg die Meisterprüfung als „Färber und Chemischer Reiniger" und eine weitere als „Textilhanddrucker" gemacht.

*„Bis zum damaligen Zeitpunkt hatten wir den farbigen Druck nur auf Indigo in* RESERVEDRUCK *gemacht, und die Firma Himmelsbach in Freiburg im Breisgau, die hat damals schon den Ätzdruck gekannt. [...] Beim Reservedruck muss der Stoff zunächst vorbereitet werden. Und wenn es ein dünner Stoff ist, muss er erst gestärkt werden. Dann wird er weiß mit einer Reserve bedruckt, die circa vierzehn Tage eintrocknen muss, damit das richtig abbindet. Dann wird in der Küpe gefärbt. Und weil der Indigo ein schwaches Ziehvermögen zur Faser hat, muss in mehreren Zügen gefärbt werden. Das muss oxidieren, dann kommt's wieder hinein, je nachdem, wie stark die Küpe ist. Normal hat man zehn bis zwölf Züge gefärbt. Und nach fünf Zügen ist dann der unterste Teil nach oben gekommen, dass es gleichmäßig wird. Die Farbe ist stufenweise aufgetragen worden. Immer wieder Reduktion, Oxidation. Bei der Reserve-Küpe wird kalt gefärbt – Temperaturerhöhung bedeutet Reaktionsbeschleunigung – bei der warmen Küpe ist das eine Gefahr für die Reserve, dann dringt die Farbe ein. Dann muss es schnell gehen. Die Methode des* ÄTZDRUCK *wird hauptsächlich angewendet im warmen Medium. Und die Brillant-Indigo-Marken sind eine Stufe echter als der Normalindigo, die werden heiß gefärbt. Anschließend wird eine Paste aufgedruckt, die beim Dämpfen die Farbe reduziert, so dass sie nicht wieder oxidieren kann. Und dann wird's hier auf einen perforierten Zylinder – da kommt ein Stoff dazwischen – aufgerollt. Unten und oben muss es dabei fest zugemacht werden, sonst würde sich der Dampf den leichteren Weg suchen. Je nach Ätzbarkeit der Färbung und Material wird dann zwei bis zehn, zwölf Minuten gedämpft."*

(Josef Fromholzer im Gespräch 17.10.2014)

Beim „Ätzdruck" wird zunächst der ganze Stoff gefärbt. Dann werden oxidierende oder reduzierende (ätzende) Druckpasten an bestimmten Stellen aufgebracht. Diese bewirken die örtliche Zerstörung des Farbstoffes und erzeugen eine Musterung in Weiß, die sogenannte Weißätze. Bei Hinzufügung einer chemisch anders zusammengesetzten Farbe entsteht eine bunte Musterung, die sogenannte Buntätze.

Damit wird deutlich, welche enorme Zeitersparnis der Ätzdruck bewirkt: Mehr als 14 Tage braucht der Reservedruck, während der Ätzdruck in weniger als einer Viertelstunde erfolgt!

Beide Entwürfe, der obere mit handschriftlichen Maßangaben, stammen von Alois (V), für die er selbst Model hergestellt hat. Die Modelelemente der unteren Tischdecke sind dann auch als Siebdruck für den rationellen Filmdruck umgearbeitet worden.

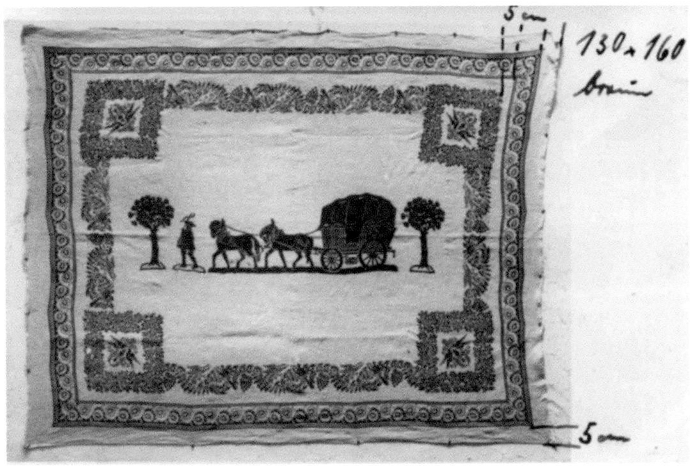


Tischdecke Pferdegespann, 1950er Jahre, Modeldruck, Entwurf Alois Fromholzer (Archiv Fromholzer).

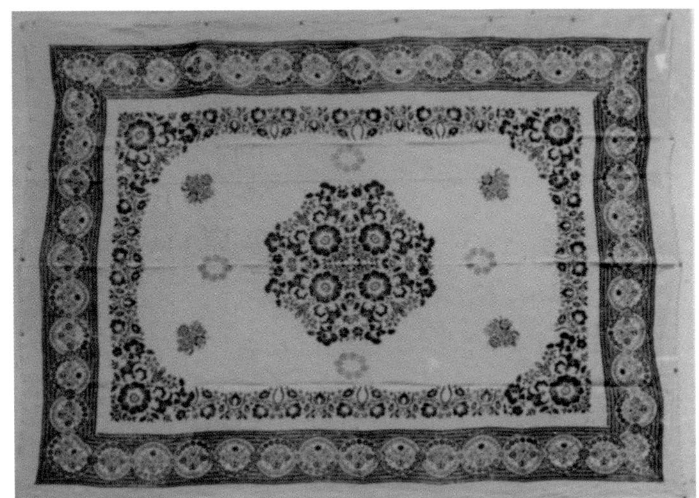

Tischdecke Blumenmuster, 1950er Jahre, Modeldruck, Entwurf Alois Fromholzer (Archiv Fromholzer).

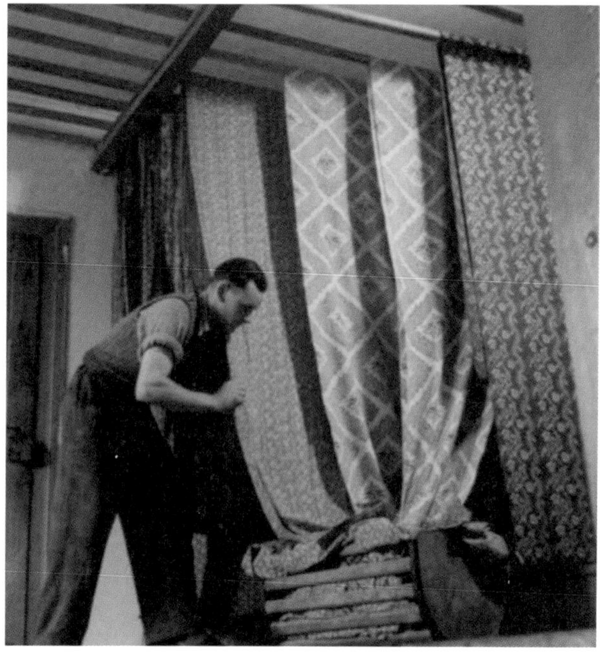

ALOIS (V) FROMHOLZER 1952 (ARCHIV FROMHOLZER).
Er begutachtet Vorhangstoffe, die im Ätzdruck-Verfahren hergestellt worden sind. Dieses Foto dient Josef Fromholzer als Anschauungsmaterial für einen Vortrag, den er bei seinem Meisterkurs 1951/52in Reutlingen zu halten hatte.

## Josef im Technikum für Textilindustrie Reutlingen 1951–52

Wie Alois (V) ergreift auch Josef jede Gelegenheit, sich in Farbwerken fortzubilden und absolviert ebenfalls kurz nach seinem Bruder seinen Meisterkurs:

*„Im Jahr 1950 bin ich [Josef] vier bis sechs Wochen bei den Farbenfabriken Bayer in Leverkusen gewesen und 1954 bei den Farbwerken Hoechst und Cassella Mainkur: Cassella Mainkur hat hauptsächlich die ätzbaren Indanthren Rot-Farbstoffe gehabt, BASF überwiegend Indanthren die anderen Marken gelb, blau, grün usw.“*

(Gespräch Josef Fromholzer 16.04.2015)

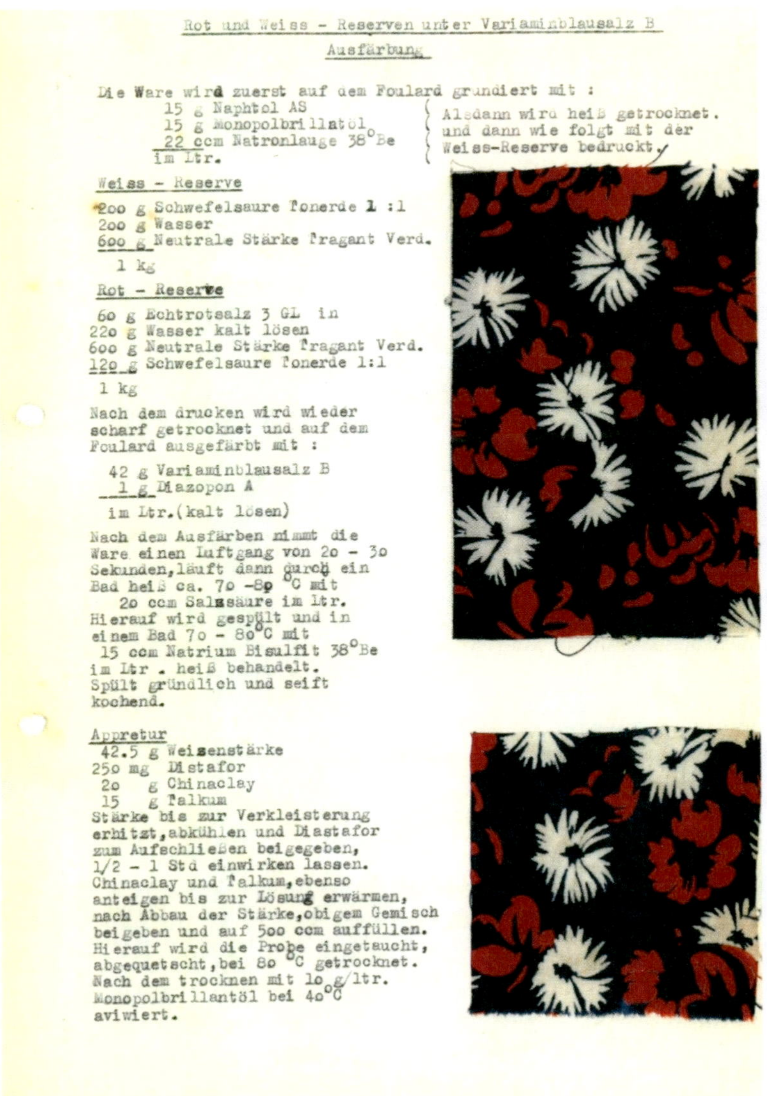

Rot und Weiss - Reserven unter Variaminblausalz B

Ausfärbung

Die Ware wird zuerst auf dem Foulard grundiert mit :

15 g Naphtol AS
15 g Monopolbrillantöl
22 ccm Natronlauge 38°Be
im Ltr.

Alsdann wird heiß getrocknet. und dann wie folgt mit der Weiss-Reserve bedruckt.

Weiss - Reserve

200 g Schwefelsaure Tonerde 1 :1
200 g Wasser
600 g Neutrale Stärke Tragant Verd.
1 kg

Rot - Reserve

60 g Echtrotsalz 3 GL in
220 g Wasser kalt lösen
600 g Neutrale Stärke Tragant Verd.
120 g Schwefelsaure Tonerde 1:1
1 kg

Nach dem drucken wird wieder scharf getrocknet und auf dem Foulard ausgefärbt mit :

42 g Variaminblausalz B
1 g Diazopon A
im Ltr.(kalt lösen)

Nach dem Ausfärben nimmt die Ware einen Luftgang von 20 - 30 Sekunden,läuft dann durch ein Bad heiß ca. 70 -80 °C mit 20 ccm Salzsäure im Ltr. Hierauf wird gespült und in einem Bad 70 - 80°C mit 15 ccm Natrium Bisulfit 38°Be im Ltr . heiß behandelt. Spült gründlich und seift kochend.

Appretur

42.5 g Weizenstärke
250 mg Diastafor
20 g Chinaclay
15 g Talkum

Stärke bis zur Verkleisterung erhitzt,abkühlen und Diastafor zum Aufschließen beigegeben, 1/2 - 1 Std einwirken lassen. Chinaclay und Talkum,ebenso anteigen bis zur Lösung erwärmen, nach Abbau der Stärke,obigem Gemisch beigeben und auf 500 ccm auffüllen. Hierauf wird die Probe eingetaucht, abgequetscht,bei 80 °C getrocknet. Nach dem trocknen mit 10 g/ltr. Monopolbrillantöl bei 40°C aviviert.

Drucke von Josef Fromholzer, 1950 (Archiv Fromholzer).

Bei Bayer Leverkusen hat der junge Färbergeselle gelernt, wie der Stoff vorbereitet und dann für die Farben Weiß und Rot reserviert wird, um dann mit „Variaminblausalz B“ gefärbt zu werden.

Nachdem Josef Fromholzer die Voraussetzung einer dreijährigen Praxis erbracht hat, geht er im Jahr 1951 an die 1855 gegründete „Webschule" in Reutlingen, die sich als „Königlich Württembergisches Technikum für Textilindustrie" hohes Ansehen erworben hat.

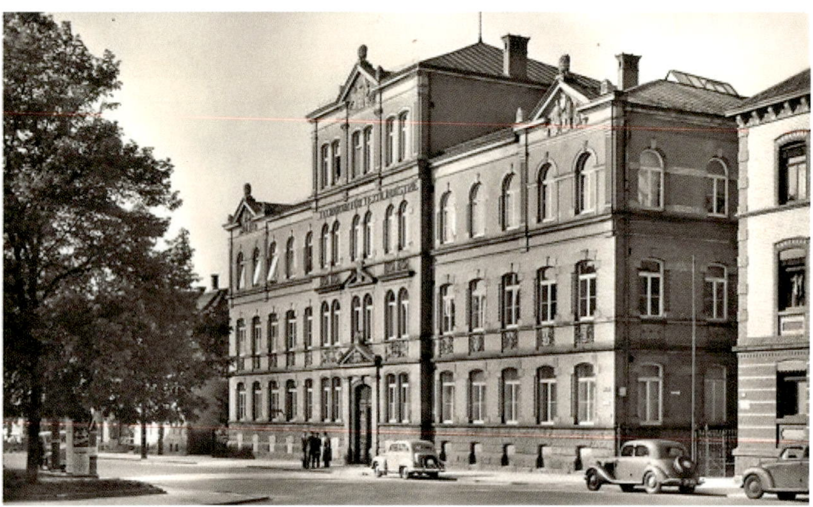

Staatliches Technikum für Textilindustrie, Reutlingen 1953 (Archiv Fegert).
Hier erhält Josef Fromholzer 1951–52 seine Ausbildung zum Werkmeister der Textilveredelung.

In Reutlingen macht Josef Fromholzer einen „Werkmeisterkurs in Textilveredelung", kann aber zugleich den Kurs „Textildruckerei" im Ausbildungsprogramm für Textilingenieure bei einem „guten, erfahrenen Lehrer" besuchen:

*„Entscheidend war der Druckerei-Lehrer, Christian Schlosser. Das war ein älterer Herr, damals schon 68. Nach dem Krieg haben sie in Reutlingen sonst keinen gehabt, der die Druckerei beherrscht hat. Der war sehr erfahren, war im Ersten Weltkrieg in Afrika gewesen. Und das war so beeindruckend, wie der den Leuten dort die Anfänge der Textildruckerei beigebracht hat. Für den Pigmentdruck, der heute zu über 70 Prozent ausgeführt wird mit synthetischen Produkten, wurde damals Blut verwendet, das montags in der Schlachterei geholt wurde, durch eine anschließende Hitzebehandlung koagulierte und so als Bindemittel diente und dann mit der Verdickung und mit den Farben vermischt wurde. Der war wirklich lehrreich. Ich hätte dem immer zuhören können."*

(Josef Fromholzer im Gespräch 16.04.2015)

In Reutlingen ist Josef Fromholzer mit der Farblehre von Wilhelm Ostwald (1853–1932) vertraut gemacht worden. Dieser Farbchemiker hat zu Beginn des 20. Jahrhunderts mit seiner fünf Bände umfassenden Monographie „Die Farbenlehre“ (–1939) versucht das Farbempfinden in naturwissenschaftliche Gesetzmäßigkeiten zu fassen. Er hat dazu die drei Parameter Farbgehalt, Weißgehalt und Schwarzgehalt verwendet. In dem Farb-Modell aus Josef Fromholzers Besitz „bilden die drei Spitzen des schwarzen Sterns zusammen einen Dreiklang“, die vier Spitzen des grauen Sterns „bilden einen Vierklang“.

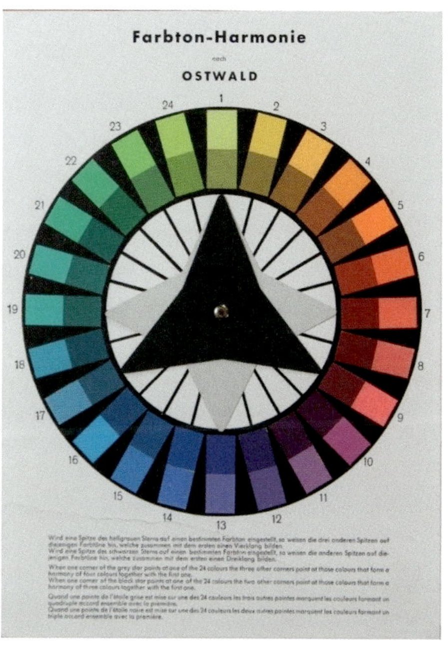


FARBTON-HARMONIE NACH OSTWALD (ARCHIV FROMHOLZER).

Sein erlerntes Wissen über die Farbenlehre Ostwalds, der sich bereits 1914 intensiv mit Goethes grundlegender Farbenlehre (1810) beschäftigt hat (POHLMANN 2011, 88), setzt Josef Fromholzer in Reutlingen zusammen mit seinen Kurskollegen konkret in Färbeversuche um und gestaltet unter Anleitung seiner Lehrer einen Farbkreis aus den erzeugten Färbemustern. So hat er schon damals ein feines Empfinden für Farbharmonie und Farbwirkung erlernt, was ihm tagtäglich bis heute beim Druck seiner Textilien zugute kommt.

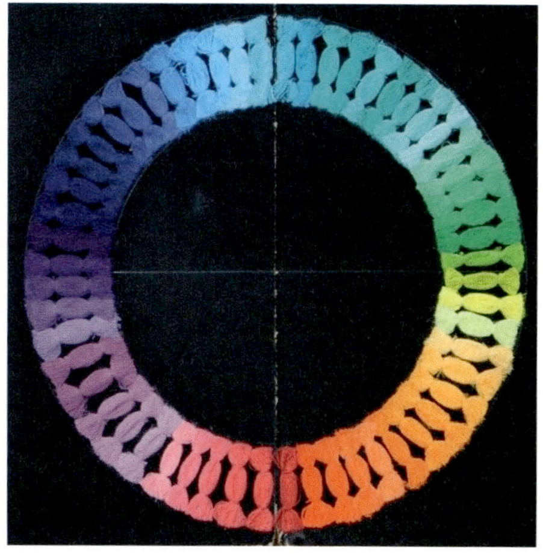

FARBKREIS (ARCHIV FROMHOLZER).

Nach dieser technischen Ausbildung lernt Josef Fromholzer

*„die Weiterentwicklung nach dem Stand der Technik bei Firmen wie Bayer, die auch informiert haben. Da sind die Anwendungstechniker gekommen, die in neue Farben und neue Produkte eingeführt und dazu Empfehlungen gegeben haben, so dass man sagen kann, dass die Veredelung immer nach dem Stand der Technik stattgefunden hat. Wir hatten schon mit dem Filmdruck angefangen und mit dem Indanthrendruck. In den Fünfziger Jahren waren die Dirndl modern: wir haben von Januar bis zum Sommerschlussverkauf nichts getan wie Dirndldrucke gemacht. Die beim Wallach hatten substantive Färbungen, die nicht so echt waren. Wir haben's in Indanthren gemacht. Wir haben die ätzbaren Farbstoffe von BASF, Hoechst und Mainkur 1954 ausgefärbt, als ätzbare Indanthren-Farben für den Dirndldruck. Der Filmdruck ist natürlich leichter. Der Modeldruck war damals schon, weil zeitaufwändig, ein Nischenprodukt, aber mit zeitlos schönen Mustern."*

(Josef Fromholzer im Gespräch 16.04.2015)

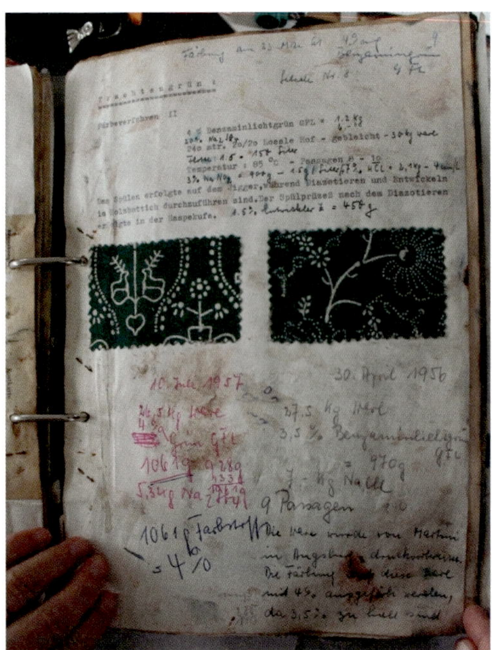

Rezeptvarianten 1954–57 (Archiv Fromholzer).

Am Beispiel des „Trachtengrüns", dessen Rezept aus dem Jahr 1954 stammt, kann man erkennen, dass Rezepte immer wieder Veränderungen erfuhren, wie hier weitere Versuche von 1956 und 1957, die handschriftlich ergänzt worden sind. Immerhin brauchte das grüne Farbmuster insgesamt 9 „Passagen", also Tauchvorgänge, um seine tiefe Farbigkeit zu erlangen.

Josef Fromholzer bildet sich durch intensives Studium der Fachliteratur, Besuch von Tagungen und Austausch mit Kollegen kontinuierlich weiter.

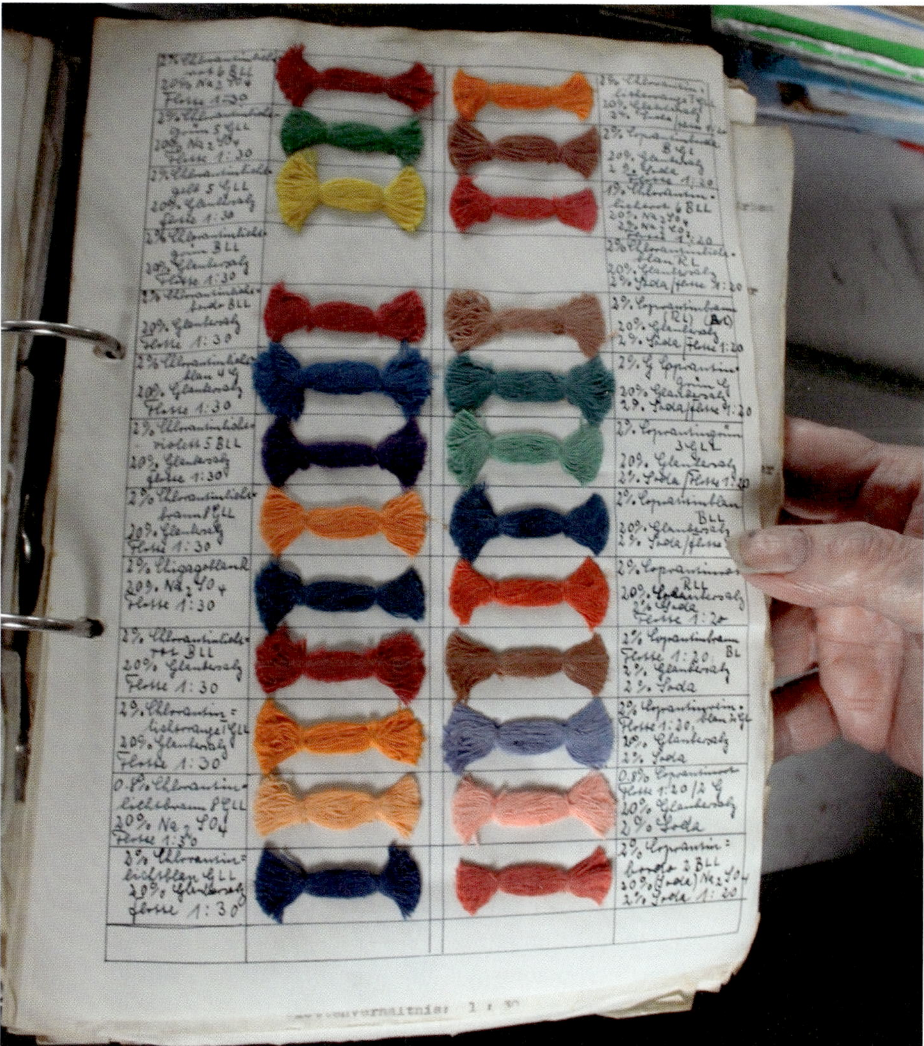

Färbeversuche Josef Fromholzers von 1951/52 (Archiv Fromholzer).

In seiner Zeit in Reutlingen haben Josef Fromholzer und seine Kurskollegen systematisch Färbeversuche unternommen und diese akribisch dokumentiert.

## Xaver: Zeichnen und Kalkulieren

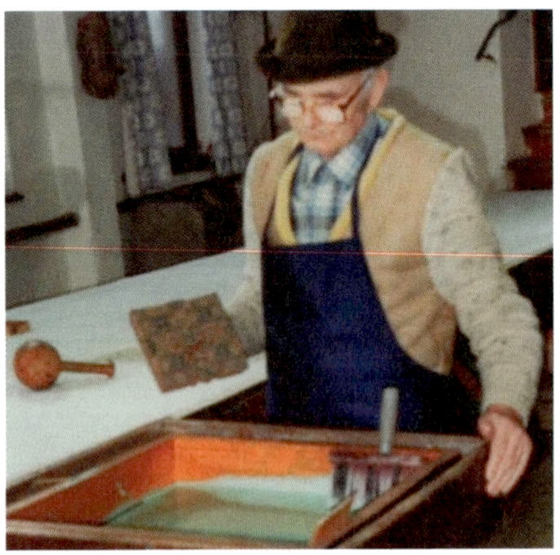

XAVER AM CHASSIS 2008 (ARCHIV FROMHOLZER).

*„Der Xaver hat zunächst Wagner gelernt und 1949 die Gesellenprüfung gemacht. Er war dann ab 1955 drei oder vier Jahre in einer Bauschreinerei in Württemberg. Der hat sich unheimlich helfen können. Der hat auch die Fenster, die wir bei uns erneuert haben, gemacht. Später hat er dann in der Druckerei gearbeitet, war auch auf einer Färberschule, einer Meisterschule in Eslohe im Sauerland.*

*Zunächst hatte er die Gesellenprüfung gemacht beim Biber in Schongau, wo auch unser Vater gewesen war. Gedruckt haben beide Brüder. Der Alois hat mehr das Technische gemacht, das Färben, der Xaver die Kalkulation und die ganzen Zeichnungen, die Muster, die wir vom Model auf Schablone übertragen haben. Dazu hatten wir eine Kopieranlage, für die er die Muster gezeichnet und vervielfältigt hat. Das technische Zeichnen hatte er in der Wagner-Lehre richtig gelernt und hat es vollkommen beherrscht. Ganz exakt und gewissenhaft hat er auch die Kalkulation gemacht. Beide Brüder waren sehr tüchtig."*

(Josef Fromholzer im Gespräch 15.04.2015)

Nach alter Sitte ist 1959 die Besitzübergabe durch die Mutter erfolgt. Josef bekommt den Färbereibetrieb, Alois (V) die Landwirtschaft mit den dazugehörigen Flächen, Xaver ein wertvolles Grundstück und der jüngste Bruder bekommt das Studium finanziert. Immerhin umfasst die Landwirtschaft inzwischen 17 Tagwerk und 73 Dezimalen (KOENIGLICH BAYERISCHES RENTAMT VIECHTACH 1902), im Vergleich zu den 6 Tagwerk und 22 Dezimalen Grund im Jahr 1848.

„Nach der Eröffnung der Chemischen Reinigung in der Kreisstadt Regen im Jahr 1960", dem zweiten Standbein, „tritt Xaver endgültig in den Druckereibetrieb ein, den er über Jahrzehnte hinweg mit Alois zusammen leitet" (AUFZEICHNUNG JOSEF FROMHOLZER 2015).

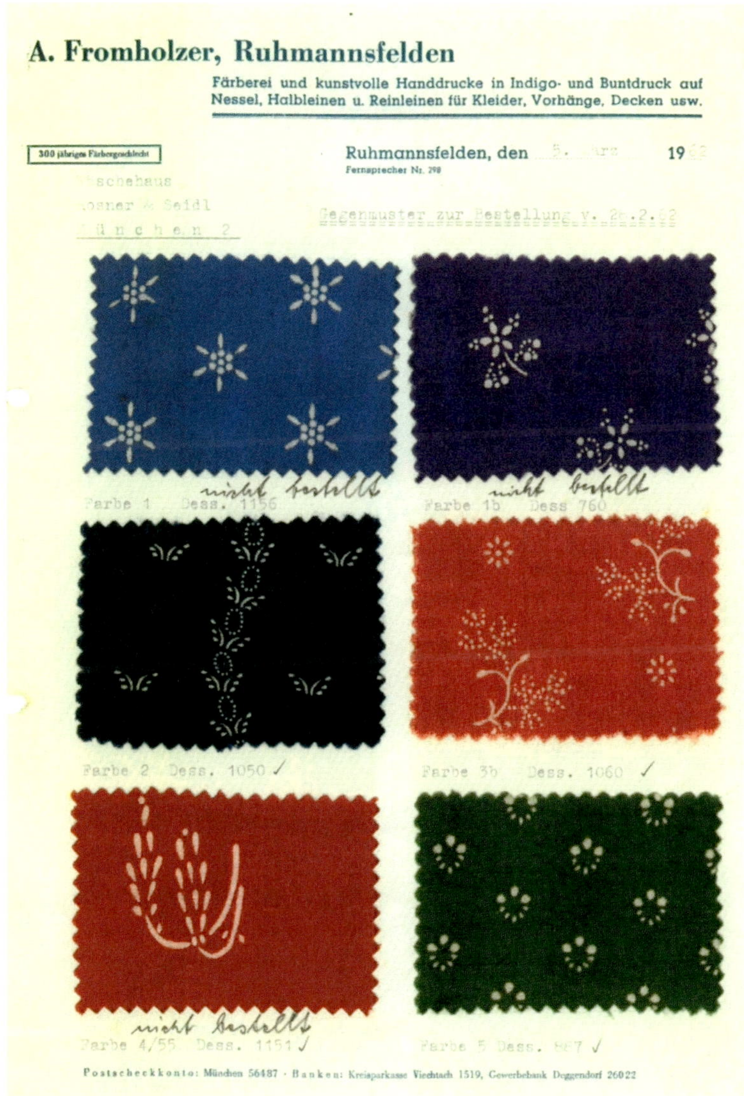

**A. Fromholzer, Ruhmannsfelden**

Färberei und kunstvolle Handdrucke in Indigo- und Buntdruck auf Nessel, Halbleinen u. Reinleinen für Kleider, Vorhänge, Decken usw.

300 jähriges Färbergeschlecht

Ruhmannsfelden, den 5. ärz 19
Fernsprecher Nr. 298

schehaus
osner & Seidl
ünchen 2

Gegenmuster zur Bestellung v. 26.2.62

nicht bestellt
Farbe 1 Dess. 1156

nicht bestellt
Farbe 1b Dess 760

Farbe 2 Dess. 1050 ✓

Farbe 3b Dess. 1060 ✓

nicht bestellt
Farbe 4/55 Dess. 1151 ✓

Farbe 5 Dess. 887 ✓

Postscheckkonto: München 56487 · Banken: Kreisparkasse Viechtach 1519, Gewerbebank Deggendorf 26022

MUSTERSEITE 1962 (ARCHIV FROMHOLZER).

Angebot an das Wäschehaus Rosner & Seidl, dem von 1873 bis 1988 „angesehensten, größten und feinsten Weißwaren- und Aussteuergeschäft Münchens“ (Gutachten des kgl. Obersthofmeisters Albrecht Fürst von Öttingen-Öttingen, 1913).

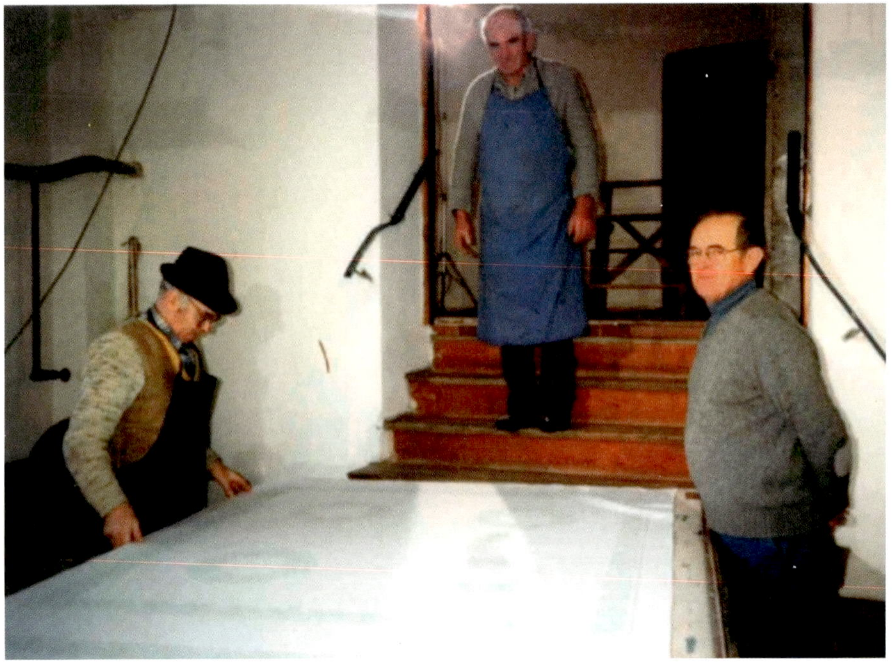

XAVER, ALOIS (V) UND JOSEF FROMHOLZER (von links) AM DRUCKTISCH UM 1991 (ARCHIV FROMHOLZER).

Die drei Brüder arbeiten mit ihren unterschiedlichen Talenten Hand in Hand am Aufbau des Handwerksbetriebes. „Die Ware wird hier für's Fernsehen in den Trockenraum gezogen."

## Rationelles Verfahren: Der Filmdruck im Neubau

*„Da ist die Entwicklung bei uns vorwärts gegangen, erstens so einen langen Drucktisch, Chassis am Tisch und dann der Filmdruck."*

(Filmaufnahme Josef Fromholzer 17.10.2014)

Die Brüder beginnen mit dem neuen Verfahren des Filmdrucks im Jahr 1952:

*„Wir haben selber eine Anlage und wir haben selber einige Schablonen gemacht, aber hernach dann machen lassen. Und zur Schablonenherstellung, da war der Alois auf einem Kurs bei der Firma Klimsch in Frankfurt. Die haben auch die Gaze, das Phosphor-Kupfergewebe geliefert, die Lacke und auch das Zeichenpapier. Das hat der Alois in Frankfurt gelernt. […]"*

Der Filmdruck ist ein rationelles Druckverfahren, um große Flächen, wie Gardinenstoffe oder Tischdecken, oder mehrfach zu druckende kleine Flächen, wie Tischsets, herzustellen. Dafür werden die Handmodel umgezeichnet und vervielfältigt. Dann werden von einer Spezialfirma solche großflächigen Sieb-Schablonen hergestellt. Über diese wird dann die Farbe mit einer die ganze Breite des Siebs überdeckenden Gummirakel gleichmäßig herüber und hinüber gestrichen. Im Betrieb der Fromholzers gibt es ca. 1000 dieser Schablonen.

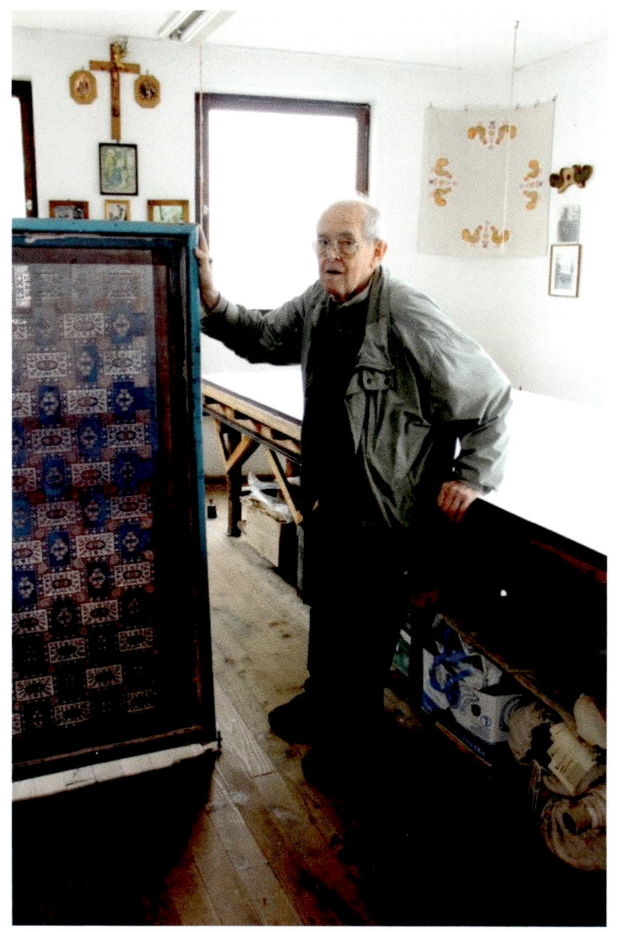

JOSEF FROMHOLZER MIT FILMRAHMEN 2014. (FOTO FEGERT).

*„Die Halle haben wir – zuvor war da ein Nebengebäude, ein Häusl – erst zur Hälfte gebaut, achtzehn Meter. Und dann war gedacht, dass wir vorne einen Laden haben, und der Alois hat immer von einem Museum geträumt, wo man das Drucken vorführt für die Feriengäste, und dann hat sich das mit den Maschinen ergeben, das war 1978, und das waren die Anfänge der Zweiphasendruck-Anlage. Ich hab' das etappenweise gemacht, zuerst haben wir einen Dämpfer gekauft und einen Foulard [= Maschine, die mit Walzendruck Farbe bzw. Reduktionsflüssigkeit in das Gewebe presst], dann ist es zu eng geworden, und wir*

*haben den zweiten Teil bauen müssen, insgesamt 31 Meter. Das hat dann wieder bis 1990/91 gedauert. [Es folgt eine breite Aufzählung von dafür gekauften Textilveredelungsmaschinen].“*

(Josef Fromholzer im Gespräch 16.04.2015)

## Indanthren-Direktdruck im Zweiphasen-Druck

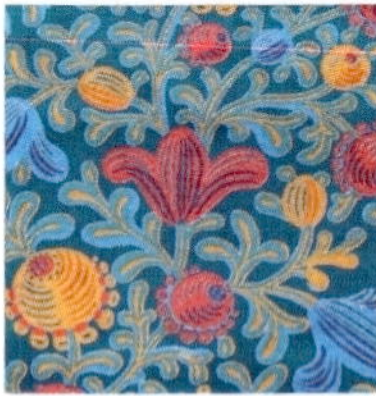

ÄTZDRUCK (FOTO: FEGERT).

*„Die Indanthrene können nach dem Rongalit-C-Verfahren [...] gemacht werden. Da ist das Reduktionsmittel in der Druckpaste mit enthalten, das dann beim Dämpfen den Farbstoff reduziert; der Farbstoff muss, sagt der Chemiker, in die Leukoform überführt werden, damit er Substantivität [= feste Verbindung] zur Faser hat. Und nach dem Dämpfen muss er wieder oxidiert werden, damit der richtige Farbstoff erscheint.*

*Im Gegensatz dazu wird beim Zweiphasen-Druckverfahren zunächst nur die Farbe mit Verdickung aufgedruckt – Verdickung braucht man deshalb, damit das Muster die Konturen einhält. Nach dem Trocknen erfolgt die Aufbringung von Lauge und Reduktionsmittel durch den Foulard und weiter dann zum 2-Phasen-Dämpfer. So mit siebzig Prozent Feuchtigkeit marschiert das in den Dämpfer hinein, und da passiert wieder das, da wird der Farbstoff in die Leukoform überführt, damit er aufzieht, und muss hernach wieder oxidiert werden. Der Vorteil dabei: Bei Rongalit-C muss das innerhalb sechs Stunden gemacht werden, und beim anderen Verfahren hat man genügend Zeit, bis gedämpft wird. Die Drucke können beliebig lang liegen bleiben, deswegen haben wir das Verfahren. So können wir drei, vier oder fünf Tage drucken, und wenn wir dann zweihundert, zweihundertfünfzig Meter haben, dann wird abgedämpft. Das ist ein eigenes Reduktionsmittel, das innerhalb von Sekunden den Farbstoff reduziert, so dass er während des Dämpfens aufziehen kann. Da reichen hundertzwei Grad im Dämpfer, und da wird das schlagartig reduziert. Das ist ein Schnellverfahren. Es folgt die Drucknachwäsche, da muss das wieder oxidiert werden mit Sauerstoff. Dann muss die Überfarbe abgewaschen werden, der Farbstoff, der nicht auf die Faser aufzieht.“*

(Josef Fromholzer im Gespräch 16.04.2015)

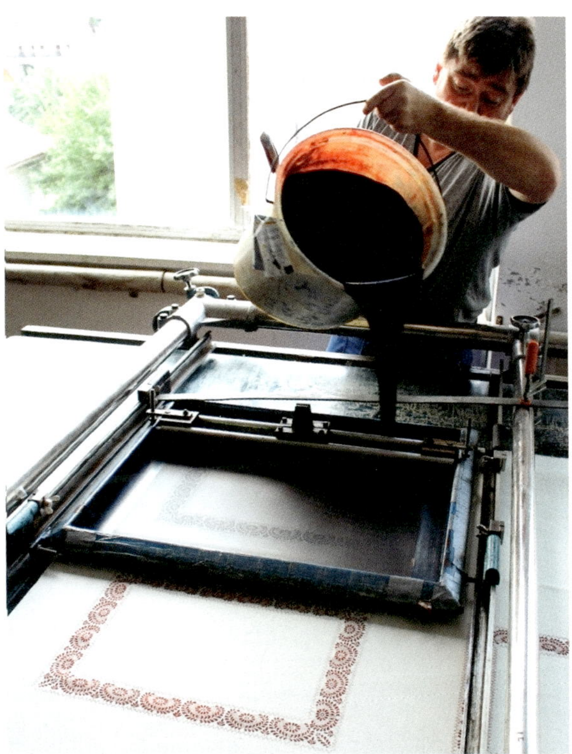

Willi Preiß beim Farbe Einfüllen (Foto Fegert).

Mit der innovativen Filmdruckanlage im Obergeschoss werden Stoffbahnen mittels Schablone auf einer Länge von 31 Metern bedruckt.

Im Sinne eines rationellen Arbeitsablaufs werden dann diese langen Stoffbahnen im Erdgeschoss weiter bearbeitet. So wird dort zunächst im Foulard die bedruckte Ware mit Chemikalien „geklotzt", also über zwei eng anliegende Rollen die überschüssige Farbe herausgepresst. Anschließend läuft die Ware in den 2-Phasen-Dämpfer, wo (als erste Phase) der Farbstoff im reduzierten Zustand auf die Faser aufzieht. Dann folgt (als zweite Phase) Oxidation und Drucknachwäsche in den Breitwaschmaschinen. Im Anschluss wird die Ware abgequetscht und über Trockenzylinder und Filzkalander getrocknet und aufgerollt. Der Indanthren-Druck ist der aufwändigste, aber brillanteste und echteste Druck auf „vegetabilischen", also pflanzlichen Fasern.

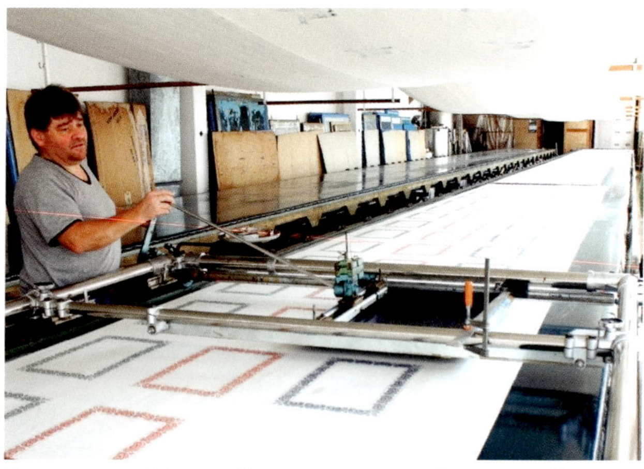

FILMDRUCK IM NEUBAU-OBERGESCHOSS DER DRUCKEREI FROMHOLZER 2015 (ARCHIV FROMHOLZER).

Der Geselle Willi Preiß druckt das Sonnenblumenmuster jeweils eine Bahn nacheinander mit grüner, roter und gerade mit blauer Farbe auf der 31 Meter langen Zweiphasendruck-Anlage.

## Schema der Druckverfahren in der Fromholzer-Werkstatt

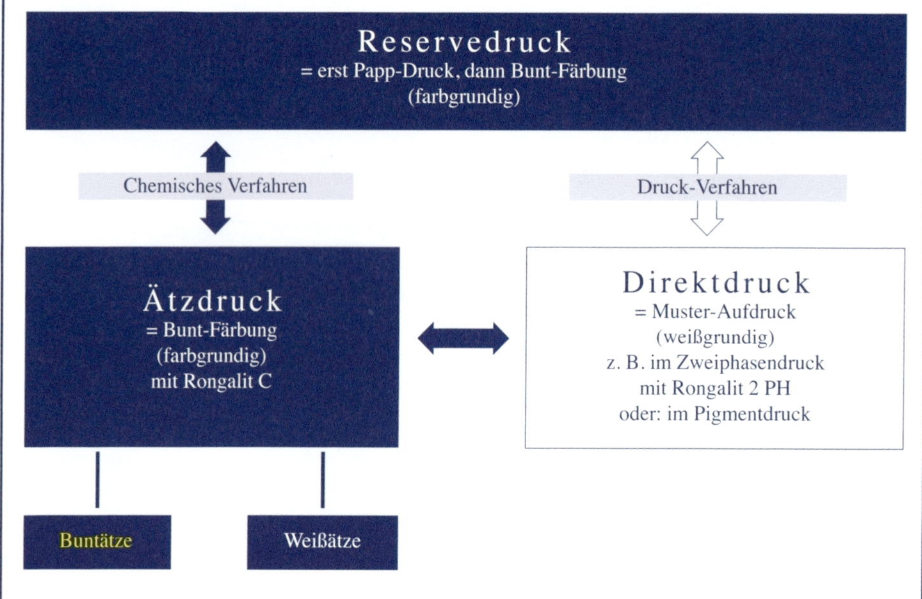

Die Bildfolge zeigt den Arbeitsablauf von links oben nach rechts unten.

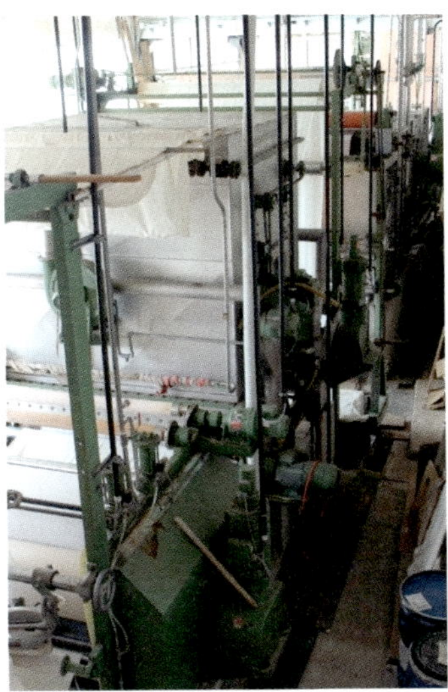

Einführung zum Foulard und 2-Phasen-Dämpfer (Fotos Fegert 2015).

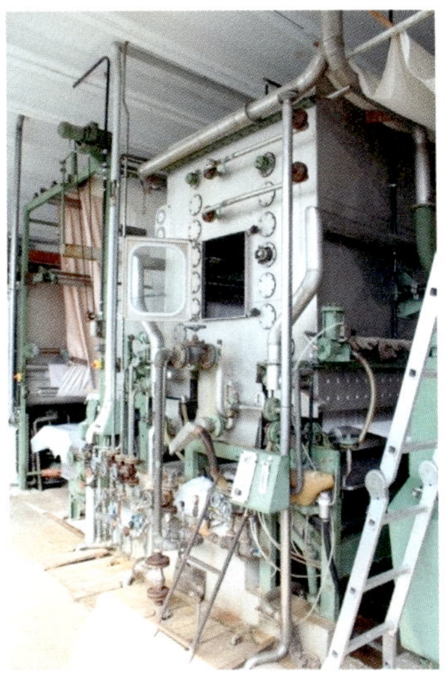

Einlauf der bedruckten Ware vom Foulard in den 2-Phasen-Dämpfer

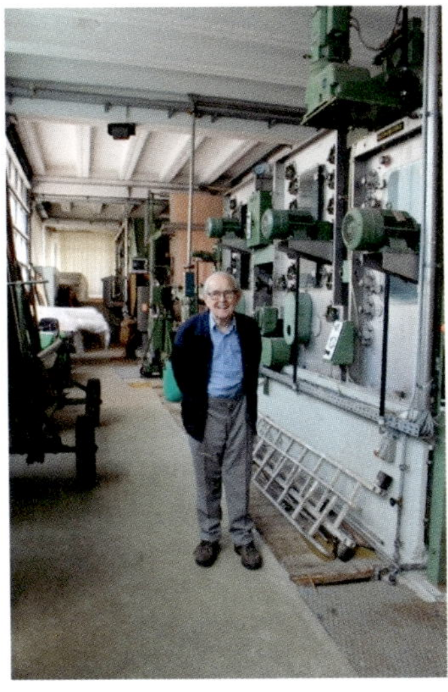

Josef Fromholzer vor den drei Breitwaschmaschinen.

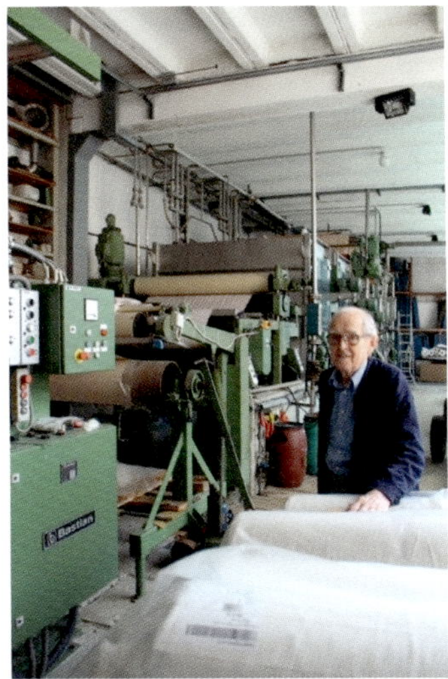

Josef Fromholzer am Auslauf der Breitwaschmaschinen mit Endquetsche und Aufrollung

## Geschäftsbeziehung und Freundschaft mit „Volkstrachten Wallach"

Auf der Homepage der Handdruckerei Fromholzer ist die Beziehung zum traditionsreichen und bayernweit bekannten „Haus für Volkskunst und Tracht" Wallach in München dargestellt, in dessen Färberei Alois (V) nach dem Zweiten Weltkrieg ein Praktikum machen kann:

> „Im Jahre 1900 gründete Julius Wallach zusammen mit seinem Bruder Moritz in München ein Volkstrachtengeschäft. Beide waren nicht nur außerordentlich tüchtige Geschäftsleute, sondern auch leidenschaftliche Sammler alter Volkskunst. Bei ihren Reisen durch Europa achteten sie vor allem auf die bodenständigen Volkstrachten, Original-Kostüme waren ihre wertvollen Mitbringsel.
>
> [...] Der Firmenname ‚Wallach' war bald in aller Munde, ‚beim Wallach' deckten sich Adelige, Künstler und Industrielle mit Trachtenkleidung, Stoffen und volkskundlichem Mobiliar ein.

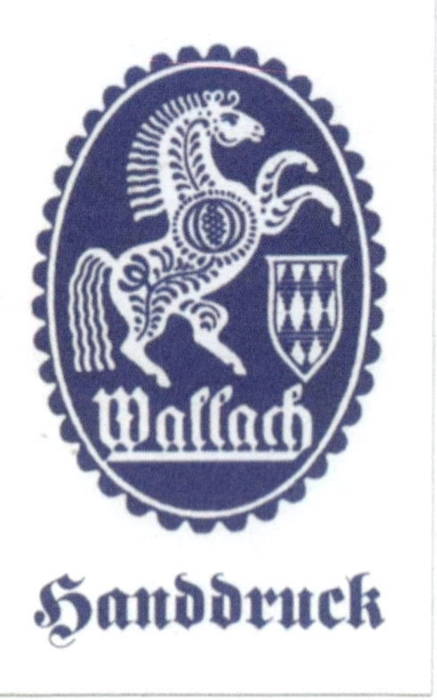


> Mit dem Verkauf der kunstgewerblichen Artikel erhielten alte Handwerksbetriebe, wie Handweber und Blaudrucker, neue Aufmerksamkeit und neuen Absatz. Das Haus Wallach stand für bayerische Volkskunst. Schon vor dem Ersten Weltkrieg war Julius Wallach auch auf die Textilhanddruckerei Fromholzer in Ruhmannsfelden gestoßen, die Geschäftsbücher dort weisen beträchtliche Lieferungen nach München aus, ein Sommerurlaub im Bayerischen Wald begründet eine Freundschaft zwischen den Familien.
>
> Doch 1919 kaufen die Wallach-Brüder in Dachau eine Fabrik auf und errichten die ‚Wallach Werkstätten AG' mit Handweberei, Färberei und Textildruckerei. Neben die überlieferten Model mit den alten Mustern treten neue künstlerische Entwürfe. So entsteht ein eigener Stil, der die Wallach-Stoffdrucke prägt und weitum bekannt macht" (FROMHOLZER 2015).

Zahlreiche Postkarten mehrerer Wallach-Geschwister werden bei den Fromholzers aufbewahrt und zeugen von der engen Freundschaft zwischen den beiden Familien.

## Wallach und das Dirndl

Heinemann Wallach stammte aus einem jüdischen Händlergeschlecht in Wiedenbrück. Er betrieb zusammen mit seinem Bruder in Bielefeld einen Getreidehandel. Allerdings starb er bereits 1899 im Alter von 57 Jahren, wodurch seine Frau Julie, die aus einer Blaufärberfamilie stammte, ihre 10 Kinder unter großen Mühen allein großziehen musste. Ihre beiden Söhne Moritz und Julius übersiedelten 1895 nach München und gründeten 1900 das Volkskunsthaus Wallach.

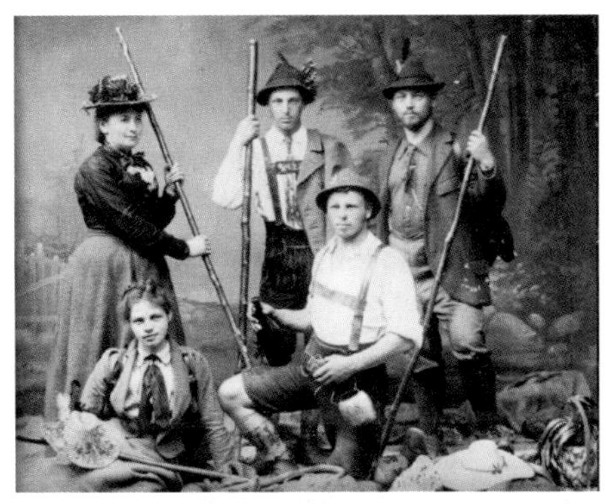

DIE WALLACHS IN ALPEN-LOOK (FAMILIENARCHIV WALLACH. IN: BUCHWALD 2013).

Ihrem Ladengeschäft hatten sie ein Volkskunstmuseum angeschlossen. Sie gelten als Mitbegründer einer „Volkskunst-Mode". Julius Wallach brachte von einer Geschäftsreise aus Brixen ein Trachtengewand mit, aus dem sie das „Dirndl" entwarfen. Die preußische Prinzessin Joachim erregte mit einem Wallach-Dirndl Aufsehen bei den Pariser Modeschöpfern. Der Siegeszug des Dirndls begann 1911, als die Wallachs den gesamten Jubiläums-Oktoberfestumzug mit Trachten im Stil des Jahres 1811 ausrüsteten. Damit begründet sich in den 1920er Jahren „der Wallach" als Inbegriff für bayerisch-alpenländische Kleidungs- und Wohnkultur. Die Ausstattung von Operninszenierungen, die Gründung der Wallach-Werkstätten in Dachau und die Errichtung des Volkskunsthauses in unmittelbarer Nähe des Marienplatzes beschleunigten den Aufstieg des Unternehmens. Im Dritten Reich wurde zunächst selbst Hitlers Berghof mit Wallach-Stoffen ausgestattet. Doch 1938 mussten Julius und Moritz Wallach nach Amerika emigrieren, wo Moritz sein „Handcraft Studio" in Lime Rock, Connecticut aufbaute. Im Jahr 1948 wurden die „Wallach Werkstätten AG" in Dachau und der Laden in München restituiert, während Julius Wallach jedoch erst Ende der 1950er Jahre nach Oberbayern zurückkehrte. Mehrere Angehörige sind im KZ Theresienstadt ermordet worden (vergl. WALLACH 1961 und1964; SCHICKLING 2014).

## Enteignung der Brüder Wallach im Dritten Reich 1938

Trotz der großen Anerkennung, die das Unternehmen auf der Leipziger Messe – „eine der schönsten Leistungen, wenn nicht gar die schönste, bot die neue Kollektion von Wallach" – und für ihr kulturelles Engagement erfuhr, verschlechterte sich die Situation mit der Machtübernahme Hitlers zusehends.

> „Die schwierigen Jahre der Inflation und Weltwirtschaftskrise übersteht die Firma Wallach mitsamt der Textildruckerei, nicht aber die mörderische Rassenpolitik des Nationalsozialismus. Der Geschäftsgedanke passt in die Ideologie, aber die Geschäftsinhaber werden verfolgt. Julius Wallach und sein Bruder Moritz, zuletzt Alleineigentümer des "Wallach-Hauses", können fliehen, nicht aber der jüngere Bruder Max, der technische Leiter der Dachauer Wallach-Werke, und seine Frau Melly; sie werden in das Konzentrationslager Theresienstadt deportiert und ermordet" (FROMHOLZER).

Moritz Wallach beschreibt diese Entwicklung in seinem Lebensbericht, der hier in seinem Schreibmaschinen-Typoskript von 1961 auszugsweise wiedergegeben wird:

Ich versuchte unser Unternehmen an seriöse mir bekannte Geschäftsleute zu verkaufen.Alle lehnten es ab, es sei zu persönlich,man traue es sich nicht zu,es wie bisher weiter führen zu können. Witte, der Geschäftsführer der Reichskulturkammer in Bayern verlangte von mir,ich solle ihm unsere Betriebe in München und Dachau zeigen. Nach der Besichtigung in Dachau äußerte er : " in dem Kuchen,der zur Verteilung kommt,ist Ihr Unternehmen die Rosine und die will ich für mich haben " . Ich wußte, dass er ein bankrotter Buchhändler war und frug ob er das nötige Geld hätte."Er wollte sich einige stille

Der Präsident der Reichskammer für Kultur teilt dann den Wallachs am 11. Dezember 1937 mit: „Nach dem Ergebnis meiner Überprüfung […] besitzen Sie nicht die erforderliche Eignung und Zuverlässigkeit, an der Förderung deutscher Kultur in Verantwortung gegenüber Volk und Reich mitzuwirken. […] Aus diesem Grunde untersage ich bei der Verbreitung, dem Absatz oder Vermittlung des Absatzes [sich] zu betätigen. Ich stelle Ihnen anheim, das noch in Ihrem Besitz befindliche Kulturgut einem Kunsthändler oder Versteigerer zum Verkauf zu übergeben. Für die Umgruppierung oder Auflösung des Geschäftsbetriebs bewillige ich Ihnen eine Frist von 2 Monaten." [...] „Meine [= Moritz Wallachs] Antwort war, dass ich wohl die Eigenschaft besäße mit Kulturgut umzugehen, dafür hätte ich eine Unmenge Beweise, die Herr Witte sicher nicht beibringen könne. Man möge daher das Kind beim Namen nennen und sagen, weil ich nicht den richtigen Taufschein hätte, daher das Verbot".

Bei der Bestandsaufnahme der beiden Unternehmen, der Druckerei in Dachau und des Ladens in München, wird ein Wert von 400.000 Reichsmark festgestellt. Doch „Witte wollte diese Summe nicht bezahlen."

Moritz Wallach schreibt auf Rat eines Anwalts alle seine Model und 50 % des Warenlagers ab. Witte lässt eine weitere Bewertung des Betriebs erstellen und kommt auf 125.000 Reichsmark. Am 1. August 1937, morgens um 7 Uhr, erscheint Witte mit der Forderung der sofortigen Schlüsselübergabe. Nach weiterem Hin und Her werden 110.000 Mark bezahlt, die nach der Darlegung von Moritz Wallach allerdings für Steuern, „Juden- und Reichsfluchtabgabe" „restlos drauf gingen".

denn wir wollten fort.Da kam ein Brief von Witte und seinem
Anwalt Seuffert, : Wenn Sie nicht binnen 48 Stunden überschreiben,
übergeben wir Sie der Gestapo . Ich antwortete,ich ziehe die Sache
mit der Gestapo vor,solange Sie Ihren, von Ihrer Regierung vorgeschriebenen Verpflichtungen nicht nachkommen.Die Devisenstelle
verlangte,dass alle ausständigen Devisen hereingebracht sein müßten,
bevor ich die Unbedenklichkeitserklärung,die für die Ausstellung
der Pässe erforderlich waren, erhalten könne.So mußte ich unserem

Am 22. März 1938 kann Moritz Wallach „nach allerhand Schwierigkeit mit meiner Frau den Dampfer nach Manhattan besteigen."

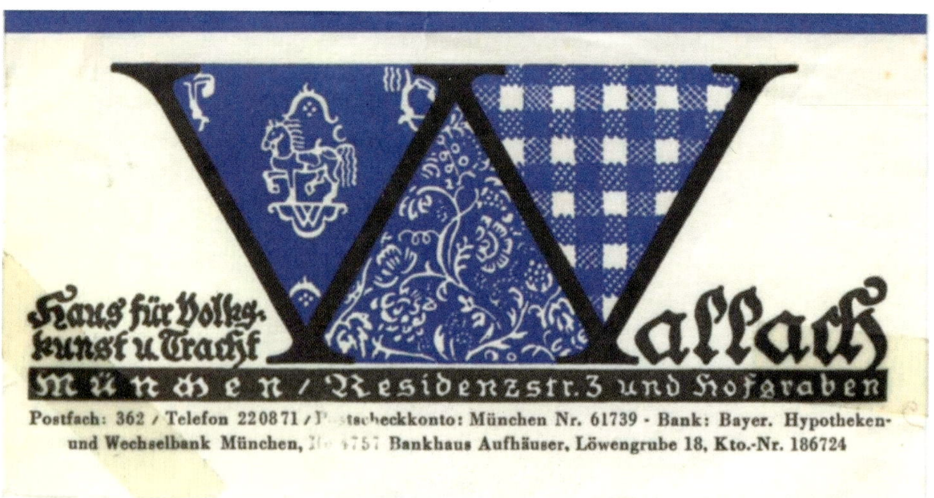


WALLACH-BRIEFKOPF, VOR 1938 UND NACH 1948 (ARCHIV FROMHOLZER).

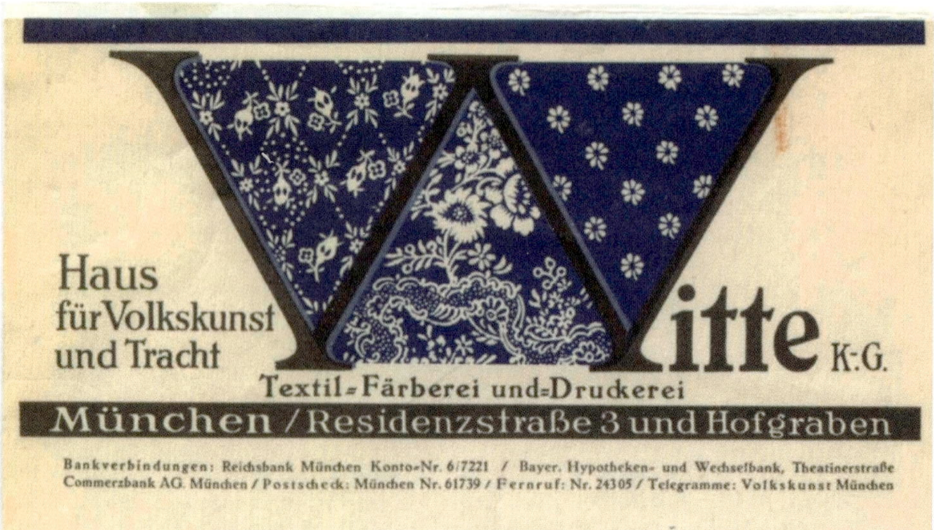


WITTE-BRIEFKOPF, 1938 BIS CA. 1948 (ARCHIV FROMHOLZER).

Der räuberische Aufkäufer übernimmt nach der Zwangsarisierung bis in viele Details die Kennzeichen des Traditionshauses Wallach, selbst die Postscheck-Kontonummer!

„Moritz Wallach konnte in den U.S.A. wieder einen Betrieb aufbauen, das ‚Handcraft Studio‘ in Lime Rock, Connecticut. Die Fabrik in Dachau und das Ladengeschäft in München erhielt er 1948 zurück, er überließ sie aber einem tüchtigen Geschäftsführer, nach Deutschland zurückkehren wollte er nicht“ (FROMHOLZER 2015).

Moritz Wallach berichtet in seinem Typoskript von der Restitution:

1948 fuhr ich wegen Wiedergutmachung nach Deutschland, bezw. München. Witte mußte, nachdem ich vor Dr. Auerbach die Drohbriefe vorlegen konnte, die Fabrik, wenn auch im miserablen Zustand, [den Namen zu benützen ist ihm verboten worden] und das Ladengeschäft wieder zurück geben. Er hatte noch die Frechheit durch seinen Anwalt um eine Unterredung mit mir zu bitten. Ich frug ihn, was wollen Sie : Witte: " Ich dachte, ob es nicht doch eine Möglichkeit gäbe, weiter mit Ihnen zu arbeiten. Er hatte offenbar noch nicht genug gestohlen. Ich antwortete ihm : Wenn Sie damals, wie es Ihnen von Ihrer Naziregierung vorgeschrieben war, mich ordnungsgemäß bezahlt hätten, hätte ich meine Angehörigen retten können. So stand ich bettelarm in U.S.A. Ich ~~betrachte Sie als ihren Mörder~~, und ließ ihn stehen. - Den Betrieb wußte ich in

[Die handschriftliche Einfügung lautet: „den Namen zu benützen ist ihm verboten worden“]

„Unter Max Sedlmayer (1909–1995) blieb das ‚Wallach Haus für Volkskunst und Tracht‘ in der Residenzstraße ein fester Begriff im Münchner Geschäftsleben, ein Synonym für das Verkaufsprogramm: handgedruckte und handgewebte Stoffe für Dirndl und Inneneinrichtung sowie Bauernmöbel und bäuerlichen Hausrat“ (FROMHOLZER 2015).

## Die Tölzer Rose für Wallach nach 1983

„1986 ging die Wallach KG in den Besitz der Firma Loden Frey über, die Stoffdruckerei in Dachau hatte ihren Betrieb schon vorher eingestellt, der weltbekannte Laden in der Residenzstraße 3 schloss im Dezember 2004. Die verbliebenen Schablonen aber mit einem erheblichen Teil der bekannten und beliebten Wallach-Muster gelangten im Laufe dieser Jahre nach Ruhmannsfelden; sie sind der Textilhanddruckerei Fromholzer zur Verwendung überlassen worden. So sehr auch das Wallach-Haus in München als Ort für gepflegten Einkauf vermisst wird, die legendären Wallach-Textilhanddrucke sind in Ruhmannsfelden im Bayerischen Wald weiterhin erhältlich und lieferbar“ (FROMHOLZER 2015).

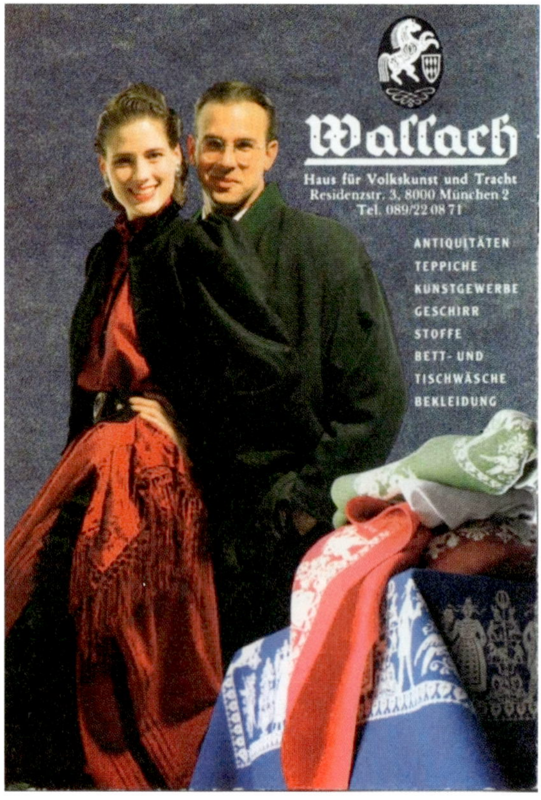


WALLACH-PROSPEKT UM 1980 (ARCHIV FROMHOLZER).

Auf der Rückseite des Firmenprospekts hat Wallach, das „Haus für Volkskunst und Tracht“, Tischdecken der Handdruckerei Fromholzer als augenfällige Dekorationsstoffe drapiert.

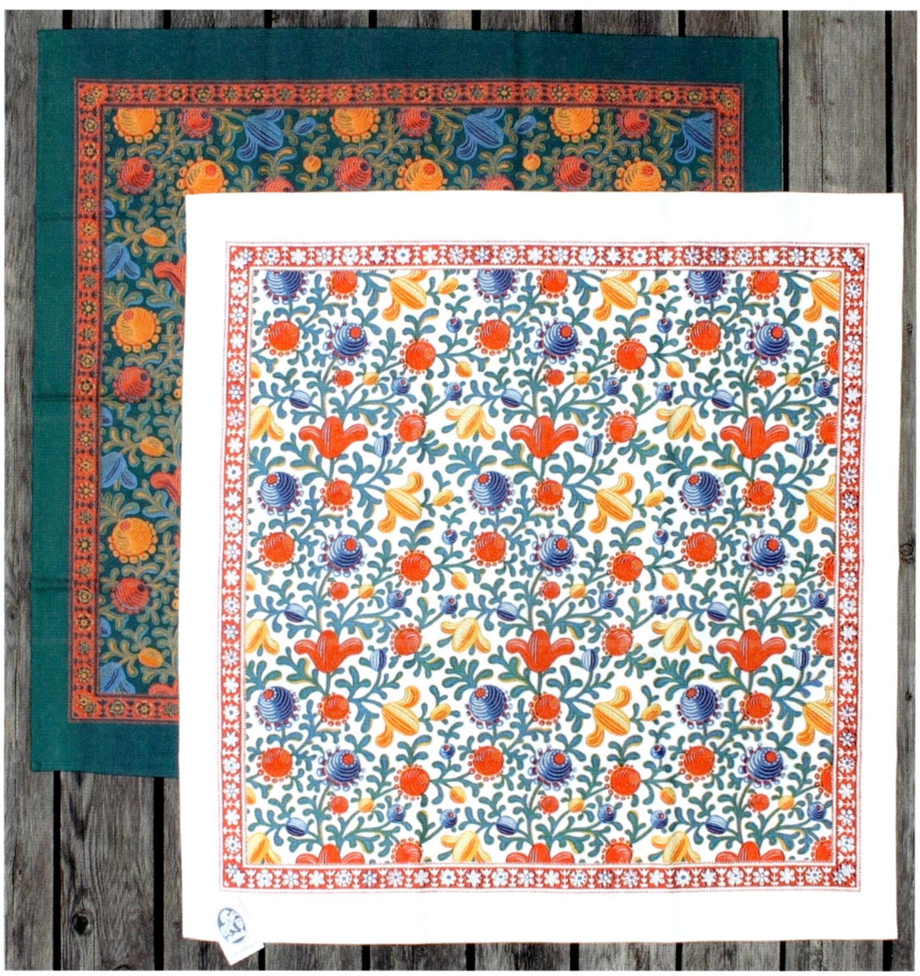

WALLACH-MUSTER: TÖLZER ROSE 100X100 CM (ARCHIV FEGERT).

Dieses Muster gilt in Form und Farbe als der bekannteste Entwurf des Stils, den die Firma Wallach geprägt hat. Die Decke mit dem grünen Grundton wurde im Ätzdruck-Verfahren hergestellt, während die helle mit dem unbedruckten Grund im Direktdruck-Verfahren gestaltet wurde. In Anbetracht des Schicksals der Familie Wallach kann man von Glück sagen, dass im Handwerksbetrieb Fromholzer die bunte Farbigkeit und die opulenten Formen der Wallach-Drucke bis heute überlebt haben und weiterhin hergestellt werden.

Anfänglich kommt es zu Verstimmungen zwischen den beiden Färbereien. Anlass dazu bieten ähnliche Druckmuster:

*„Als der Wallach den Betrieb eingestellt hat, war Herr Sedlmeier vom Wallach bei uns. Und als er im Laden die Vorhänge von der Sonnenuhr gesehen hat, hat er gesagt: ‚Das habt's uns nachgemacht'. Da hat der Alois geantwortet: ‚Nein, das habt ihr uns nachgemacht. Weil wir den Model gehabt haben und Sie nicht'. Und das hat darauf beruht, dass nach dem Zweiten Weltkrieg wir den Model von der Firma Blümelhuber in Roding gekauft haben, und der Blümelhuber hat für Wallach gedruckt, und unser Großvater hat auch für Wallach gedruckt."*

(Josef Fromholzer im Gespräch 17.10.2014)

In den 1980er Jahren kommt es dennoch zu einer Kooperation der beiden Betriebe:

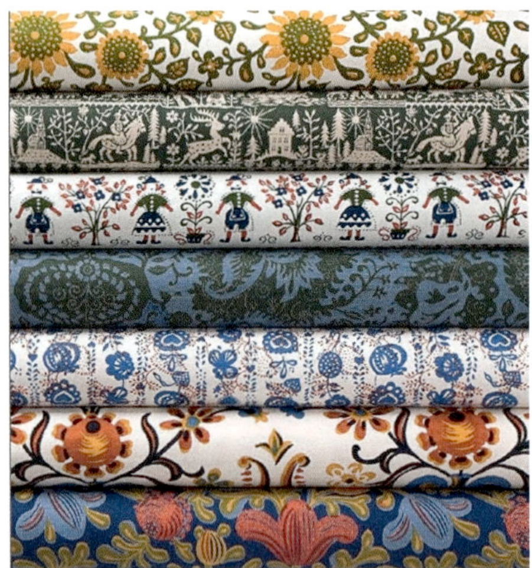

WALLACH-MUSTER (ARCHIV FROMHOLZER).

*„Die Firma Wallach hat 1983 den Betrieb in Dachau eingestellt, und dann haben wir bis 1986 für den Wallach gedruckt. Und 1986 hat die Firma Loden-Frey den Wallach aufgekauft. Wir haben von 1986 bis 2004 für Loden-Frey die Wallach-Drucke gemacht. Der Geschäftsführer, Herr Giesler, vom Münchner Laden in der Residenzstraße ist dann gestorben, und die Ladnerinnen haben nach wie vor unsere Drucke gut verkauft, aber Lodenfrey befasst sich mehr mit Kleidung.*

*Das Einvernehmen mit Loden Frey war sehr gut, und der Inhaber Herr Nagel hat uns auch gedankt für die gute Zusammenarbeit und hat uns dann die Wallach-Muster zur eigenen Verwendung überlassen. Wenn auch die natürlichen Muster, Blüten, Blümchen usw., die in unserer Familie überliefert sind, fast besser gehen, werden speziell in den Münchner Kreisen nach wie vor die Wallach-Muster gekauft."*

(Josef Fromholzer im Gespräch 03.04.2015)

## Künstlerentwürfe der 1980er Jahre: Mauder und Co.

Der große Modelschneider in der Familie ist Alois (V). Er macht neben dem, dass er sich immer um die Landwirtschaft der Familie gekümmert hat, Zeichnungen und setzt diese in Model und Vorlagen für den Siebdruck um. Seine Gockel sind so eine Art Markenzeichen. Doch es sind auch Künstler des Bayerischen Waldes, die Freude daran finden, Entwürfe für die Fromholzers zu gestalten. Zu denen von Walter Mauder und Georg Achtelstetter erzählt Josef Fromholzer die Entstehungsgeschichte:

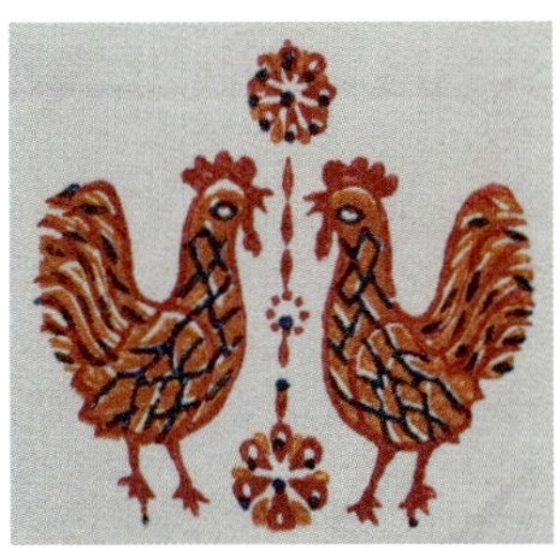

Entwurf Alois (V).

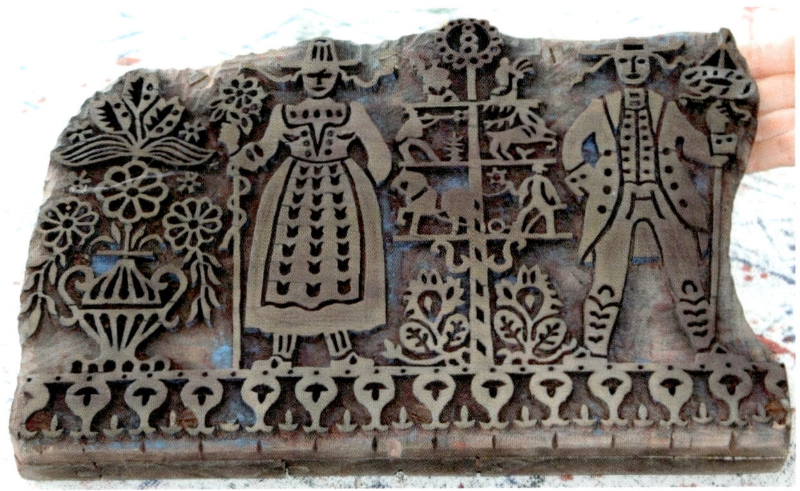

Trachtenpaar, Entwurf Walter Mauder (Archiv Fromholzer).

*„Die Zeichnung stammt vom Walter Mauder. Nach dem Zweiten Weltkrieg hatten wir – anders als die Firma Wallach – an figürlichen Mustern nichts gehabt. Neulich hab' ich eine alte Schülerfahrkarte gefunden aus der Zeit, als wir auf Zwiesel gefahren sind. Und seit dieser Zeit sind wir mit der Familie Mauder eng verbunden. Und da hat der von uns sehr geschätzte Walter Mauder – der Vater war der Direkter der Glasfachschule – gesagt: ‚Fromholzer, euch zeichne ich ein figürliches Muster‘. Das nächste war, da hat der Alois einen Kunden in Eisenstein besucht, ist dann am Arbersee vorbeigefahren, und am Arbersee haben*

*sie so Andenken-Tücherl verkauft, und das hat er auch dem Mauder gesagt. Und da hat der uns die „Sitten und Bräuche des Bayerwaldes“ gezeichnet. Und der Achtelstetter aus Cham, der immer einen Witz im Hinterkopf gehabt hat, der hat uns eine Zeichnung gemacht für ein Kissen, da heißt es oben: ‚Nit immer is grad Sonnenschein, ‚s gibt manchmal auch ein Wetterlein‘. Auf der einen Seite Gewitterwolken und auf der anderen Seite Sonnenschein, und dazu jeweils ein Vogelpaar, das sich streitet bzw. sich verträgt.“*

(Josef Fromholzer im Gespräch 16.04.2015)

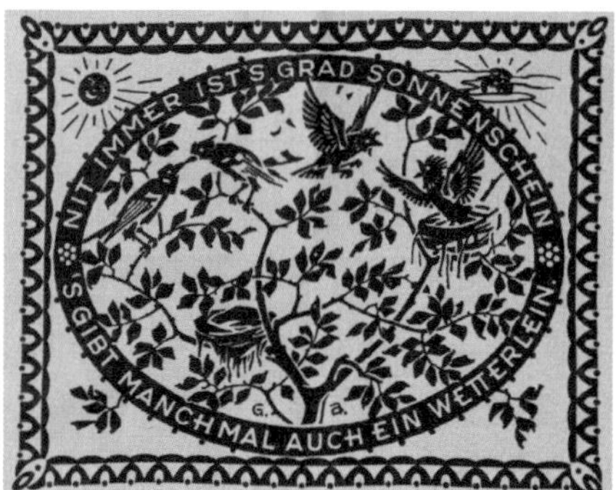


Nit immer ist‘s grad Sonnenschein, Entwurf: Georg Achtelstetter: (Archiv Fegert).

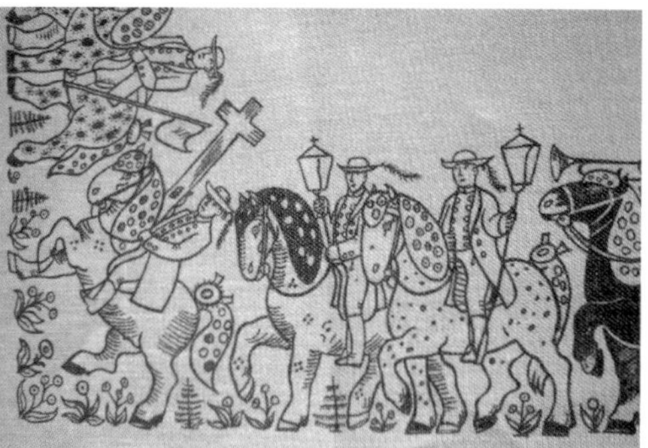

Pfingstritt, Entwurf: Oskar von Zaborsky-Wahlstätten (Archiv Fegert).

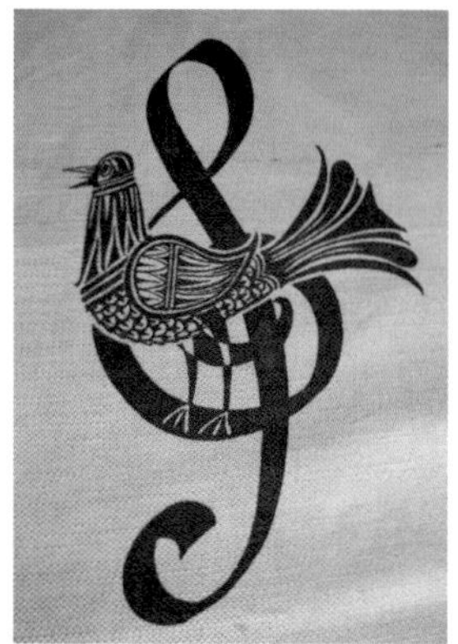

Notenschlüssel, Entwurf: Paul Ernst Rattelmüller (Archiv Fegert).

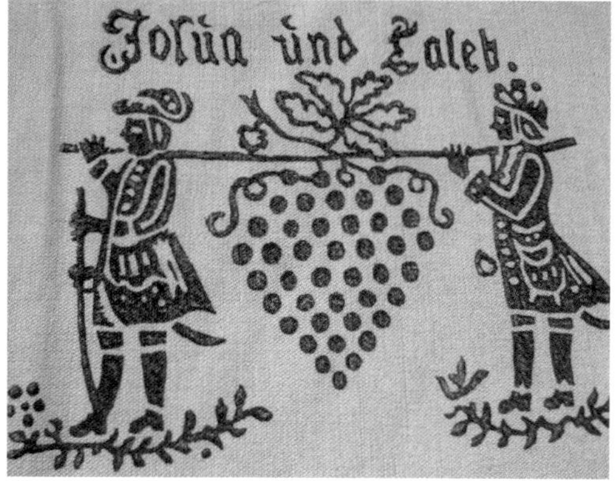


Josua und Caleb, Entwurf: Paul Ernst Rattelmüller (Archiv Fegert).

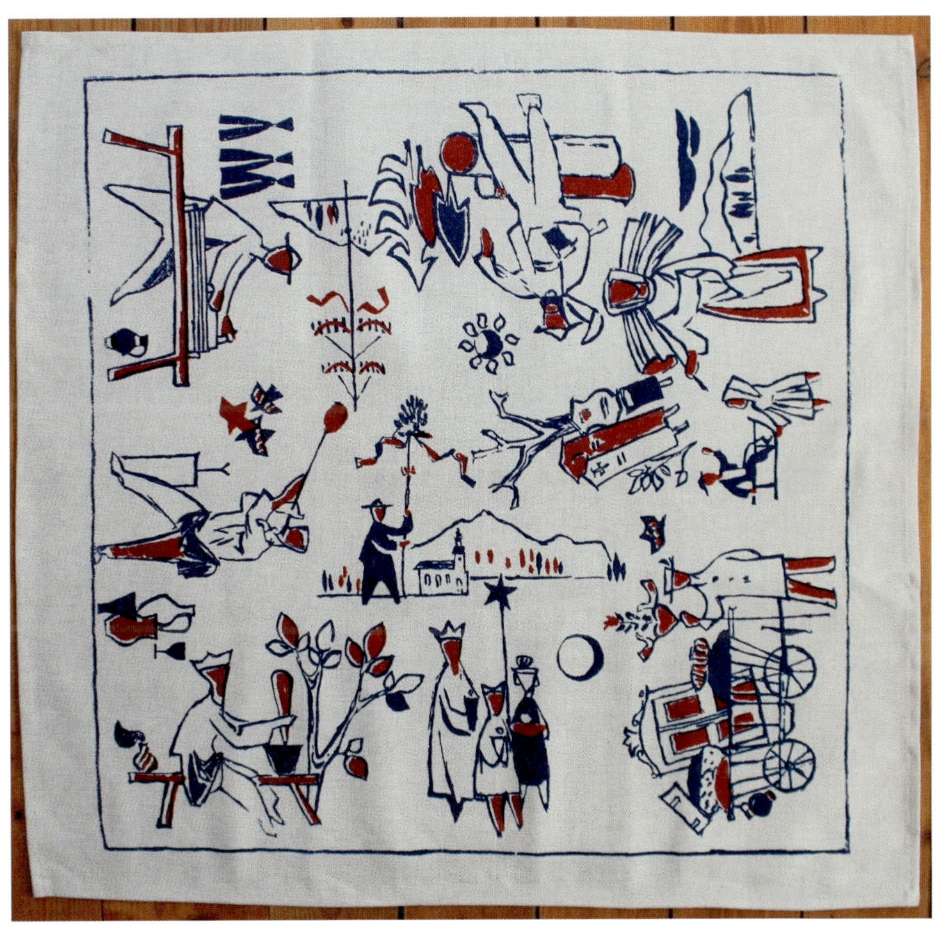

SITTEN UND BRÄUCHE DES BAYERISCHEN WALDES, ENTWURF WALTER MAUDER (ARCHIV FEGERT).
Holzdrahthobler, Glasbläser, Schnupftabakreiber, Sternsinger, Hochzeitsbitter mit Kammerwagen, Holzträgerin, Holzhacker sind ehemals typische Tätigkeiten im Bayerischen Wald (von links oben gegen den Uhrzeigersinn).

Zu den überlieferten alten bäuerlichen Mustern aus der Familientradition kommen neben den Entwürfen von Mauder und Achtelstetter auch neue Entwürfe der bedeutenden Künstler Paul Ernst Rattelmüller und Oskar von Zaborsky-Wahlstätten hinzu.

## Das Markenzeichen: Die Sonnenblume

Die Fromholzers haben schon früh erkannt, dass sie mit ihrem einzigartigen Angebot auch ein unverwechselbares Firmenlogo brauchen. Es hängt als Etikett an jedem Textil und gibt auf seiner Rückseite Textilqualität, Größe, Dessin, Farbe und Preis sowie Pflegehinweise an.

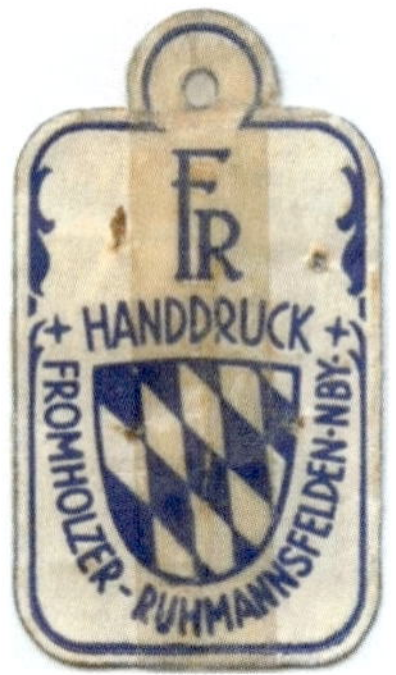


Logo 1955
(von Alois (V))

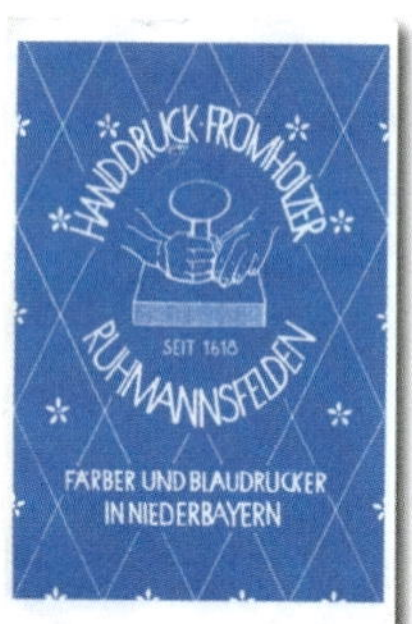


Logo 2000
(von Steiniger)

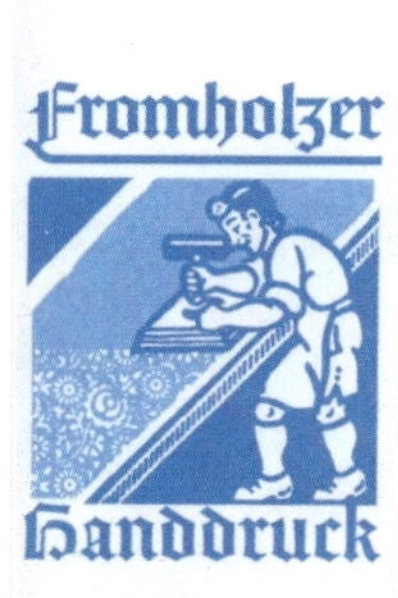


Logo 2004
(von Wallach, Modeldruck)

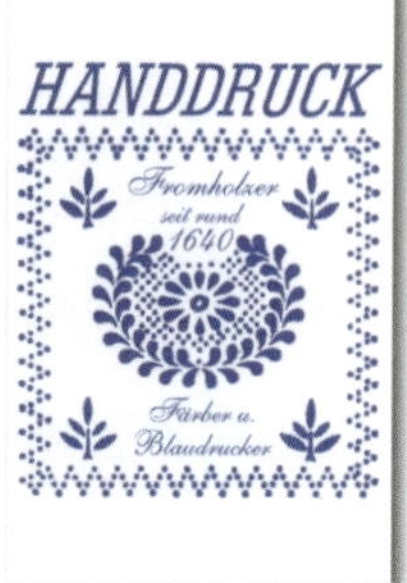


Logo 1965
(von Xaver, Filmdruck)

Das heute gebrauchte Logo ist 1965 entworfen worden und wird von Josef Fromholzer als „Sonnenblume" bezeichnet. Es geht auf eine mehr als hundertjährige Familientradition zurück. Denn es findet sich auf einer alten Zeichnung, die aufgrund von Schriftvergleichen vom Großvater Alois (III) mindestens aus den 1870er Jahren stammt und an einer Stelle den schriftlichen Zusatz aufweist, eine orange Farbgebung zu haben. Alois (III) hat bekanntlich auf der Walz nicht nur Rezepte gesammelt, sondern auch zahlreiche geometrische und – wie hier – florale Muster auf großformatigen Papierbogen festgehalten. Die Musterzeichnungssammlung gehört auch zum Familienschatz der Fromholzers. Eine systematische Erfassung der mehr als 2000 Model – aus Betriebsauflösungen auch immer wieder dazu gekauft, wie beispielsweise 245 von Nebel aus Bischofsreut – und der Vergleich mit den zahlreichen Musterzeichnungen könnte noch manche Erkenntnis zutage fördern. Seit dem Sommer 2019 hat es sich der Textilkenner Bernhard Holzapfel zur Aufgabe gemacht, den Modelschatz systematisch zu erfassen. Dazu verfügt die Familie noch über nahezu 1000 Muster auf Schablonen.

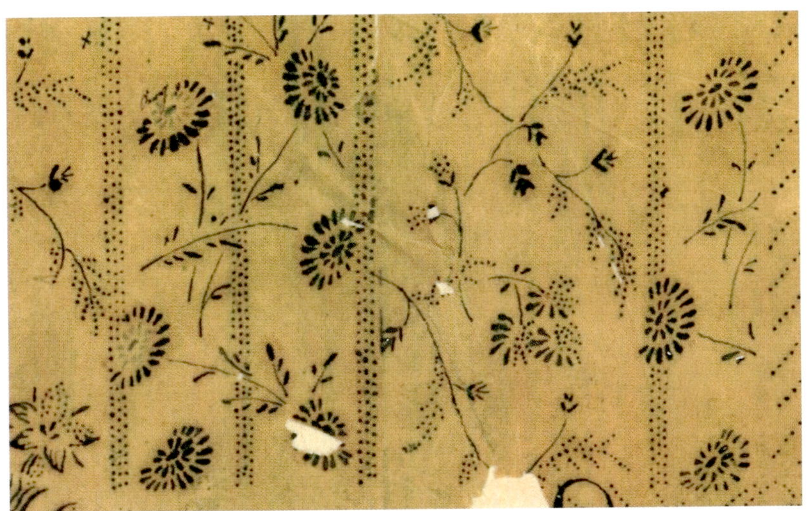

MUSTERENTWURF AUF PAPIER „SONNENBLUME", ALOIS (III), 1870ER JAHRE (ARCHIV FROMHOLZER).

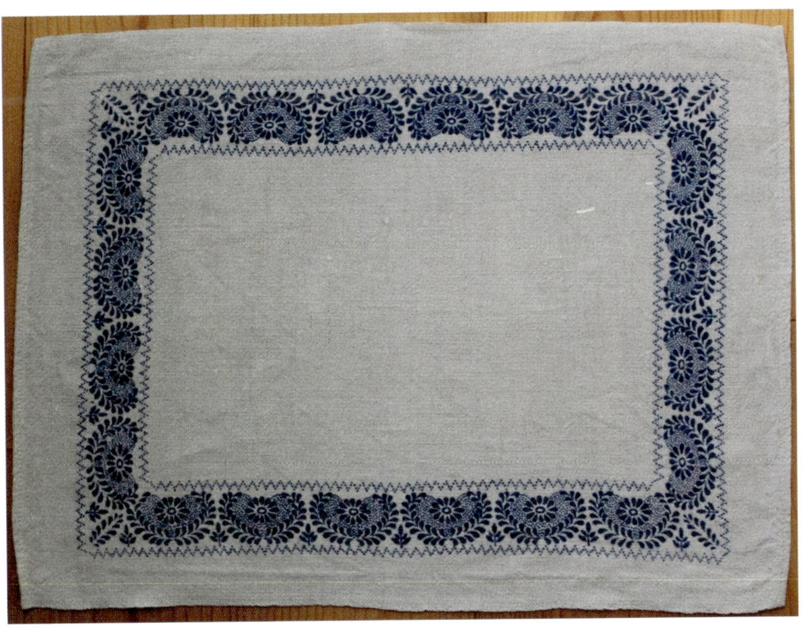

PLATZDECKCHEN „DESSIN 37" NACH ALOIS (III), UM 1985 (ARCHIV FEGERT).

Hier kann exemplarisch der Zusammenhang zwischen den historischen Musterzeichnungen und der bis heute bestehenden praktischen Umsetzung im Modeldruck aufgezeigt werden.

## Gefragt bei Museen und Kunsthandwerker-Messen

Die Brüder Fromholzer erkennen, wie wichtig es ist, bei Kunsthandwerker-Ausstellungen und –messen präsent zu sein. So ist es bereits Anfang der 1950er Jahre für sie naheliegend auf der Internationalen Handwerksmesse München, der Leitmesse des deutschen Kunsthandwerks, vertreten zu sein.

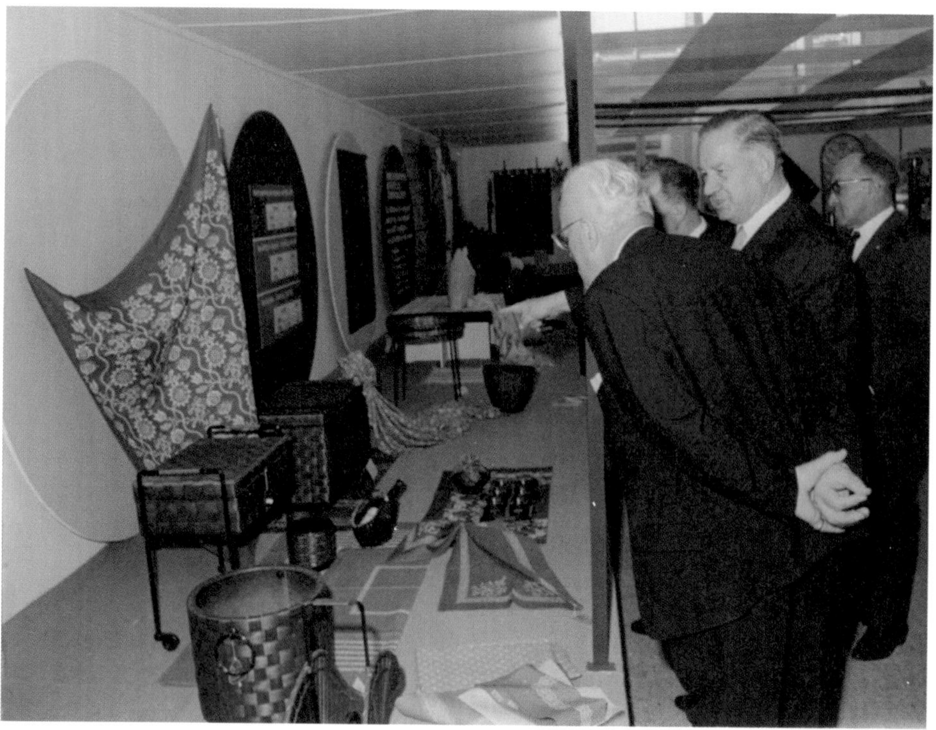

INTERNATIONALE HANDWERKSMESSE MÜNCHEN 1966 (ARCHIV FROMHOLZER).
Auf dieser Leitmesse des Kunsthandwerks begutachtet der damalige bayerische Ministerpräsident Alfons Goppel die Stoffdrucke der Handdruckerei Fromholzer.

Auf der Internationalen Welser Messe 1966 werden die Fromholzers mit der „Goldenen Medaille“ für hervorragende Leistungen ausgezeichnet.

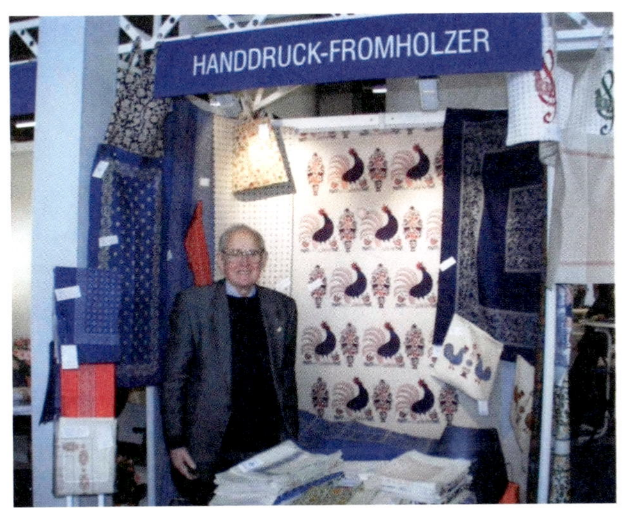


JOSEF FROMHOLZER 2004 (ARCHIV FROMHOLZER).
Auf der Messe „Kunstwerk Handwerk" in Innsbruck präsentiert er eine Kollektion seiner volkskundlichen Handdrucke.

In einer Reihe von volkskundlichen Museen werden die kunsthandwerklichen Textilien der Druckerei Fromholzer gezeigt, so etwa im Webereimuseum Breitenberg, dem Bauernhausmuseum in Amerang, dem Freilichtmuseum Glentleiten, dem Doktor-Eisenbarth- und Stadtmuseum Oberviechtach, dem Holztechnischen Museum Rosenheim, dem Staatliches Textil- und Industriemuseum Augsburg, dem Freilichtmuseum Donaumoos, dem Kelten-Römer-Museum in Manching, dem Deutschen Hopfenmuseum Wolznach, dem Holzknechtmuseum Ruhpolding sowie dem Psychiatrie-Museum Klinikum München-Ost.

Inzwischen wirbt Josef Fromholzer selbst mit einem Internet-Auftritt für den „Wert der Arbeit für das Heute": „Gediegener Handdruck ist eine Bereicherung für das Leben auch im 21. Jahrhundert:

- Die alten, zeitlosen Muster vermitteln eine Atmosphäre der Ruhe und Beschaulichkeit.
- Werkstücke sind oft im Detail kaum wiederholbare Einzelstücke.
- Die Farben haben höchste Echtheit, das Druckverfahren beachtet die Grundsätze der Ökologie" (HOMEPAGE FROMHOLZER).

## Model: „Die Blumenkante" und andere jahrhundertealte Schätze

Die Fromholzer-Meister haben Generation für Generation Muster gesammelt und daraus Model schneiden lassen. Obwohl es durch zwei Brände zahlreiche Verluste gab, haben sich doch noch eine Reihe der ältesten Model erhalten.

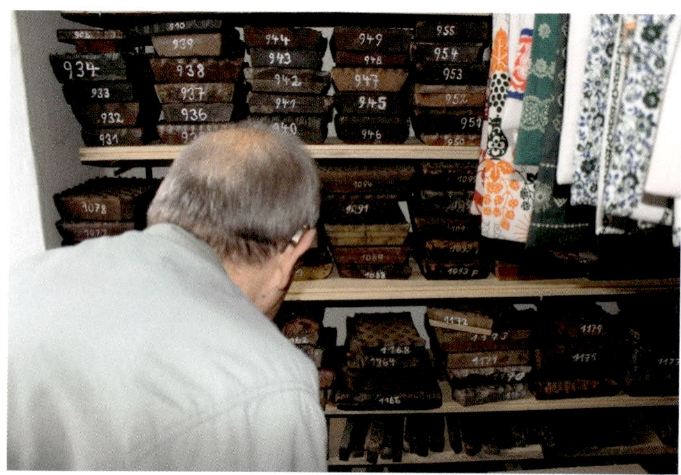

JOSEF FROMHOLZER VOR EINEM DER MODELLAGER (FOTO FEGERT).
In Schränken und Regalen sind die Schätze von über 2000 Model nach Nummern sortiert gelagert.

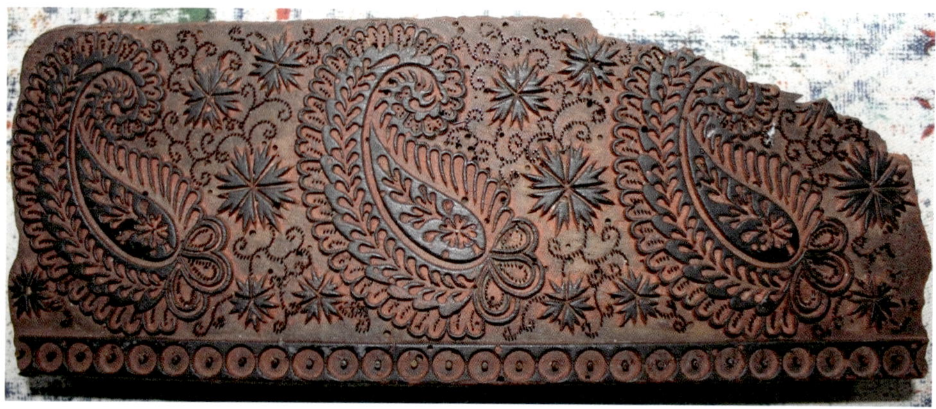

MODEL „TÜRKENKANTE" (ARCHIV FROMHOLZER).
Trotz massivem Wurmfraß am Rand ist dieses sehr alte Muster noch gut erkennbar.

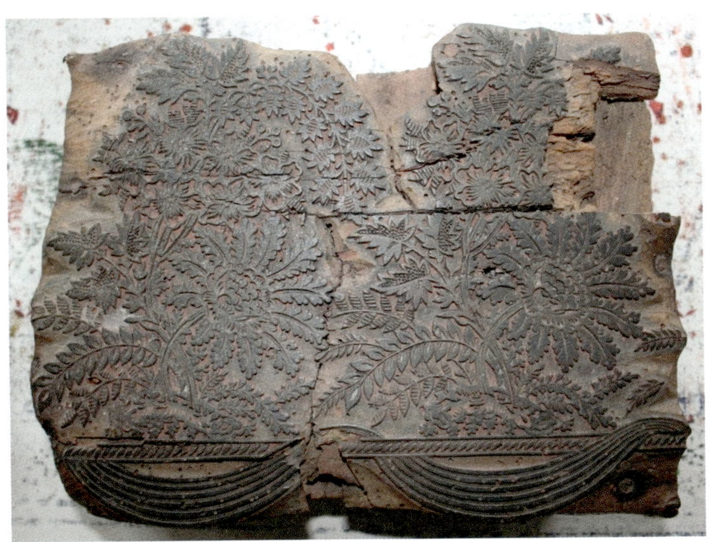

MODEL „BLUMENKANTE“ (ARCHIV FROMHOLZER).
Einer der ältesten Model, der nach Josef Fromholzer über 300 Jahre alt ist.

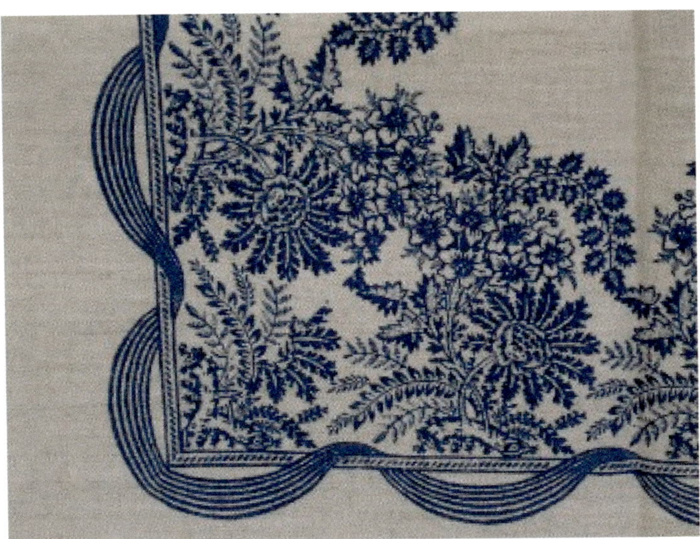

BLUMENKANTE IM DIREKTDRUCK (ARCHIV FEGERT).
Mit großem handwerklichem Geschick komponiert Josef Fromholzer die Ecke einer Tischdecke.

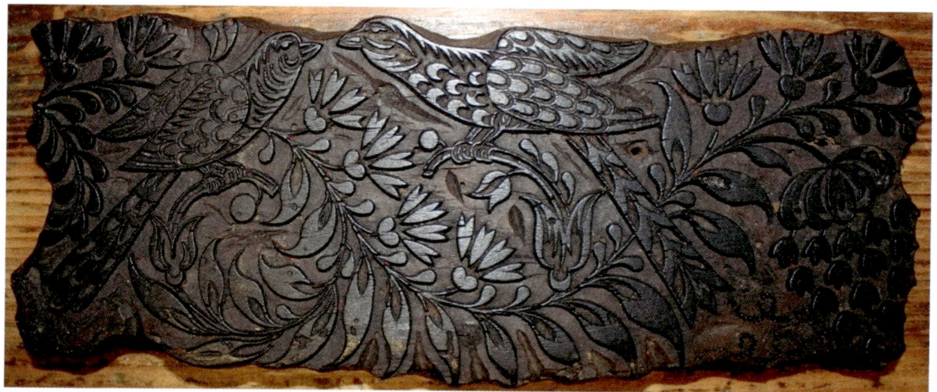

DER MODEL „K [ANTE] 5“ UM 1780 (ARCHIV FROMHOLZER).

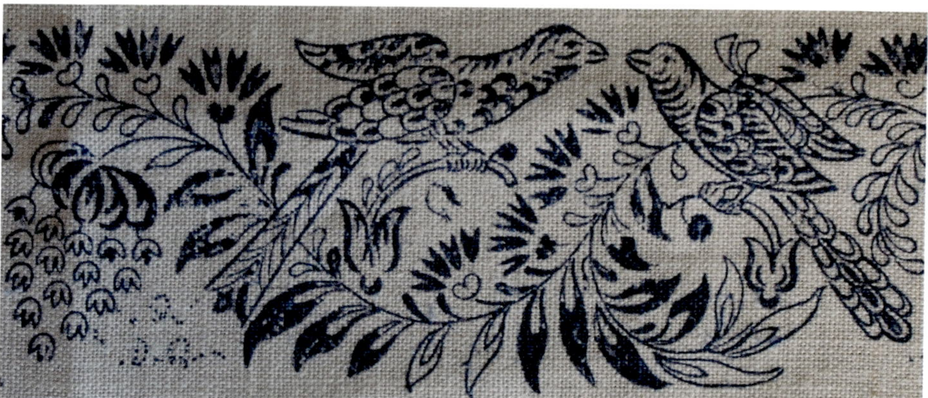

DAS GEDRUCKTE MUSTER „K 5“ IM DIREKTDRUCK HERGESTELLT 20.08.2015 (ARCHIV FEGERT).

Der ganz ins Holz geschnittene Model ist auf der Rückseite vom Holzwurm stark zerfressen. Deshalb haben die Fromholzers inzwischen von einem Formenstecher einen neuen Model herstellen lassen, dessen Unterbau aus Holz ist, während das Muster aus Messingplättchen und -stiften modelliert worden ist und die fülligen Blattpartien aus einer speziellen Masse sind. Mit diesem erneuerten Model ist das spiegelbildliche Muster, der seit etwa 230 Jahren beliebten „Kante“, als Bordüre von Tischdecken gedruckt worden, heute allerdings nicht mehr mit Naturindigo, sondern mit „BASF Brilliant Indigo B“.

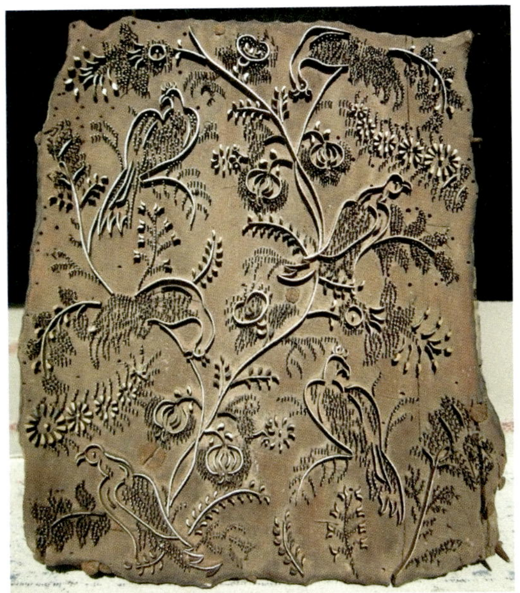

Model „Paradiesvogel“(Foto: Stefan Fromholzer).

Um Vorhangstoffe in größerer Breite und Länge herzustellen, wird dieser alte Model als Endlosmuster gedruckt. Dazu haben die Fromholzers den historischen Messing-Model in eine fortlaufende Schablone vervielfältigen lassen, was daran zu erkennen ist, dass es dann keine kleinen Farbpunkte auf dem fertig bedruckten Stoff gibt. Denn wird mit einem Model fortlaufend gedruckt, dienen die punktuellen Abdrücke der Ansatzstifte an den Ecken des Models (vergleiche nebenstehendes Foto) als Bezugspunkt für den nächsten Ansatz des Models.

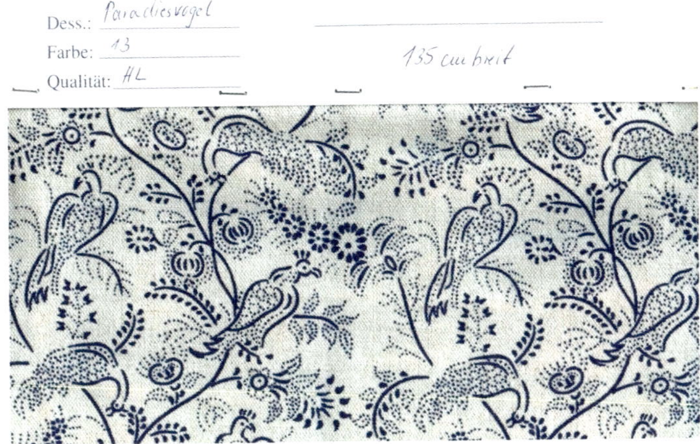


Stoffmuster-Karte mit Schablone „Paradiesvogel“ (Ausschnitt) (Archiv Fromholzer).

# Gegenwart und Zukunft des Stoffdrucker-Handwerks

## Altes Handwerk und Design 2014

„Seit den 1990er Jahren laufen alle Fäden wieder bei Josef Fromholzer zusammen". Er findet eine tatkräftige „Unterstützung durch ein Team von vier langjährigen Mitarbeitern" (AUFZEICHNUNG JOSEF FROMHOLZER 2015).

Seine alte Handwerks-Tradition ist heute bei exklusiven Unternehmen und Kunsthandwerker-Galerien gefragt. In Ausstellungen sowohl in der Nähe, wie Bayerisch Eisenstein oder St. Oswald, als auch in der Ferne, im Hessischen Bergland, werden seine vielfältigen Muster gezeigt und zum Kauf angeboten.

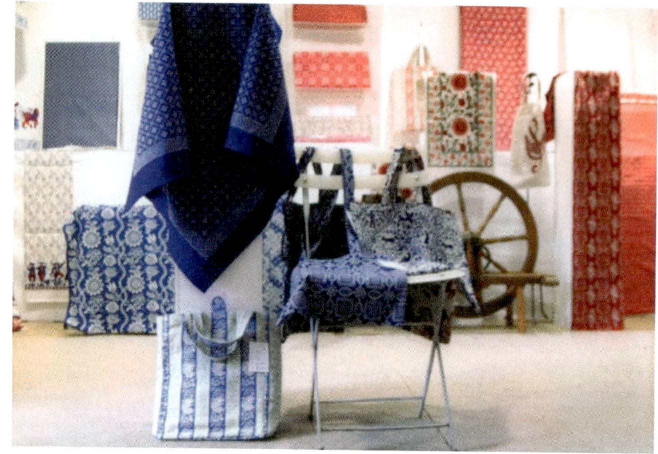

AUSSTELLUNG IN DER „STUWE IM SCHARTENHOF" 2011 (ARCHIV FROMHOLZER).

Unter dem Titel „Gesponnen – verwebt – bedruckt. Textilhanddrucke von Wallach und Fromholzer" zeigt der Kunsthandwerkshof die breite Vielfalt der Fromholzerschen Erzeugnisse.

„Waldmanufakturen", ein Unternehmen, das mit seiner Produkt-Palette bewusst eine gewachsene Kultur-Tradition anbietet, setzt mit dem Internet-Verkauf gezielt moderne Vermarktungsstrategien ein und bietet ausgesuchte Textilien aus der Handdruckerei Fromholzer an.

Das innovative Unternehmen „Storygoods" hat sich einer sozial-kulturellen Verantwortung mit „Warenproduktion mit gesellschaftlichem Mehrwert" verschrieben und lässt Fromholzer-Stoffe im ‚NähWerk' verarbeiten, einem Unternehmen, das „die Beschäftigung und Integration von Menschen mit unterschiedlichen Handicaps" (STORYGOODS 2015) fördert. Auf deren Homepage wird u. a.

herausgestellt die „Firma Fromholzer, welche selbst wie aus der Zeit gefallen und gleichzeitig höchst zeitgemäß wirkt“ (HOMEPAGE STORYGOODS).

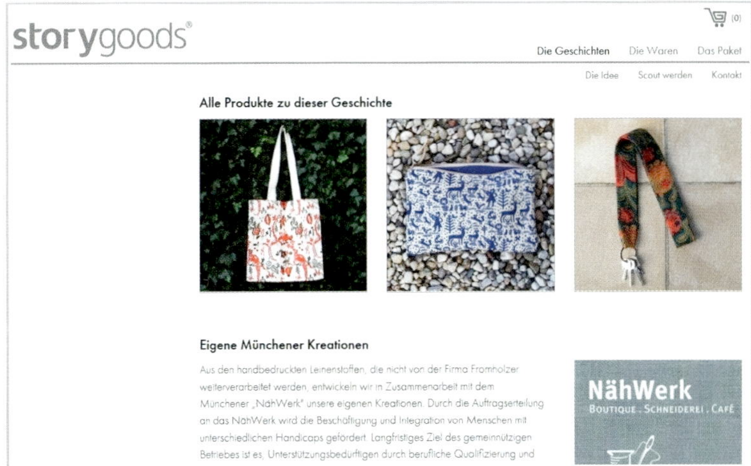


HOMEPAGE STORYGOODS 2015 (WWW. STORYGOODS.DE).

Das zukunftsweisende soziale Unternehmen vermittelt zu jedem angebotenen Produkt auch die Geschichte, die dahinter steht, um die Wertschätzung der Gegenstände zu fördern.

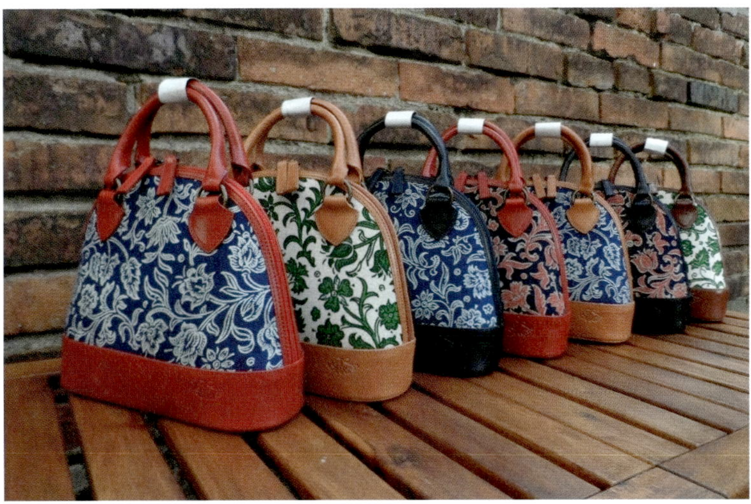

DILIANS TASCHENKOLLEKTION „BERGBLUME“ (WWW.DILIANS-BLAUDRUCK.DE)

Aus Fromholzers Muster entstehen bunte Taschen.

Das Bayerische Fernsehen, das zahlreiche volkskundliche und kulturgeschichtliche Reihen pflegt, hat das Kunsthandwerk der Fromholzers in mehreren Beiträgen der Sendereihen vorgestellt: „Unser Land“ (1990), „Alpen, Donau, Adria“ (2001), „Winterwald“ (2004), „Zwischen Spessart und Karwendel“ (2005), „La Vita“ (2009), „Wir in Bayern“ (2013). Vor kurzem ist auch für das Museum in Oberviechtach eine Dokumentation gedreht worden, die den Arbeitsprozess des Blaudrucks durch Josef Fromholzer zeigt (LINKE 2014).

In der Wochenzeitung „Die Welt“ berichtet die Journalistin Sandra Zistl unter der Überschrift „Lebenshilfe. Wie eine junge Frau aus Niederbayern alte Handwerkstechniken vor dem Aussterben bewahrt“ über das Zusammentreffen von Josef Fromholzer mit der jungen Designerin Susanne Kraus, die in der Verknüpfung der alten Handwerkstradition der Fromholzers mit ihren kreativen Design-Ideen neue Wege ausprobiert:

> „[...] Die 26-Jährige steht in der Werkstatt Fromholzers in Ruhmannsfelden und zeichnet konzentriert Linien. Sie werden ihr später als Anhaltspunkte dafür dienen, wo sie die Model aufsetzt und den Stoff dann per Hand bedruckt. Rechte Winkel sind bei ihr selten dabei. Eher Diagonalen und dazwischen bleibt viel freier, weißer Raum. ‚Ich bin Industriedesignerin‘, sagt Susanne Kraus, und auch sie legt großen Wert darauf, dass ihre Entwürfe genau so auf den Stoff kommen, wie sie sich das vorher überlegt hat. [...]“

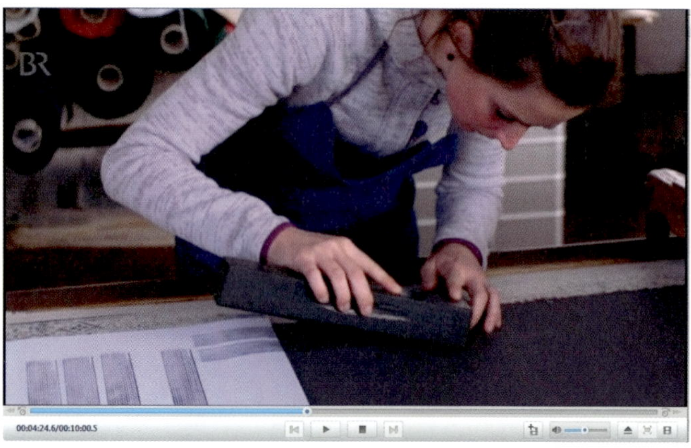


SUSANNE KRAUS 2014, AUSSCHNITT FILMBEITRAG BAYERISCHES FERNSEHEN (ARCHIV FEGERT).

„Ich setz‘ jetzt hier den Abstand absichtlich anders, damit es a bissl spannender wird von der Gestaltung am Ende“, kommentiert die Designerin hier ihren Druckversuch in der Werkstatt von Josef Fromholzer.

> Schon während ihres Studiums an der Hochschule München hat sich die junge Frau aus Niederbayern, die bereits eine Ausbildung zur Glasbildnerin in Zwiesel abgeschlossen hatte, mit der Geschichte ihrer Region beschäftigt. Sie besichtigte zahlreiche alte Höfe und stellte eine Gemeinsamkeit fest: ‚Früher gab es in fast jeder Stube eine Ecke, in der im Winter genäht, Körbe geflochten oder Besen gebunden wurden. Das Handwerk war ein ganz wichtiger Teil der Gesellschaft.' Die Erkenntnis, die darauf folgte, war allerdings ein Schock: ‚Es gibt so viel Wissen, und wenn wir nichts tun, wird das meiste davon verloren gehen.' […]
>
> Die junge Industriedesignerin und die alte bayerische Handwerkskunst haben das Glück, in einer Zeit zueinandergefunden zu haben, in der handgefertigte Produkte wieder mehr Wertschätzung erfahren. […] ‚Ich will, dass die Leute die Geschichte kennen.' Auf ihrer Website erklärt sie, wie der Handmodeldruck funktioniert, andere alte Handwerkstechniken sollen folgen.
>
> Das Wissen darum hat sie von Josef Fromholzer erhalten. ‚Man gibt das gerne weiter', sagt der in seinem weichen Dialekt. Er hat sich gefreut, dass sich eine junge Frau für seine Techniken interessiert. Auch, wenn er sich erst an ihren Stil gewöhnen musste. Nicht akkurat nebeneinander, sondern kreuz und quer und manchmal sogar übereinander habe ‚das Madl' die Modeln aufgesetzt. Dann muss er lächeln, denn er erinnert sich an einen Satz, den einmal ein Architekt zu ihm sagte. Wenn etwas immer gleich aussehe, dann sei es tot, zitiert ihn Fromholzer und folgert daraus: ‚Wenn man die alten Techniken so einsetzt, dass sie anders aussehen, dann leben sie.'"

In einem Filmbeitrag des Bayerischen Fernsehens über das Zusammentreffen von Josef Fromholzer und Susanne Kraus beschreibt die Designerin ihre gestalterische Idee: „Wenn man sagt, man hat hier e bissl mehr Fläche, die die im Gegensatz zu e bissl schmalerer Fläche sitzt, so macht's halt vom Kontrast her und vom Proportionsspiel eigentlich schöner oder spannender. Man führt sozusagen durch des, dass man des so anlegt, dass Unregelmäßigkeit gleichmäßig verteilt san, das Auge über die Tasche drüber." Im weiteren Verlauf der Fernsehdokumentation benennt der Handwerksmeister klar den Unterschied in Herangehensweise und Methodik: „Das is ungewöhnlich. Als Lehrbub ist man getrieben worden. Unser Obermeister hat geschrieben ‚Wir hoffen, dass die beiden Söhne' – wie wir die Gesellprüfung gemacht haben – ‚das Handwerk in gleicher Form und Sauberkeit weiterführen wie der Vater'" Und er ergänzt: „Wenn nicht Handwerk, dann ist es vielleicht Kunst."

Bei ihrem Besuch bei Josef Fromholzer ist Susanne Kraus Begeisterung für dieses Handwerk und das Engagement des Färbermeisters abzuspüren. Sie resümiert in dem Filmbeitrag:

„Ich fand ‘s a traurig, dass viele Handwerksbetriebe, dass mer sieht, dass die grad e’moi no sich über Wasser halten, aber wirklich Techniken beherrschen, die keiner mehr kann und ich einfach nicht will, dass diese Techniken vergessen werden.“

(Susanne Kraus 26.04.2014)

## Josef Fromholzer 2015: „Der Blaudruck lebt!“

**Bayerische Textil Werke**

Endgültiges Aus

Die letzte Textildruckerei in Bayern wird zum 30. Juni stillgelegt. Bereits seit Jahren kämpften die Bayerischen Textil Werke Lothar Lindemann in Tutzing ums Überleben, nun kommt wegen akuter Liquiditätsengpässe das endgültige Aus. Wie andere Textilveredler litt das Unternehmen unter der zunehmenden Abwanderung der Auftraggeber in das Ausland, verschärften Umweltgesetzen, gestiegenen Gas- und Rohölpreisen sowie Personalmangel. Etwa 60 Mitarbeiter werden ihren Arbeitsplatz verlieren. Wie Geschäftsführerin Cornelia Pfeufer, eine Enkelin des Firmengründers, bekannt gibt, wird die Stoffdruckerei Tutzing weitergeführt. Entgegen dem leicht irreführenden Namen ist dies aber eine reine Vertriebsfirma, unter anderem für die Tisch-und Bettwäsche der Collection Lindemann. ne

TEXTIL WIRTSCHAFT WOHNEN, 2/2001, 3

Es ist bezeichnend, dass die Fachzeitschrift „Textilforum“ in der letzten Nummer vor ihrer Einstellung gerade das Thema „Blaudruck“ zum Titelthema gemacht hat. „Leider stirbt die Blaudruck-Tradition in Deutschland lautlos und etwas kläglich, während sie in Österreich und Ungarn zusammen mit der lebendigen Trachtenkultur noch fort existiert. Es hat in Deutschland schon lange keine Gemeinschaftsveranstaltung der Branche gegeben, die das öffentliche Interesse hätte wach halten können“ (TEXTILFORUM 4/2013). Dieses Fachmagazin listet in Deutschland noch 2 Formstecher- und 21 Blaudruck-Werkstätten auf. Diese Handdruckereien arbeiten meist mit Modeln (WROŃSKA-FRIEND 2013, 26) und liegen allesamt in Nord-, Mittel- und Ostdeutschland. Andererseits zitiert die Gründerin von „Dilians“, die Tschechin Alena Macmillan, die u. a. Stoffe von Josef Fromholzer verarbeitet, in ihrem programmatischen Aufsatz „Die Wiederentdeckung des Blaudrucks“, dass immerhin in Österreich der „burgenländische Indigo-Handblaudruck“ zum „Immateriellen Kulturerbe“ der UNESCO erhoben worden ist (ÖSTERREICHISCHE UNESCO-KOMMISSION 2011; MACMILLAN 2015, 40). Im Herbst 2018 ist der Blaudruck in Deutschland dann gemeinsam mit Österreich, Tschechischer Republik, Slowakei und Ungarn als „Immaterielles Kulturerbe der UNESCO“ erfolgreich.

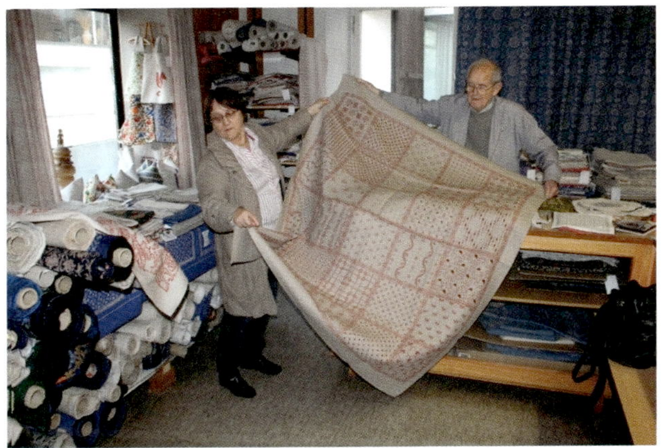

DRUCKER- UND FÄRBERMEISTER JOSEF FROMHOLZER MIT MUSTERTUCH 2014 (ARCHIV FEGERT).

„Handdrucke mit Model machen wir im Direktdruck auf Naturleinen und im Ätzdruck.“

Neben einem Blaudrucker-Betrieb in Bad Aibling gibt es im Süden Deutschlands lediglich noch die einzige Färber- und Direkt-Handdrucker-Werkstatt in Ruhmannsfelden, die der 89-jährige Josef Fromholzer als Meisterbetrieb voller Tatkraft und reicher Lebens- und Berufserfahrung führt. (vergl. auch ÜBERRÜCK 2007, 449 f.).

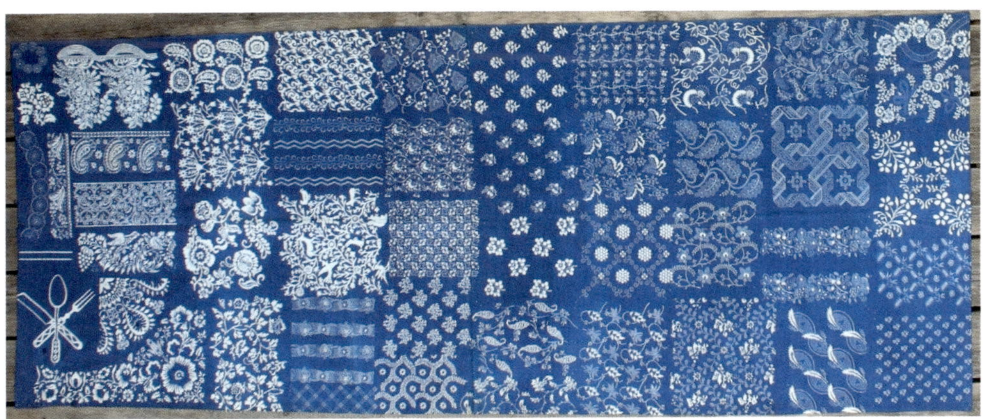

MUSTERDECKE RESERVE-BLAUDRUCK ALOIS (IV), UM 1936, 208X80 CM (ARCHIV FROMHOLZER).

„Das hier ist der traditionelle Reserve-Druck, der aber kaum mehr eine Rolle spielt.“ (JOSEF FROMHOLZER 2015).

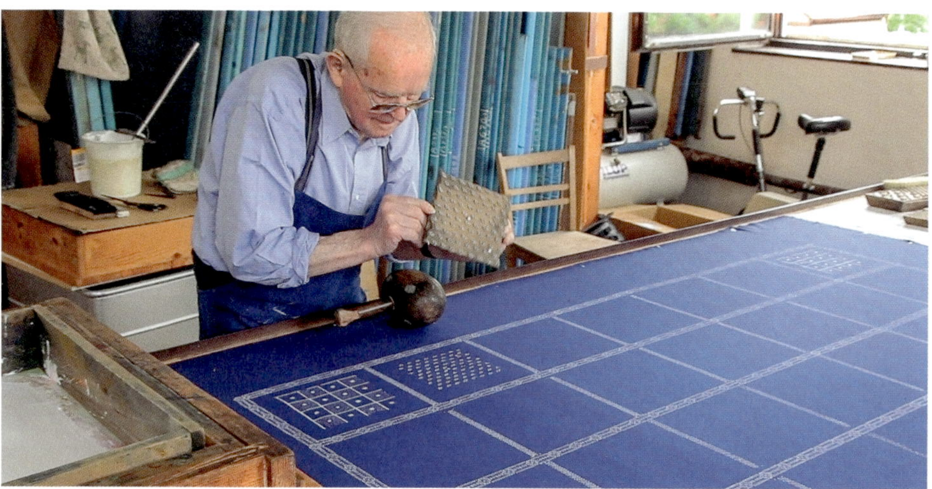

Josef Fromholzer beim Modeldruck 2014 (Foto Marco Linke, Manntau; Archiv Fromholzer).

Der Meister führt hier für eine Museumsdokumentation den Indigo-Ätzdruck eines Mustertuches mit alten Modeln vor. Der aufgedruckte „Papp" ätzt das Muster aus dem blau gefärbten Stoff. Mit dem Stiel des Druckerhammers, der noch mit Blei-Einlagerungen beschwert ist, wird der Model auf dem Stoff festgeschlagen.

In Bezug auf die heutige Situation des Stoffdrucker-Handwerks sagt Josef Fromholzer im Gespräch:

*„Da habe ich in einem Artikel [Bayerische Staatszeitung, 4. April 1997] gelesen: ‚Das leise Sterben einer großen Textilstadt' – das bezog sich auf Augsburg. Da war die NAK, die Neue Augsburger Kattunfabrik, die waren 1990 oder 1991 noch mit 43 Lehrlingen bei uns, um den Modeldruck zu sehen; das ist das leise Sterben einer großen Textilstadt. Und auch in München die Firma Wallach, die gut im Geschäft stand, die hat ballenweise Stoff von uns bezogen. Die Firma Loden- Frey, [die den Wallach übernommen hat,] die haben sich damit nicht befasst, die hat überwiegend Kleidung. Wie es in einer Fachzeitschrift einmal hieß: Kleidung macht zwischen sechzig und siebzig Prozent der verkauften Textilien aus; der Heimtextilienmarkt war nur mit einundzwanzig Prozent vertreten. Und die Firma Loden-Frey hat den Wallach-Laden in München dann aufgegeben.*

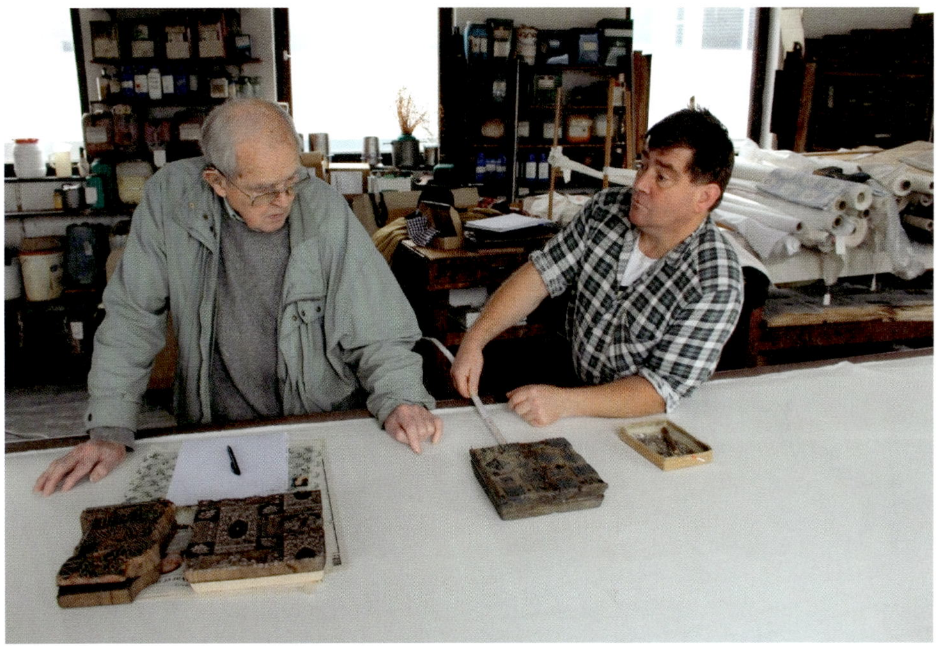

JOSEF FROMHOLZER UND WILLI PREIß 2014 (FOTO: FEGERT).
Der Meister mit 88 Jahren und sein Geselle, der im Alter von 16 Jahren in den Betrieb kam, berechnen gerade die Maße für eine individuelle Decke mit Modeln zum Thema Flachs und Weben.

*Mir macht die Arbeit Freude, zum einen die große Zahl der Muster, die wir haben, wenn man immer wieder einen anderen Model hernimmt, wie schön und einfach die rauskommen. Und es ist ein alter Beruf. Aber andererseits ist es schon schwierig heute; wie auf der Textilveredlertagung in Erfurt 2004 einer gesagt hat, ‚Die Zukunft der Textilindustrie liegt in China'. Was in Deutschland damals noch gut gegangen ist und heute wahrscheinlich auch, sind technische Gewebe, Autoausstattungen, Teppiche, Nischenprodukte.*

*‚Die Farben halten zu lange!', sagen die Feriengäste, die Nachhaltigkeit unserer Produkte. Und dann wird man an den China-Preisen gemessen. Doch ein Großteil der Kunden sagt, dass sie es lieben und schätzen. Man freut sich, wenn die Arbeit geschätzt wird; durch die Feriengäste, die immer wieder kommen, und die Filme haben wir praktisch einen guten Absatz. Und Sonderanfertigungen bekommt man eben nicht von der Industrie.*

*Ich erklär's immer wieder den Leuten mit den Färbepflanzen, und man ist immer wieder berührt, wenn man die Zeitlosigkeit der Muster sieht. Ich stimme dem Slogan [eines österreichischen Kollegen] zu: ‚Der Blaudruck lebt'! Und es ist so, dass schöne Drucke immer wieder Liebhaber finden, und zwar in der Einmaligkeit der alten, überlieferten Muster! Und uns ist unsere Überlieferung immer zugute gekommen. Und die Frau Sattler, unsere Angestellte, sagt, dass ein Großteil unserer Kunden die alten Muster sucht und schätzt."*

(Josef Fromholzer im Gespräch 16.04.2015)

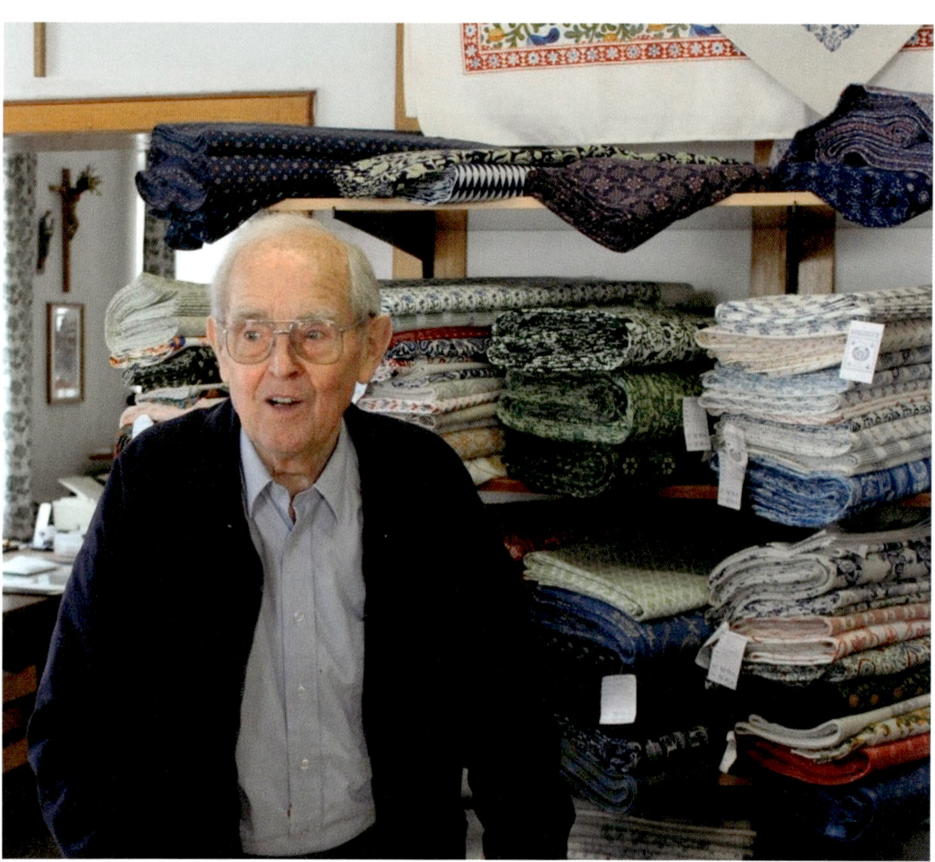

JOSEF FROMHOLZER IN SEINEM LADEN 16. OKTOBER 2014 (ARCHIV FEGERT).
Die Freude an seiner Arbeit steht ihm ins Gesicht geschrieben.

# Literatur

## Primärliteratur

FROMHOLZER; Johann (1811–1816): Wanderbuch des Johann Fromholzer gebürtig von Straubing.

FROMHOLZER, Alois (II) (1839–1841): Wanderbuch des Alois Fromholzer Färbergeselle gebürtig von Ruhmannsfelden in Nieder-Baiern [1839–1841].

FROMHOLZER, Alois (III) (1872/73): Wanderbuch des Alois Fromholzer (Auszug).

FROMHOLZER, Johann (1811–16): Wanderbuch des Johann Fromholzer Färbergeselle [1811–1816].

FROMHOLZER, Joseph (1842–1847): Reisetagebuch.

FROMHOLZER, Joseph (1846): Briefe aus Lahr und Karlsruhe an seinen Bruder Alois.

FROMHOLZER, Josephine: Briefe an die (Schwieger-) Mutter aus Allegheny, 23. Juli 1891; an die (Schwieger-) Mutter aus Allegheny, 14. Februar 1893; an die (Schwieger-) Mutter aus Allegheny vom 18. [x] 1893.

FROMHOLZER, Kaspar: Briefe an Bruder Alois aus Regensburg, 22. Dezember 1872; 29. Dezember 1872; 7. Januar 1873; 19. Juni 73; an Bruder Alois aus Ruhmannnsfelden, April 1873; an Bruder Alois aus Regensburg, 22 Mai 1873; an Bruder Alois aus Regensburg, 19 Juni 1873.
Brief an die Eltern aus St. Francis, 16./17. Februar 1876; Briefe an die Mutter und Geschwisterte aus Chicago 7.11.1880; an die Mutter aus Rome, N. Y 15. Oktober 1886; an Mutter aus Allegheny vom 16. Februar 1891; an die Mutter aus Allegheny, 1. April 1891.

Fromholzer, Theres: Briefe an die Eltern aus Köln, 9.0ktober 1890; Buffalo, 29. 3. 1901; Buffalo, 12. 9. 1909; Buffalo, 14. 8. 1910; Buffalo, Oktober 1914; Buffalo, 7. 1. 1917; Buffalo, 19. August 1923; Buffalo, 11. 11. 1923. (Alle Briefe: Archiv Josef Fromholzer, Ruhmannsfelden).

FROMHOLZER, Josef (2015): Wallach – ein Synonym für Volkskunst und Tracht. In: http://www.textilhanddruck-fromholzer-wallach.de/wallach-motive.html (02.04.2015).

PRINTZ, Eduard (1847): Briefe an Alois Fromholzer anlässlich des Todes von dessen Sohn.

HELMLE, Karl (1847): Brief an Alois Fromholzer anlässlich des Todes von dessen Sohn.

## Sekundärliteratur

Adreß-Buch für die königlich-bayerische Kreishauptstadt Regensburg und der Stadt Stadtamhof (1868). Regensburg. In: http://bavarica.digitale-sammlungen.de/ … (8.12.2014).

AICHINGER, Georg (1859): Kloster Metten und seine Umgebung. Landshut.

ANCESTRY (2015): Kaspar Fromholzer. In: http://www.ancestry.com/genealogy/records/kaspar-fromholzer_169848410 (28.09.2015.

ARBEITSKREIS REGIONALGESCHICHTE NIEDERRHEIN UND FAMILIENFORSCHUNG (2015): Ahnenforschung bildet. Darin: KONNI, S. (2010): k. Gymnasium u. latein. Schule zu Straubing 1867/68. In: http://www.ahnenforschung-bildet.de/forum/viewtopic.php?f=98&t=2872#p15855 (27.06.2015).

BADISCHE ANILIN- & SODA-FABRIK [1906]: Indigo rein B. A. S. F. Ludwigshafen.

BADISCHE ANILIN & SODA-FABRIK (2015): Gründung und Standortwahl. In: http://www.standort-ludwigshafen.basf.de/group/corporate/site-ludwigshafen/de_DE/... (17.03.2015).

BAIER, Wolfgang ([2]1980): Geschichte der Fotografie. München.

BALPINAR ACER, Belkis (1983): Kilim – Cicim – Zili – Sumak. Türkische Flachgewebe. Istanbul.

BEYTHIEN, Adolf / DRESSLER, Ernst (Hrsg.): ([3]1884): Merck's Warenlexikon für Handel, Industrie und Gewerbe. Leipzig. 1920. (Nachdruck: Manuscriptum, Recklinghausen 1996.)

BILDUNGSVEREIN KARLSRUHE (2011): Eduard Printz. In: http://ka.stadtwiki.net/Eduard_Printz (24.02.2015).

BODENMAIS TOURISMUS & MARKETING GMBH (2015): Sonderausstellung Bergbau und Vitriolhütte. In: http://www.bodenmais.de/uploads/media/infomappe.pdf (24.03.2015).

BOERGER, F.G. (1933): An Appreciation of John Singenberger. Caecilia, LX, 6 (June, 1933), p. 196. In: http://en.wikipedia.org/wiki/Johann_Baptist_Singenberger (20.11.2014).

BÖHMER, Harald: Insektenfarbstoffe in anatolischen Kelims und anderen Textilien. In: BARTELS, Herwig u. a. (1990): Anatolische Kelims. Symposium Basel. Die Vorträge. Riehen/Basel.

BRÜGGEMANN, Werner/BÖHMER, Harald (1980): Teppiche der Bauern und Nomaden in Anatolien. Hannover.

BUCHHEISTER, Gustav Adolf ([3]1893): Handbuch der Drogisten-Praxis. Berlin.

BUCHWALD, Dagmar (2013): Julie Wallach. In: www.unglaublich-weiblich.de/pdf/1890_julie_wallach_geb_zunsheim.pdf (02.04.2015).

CAPUCHIN FRANCISCANS (2014): St. Lawrence Seminary – Mt. Calvary, WI. In: www.capuchinfranciscans.org (24.11.2014)

CHRIST, [Wilhelm] (1953): Der Zeugdruck im Lichte der Farbstoffentwicklung. Vortrag.

FACHAGENTUR NACHWACHSENDE ROHSTOFFE e. V. (2013): Färberpflanzen. Gülzow.

FEGERT, Friedemann (1992): Der „Diklantoni“-Hof in Zwölfhäuser – eine junge Waldhufen-Gründung am "Goldenen Steig". Ein mikroanalytischer Beitrag zur Siedlungs- und Agrargeographie des Passauer Abteilandes. In: Ostbairische Grenzmarken. Passauer Jahrbuch XXXIV/1992.

FRIED, Pankraz (1978): Die Sozialentwicklung im Bauerntum und Landvolk. In: SPINDLER, Max (Hrsg.) (1978): Bayerische Geschichte im 19. und 20. Jahrhundert: 1800–1970. Zweiter Teilband: Innere Entwicklung, Land, Gesellschaft, Wirtschaft, Kirche, geistiges Leben. München.

GANSWINDT, Albert (1889): Handbuch der Färberei und der damit verwandten vorbereitenden und vollendenden Gewerbe. Weimar.

GEMEINDE BREITENBERG (Hrsg.) (2015): Webereimuseum Breitenberg. Breitenberg.

GESAMTVERBAND LEINEN (2015): Leinen und Flachs. In: http://www.gesamtverband-leinen.de/home/index,id,21.html (02.03.2015)

GIAVANA, Erhard (1847): Der Hoftheaterbrand in Karlsruhe am 28. Februar 1847, dessen Entstehung, Verlauf und Folgen; beschrieben aus Mittheilungen geretteter Augenzeugen und andern zuverlässigen Materialien; mit 4 lithographirten Ansichten. Karlsruhe. (Ditalisat der BADISCHEN LANDESBIBLIOTHEK KARLSRUHE: http://digital.blb-karlsruhe.de/blbihd/content/titleinfo/1004616).

GIRARD, Charles / DE LAIRE; Georges (1872): Über Anilinfarben-Fabrication. In: Comptes rendus, t. LXXV p. 1556; Juni 1872, Band 205, Nr. LXXI. (S. 267–270). In http://dingler.culture.hu-berlin.de/article/pj205/ar205071 (20.01.2015)

HALLER, Robert (1928): Baumwolltextilien – Technologie der Textilfasern. Berlin.

HALLER, Robert (1951): Färberei und Zeugdruck. Wien.

HAPKE, Thomas (1989): Vom Krapp zum Alizarin. Vom Färberhandwerk zur chemischen Industrie. In: http://www.tuhh.de/b/hapke/farbstof.html (22.01.2015).

HARZHEIM, Gabriele (1989): Das blaue Wunder. Rheinische Flachs- und Leinenproduktion im 19. Jahrhundert. Köln.

HECHT, Ann (1991): Webkunst aus verschiedenen Kulturen: Weben, Färben, Spinnen – ein Querschnitt durch Techniken, Geräte und Materialien. Bern/Stuttgart.

HOFFRITZ, Jutta (2013): Alle Farben dieser Welt. In: http://www.zeit.de/2013/02/Bayer-Hoechst-BASF-Geschichte (18.03.2015).

HÖGN, August (1949): Geschichte von Ruhmannsfelden.
In: http://development.josef-friedrich.de/node/516 (10.02.2015).

KAPP, Friedrich (1870): Immigration and the Commissioners of Emigration in the State of New York. New York.

KREMER PIGMENTE (2015) Farbstoffe & Pflanzenfarben. In: http://www.kremer-pigmente.com (19.03.2015).

KÖHLER, Franz Eugen (1897): Köhler's Medizinal-Pflanzen in naturgetreuen Abbildungen mit kurz erläuterndem Texte. Gera-Untermhaus.

LANDSCHAFTSVERBAND RHEINLAND (2015): Leinenweberei. In:
http://www.portall.lvr.de/de/nav_main/02_themen/01_arbeit/02_leinenweberei/leinenweberei.html (02.03.2015).

LIPP, Franz Carl (1989): Vom Flachs zum Leinen. Linz.

LÖBE, W[ilhelm] (1850–52): Encyclopädie der Landwirthschaft, der Staats-, Haus- und Forstwirthschaft, Bd. 2. Leipzig.

MACMILLAN, Alena (2015): Die Wiederentdeckung des Blaudrucks. In: Altes Handwerk neu erlebt! Heft 1-2015, S. 36–41. Villingen-Schwenningen.

MÜLLEROTT, Hansjürgen (1990): Waidmühlen und Waidmühlsteine. In: Beiträge zur Waidtagung. Industriearchäologie, historische Geographie, Regionalgeschichte, moderner Waidbau, Biofarben, Blaudruck. Jahrgang 3, 1990. Arnstadt.

NEY, Elisabeth/SCHEFFLER, Jürgen/SPRENGER, Gertrud (1991): Blaudruck in Lippe. Geschichte und Gegenwart eines alten Handwerks [= „Original Schwalenberger Blaudruck. Ein traditionelles Reserve-Druckverfahren mit original erhaltenen Druckstöcken“]. In: Heimatland Lippe, 3/1991, 75–81 und 5/1991, 146–151.

ÖSTERREICHISCHE UNESCO-KOMMISSION (2011): Verzeichnis des Immateriellen Kulturerbes in Österreich. Burgenländischer Indigo-Handblaudruck. In: http://nationalagentur.unesco.at/cgi-bin/unesco/element.pl?eid=4 (11.010.2015).

PETZET, Michael (Hrsg.) (1986): Denkmäler in Bayern. Bd. 2: Niederbayern. München.

POHLMANN, Albrecht (2011): Goethe und Ostwald: Zwei Aussenseiter der Farbenlehre. In: MAGISTRAT DER STADT WETZLAR (Hrsg.) (2011): Goethes Farbenlehre (1810) und die Lehren von den Farben und vom Färben. Petersberg.

POLYTECHNISCHES JOURNAL (1873): XXXVI. Prüfung auf Aechtheit der Farbstoffe. Jahrgang 1873, Band 210, Nr. XXXVI. (S. 215–217) In: http://dingler.culture.hu-berlin.de/article/pj210/ar210036 (25.03.2015).

REDAKTION DER DEUTSCHEN FÄRBER-ZEITUNG (Hrsg.) (1919): Deutscher Färberkalender für das Jahr 1919. Siebenundzwanzigster Jahrgang. Wittenberg.

RITTMANN, Herbert (1976): Auf Heller und Pfennig. Die faszinierende Geschichte des Geldes und der wirtschaftliche Entwicklung in Deutschland. München.

ROGGENHOFER, Georg (1919): Flachsbau und Leinenfärberei in früherer Zeit und seit dem Weltkrieg. In: REDAKTION DER DEUTSCHEN FÄRBER-ZEITUNG (Hrsg.) (1919): Deutscher Färberkalender für das Jahr 1919. Siebenundzwanzigster Jahrgang. Wittenberg.

RÖLL, Freiherr von (1912): Enzyklopädie des Eisenbahnwesens, Band 4. Berlin, Wien 1912. In: http://images.zeno.org/Roell-1912/I/big/Ro02068a.jpg (19.11.2014).

RÜHRL, Helmut (o. J.): Blaudruck im Webereimuseum Breitenberg. Breitenberg.

SCHMIDT, Helmut (1997): Indigo – 100 years of industrial synthesis. Sonderdruck aus: Chemie in unserer Zeit. 31. Jahrg., 1997, Nr. 3, Seite 121–128.

SCHMITT, Heinz (1997): Der Brand des Karlsruher Hoftheaters am 28. Februar 1847. In: Badische Heimat, Heft 1/1997. Karlsruhe.

SCHMITT, Heinz (1997): Der Karlsruher Theaterbrand 1847 und sein letztes Opfer. In: Blick in die Geschichte/Karlsruher stadthistorische Beiträge, Nr. 34, 21 3.1997. Karlsruhe.

SCHWAB-FELISCH, Hans ([3]1998): Gerhart HAUPTMANN: Die Weber. Vollständiger Text des Schauspiels. Dokumentation. Berlin.

SPRÄNGER, Emil ([5]1981): Färbbuch. Grundlagen der Pflanzenfärberei auf Wolle. Zürich.

ST. FRANCIS HOME FOR ORPHANT BOYS (2014). In: http://freepages.genealogy.rootsweb.ancestry.com/~detroitchurches/page51.htm (19.11.2014).

STEIN, Wilhelm (1874): Die Prüfung der Zeugfarben und Farbmaterialien: Systematische Anleitung zu ihrer Erkennung, Gehaltsprüfung u. Beurtheilung der Aechtheit. Eutin.

STORYGOODS (2015): Bayerische Mustertradition. In: https://www.storygoods.de/geschichten/fromholzer.php (14.09.2015).

STÜRMER, Michael (Hrsg.) (1986): Herbst des Alten Handwerks. Meister, Gesellen und Obrigkeit im 18. Jahrhundert. München/Zürich.

SVINICKI, Eunice (1974): Spinning and Dyeing. Racine, Wisconsin. Deutsche Ausgabe 1976: Spinnen und Färben. Eine vollständige Einführung. Gütersloh.

TEXTILFORUM (2013): Blaudruck. Indigo resist printing. Heft 4, 2013. Hannover.

TOWN OF ALLEGANY (2014): Allegany Cemetery (Past). In: http://www.rootsweb.ancestry.com/~nycattar/cemetery/allegany/index.htm (26.11.2014).

ÜBERRÜCK, Angelika (2008): Die christlichen Motive des Blaudrucks. Spiegel der Volksfrömmigkeit in Deutschland vom Ende des 17. Jahrhunderts bis heute. Berlin.

UNITED STATES DEPARTMENT OF AGRICULTURE (2015): Cotton. In: http://www.google.de/imgres?imgurl=https://upload.wikimedia.org/wikipedia/commons.

VIERACKER, C. (1924). The Laurentianum: Its Origin and Work (1864-1924). Mt. Calvary, WI: St. Lawrence College Alumni Association. In: http://en.wikipedia.org/wiki/St._Francis_High_School_%28Traverse_City,_Michigan%29 (19.11.2014).

VIERACKER, C. (2007). The History of Mt. Calvary (Fond Du Lac County, WI). (R. Jansch, trans.). Detroit, MI: Capuchin Province of St. Joseph. (Original work published 1907). . In: http://en.wikipedia.org/wiki/St._Francis_High_School_%28Traverse_City,_Michigan%29 (19.11.2014).

VIESER, [?] (1998): Index der Familiennamen. Zur Genealogie „Christian Scholer". In: http://www.vieser.de/geneal/d/db/d0004/I6683.html (24.02.2015).

WALDMANUFAKTUREN (Gunar Hackl) (2015): Handdruck Fromholzer. Eine Tradition von Jahrhunderten. http://www.waldmanufakturen.de/hersteller/g-k/handdruck-fromholzer.html (01.05.2015).

WALLACH, Moritz (1961): Das Volkskunsthaus Wallach in München. Archiv des Leo Baeck-Instituts New York. In: http://access.cjh.org/417603 (20.03.2015).

WALLACH, Julius (1964): Chronik der Familie Wallach. Maschinenschrift. Archiv des Leo Baeck-Instituts New York. In: http://access.cjh.org/417568 (20.03.2015).

WIRTZ, Hermann-J[osef]: (1981): Kleider machen Leute, Leute machen Kleider. Baumwolle, Textilien und Bekleidung in der Weltwirtschaft. Düsseldorf.

WROŃSKA-FRIEND, Maria (2013): Weiss auf Blau: Die Geschichte der reservebedruckten Textilien in Europa. In: TEXTILFORUM, Heft 4, 2013. Hannover.

ZISTL, Sandra (2013): Überlebenshilfe. Wie eine junge Frau aus Niederbayern alte Handwerkstechniken vor dem Aussterben bewahrt. In: Die Welt, 06.10.2013, Ausgabe 40, Seite 3. In: http://www.welt.de/print/wams/muenchen/article120664206/Ueberlebenshilfe.html (17.01.2015).

## Audio

EGLAU, Victoria (2015): Rio de Janeiro. „Es gibt keine schönere Stadt auf Erden". Kalenderblatt. Deutschlandfunk, 01.03.2015.

## Film

BAYERISCHER RUNDFUNK (1990): Alpen, Donau, Adria. Darin: Model-Druckerei Fromholzer.

BAYERISCHER RUNDFUNK (2004): Winterwald. Darin: Model-Druckerei Fromholzer zusammen mit älteren Filmaufnahmen.

BAYERISCHER RUNDFUNK (2005): Zwischen Spessart und Karwendel. Darin: Model-Druckerei Fromholzer.

BAYERISCHER RUNDFUNK (2009): La Vita. Darin: Model-Druckerei Fromholzer.

BAYERISCHER RUNDFUNK/ CHRISTOF DIEHL (Red.) (2013): Wir in Bayern. Sendung vom 06.06.2013. Darin: Model-Druckerei Fromholzer.

BAYERISCHER RUNDFUNK (2014): Alt trifft jung. Eine Designerin in Niederbayern. (Filmbeitrag über die Designerin Susanne Kraus.) 26.04.2014.

BAYERISCHER RUNDFUNK (1987): Der Blaudruck in alter und neuer Zeit. Fernseh-Dokumentation (17 Min). München. (Minute:18.00–24.00).

LINKE, Marco (MEDIENAGENTUR MANNTAU) (2014): Blaudruckerei Fromholzer. Film für das Doktor-Eisenbarth- und Stadtmuseum Oberviechtach.

SCHICKLING, Katarina (2014): Unsere Tracht und die Macht. Die Erfindung von Dirndl und Lederhosen. Teil 1 und 2. Bayerischer Rundfunk.

## Archivalien

FAMILIENARCHIV FROMHOLZER. Ruhmannsfelden.

KOENIGLICH BAYERISCHE KATASTER COMMISION (1848): Auszug aus dem Grundsteuer=Kataster der Steur=Gemeinde Ruhmannsfelden, Rustikalbesitzstand von Hausnummer 48 in Ruhmannsfelden, Marktdiener Gotthard Ernst.

KOENIGLICH BAYERISCHE KATASTER COMMISION (1848): Auszug aus dem Grundsteuer=Kataster der Steur=Gemeinde Ruhmannsfelden, Rustikalbesitzstand von Hausnummer 49 in Ruhmannsfelden, Färber Alois Fromholzer.

KOENIGLICH BAYERISCHES RENTAMT VIECHTACH (1902): Auszug aus dem renovirten Grundsteuer-Kataster der Steuergemeinde Ruhmannsfelden, Amtsgerichtsbezirks u. Rentamtsbezirks Viechtach für Haus Nummer 49 in Ruhmannsfelden, Fromholzer Alois & Maria.

KOENIGLICHES LANDGERICHT VIECHTACH (1849): Uebergabsvertrag. Alois und Anna Maria Fromholzer.

# Das Färbergeschlecht Fromholzer: who is who

## Die Fromholzers – eines der ältesten Färbergeschlechter in Ostbayern

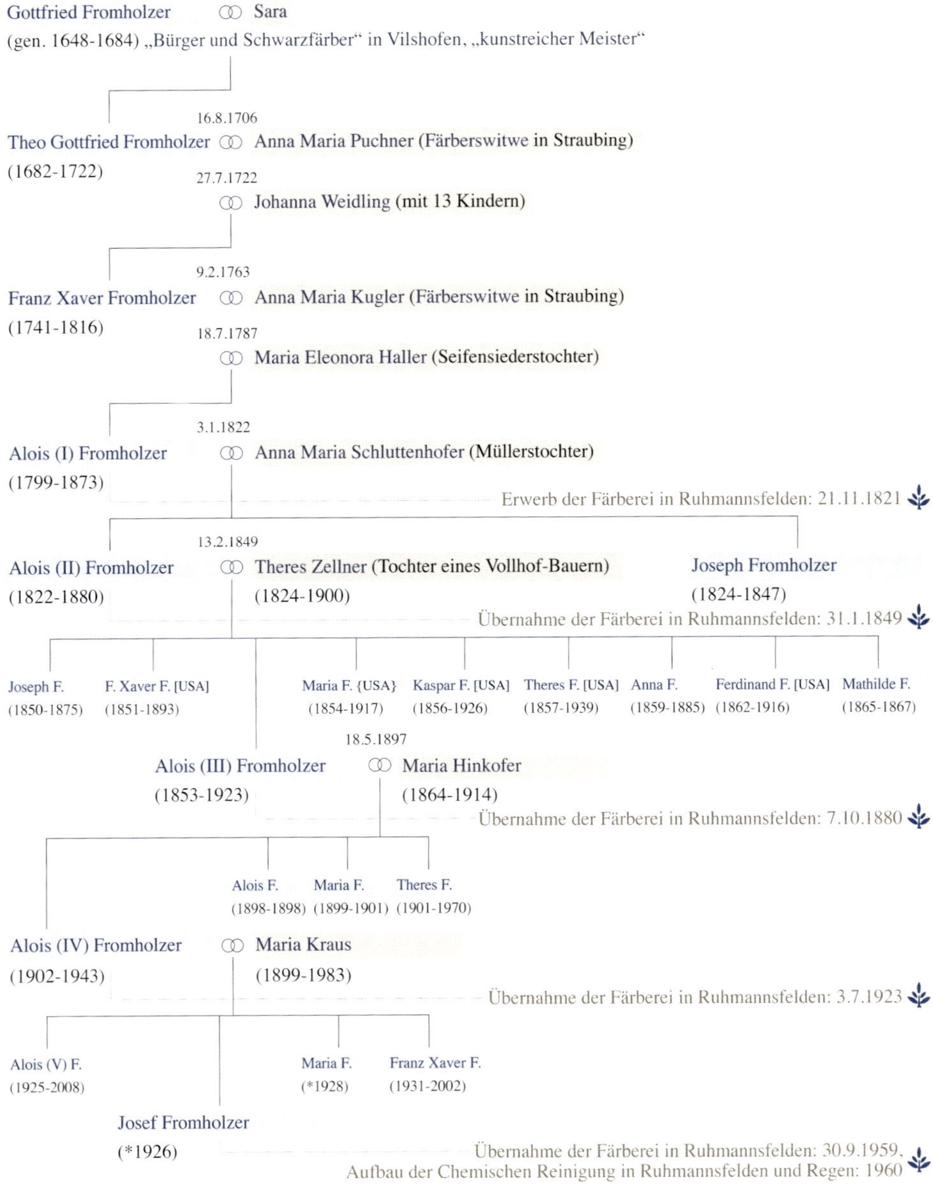


Nur Darstellung der in der Publikation erwähnten Personen. [Auswanderung USA]; {Auswanderung und Rückkehr aus USA} ff 2015

# Auswanderungsforschung von Friedemann Fegert in der edition Lichtland:

LICHTLAND

## Historisch und aktuell. Modellhaft und grundlegend.

In seinem Engagement für die Kulturgeschichte und -geographie des Bayerischen Waldes hat der Autor auch eine eindrucksvolle Trilogie zur Auswanderungsforschung veröffentlicht: Er beleuchtet erstmals das bisher nahezu unbekannte Leben der Dichterin Emerenz Meier in Amerika mit Briefen und Bildern und lässt deren Nachfahren zu Wort kommen. Dann vergegenwärtigt er die detailreichen Lebensschicksale der drei Stadler-Schwestern anhand ihrer Tagebücher, Briefe und Fotographien und befragt dazu deren heute noch lebende Kinder. Schließlich krönt der Autor seine jahrzehntelange Forschung mit einem „epochalen Werk" auf 540 Seiten, „das Beste und Vollständigste, was man in der Richtung zur Zeit lesen kann" *(Professor Gerd Raeithel, Amerika-Institut der Ludwig-Maximilians-Universität München).*

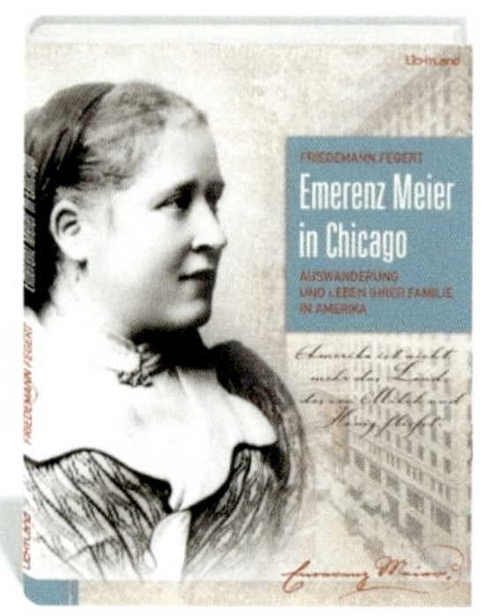


*Auswanderung und Leben der niederbayerischen Dichterin Emerenz Meier und ihrer Familie in Amerika.*

**Emerenz Meier in Chicago**
Friedemann Fegert
978-3-942509-36-7
128 Seiten, 17 x 21,5 cm
**€ 18,50** (A € 19,06)

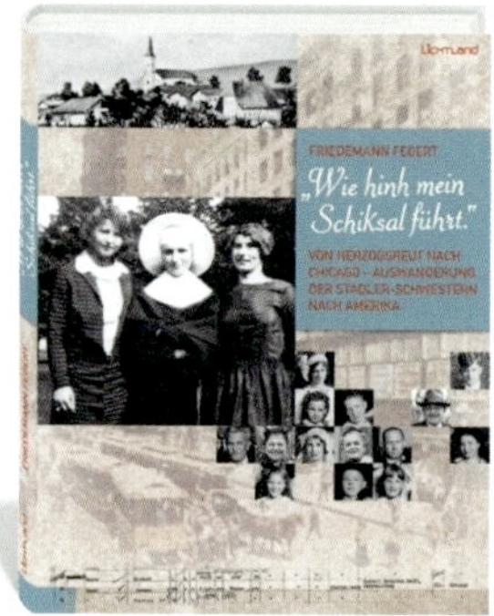


*Von Herzogsreut nach Chicago. Auswanderung der Stadler-Schwestern nach Amerika.*

**„Wie hinh mein Schiksal führt."**
Friedemann Fegert
978-3-942509-65-7
252 Seiten, 17 x 21,5 cm
**€ 19,80** (A € 20,40)

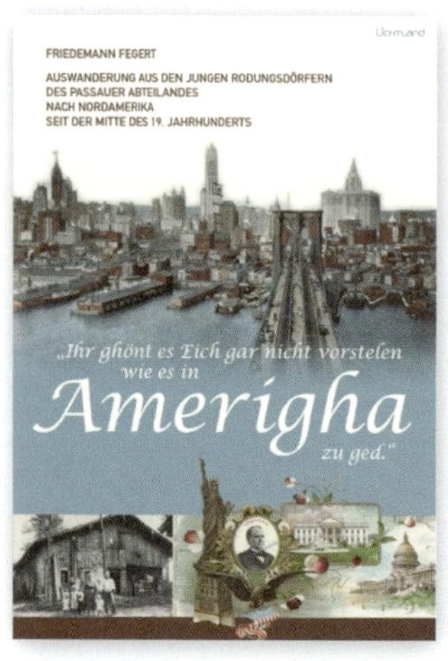


*Auswanderung aus dem Passauer Abteiland seit der Mitte des 19. Jahrunderts.*

**„Ihr ghönt es Eich gar nicht vorstelen wie es in Amerigha zu ged."**
Friedemann Fegert
978-3-942509-42-8
540 Seiten, 19 x 27 cm
**€ 29,90** (A € 30,80)